守正创新

高校心理健康教育
新格局新发展

主编　李焰　王伟明

上海交通大学出版社
SHANGHAI JIAO TONG UNIVERSITY PRESS

内容提要

本书是以"守正创新：高校心理健康教育新格局新发展"为主题的第十四届全国大学生心理健康教育与咨询学术交流会议的学术论文集。本次会议由中国心理卫生协会大学生心理咨询专业委员会主办，上海交通大学承办，2023年5月于上海召开。本次会议以总结2018年以来心理健康教育与咨询工作、交流大学生心理健康教育新理论与新理念、探索中国大学生心理健康教育体系新模式、分享最新研究成果和工作经验为主旨，各高校教师踊跃投稿，积极交流，会议论文集共收录论文70余篇。本书适合从事高校心理健康教育与咨询的教师、辅导员及相关专业的人士阅读、借鉴、参考学习。

图书在版编目(CIP)数据

守正创新：高校心理健康教育新格局新发展／李焰，王伟明主编. —上海：上海交通大学出版社，2023.5
ISBN 978-7-313-28626-0

Ⅰ.①守… Ⅱ.①李… ②王… Ⅲ.①高等学校-心理健康-健康教育-研究-中国 Ⅳ.①G444

中国国家版本馆 CIP 数据核字(2023)第 074147 号

守正创新：高校心理健康教育新格局新发展
SHOUZHENG CHUANGXIN: GAOXIAO XINLI JIANKANG JIAOYU XINGEJU XINFAZHAN

主　编：李　焰　王伟明

出版发行：上海交通大学出版社　　　　　　地　址：上海市番禺路 951 号
邮政编码：200030　　　　　　　　　　　　电　话：021-64071208
印　制：上海盛通时代印刷有限公司　　　　经　销：全国新华书店
开　本：787 mm×1092 mm　1/16　　　　　印　张：28.75
字　数：575 千字
版　次：2023 年 5 月第 1 版　　　　　　　 印　次：2023 年 5 月第 1 次印刷
书　号：ISBN 978-7-313-28626-0
定　价：98.00 元

编　委　会

前　　言

2023 年是全面贯彻党的二十大精神的开局之年,希望与挑战并存,心理健康教育工作也呈现出新格局新发展的态势。习近平总书记在党的二十大报告中,提出要"推进健康中国建设,把保障人民健康放在优先发展的战略位置",要"重视心理健康和精神卫生"。《教育部等八部门关于加快构建高校思想政治工作体系的意见》明确指出,要"促进心理健康","发挥心理健康教育教师、辅导员、班主任等育人主体的作用,规范发展心理健康教育与咨询服务。强化心理问题早期发现和科学干预,提升预警预防、咨询服务、干预转介工作的科学性、前瞻性和针对性"。

为深入贯彻落实党的二十大会议精神和深刻领会全国高校思想政治工作会议精神,认真落实国家各部委关于大学生心理健康的各项政策举措,中国心理卫生协会大学生心理咨询专业委员会举办第十四届大学生心理健康教育与咨询学术交流会,搭建全国高校心理健康教育工作理论创新与实践经验交流平台,组织动员心理学专业工作者们传承优秀传统,积极守正创新,精细推进学生心理健康教育。本次大会由上海交通大学承办。

守正不渝,创新不止,这是新时代开展心理健康教育的必然选择。守正就是要固本培元、坚守正道,把握开展心理健康教育工作的本质要求和内在规律。创新就是要革故鼎新、推陈出新,主动地进行创新性实践,不断催生符合新时代高校心理健康服务需求的新生事物,例如强化数字赋能,构建数字心理服务网络,加强高校心理服务数字化平台建设,形成基于数字化平台的高校学生心理健康管理动态分析与会商指导机制,开展分级分类的大数据分析及典型案例研讨等等。我们要坚持将培元固本和守正创新有机结合,在创新的过程中,积极开展中国优秀传统文化在心理健康领域的实践应用,提出符合中国国情的新思想、新理论、新业态,总结心理健康教育的中国经验。

为了集中展示我国高校心理健康教育的最新研究成果,交流工作经验,我们将本届学术交流会上的部分优秀论文结集出版。编委会根据本届会议主题,结合论文质量、研究价值、实践指导意义等因素,全书收录 70 余篇,分为"大学生心理健康教育体制机制建设研究""高校心理咨询的理论与方法研究""心理健康教育课程建设研究""大学生心理健康状况与素质发展研究"等 4 个主题进行展示,以期全景式、综合式地呈现一线工作者近几年的思考和实践。

由于时间紧迫,遗漏和失误在所难免,敬请各位同仁批评指正并给予谅解。

雄关漫道真如铁,而今迈步从头越。肯定成绩,展望未来,面对我国高校心理健康教育蓬勃发展的良好态势,全体心理工作同仁们定会守正创新开新局,立德树人谱新篇。

中国心理卫生协会大学生心理咨询专业委员会
第十四届全国大学生心理健康教育与咨询学术交流会论文集编委会
2023 年 5 月

目　录

专题一

大学生心理健康教育体制机制建设研究

专题二

高校心理咨询的理论与方法研究

专题三

心理健康教育课程建设研究

专题四

大学生心理健康状况与素质发展研究

专题一

大学生心理健康教育体制
机制建设研究

四到位四延伸"井"字型心理防护网
——高校心理危机预防与干预模式的探索与构建

施　钢　周　蜜　刘建一

中国农业大学

【摘要】有效预防干预学生心理危机事件是高校心理工作中的重要课题，关系学生的生命安全、健康成才和高校安全稳定。我国对高校心理危机的预防与干预工作高度重视。本文针对心理危机预防干预工作中长期存在的"排查难、评估难、看护难"三大难题，家校合作的瓶颈问题，从主体维度、空间维度、时间维度、过程维度四个维度，提出心理知识普及教育人人到位并延伸到家庭；朋辈互助建设层层到位并将专业培训延伸到宿舍；危机预防工作步步到位并延伸到入学前和假期；危机干预环环到位并延伸到防护的具体措施，探索构建高校心理工作四到位四延伸"井"字型防护网的心理危机预防与干预模式。

【关键词】高校学生；心理危机；心理危机预防与干预模式

　　心理危机是一种对事件和情境的认知或体验，即认为所面临的困难事件或情境超过了现有资源和应对机制，除非来访者获得缓解，否则危机有可能会引起严重的情绪、行为和认知功能障碍，甚至导致来访者或他人出现伤害或致命的行为[1]。心理危机发生后，可能会给个体造成巨大影响、心理创伤，甚至危及生命。危机干预是为了降低急性、剧烈的心理危机和创伤的风险，促进个体从危机和创伤事件中复原或康复。

一、高校心理危机及危机预防干预现状

　　近年来，学生心理危机的发生已成为高校面临的突出问题。高校心理危机是指大学生面临某种重大生活事件，认为自己不能解决、处理和控制时产生的严重心理失衡状态[2]，会对学生的生命安全构成危险或威胁，出现心理危机的学生可能会有自杀、自伤倾向，或有伤害他人生命的倾向。相关调查显示大学生自杀率、每年自杀死亡的大学生占非正常死亡人数的比值都不小，自杀导致的死亡排列前例[3]。高校学

生心理危机具有突发性、威胁性、破坏性及传播性等特点[4]，当危机事件发生时，受影响的不仅是当事人，还可能会破坏学校的安全与稳定[5]。

我国对高校心理危机的预防与干预工作高度重视。教育部于 2018 年 7 月印发《高等学校学生心理健康教育指导纲要》，指出要加强心理危机预防干预，健全心理危机预警防控体系。有效预防干预高校学生心理危机，保护学生生命安全，维护学校的安全稳定已成为高校面对的重要课题。

但高校学生心理危机预防干预工作长期存在"排查难、评估难、看护难"三大难题，特别是在学生出现危机时，与学生家长沟通合作成为瓶颈问题。《中华人民共和国精神卫生法》规定："学校和教师应当与学生父母或其他监护人、近亲属沟通学生心理健康情况。"目前，高校已逐渐增强与危机学生家长沟通的意识，但由于家长对精神类疾病的偏见，使家校协作存在猜忌或冲突，家长推诿，与学校对簿公堂等事件常有发生[6]，家校合作成为高校危机预防与干预中的瓶颈问题。此外，高校危机干预是系统性的工作，涉及校内外、多部门之间的合作联动，需要建立有效的高校心理危机预防与干预模式，充分发挥高校系统的积极作用。

二、构建四到位四延伸"井"字型防护网的高校心理危机预防干预模式

从"主体维度、空间维度、时间维度、过程维度"四个维度，探索构建四到位四延伸"井"字型防护网的高校心理危机预防与干预模式（见图 1）。

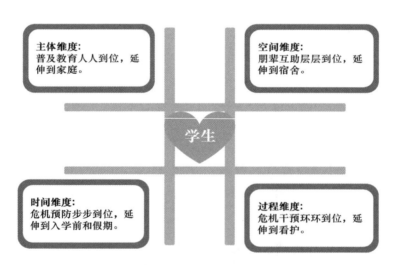

图 1　"井"字型防护网的高校心理危机预防干预模式

（一）主体维度：普及教育人人到位，延伸到家庭

1. 实现五个全覆盖，保证心理知识普及和心理健康意识教育人人到位

心理危机预防胜于治疗。高校应充分整合多方资源，通过实现五个心理教育服务全覆盖，营造全校关注心理健康的大环境。一是开设心理健康教育必修课，实现

"普及教育"全覆盖。二是每年开展新生心理普查,每月开展全校学生心理异常情况排查,实现学生心理状况"普查排查"全覆盖。三是实现"心理咨询时段"全覆盖。四是实现"心理老师派驻学院"全覆盖。五是针对所有新生班级开展适应主题"团体辅导"全覆盖。全覆盖式的心理教育服务,保证心理知识普及和心理健康意识教育人人到位,为心理危机预防奠定基础。

2. 建立家校合作机制,将学生心理危机预防与干预延伸到家庭

针对家校合作瓶颈问题,应探索建立常态化的家校合作机制。通过给新生家长的一封信,邀请家长填写学生心理状况调查问卷,多维度了解学生心理状况及亲子关系状况;举办家长心理讲座,促进家校之间建立良好的互动沟通机制。在常态化沟通基础上,应与心理危机学生家长深入交流,促进家长与学校合力为危机学生提供支持和资源。

(二)空间维度:朋辈互助层层到位,延伸到宿舍

1. 打造四级心理委员队伍,做到朋辈互助建设层层到位

朋辈学生在心理危机事件发现环节中扮演着重要角色,多数危机事件的第一发现人是学生。高校心理委员在危机干预工作中扮演着多种角色:一是宣传者,即向同学宣传普及心理健康知识,组织开展心理活动;二是信息传递者,即在危机发生第一时间向心理中心或相关老师报告;三是示范者,即通过自身积极向上的心理状态辐射带动身边同学。高校应建立一支学校、学院、班级、宿舍为基础的四级心理委员队伍,做到朋辈互助层层到位。

2. 构建心理委员培训体系,将危机预防与干预专业培训延伸到宿舍

应面向心理委员队伍,构建心理委员培训体系,定期针对各级心理委员开展心理危机识别和心理健康知识普及的专题培训。应将心理健康知识及心理危机培训延伸至宿舍,保障学生心理隐患的尽早发现、及时报告。

(三)时间维度:危机预防步步到位,延伸到入学前和假期

1. 开展丰富的心理服务与心理教育,保障危机预防工作步步到位

高校需将"危机预防"作为危机干预的首要意识,开展多样化、专业化的心理服务和实践活动。每年积极举办心理健康节,开展丰富多彩的心理活动;为学生提供个体心理咨询和团体辅导。专业心理服务与教育有效增强学生危机预防意识,做到危机预防步步到位。

2. 开展新生教育和假期筛查,将危机预防工作延伸到入学前和假期

针对危机预防过程中存在敏感时期和薄弱环节这一困境,应将心理危机预防工作延伸到入学前和假期。入学前,通过《新生手册》、微信群等将危机预防工作前移至新生入学前。在新生入校、期末考试、转专业前后等敏感时期,在每年的3、4、11月学生心理危机高发期,增加学生心理异常月排查次数。节假日和寒暑假是学校心理危机工作的薄弱环节,对所有危机学生采取摸底排查和重点关注,做到"一人一方案,人人有保护",将心理危机预防与干预工作延伸到假期。

（四）过程维度：危机干预环环到位，延伸到防护

1. 建立心理老师派驻学院长效工作机制，确保危机干预环环到位

为解决学院学生心理危机干预"排查难、评估难"的难题，高校可建立"心理老师派驻学院"工作机制。心理老师开展专业培训，开展心理异常情况月排查，制定多维度、可量化、操作性强的危机评估办法，对学生危机情况进行科学、专业筛查和评估，做到危机干预环环到位。

2. 设立危机学生临时周转宿舍，将危机预防与干预延伸到防护

危机学生看护是困扰学校和学院的难点，高校可设立心理危机学生临时周转宿舍。宿舍设在一层，并按照专业标准装修设置，保证危机学生及两名看护人住宿，将危机干预延伸到安全防护，最大限度保障学生生命安全，有效防范学生心因性极端事件的发生。

三、高校心理危机预防干预四到位四延伸"井"字型防护网效果

1. 突破危机干预工作困境和难点，全方位全过程守护学生生命安全

通过主体、空间、时间、过程四个维度，突破危机预防干预困境难点。充分发挥学校、学院、班级、宿舍各层级人员力量，全方位全过程守护学生生命安全。

2. 建立多维度、可量化、操作性强的危机评估办法，保证危机科学评估、有效筛查

针对学生具体风险评估，从心理疾病诊断、自杀自伤、应激事件、支持系统等多方面量化打分，提高心理异常情况筛查和评估的科学性、专业性，将心理隐患学生风险程度进行量化风险评估，科学指导心理危机干预工作。

3. 建立心理老师派驻学院工作机制，实现危机干预分类指导、分层筛查、分级预警

针对学院缺乏专业力量的难题，建立"心理老师派驻学院长效工作机制"，对心理工作队伍开展专业培训，定时规范地开展危机排查，对危机情况及时评估和干预，实现危机干预的分类指导、分层筛查、分级预警。

4. 建立心理委员培养培训体系，构建心理育人大环境

建立"心理委员模式的朋辈互助长效工作机制"，打造一支"愿求助、善自助、会助人、促互助"的心理委员朋辈互助队伍。充分发挥心理委员在心理危机早期发现环节的重要作用，营造"自助成长、助人快乐、互助和谐"的心理育人大环境。

5. 建立常态的家校合作机制，突破危机干预中与家长沟通和家校合作瓶颈

通过建立常态化的家校合作机制，增强家校沟通，向家长普及心理健康知识，了解心理危机隐患学生家庭情况，缓解家长情绪，提出专业指导建议，形成合力，共同帮助学生缓解心理危机。

参考文献：

[1] Richard K. James, Burl E. Gilliland. 危机干预策略[M]. 肖水源，等，译. 北京：中国轻工业出版

社,2017.

[2] 何元庆,姚本先.构建高校大学生心理危机干预系统初探[J].教育与职业,2005,5(1):55-57.

[3] 杨振斌,李焰.大学生非正常死亡现象的分析[J].心理与行为研究,2015(5):698-701.

[4] 伍新春,林崇德,臧伟伟等.试论学校心理危机干预体系的构建[J].北京师范大学学报(社会科学版),2010(1):45-50.

[5] Allen M,Jerome A,White A,et al. The preparation of school psychologists for crisis intervention[J]. Psychology in the Schools,2002,39(4):427-439.

[6] 谌誉,朱惠蓉,成琳等.高校学生心理危机干预中家校协作现状分析——以上海高校为例[J].思想理论教育,2016(11):92-95.

高校辅导员开展心理谈话工作现状及对策建议
——以北京高校为例

刘立新　朱艳新　张宏宇　孙晓曦　刘一桐

北京工商大学

【摘要】本研究采用分层取样方法,对首都30余所各类高校的辅导员进行问卷调查,描述了辅导员心理谈话工作的基本现状及存在的问题,分析了辅导员开展心理谈话工作面临困难的主要原因,并在此基础上针对性地提出了加强和改进辅导员心理谈话工作专项培训的建议,以期探索提升心理谈话工作实效性的培训方案,为辅导员队伍专业化建设提供借鉴。

【关键词】辅导员;心理谈话;对策建议

高校辅导员开展心理谈话工作不仅是辅导员工作的重要职责,也是高校思想政治教育工作的基础依托,更是构建"三全育人"新格局的关键举措,是对大学生表达人文关怀,进行心理疏导的重要举措。"政治路线确定后,干部是决定因素",从2014年《高校辅导员职业能力标准(暂行)》,到2017年《普通高等学校辅导员队伍建设规定》,辅导员在高校心理健康教育相关工作中的职责和地位不断被明确和提升,这支队伍已经成为高校心理健康教育工作中不可或缺的重要力量[1]。

辅导员开展心理谈话工作能力的强弱直接影响高校思想政治教育水平和心理健康教育工作的成效。因此,了解辅导员心理谈话的实际开展情况,发现存在的问题,有针对性地制定解决方案,对于加强和改进辅导员队伍建设,提高辅导员开展心理疏导工作能力是十分必要和重要的。为此,本研究通过问卷调查,采用分层随机抽样方法,选取教育部直属本科院校、北京市属本科院校和北京市高等职业技术院校等不同类别学校30余所,共发放570份问卷,问卷有效率100%,采用SPSS19.0对数据进行统计整理,在对统计结果进行分析的基础上,对目前高校辅导员开展心理谈话工作的现状及存在的问题有了多方面的了解,并对存在问题的原因进行了初步分析,据此提出了解决问题的对策和建议。

一、高校辅导员心理谈话工作现状及存在问题

（一）辅导员开展心理谈话工作任务繁重而艰巨，且并未做到人人参与

调查显示：辅导员需要开展心理谈话工作的对象人数众多，需要面向 200 人以上对象开展工作的辅导员占比达到 51.58％。这对于辅导员来说要付出很大的努力和辛苦。调查发现，有 88.46％的辅导员在工作中对学生开展过心理谈话，还有 11.54％的辅导员在工作中从未开展过心理谈话工作。

（二）多数辅导员对心理谈话工作目标较明确，但工作规范性还不够

调查显示：60.4％的辅导员表示比较了解心理谈话的工作目标，但对心理谈话工作的性质、心理谈话与心理咨询的区别缺乏明确清晰的认识。有约 52％的辅导员表示不清楚或不了解。有近 65％的辅导员对于心理谈话的基本设置不清楚或不了解，有近 58％的辅导员对于心理谈话的流程和步骤不清楚或不了解。

（三）辅导员开展心理谈话面临诸多困难，工作难以胜任

调查显示：辅导员开展心理谈话工作中主要面临的困难有 11 个议题，其中排在前三位的是："怎么能够让学生敞开心扉""如何在心理谈话中敏锐地发现学生的问题""如何自然地开启心理谈话"。这三个议题分别占到调查样本的 67.41％、55.26％和 53.64％。且有 50％的辅导员表示会同时面临 4 个困难议题。以这 11 个方面为观测指标，以大于 3 个方面困难作为高低不胜任感群体的分界点。结果显示：82％的辅导员在开展心理谈话工作中都存在较大的不胜任感。

（四）辅导员对心理谈话技能提升有诸多需求，但现有的培训难以满足需求

调研发现，50％以上的辅导员表示需要在六个方面加强培训，以提升工作胜任感。但本次调查中却发现有近 1/4（22.46％）的辅导员从来没有参加过相关培训；在接受过培训的群体中，46.84％的辅导员只是参加了一次性的讲座，参加 4 次以上培训的辅导员仅占 14.74％。

二、高校辅导员心理谈话工作面临困难的原因分析

1. 辅导员中少有心理学专业受训背景，缺乏必要的心理谈话工作素养

心理谈话不同于其他谈话工作，对辅导员开启谈话工作的目标、设置、心理危机识别和应对等各方面提出了更高的要求，因此更具专业性。调研显示，虽然在参与调研的辅导员中，研究生及以上学历的占 75.79％，但是具备心理学专业知识和背景的却仅有 21 人，只占总样本的 3.68％，有 62.15％的辅导员没有接受过临床心理培训。多项研究（袁源，高敏，2017；袁莉敏，孟瑶，2019；张玉杰等，2021）表明，心理学基础知识和临床心理学知识与技能的应用能够提高辅导员开展谈心谈话工作的实效性[2,3,4]。

2. 辅导员的工作任职年限普遍较短，缺乏足够的心理工作实践经验

调查中发现：工作任职在 3 年以内的辅导员占总体样本的 62.8％，对不同任职年

限的辅导员心理谈话工作不胜任感进行差异检验发现,辅导员任职年限与其不胜任感存在显著相关,任职在 1 年内的辅导员不胜任感最高($F = 3.321$,$p < 0.05$)。此外,对不同任职年限的辅导员对心理谈话的目标、流程和步骤的了解程度进行方差分析显示,任职不足 1 年、1~3 年、3~5 年、5~8 年、8 年以上的辅导员对于心理谈话工作目标的了解程度差异显著($F = 4.207$,$p < 0.05$),经事后多重比较检验发现,任职年限 8 年以上的辅导员对于心理谈话工作目标的了解程度显著高于 3 年以内的辅导员($F = 6.223$,$p < 0.001$),不足 1 年的辅导员对于心理谈话的设置、流程和步骤的了解程度显著低于其他任职年限的辅导员($F = 4.311$,$p < 0.05$)。具体如表 1 所示:

表 1 不同任职年限的辅导员对心理谈话目标、流程、设置了解程度的事后比较($n = 570$)

	1~2	1~3	1~4	1~5	2~3	2~4	2~5	3~4	3~5	4~5
工作目标	0.125	0.280*	0.351*	0.435***	0.155	0.225	0.310**	0.071	0.155	0.085
流程步骤	0.157	0.400**	0.250	0.459***	0.234	0.093	0.302*	-0.150	0.059	0.209
基本设置	0.219*	0.497***	0.373*	0.549***	0.278*	0.154 0.209	0.330**	-0.124	0.052	0.176

注:1 工作不足 1 年,2 工作 1~3 年,3 工作 3~5 年,4 工作 5~8 年,5 工作 8 年以上。
* $P < 0.05$　** $P < 0.01$　*** $P < 0.001$。

3. 辅导员心理谈话工作技能的培训广度和深度不够

就培训的广度而言,调研发现,尽管有 71.75% 的辅导员参加过心理谈话专项工作培训,但是仍然有近 1/4(22.46%)的辅导员从来没有参加过相关培训;从参与培训的频次上看,参加 4 次以上培训的辅导员仅占 14.74%,46.84% 的辅导员只是参加了一次性的讲座,参加分专题系列实训的只占 26.72%,因此,培训内容没有做到深入和系统。

4. 已有培训缺乏针对性,一定程度上影响了培训实际效果

调查显示,辅导员对心理谈话的深入和辅导技巧普遍表现出更高的需求,但不同工作年限辅导员在心理谈话的胜任力培训需求方面有所不同。工作 1 年以内的辅导员在心理谈话的深入和辅导技巧方面表现出极高的需求,高达 84% 的辅导员提出需要加强此方面培训。工作 3~5 年的辅导员在学生心理危机发现和评估方法、学生心理危机应对和处置方法、辅导员压力管理与自我关爱方面比其他工作年限的辅导员表现出更高或较高的培训需求。具体如表 2 所示。

因此,如果不能准确地了解辅导员在提升心理谈话工作技能上的实际需求,不对培训对象进行细分,不针对性地制定培训方案和培训内容,就不能达成应有的培训效果。

表2 不同工作年限辅导员对心理谈话工作培训需求($n=570$)

	学生心理发展特点相关理论知识	心理谈话相关伦理和法律知识	心理谈话的深入和辅导技巧	学生心理危机发现和评估方法	学生心理危机应对和处置方法	辅导员压力管理与自我关爱	其 他	合计人数
	人数/比率	人数/比率	人数/比率	人数/比率	人数/比率	人数/比率	人数/比率	
1年内	89/57.41%	95/61.29%	131/84.51%	103/66.45%	111/71.61%	100/64.52%	5/3.23%	155
1~3年	107/52.70%	116/57.14%	159/78.33%	132/65.02%	130/64.04%	140/68.97%	3/1.48%	203
3~5年	40/55.97%	46/63.89%	56/77.78%	50/69.44%	54/75%	54/75%	0	72
5~8年	29/55.76%	28/53.85%	44/84.62%	29/55.77%	35/67.31%	31/59.62%	0	52
8年以上	45/51.14%	52/59.09%	63/71.59%	54/61.36%	53/60.23%	55/62.5%	1/1.14%	88

三、加强高校辅导员心理谈话工作培训的对策建议

1.强调问题导向,注重理论建构

通过调研了解所在地区高校辅导员心理工作胜任力状况,分析其存在的实际问题。根据调研结果,遵循大学生心理发展规律,针对高校心理素质教育工作职责,结合高等学校辅导员职业能力标准(暂行),制定《北京高校辅导员心理深度辅导技能培训大纲》,通过研究开发高校辅导员心理谈话工作技能培训教材教法;制定具有学科依据和高校心理工作特色的培训大纲,编写具有务实、可操作性的系统教材。

2.强调针对聚焦,注重分类实施

分层次分类型探索建立一套具有较强针对性的、切实可行的、具可复制性的高校辅导员心理深度辅导技能培养方案。针对不同对象的不同专业背景、工作经验、能力水平和培训需要,开展有针对性的培训。初步分为两类:一是1~3年的新任辅导员心理辅导基本技能培训;二是针对有3年以上工作经历的辅导员开展心理深度辅导技能培训。

3.强化梯队建设,注重辐射效应

贯彻落实教育部颁发的《普通高等学校辅导的员队伍建设规定》和《关于加强学生心理健康管理工作的通知》要求,不断探索具有中国高校思想政治教育特色的、符合高校心理素质教育工作特点的高校辅导员心理工作专业化建设模式。注重培养和建设一支优秀培训讲师团队。通过举办培训师资研修班,优先重点培训各个高校负责辅导员队伍建设的教师,使其成为能够承担面向本校辅导员开展心理谈话工作技能培训的种子和骨干,确保培训工作能够持续开展,并能够覆盖辅导员全员。

参考文献:

[1] 田宝伟,胡心怡,张平,牛勇.辅导员深度辅导的谈心谈话技术[J].北京:高等教育出版社,2021.

［2］袁源,高敏.基于心理咨询视角的辅导员谈心谈话工作实效提升研究［J］.思想教育研究,2017,4：123－127.

［3］袁莉敏,孟瑶.人本主义心理治疗要素在辅导员对抑郁倾向大学生谈心谈话中的应用［J］.教育教学论坛,2019,45：68－69.

［4］张玉杰,李萌,槐福乐.焦点解决模式在高校辅导员谈心谈话工作中的应用.石家庄学院学报［J］,2021,23：126－131.

高校心理健康教育活动效果探究

谌 燕 张柯蓝 章劲元

华中科技大学

【摘要】心理健康教育活动是心理健康教育工作的重要组成部分,但目前对心理健康教育活动的效果评估还缺乏系统的思考和研究。基于此,本文将实践与实证研究相结合,对高校心理健康教育活动的整体效果评估指标进行系统的梳理,旨在为高校心理健康教育活动的实践与研究提供参考和启发,推动心理健康教育活动的理论与实践发展。

【关键词】心理健康教育活动;效果;心理健康素养;积极心理品质

中共教育部党组关于印发《高等学校学生心理健康教育指导纲要》的通知中指出:"心理健康教育是提高大学生心理素质、促进其身心健康和谐发展的教育,是高校人才培养体系的重要组成部分,也是高校思想政治工作的重要内容。"而要开展心理健康教育,需依托教育教学、实践活动、咨询服务、预防干预"四位一体"的心理健康教育工作格局,通过课程、心理健康月等宣传活动、心理咨询、心理测评等具体措施来实现心理育人的功效。其中,在心理健康月等开展形式多样的主题教育活动,是"面向全体,预防教育"的重要方式之一,是大学生心理健康教育模式的重要组成部分,具有特色鲜明、形式多样、学生喜爱、参与者多、效果良好等诸多特点,各高校也愈加重视心理健康教育活动,并不断探索特色化、校本化和有效的心理健康教育活动。但目前,对心理健康教育活动的效果评估还缺乏系统的思考和研究,基于此,本文尝试对已有研究进行总结梳理,探索心理健康教育活动的效果指标,以期为高校心理健康教育活动的组织开展提供参考。

一、心理健康教育活动的定义

从已有研究来看,心理健康教育活动的概念界定是模糊不清的,也较少有研究去澄清这一点,部分文献常常将课程、讲座、个体/团体咨询、心理健康教育活动等心理健康教育工作都认为是心理健康教育活动,但这一相对广义的定义容易导致界定不清、难以把握和评估心理健康教育活动的定位及效果,使得活动开展中缺乏清晰的指导。王晶、赵贵臣将心理健康教育活动定义为异于课堂形式的工作模式,是一种以实践为主的生动体验[1]。李琳则强调心理健康教育活动的校园文化属性,是各高校在重要时间节点开展的心理健康教育校园文化活动,活动目的在于提升学生的心理健康素养,助力学生成长[2]。伍宇翔从高校心理健康教育活动的目的、形式以及主体来对这一概念进行界定,强调以增进学生心理健康、提高大学生心理素质为目的,以校园文化活动为形式,以学生为主体的心理健康教育活动[3]。已有的界定主要强调异于课堂教学等其他心理健康教育形式的活动,结合其目的、主体来界定心理健康教育活动,但未充分考虑心理健康教育活动的专业性。因此,本文认为,对心理健康教育活动更为清晰的定义是:在心理教师指导下开展的区别于课堂讲授,以实践为主要形式,旨在促进学生心理健康、提升心理健康素养的多元校园体验。

二、心理健康教育活动的效果评估

目前关于大学生心理健康教育的研究主要集中在心理健康教育理论研究和大学生心理健康现状调查两个方面,并且集中在对特殊群体的团体干预效果、或某一特殊的干预方法的效果研究上,有研究也探讨了心理健康教育活动课程的设计及对教学效果的影响[3]。而从总体上评估和衡量心理健康教育活动开展的效果,并探寻其影响因素的研究很少,已有文献均指出心理健康教育活动开展的原则和方向均为面向全体,预防教育为主。但从实践角度而言,则难以把握和评估心理健康教育活动的目标是否实现。众多文章剖析了心理健康教育活动实践的现状、存在的问题,以及为如何进行形式上的创新提供了大的参考方向,如李琳从积极心理学的视角分析了当前心理健康教育活动的现状,并基于此介绍了心理健康教育活动的项目化管理模式[2]。王晶、赵贵臣分析了心理健康教育活动的现状,并提出与互联网等相结合实践创新的思路[1]。但均缺实证探究这些创新思路的活动效果。对心理健康教育活动效果的研究还很缺乏,这可能是由于以下几个原因:心理健康教育活动的概念范围界定不清晰,难以明确研究对象;对活动策划、实施过程、活动效果、总结反思等内容的评估主观性强,定位抽象,难以标准化;活动开展过程涉及多个环节、多类人员,难以控制额外变量对活动效果的影响。因此,本文尝试对心理健康教育活动的整体效果评估指标进行一些探索,为活动设计、实施等过程性因素指导方向。

高校教育坚持为党育人,为国育才,心理健康教育也是其重要部分。为贯彻落实《国务院关于实施健康中国行动的意见》(国发〔2019〕13 号)和《教育部等五部门关于全面加强和改进新时代学校卫生与健康教育工作的意见》(教体艺〔2021〕7 号),提升大学生幸福感、获得感,培育学生自尊自信、理性平和、阳光活泼、乐观向上的健康心理,心理健康教育活动的效果评估指标可以包含以下三点:心理健康状态的促进/改善、心理健康素养的提升、积极心理品质的培育,层层推进。

（一）心理健康状态的促进/改善

高校心理健康教育中心自建立之初，就以缓解学生心理困扰，预防学生心理疾病为主要发展任务。最新流行病学调查显示，中国成人抑郁症患病率为 3.4%[4]，而大学生抑郁检出率高达 34%[5]，危机事件更是频繁出现在大众视野，因此学生心理健康状态的促进/改善仍是心理健康教育活动的基础任务。但目前较少有研究直接探索心理健康教育活动对心理健康状态的改善或促进作用。在知网上查询，仅能找到两篇相关的文章。张曼华、杨凤池、张宏伟探索了心理健康教育活动对促进心理健康的作用，以前后测的设计，SCL-90 为研究工具，结果发现，大学生心理健康活动月的系列活动对提高在校大学生的心理素质、改善他们的心理健康状况有积极意义[6]。王东平、詹合琴、卫世强比较分析了心理健康教育月活动对缓解医学生焦虑抑郁情绪的效果，研究进行了前后测、对照组的设计，焦虑自评量表（SAS）和抑郁自评量（SDS）为测量工具，结果显示观察组干预后 SAS 和 SDS 的评分与干预前比较均有显著性降低，中度以上焦虑和抑郁的检出率也明显下降[7]。已有研究评估心理健康状况的指标主要为 SCL-9、焦虑、抑郁自评量表，因此在该部分的效果评估中，可以前后测为研究设计，分析活动实施后上述指标的变化。除以上指标外，也可考虑能够较好反映学生心理健康状况的测量问卷。

（二）心理健康素养的提升

近年来，国民心理健康素养成了一个比较热门的话题，亦引起各国政府的关注，被纳入公共政策议题。国家卫生计生委、中宣部、中央综治办、民政部等 22 个部门共同印发的《关于加强心理健康服务的指导意见》明确地将心理健康素养的提升作为心理健康服务的首要目标。后续的《健康中国行动（2019—2030）》也将心理健康素养作为重要结果性指标。基于此，心理健康教育活动应将心理健康素养的提升作为目标，是心理健康教育活动的发展性任务。目前，心理健康教育活动对心理健康素养的提升作用还未进行相关的实践研究，可以将其作为效果评估指标。

心理健康素养的概念源于健康素养，是一个能综合反映个体或群体对心理健康相关概念了解和应用的指标。江光荣等将心理健康素养界定为"个体在促进自身及他人心理健康，应对自身及他人心理疾病方面所养成的知识、态度和行为习惯"。吴珏等基于江光荣等人提出的心理健康素养新概念框架，编制了《国民心理健康素养问卷》，共 60 个题目，由 6 个分问卷组成，分别测量心理健康相关知识和观念、心理疾病相关知识和观念、维护和促进自己心理健康的态度和习惯、应对自己心理疾病的态度和习惯、维护和促进他人心理健康的态度和习惯、应对他人心理疾病的态度和习惯。内部一致性信度 0.92，重测信度 0.72[8]。问卷的心理测量学指标较好，可以用来测量我国国民的心理健康素养。

（三）积极心理品质的培育

心理健康教育活动的原则是面向全体、兼顾个别、重在发展。根据中共教育部党组关于印发《高等学校学生心理健康教育指导纲要》的重要指示,在心理健康教育活动的策划、实施中,需注重发展性和预防性。而积极心理学作为关注人的积极体验、挖掘人的积极潜能、激发内在积极力量的新兴学科,自从上世纪末由美国心理学会主席塞利格曼(Seligman)发起后,始终倡导培育积极心态、追求全面的幸福。相比于传统心理学对人的异常和问题的关注,积极心理学提供了一个全新的视角,且其导向与心理健康教育工作的发展性与预防性原则更为贴合。基于此,心理健康教育活动更高层次的任务则是从发展的角度,培育学生积极心理品质,发展个人优势,提升学生幸福感。

心理健康教育活动对积极心理品质的培育研究有较多的探索,研究设计一般为前后测,并设有对照组,对活动实施进行比较分析。如郭洁对心理健康教育活动对心理资本的提高作用进行了验证,其文章中对心理资本的定义是个体一般积极性的重要心理要素,它包括四个维度:自我效能、韧性、希望与乐观。结果发现,心理健康教育活动有助于帮助大学生提高心理资本[9]。此外,心理韧性一直是积极心理学研究的热点课题,是个体应对外部压力的一种积极、可培养的能力。研究者们也将注意力放在了心理韧性上,结果发现,心理健康教育活动可以有效提升学生的心理韧性[10]。已有研究聚焦于心理弹性/心理韧性、心理资本、积极情绪等积极心理品质,因此,在该部分的效果评估中,可以考虑使用以上测量工具。

在效果评估方面,可以将心理健康状态的促进/改善、心理健康素养的提升、积极心理品质的培育作为衡量指标,以前后测、对照组的实验设计为主,收集量化研究数据进行比较分析,以质性研究数据作为补充。本文将实践与实证研究相结合,对高校心理健康教育活动的整体效果评估指标进行系统的梳理,旨在为高校心理健康教育活动的实践与研究提供参考和启发,推动心理健康教育活动的理论与实践发展。

参考文献:

［1］王晶,赵贵臣.高校学生心理健康教育活动的创新性探索[J].教育教学论坛,2021,(18):176-179.

［2］李琳.大学生心理健康教育活动项目化管理模式探索——基于积极心理学视野[J].现代商贸工业,2021,42(23):76-78.

［3］伍宇翔.高校心理健康教育活动评估方式初探[J].湖北广播电视大学学,2013,33(7):45-46.

［4］Lu J, Xu X, Huang Y, et al. Prevalence of depressive disorders and treatment in China: a cross-sectional epidemiological study.[J]. The lancet. Psychiatry, 2021, 8(11): 981-990.

［5］李婷婷,伍晓艳,陶舒曼,杨娅娟,徐洪吕,邹立巍,谢阳,陶芳标.大学生体力活动与身体健康及抑郁症状的关联[J].中国学校卫生,2020,41(6):867-870.

［6］张曼华,杨凤池,张宏伟.心理健康教育活动对提高大学生心理健康水平的作用[J].中国学校卫生,2002,23(6):519-519.

［7］王东平,詹合琴,卫世强.心理健康教育月活动对缓解医学生焦虑抑郁情绪的效果[J].中国健康心理学杂志,2013,21(12):1852-1853.

［8］江光荣,赵春晓,韦辉,于丽霞,李丹阳,林秀彬,任志洪.心理健康素养：内涵、测量与新概念框架.
　　心理科学,2020,43(1)：232－238.

［9］郭洁.心理健康教育活动提高大学生积极心理资本的实验研究[D].内蒙古师范大学,2014.

［10］李月.基于音乐活动的心理健康教育课对小学生积极情绪的影响研究[D].沈阳大学,2021.

"三全育人"视域下的高校朋辈
心理咨询本土实践
——以中国人民大学为例

陈思翰　周　莉

中国人民大学

【摘要】朋辈心理咨询诞生于20世纪70年代美国高校学生运动的高潮之后,强调人本主义立场、学生主体地位以及多方合力推动。中国高校扩招和社会经济演变的现实境况使得专业心理教师队伍和班级心理委员制度难以充分满足学生心理健康需求,半专业的朋辈咨询则有利于缓解此矛盾。本文立足中国人民大学的十年探索经验,实证说明朋辈咨询项目的引入符合高等教育发展规律,能有效契合中国高校学生的教育需求。而在本土化过程中,应当激活人本主义价值观与当代思政教育的共性,发掘朋辈咨询"全员育人、全程育人、全方位育人"的多维功能,将国际经验与本土需求彼此衔接,充分发挥心理健康教育的育人功能。

【关键词】朋辈心理咨询;三全育人;本土实践

经典定义认为,朋辈咨询(peer counseling)指具有准专业训练与督导基础的学生通过言语或非言语方式为寻求帮助的同龄学生提供倾听、支持等不涉及建议指导的咨询服务。围绕朋辈咨询的概念内涵、发展历程与功能演进,国际范围内进行了大量探讨。英语学界的最新综述指出,将朋辈支持延伸至心理健康、戒除瘾疾、老龄群体关怀等场景,是一种日渐兴盛的全球性浪潮,既有文献普遍认可朋辈支持者的心理健康服务功能,同时强调协作性、持续性以及相关方的广泛参与是这种功能得以实现的前提,但跨文化实践等议题仍有较大讨论空间。大量国际前沿心理学研究也表明,朋辈支持在全球防疫与心理健康工作中能够发挥重要作用,但此类综述梳理通常关注英语、法语和意大利语等欧美学界成果,对东亚等区域背景下的朋辈心理实践少有研究。

在中文研究中,朋辈心理咨询近年来主要在高等教育领域得到广泛关注。从宏观数量看,在中国知网收录的 8 560 种期刊中进行检索,[①] 自 1997 年首篇研究发表至今,共有 3 257 篇期刊论文与此主题相关,其中 431 篇为中文核心期刊。从趋势看,发表数量自 2004 年后逐年攀升,2015 年前后接近年均 300 篇,此后有所波动,但绝对数量仍然超过年均 150 篇。不过,尽管数量持续增长,但由于国内学界对中国高校朋辈实践的实证研究仍然薄弱,致使对其发展过程、实际效果与面临挑战的论述缺少支撑,"朋辈咨询本土化"往往流于概念,使得这一领域的文献在说服力与影响力方面尚有提升空间。同时,鉴于我国高校心理健康教育与咨询工作大多归属学生工作部门或者思政工作部门管理,也有必要进一步说明,借鉴国际经验而来的朋辈心理咨询怎样在中国高校语境下对落实"立德树人"根本目标发挥积极作用,以此在学理层面为朋辈咨询项目的本土化推广争取更多支持。

一、国际经验:从斯坦福到人民大学

在美国历史上,1960～1970 年代的青年人被称为生于"二战"后的"婴儿潮世代",他们成长在衣食无虞的"丰裕社会",相比于大萧条和世界大战年代的父母,有幸经历了美国历史上最大规模的高等教育扩招。从 1945 到 1975 年,美国人口从 1.4 亿增加到 2.1 亿,高等教育入学人数从 167 万增加到 1 100 万,高等院校数量从 1 768 所提升到 2 747 所,高等教育总经费从 11.6 亿美元扩充到 397 亿美元,高校学位授予数量从 15 万上升为 166 万个。但与此同时,社会的急剧变迁和高等教育的迅猛发展意味着教育大众化时代的降临,高校学生必须接受的现实是,大学文凭不再必然意味着跻身上流阶层的机会,而仅仅是就业技能培训的合格证书。1961 年一项针对美国大学高年级学生的调查表明,31.2% 的人认为当下最严峻的问题是年轻人对未来缺乏准备,13.7% 认为是世界核战争,13% 认为是找工作。

而过去二十年间,中国社会与高等教育经历的变革在规模和程度上与美国 20 世纪六七十年代的情况相当。1998 年,中国普通高等学校本专科招生数约 108 万,2008 年超过 650 万,2018 年接近 800 万,2020 年达到 967 万。[②] 在学生数量增加的同时,多样化心理需求也在增长:互联网时代满足基本物质需求的学生通常具有价值取向日渐多元、个性意识更加明晰等特点,同时又在家庭期望、同辈压力与有限资源下面临激烈竞争。而中国高校的专业心理工作队伍在发挥重要作用的同时,仍然受制于经费能力、管理考核、人才供给等因素,在客观上面临人员结构欠佳、专业水平有限、运行机制低效等问题。为此,高校心理委员队伍快速发展成为有生力量,到2018 年,全国高校心理委员队伍规模预计超过 70 万人。但该模式在推广心理工作、

---

① CNKI 数据库检索模式:全部学术期刊(不含学位论文、著作),中文检索(全文字段、无扩展),精确模式。关键词逻辑表达式:"(朋辈咨询 OR 朋辈辅导)AND 心理"。最后检索时间:2022 年 3 月 25 日。

② 数据来源:中华人民共和国教育统计数据,不包含研究生教育、成人本科教育。http://www.moe.gov.cn/jyb_sjzl/moe_560/2020/最后访问时间:2022 年 3 月 26 日。

宣传心理意识的同时,同样存在"观念落后、方式陈旧、手段单一、吸引力不强、实效性不高等问题"。

在此背景下,中国人民大学引进了朋辈心理咨询项目。从历史维度看,作为中国人民大学前身的陕北公学在党的教育方针指导下,坚持"强调主体意识、实现以人为本"等教育理念,广泛运用小组研讨与同伴帮扶等动员依靠群众、发扬民主团结的马克思主义教育方法,在光辉的校史历程中形成了朋辈互助的教育传统。21 世纪以来,在长期的心理健康教育工作中,中国人民大学逐渐探索出通识教育、朋辈互助、精细化服务三合一的心理健康教育"人大模式",积累了丰富的朋辈教育经验。2009 年,中国人民人学开始考察引入斯坦福大学"桥"体系,以工作坊会议等形式,在国内高校中率先推广"斯坦福模式"朋辈心理咨询项目。2011 年,学校心理中心面向全校选拔学员,由心理中心教师依托斯坦福方案开设共 4 学分的朋辈心理咨询课程,[①]成立以学生为主体的朋辈心理中心,于当年秋季正式启动朋辈咨询服务并持续运营至今。

二、本土实践:朋辈咨询的中国故事

十年来,朋辈咨询项目共开设 18 期课程,[②]累积培养超过 500 名学员,其中接近 40 人在接受朋辈训练后选择海内外知名高校心理学相关专业深造以及在心理咨询相关领域就业。在校期间,朋辈咨询师团队每晚 19~23 点(含周末和节假日)在学生公寓楼内的"朋辈小屋"面向全体学生提供免费、匿名、无需预约、推门即进的一对一咨询服务,十年共接待来访个案 2 177 例(截至 2021 年秋季),并在心理中心专业咨询师指导下开展案例报告、督导会以及危机转介等常规工作。2015 年至今,朋辈咨询师共向心理中心进行 135 次案例转介(占总案例数 17.15%),其中 48 例涉及危机。

与此同时,依托朋辈咨询师团队,朋辈心理中心在党委学生工作部指导下开展了班级心理委员培训、特色专题团体辅导、"5·25"心理健康年度游园会、心理健康通识课宣讲、新生入学绿色通道志愿服务、朋辈文创物品设计等校园工作,带动朋辈互助理念向全校辐射。2014 年,朋辈心理中心学生自主创办"RUC 朋辈小屋"微信公众号,作为兼具留言互动、学员招募、活动宣传、知识科普等功能的新媒体推广渠道。截至 2022 年 3 月,累积推送文稿 692 篇,关注者达到 8 639 人,并升级为承接学校心理中心宣传工作的正式平台。概括言之,相较斯坦福大学"桥"中心的运营历程与现状,[③]中国人

---

① 课程使用教材为文森特·丹德烈亚、彼得·萨洛维合著的《朋辈心理咨询:技巧、伦理与视角》(中国人民大学出版社,2013 年 3 月)。作者萨洛维(Peter Salovey,中文名苏必德)在本科时担任斯坦福"桥"中心创立阶段的朋辈咨询师,1980 年赴耶鲁大学攻读心理学,其间撰写该书,1986 年博士毕业后留校任教,2000 年成为心理学讲席教授,2013 年 7 月至今出任耶鲁大学第 23 任校长。详见 https://www.yale.edu/about-yale/leadership-organization/peter-salovey 最后访问时间:2022 年 3 月 26 日。

② 每期课程 4~6 学分,包含至少 50 小时课堂讲授、30 小时小组实务训练和 20 次模拟咨询练习,总学时超过 120 小时,学员结课后通过两轮笔试和实务考核方可成为上岗朋辈咨询师。

③ 在 2021 年 10 月 30 日举办的两校朋辈心理咨询项目发展经验内部线上交流会上,斯坦福朋辈咨询师代表在分组交流环节介绍了该中心以一对一咨询为主体、不定期举办小型专题工作坊的基本运营模式,较少举办 50 人以上的活动。同时,"桥"中心也通过美国社交媒体平台进行宣传,但在发布频次和影响力方面相对有限。

民大学朋辈心理中心起步晚、经验少,但在品牌传播度、活动影响力以及形式多样性等方面均有较快增长。近年来,两校在岗咨询师均为 30 人左右,中国人民大学在开放夜间 4 小时服务时长的情况下,每年朋辈咨询案例数量接近斯坦福大学的 60%,多名接受朋辈课程训练后留校的毕业生均能较好适应哈佛大学、哥伦比亚大学、宾夕法尼亚大学等海外高校心理咨询硕士、博士项目的学习和研究。在两校整体资源条件存在客观距离的背景下,[①]这种发展成果既体现出海外经验对朋辈咨询项目的指引价值,也说明国内高校学生工作部门在充分重视心理健康工作、集中资源推进优质项目的情况下,完全能够自主建立兼具专业性与效率性的朋辈咨询体系。

在中国人民大学引入朋辈咨询项目之初的课程设计中,课堂教学的本土适应与育人功能就得到充分关注:一方面,教师通过扩充课时容量(斯坦福课程方案为 8 周,中国人民大学为 16 周)确保学生循序渐进接受和理解咨询技术,并在日常生活中体会语言技术的转变;另一方面,课程大纲适当减少美国方案中关于药物成瘾、经济压力等内容,结合咨询案例反馈情况,增设自我认同、家庭关系等中国高校学生普遍关注的内容,同时通过自主选题展示的作业形式鼓励学生向课堂提供议题,提升教学与应用的匹配程度。内部问卷调查显示,78% 的受访者表示"朋辈课程让我对自己的看法发生了变化"。与此同时,作为以学生为主体的校园项目,在课程之外的组织建设同样具有教育功能。2011 年设立之初,中国人民大学朋辈心理咨询中心的组织架构参考斯坦福"桥"中心模式,按职能设置 7 大部门,各部门设 1～2 名主管(coordinator)和 1～2 名助理(assistant),各部门主管均由上岗咨询师担任,助理则由正在上课或已经结课的学员担任,不设专业、年级和其他背景限制,在人员构成与职能设置上,具有较明显的自我服务与自我管理特征。这种强调助人助己、服务社群、彼此尊重的项目理念,既有着鲜明的人本主义心理学底色,又与培养具有奉献担当意识的时代新人彼此契合,动员师生力量,注重多环节多场景培养学生,结合课堂内外,综合理论实践,体现出"全员、全程、全方位育人"的教育理念。

综上所述,就其教育功能而言,朋辈咨询项目在实际运行中事实上超越了通常意义的学生课外活动,成为兼具课程育人、实践育人、心理育人和组织育人等多维价值的专业化与国际化教育项目。在此意义上,作为全球化时代的高等教育创新成果,朋辈心理咨询项目在中国高校的移植、推广和发展,必将为培养"志存高远、德才并重、

---

① 以 2020 年为例,中国人民大学 2020 财年预算总收入 74 亿 4 248 万元人民币,2019～2020 学年全日制在校生 22 321 人,斯坦福大学 2019～2020 学年预算总收入约 67 亿 5 800 万美元,正式注册生(matriculated students)16 385 人,以中国外汇交易中心 2020 年 12 月 31 日公布的银行间外汇市场人民币汇率中间价(1 美元对人民币 6.524 9 元)计算,两校生均预算约为 1:8。数据来源:中国人民大学信息公开网,http://xxgk.ruc.edu.cn/docs/2020-07/ 5c208b68312e4a869f8bc07947166e00.pdf; http://xxgk.ruc.edu.cn/docs/2021-01/490212e4d8534875a86e033 ba5edc93e.pdf;斯坦福大学预算办公室(University Budget Office)https://budget.stanford.edu/sites/g/files/ sbiybj9886/f/budgetplan2019-20.pdf;斯坦福大学招生办公室(Registrar's Office)https://registrar.stanford.edu/ everyone/enrollment-statistics/enrollment-statistics-2019-20? msclkid = 0c7308ffacf711ec9a3b9ed51f54f5ea 最后访问时间:2022 年 3 月 21 日。斯坦福大学当年预算书中,强调"扩充全校学生心理健康服务"(expand mental health services on campus for all students)等支持项目,是学校五大财政倾斜"主要优先领域"(major priority areas)之首。

情理兼修、勇于开拓"的时代新人、为推进落实"立德树人"根本任务做出更大贡献。

参考文献：

［1］亚瑟·科恩.美国高等教育通史［M］.李子江,译.北京：北京大学出版社,2010：158.

［2］吕庆广.60 年代美国学生运动［M］.南京：江苏人民出版社,2005：75－77.

［3］童伟.论高校心理健康教育工作队伍的健全及优化［J］.江苏高教,2017(9)：85－88.

［4］詹启生.心理委员工作蓝皮书——心理委员工作研讨会十二载［M］.天津：天津大学出版社,2018：205.

［5］丁笑生.高校心理健康教育工作存在的问题与对策探析［J］.思想理论教育导刊,2016(7)：133－135.

［6］张晓萌.中国共产党在延安时期开展马克思主义教育的实践——基于陕北公学的历史考察［J］.教育研究,2020(4)：48－54.

［7］张晓京,文书锋,胡邓.打造大学生心理健康教育"人大模式"——通识教育、朋辈互助与精细化服务三合一［J］.北京教育（德育）,2012(2)：53－55.

［8］Sussman, M.. The Development and Effects of a Model for Training Peer Group Counselors in a Multiethnic Junior High School, Dissert Abstracts International, 1973, 02, 626－627.

［9］Shalaby, Reham Hameed, Vincent, Agyapong. Peer Support in Mental Health：Literature Review［J］. JMIR Mental Health, 2020(07) e15572.

［10］Suresh R, Alam A, Karkossa Z. Using Peer Support to Strengthen Mental Health During the COVID－19 Pandemic：A Review［J］. Front Psychiatry, 2021(12) e714181.

重大公共卫生事件对高校心理工作的挑战与应对策略[①]

李旭珊

北京理工大学

【摘要】本文分析了重大公共卫生事件对大学生心理健康的影响，以及高校心理工作中可能面临的困难与挑战，并提出应对的策略，为今后拓展高校学生心理工作思路与提高工作成效提供参考。

【关键词】公共卫生；高校；心理健康教育

重大公共卫生事件不仅会给人们的身体健康带来影响，而且会对人们的工作、学习、生活产生负面的影响。重大公共卫生事件在一定程度上，也给大学生的心理状况带来了干扰，会引发恐惧、抑郁、强迫性焦虑等负性情绪反应[1]。同时，公共卫生事件作为应激源，在一定时间内破坏了个体正常的生活状态，在这种情境下，对于缺乏适应的情绪反应和应对方式的青年个体，会承受更大的压力[2]。因此，做好重大危机事件的应对准备，是高校心理工作提高风险抵御能力的要求。本文将从重大公共卫生事件对大学生的心理影响，高校心理工作中可能面临的挑战，以及高校心理工作的应对策略三个方面展开讨论，以期为提升高校学生心理工作实践的成效提供参考。

一、重大公共卫生事件对大学生的心理影响

1. 对大学生情绪状态的影响

相关研究发现，青少年的情绪和行为问题会受到重大公共卫生事件影响。有研究者梳理了 2020 年至 2021 年间发表的 29 项涉及 8 万余名青少年的相关研究，结果发现，全球青少年抑郁和焦虑症状的总发生率分别为 25.2% 和 20.5%[3]。国内的研究者也发现类似的情况。昌敬惠等人对 3 881 名广东高校学生的调查发现，大学生焦虑和抑郁情绪的发生率分别为 26.6% 和 21.16%[4]。重大公共卫生事件发生时，会在一定程度上影响社会系统的正常运行，其发展的不确定性和危害性让身处其中的个

---

① 基金项目：北京市委教工委北京高校思政工作研究课题（BJSZ2019YB32）；中国学位与研究生教育学会面上课题（2020MSA178）。

体的安全感和控制感降低,容易诱发认知失调,产生恐惧、焦虑、抑郁等消极情绪[5]。由于大学生处于成年早期,虽然其生理机能基本发育成熟,但是掌管情绪和控制力的前额皮层尚未发育成熟,情绪调节的能力不足。同时,心理方面,大学生处于自我意识发展的关键期,对自我认识和评价易受外界影响,遇到困难时无法解决时,可能产生自我否定、贬低的认知偏差。因此,面对重大公共卫生事件,情绪调节能力和心理弹性不足的学生,就容易产生负性情绪体验。

2. 对不同学生群体的影响

重大公共卫生事件影响具有广泛性,突破了地域限制,不同学校、专业、性别的大学生都可能受到影响。尉力文等研究发现,在重大公共卫生事件中,医学类专业大学的心理健康状况优于理工类和文科类大学生,这可能与医学类专业学生在专业培养过程中形式的思维认知方式有关[6]。潘苗等人对处于公共卫生事件应激状态的大学生进行调查发现,女生比男生更容易出现焦虑情绪,接受正面信息小于负面信息[7]。郭佩佩等研究发现,年级越高,个体心理应激反应越明显,多重比较结果显示,大四学生的心理应激最高[8],这可能与大四学生面临求职、就业等压力有关。面对重大公共卫生事件的影响,不同群体的大学生由于其自身的认知特点、压力应对策略、对信息过载的处理方式等不同,表现出不同的心理和行为反应。

3. 对大学生社会支持系统的影响

社会支持是心理健康重要的保护因素[9]。为了防控病毒传播、避免人群聚焦,保持社交距离、居家在线学习等都成为保护措施,但这也在一定时间内,改变了学生的学习与人际相处模式。刘升的研究发现,14.96%的学生对网络学习表示"不满意"或"非常不满意"[10]。缺乏教师的监控和及时指导交流导致部分学生不适应网络学习,而居家的学习环境,对于自制力薄弱的学生,课程投入度、专注力等均会受到影响。同时,居家学习期间,学生不可避免地增加与父母相处的时长,家庭关系质量也会影响其心理状态。研究发现,家庭关系越疏离、适应性越低时,大学生的心理创伤体验越明显[8]。此外,重大公共卫生事件作为外部风险因素,也可能导致父母受到健康和经济的双重威胁,其承受的压力可能通过影响家庭功能进而干扰婚姻关系、亲子关系[11],进而影响大学生的心理健康发展。

二、高校心理工作中面临的风险挑战

1. 对大学生心理影响的持续性

重大公共危机事件,与以往的校园心理危机特别不同。以往的校园心理危机,多是在单个高校发生,影响面有限。生态系统论认为,生物因素和环境因素交互影响人的发展[12],而重大公共卫生事件对家庭、学校、社会等都产生了作用,对个体所处的生态系统都造成了影响。同时,有少部分个体,由于本身存在心理问题或患有心理疾病,突发的卫生事件可能加重原有心理问题,或者引发心理疾病复发。此外,重大危机事件还可能引发创伤性应激障碍[13]。这提示我们,在重大公共卫生事件结束后,个体虽然能逐步回归正常生活,但是其心理状态仍可能通过创伤的方式表现出来。综上所述,不仅要关注原有心理问题的学生,还要关注重大公共卫生事件期间首次出现心理问题的学生,及时做好心理疏导与危机预防工作。

2. 对原有心理工作模式带来挑战

为了遏制病毒的快速传播,作为人员密集的大学校园,需要采取必要的措施减少人员的接触与流动。与此同时,大学生原有的学习、生活方式也暂时被改变,原有的高校心理工作模式也暂时被打破。一是线下工作受限。如居家学习、隔离观察等,这些使得课堂教育、面对面咨询、现场教育活动等都不能按原有形式开展。二是危机风险隐患提高。随着形势的变化,如果校园内出现病例,或爆发聚集性病情,学生容易出现恐慌情绪,其心理健康状况也显著低于日常水平[14]。此时,对危机干预的人员力量和技术力量都要远高于平常。

3. 全线工作突显高校心理工作资源不足

当校园出现聚集性病情时,学生可能处于应激状态。心理工作需要在短时内全线运行,如开展线上授课、个体/邮件咨询、团体辅导、热线电话、危机干预、讲座宣传等。但各高校的专职心理素质教师数量有限,虽然可以借助兼职咨询师的力量,但要面向全校学生开展全方位、24 小时的心理健康服务,仍显得力不从心。以热线服务为例,虽然国内有少数高校开设了有专班值守 24 小时心理热线,但是当前大多数高校开设的心理热线是由专职心理教师接听,他们既要应对常规或突发性工作,又做好随时接听热线的准备,工作常态化后难免有疲惫感。这些都突显公共卫生事件背景下,高校心理工作资源的不足。

三、高校心理工作的应对策略

1. 坚持预防为先、干预为重的心理工作策略

重大公共卫生事件的发生有时难以预测,那么优化应对突发事件的策略,就显得尤为重要。不仅要着眼于事后干预,而且还要着重于事先预防。首先,开展心理预防的科普教育,促进学生了解掌握相关公共卫生知识,减少恐慌情绪。其次,加强对学生心理状态的排查,按问题严重程度进行分级分类干预。如为轻度问题学生提供心理健康教育、朋辈互助等帮助,为中度问题学生提供个体咨询、转介就医等帮扶,为严重问题学生启动危机干预流程,及时干预。最后,培养学生形成转"危"为"机"的意识,将应对重大公共卫生事件作为一个实战演练的机会,提升学生情绪调节力和问题解决力,从而提高抗压能力。

2. 积极建构云端心理健康教育的工作模式

应对重大公共卫生事件,要求高校心理工作模式能依据形势迅速切换。云端心理健康教育要成为未来高校心理工作的新模态。一是强化网络宣传,以慕课、微课、

视频、推文等形式推广心理卫生知识与压力应对技巧等。二是开展线上测评,提供焦虑、抑郁等自评量表,帮助学生快速自我评估,寻求相应心理帮助。三是运用大数据追踪学生心理变化,及时发现、干预危机学生,利用危机管理信息化平台,做好危机干预流程记录。四是开展云端心理健康教育,将个体咨询、团体辅导、心理讲座、实践活动等都转为线上,并做好线上工作组织管理。

3. 整合校内外资源、开启协同工作的新局面

一是心理讲座资源共享,组织高校心理专家面向师生开展线上讲座;二是以省、市为单位,开设24小时心理热线,由高校心理教师志愿参加、轮流接听,并与120、110进行对接,及时处理危机来电,每所高校设一名联络人,负责处理本校学生的危机干预;三是建构通畅的学生就诊通道,加强医校合作,为危机学生提供就医途径;四是加强与校内部门的协同联动,如与学生工作部、校医院、保卫部、后勤部门、教务部、研究生院、各学院等形成联动机制,及时了解学校在特殊时期的管理措施与工作对策,提供建议反馈,并制定相应的特殊期间的学生心理工作方案,提供切实可行有效的心理健康教育和服务支持。

参考文献:

[1] 黄大庆,王燕,洪霞,等.新型冠状病毒肺炎疫情对大学生心理健康的影响[J].海军军医大学学报,2022,43(6):709-714.

[2] Roussos A, Goenjian AK, Steinberg AM, et al. Posttraumatic stress and depressive reactions among children and adolescents after the 1999 earthquake in Ano Liosia, Greece[J]. Am J Psychiatry, 2005, 162(3):530-537.

[3] Jasmine AL, Polly W, Samantha P, et al. Examining changes in parent-reported child and adolescent mental health throughout the UK's first COVID-19 national lockdown[J]. J Child Psychol and Psychiatry, 2021, 62(12):1391-1401.

[4] 昌敬惠,袁愈新,王冬.新型冠状病毒肺炎疫情下大学生心理健康状况及影响因素分析[J].南方医科大学学报,2020,40(2):171-176.

[5] 马海燕,俞国良.重大危机事件中青少年的认知特点与心理干预——以新冠肺炎疫情为例[J].南京社会科学,2021,11:76-82.

[6] 尉力文,王琴,荣超,等.新型冠状病毒肺炎疫情期间不同专业大学生心理健康及应对方式比较[J].中国健康心理学杂志,2020,28(12):1838-1842.

[7] 潘苗,张三强,周升生,等.应激状态下大学生心理健康相关影响因素及应对方式[J].中国健康心理学杂志,2021,29(2):309-313.

[8] 郭佩佩,于海燕,高金敏.新冠肺炎疫情下家庭关系对上海高校大学生心理应激反应的影响[J].中国学校卫生,2021,42(3):412-416.

[9] Cassei J. The contribution of the social environment to host resistance[J]. Am J Epidemiology, 1976, 104(2):107-123.

[10] 刘升.重大公共卫生事件中青少年学生群体的压力及化解经验[J].贵州大学学报(社会科学版),

2021,39(1)：92－102.

[11] 刘玉娟.新冠疫情背景下儿童青少年心理健康研究综述[J].中国特殊教育,2020,12：89－96.

[12] 戴维·谢弗.社会性与人格发展[M].陈会昌,等,译.北京：人民邮电出版社,2012：92－93.

[13] 伍新春,王文超,周宵,等.汶川地震8.5年后青少年身心状况研究[J].心理发展与教育,2018,34 (1)：80－89.

[14] 张莉.疫情下封闭管理对高校学生心理健康状态影响的研究[J].太原城市职业技术学院学报, 2022,5：123－127.

高校美育与心育的价值契合和实践路径[①]

肖　雄　李旭珊　许　欣

北京理工大学

【摘要】高校推进大学生心理健康教育工作时,应重视美育工作中以美育人、以美化人、以美培元的时代价值。高校美育内涵与心理健康教育在立德树人宗旨上高度契合,二者融合能显著提升综合教育实效,形成良好的共育生态。为此,高校要充分将美育与心育工作融合,构建美育心育共生共融的协同育人平台。

【关键词】美育教育;心理健康;大学生;价值;心理健康实践

2020 年 10 月,中共中央办公厅、国务院办公厅印发了《关于全面加强和改进新时代学校美育工作的意见》[1],为新时代学校美育工作做了顶层设计和整体谋划。美育具有多层次的精神内容和育人目的,其文化内涵包括以美育人的审美教育、以美化人的情操教育和以美培元的心灵教育。美育不仅可以完善人的基本素质,还可以拓展个体的精神世界,有助于塑造健全的人格,从这个层面来看,美育和心育在促进大学生素质全面发展的过程中,具有高度的契合度。如何将二者有机结合,扩展高校育人、育心的实践路径,对提高大学生心理健康水平,促进综合素质提升具有重要的意义。

一、美育的内涵与功能

德国美学家席勒最早在《审美教育书简》一书中对美育的性质、功能和意义进行了系统描述。在中国,最早倡导美育的是教育家蔡元培[2]。从狭义来看,美育一般指美感教育、审美教育、美学素养教育,通常以艺术教育为载体。从广义来看,美育是利用美学基本原理,按照美学原则渗透于其他学科教学后形成的教育[3]。

美育的基本任务就是借助一定的艺术形式影响和熏陶学生,提高其对美的感知和理解能力,激发想象力和创造力,激发对美好事物的追求,并能自觉按美的标准规

---

① 项目名称:北京市教委北京高等教育《本科教学改革创新项目》,项目编号:京教函〔2021〕632 号。

范自己的行为,从而塑造健全人格[4]。美好的事物往往会引发个体的愉悦的情绪体验。积极情绪拓展—建设理论认为,积极情绪体验会让个体瞬间思维活动序列扩展,帮助个体建构持久的个体资源,增强身体灵活性、社会支持、乐观态度等[5]。这都有利于个体在面临困难和挑战时,做出更好的应对。从这个角度来看,美育不仅能满足个体的审美需要,而且能在提升审美素养的同时,陶冶情操、温润心灵。

二、美育对大学生健全人格塑造的作用与意义

高校美育的本质是涵养和培育大学生的一种情感教育、人格教育和创新教育,不单单是传授审美观念和审美经验的知识教育形式,还是潜移默化陶冶意志抉择和价值取舍的重要路径。

(一)美育融入心育是大学生心理健康教育的必需要求

2021年,中国青年报面向全国2 063名高校学生就"容貌焦虑"话题展开问卷调查,结果显示近六成大学生存在不同程度的"容貌焦虑"。而导致容貌焦虑的主要原因中,自卑心理占53.51%,流行的单调审美占51.68%,过于期待他人认可占49.39%,攀比心态占47.51%。这种追逐时尚化、标准化、单一化审美的现象,本质上是缺乏自我价值认同及文化主体意识,严重影响大学生的全面发展。对美育的真实的切身体验能够加深对美育精神的理解,帮助学生建立起成熟的文化审美认知,使他们对自然、社会、生活充满爱,帮助大学生树立正确的世界观和崇高而雅致的审美理想。提升大学生审美素养和人文精神的培育目标会增强大学生的心理调节能力,有利于促进其心理健康水平的提高。

(二)美育融入心育是塑造大学生正确价值观念的必然选择

高校美育是扎根在中国大地,厚植于传统文化,着力挖掘艺术经典中的美育元素,汲取优秀传统文化的艺术精髓,传承文化基因[6]。高校中往往有着各式各样的美育实践平台,如艺术馆、音乐厅、博物馆(校史馆)等,这些文化场所是开展审美教育的特殊场所,也是弘扬、传承中华优秀文化基因的重要载体。借助高校美育实践平台,引导学生增强传承弘扬中华优秀传统文化的责任感和使命感,增强大学生对文化传承的历史使命意识和责任担当精神,涵养大学生良好的审美、高尚的情操和创新的思维,为其按照美的原则改变自身、改造世界提供更多可能,并在不断自我丰富、自我完善的过程中,进一步坚实文化自信的价值观念。

(三)美育融入心育是激发大学生的创新意识的必要举措

高校美育对于培养当代大学生的创造力有着举足轻重的作用。美育实践能够激发大学生的丰富的想象力和非凡的创造力,使他们产生自由创造的审美需求,促进创造力的发展。大学生经常接触美的事物,接受美的熏陶,其联想和想象能力得到强化,就会使人的感觉更加敏锐[7]。尤其对于信息技术、机械制造、先进材料等科学技术学科的学生,在受到美的熏陶的过程中,会启发科学技术与人文素养的学科交叉,

这种交叉就是创新的起点,因此,审美素质的培养对于强化当代大学生的创新意识与能力,具有重要的推进作用。

三、高校美育与心育相结合的实践路径

高校美育与心育融合发展要结合学校自身资源情况和办学特色探寻合适的实践路径。同时,要充分考虑高校美育与心育的内涵和特色,挖掘具有价值和功能的内容,把知识传授、审美培养和人文熏陶相结合,实现以美育人、以美化人、以美培元多维一体的美育体系构建。

（一）构建美育心育联动的课程体系

高校美育和心理健康教育课程设计要遵循以学生为中心的原则,尽可能为学生打造可以激发其内驱力的联动课程,把理论与实践、知识与审美结合起来,注重深挖具有美育功能的特色内容,尤其要突出人文精神的文化内涵,立足心理健康教育,构建具有鲜明特色的联动课程体系。另外,要创新美育教学方式,避免走入空洞、单一、浅表的美育教学模式,要充分发挥美育实践作用,带领学生通过实践体验方式建立学生对情感认知,启发和培养学生树立极致精微的工匠精神,从而有助于其形成良好的人格志趣和远大的事业理想。

（二）建立美育心育融合的综合平台

高校美育融入心育不应停留在课程育人的层面,还要通过建立综合性美育平台,将理论和实践深度融合,把知识技能教学融入艺术审美体验,同时要拓展更多社会上优秀的师资力量参与共建,充分运用高校美育平台设施（艺术馆、博物馆等）及公共文化空间,将美育课堂延伸到社会环境中,打造高校美育品牌项目,丰富高校美育的形式和内容,引导学生更好地实现高尚的情操培养和全面的人格塑造。另外,还要将美育与第二课堂实践相结合,多环节全方位促进美育整体效应。高校可以以校园社团为依托组织学生开展以提高素质、陶冶情操为目的的一系列活动,如演讲比赛、校园演唱会、书画展等,让学生在创作中发现美、在生活中享受美,感受到令人愉悦的审美情感。

（三）营造良好的以美促心文化,促进大学生身心健康的全面发展

建设一流大学,培养一流人才,必须要有一流的大学文化。大学应努力营造一种积极向上的校园文化氛围,通过抓好基因传承引领、文化设施提格提质、文化品牌培育凝练和文化传播融合高效等"四个维度"[8],使大学文化与人才培养高度"黏合"。每所大学都有属于自己的特色基因,它包括了辉煌的历史、伟大的校友、深刻的校风校训,要将这些蕴含深意的文化基因通过文化丛书、校园戏剧、口述史和纪录片等形式转化成大学生共同遵循的行为习惯、价值观念以及审美情趣,从而培养学生健康的理想信念。大学要注重校园文化景观建设,建设齐全的文化基础设施。亭台楼阁、湖泊山石等自然景观让同学们心旷神怡;校史馆、艺术馆、博物馆陶冶同学们的情操;音

乐厅、报告厅、剧场提供丰富的文化艺术活动；名人雕像、文化雕塑、特色文化空间潜移默化地影响着同学们的身心。立足大学生的文化需求和成长发展需要，积极打造美育和心育共通的文化氛围，凝练校园文化品牌，使其显现规模效应，不仅推动校园文化活动蓬勃开展，更让这种优秀的以美促心的文化浸润美丽校园，涵育广大学生，逐渐陶冶和形成大学生的完美人格，促进大学生身心健康的全面发展。

参考文献：

［1］教育部机关服务中心(教育部机关服务局).中共中央办公厅国务院办公厅印发关于全面加强和改进新时代学校美育工作的意见.

［2］高群.新时代高校美育工作现状及实施策略分析[J].大众文艺,2022,(12)：166－168.

［3］汪仔健,孙冰玉.浅谈美育在心理健康教育中的作用[J].大众文艺,2022,(10)：115－117.

［4］俞国良,靳娟娟.心理健康教育与"五育"关系探析[J].教育研究,2022,(1)：136－145.

［5］刘向莉.美学教育的积极心理学医用价值探析[J].医学与哲学,2012,(8)：35－37.

［6］郭瑾莉.新时代高等学校美育的改革理路与行动策略[J].中国高等教育,2020,(12)：54－56.

［7］丁铮,高秦嫣.大学生审美心理探究与审美教育的对策思考[J].中南林业科技大学学报,2011,(5)：137－139.

［8］北京理工大学官方微信公众号.传承红色基因,建设特色鲜明的一流大学文化.2021.1.21.

积极心理学视域下高校心理育人
工作模式探新
——以"积极心理训练营"为例

余丽军　杨紫豪　张　琳

吉林大学

【摘要】目的：在积极心理学理论指导下探索心理育人工作模式，并验证其有效性。方法：选取23名参与积极心理训练活动的大学生，使用积极消极情感量表（PANAS）、一般自我效能感量表（GSES）和生活满意度量表（SWLS）进行测量，分析活动参与前后学生的积极情感、自我效能感和生活满意度的差异水平，探讨在积极心理学理论背景下开展心理育人工作的有效性。结果：活动参与前后大学生积极情感得分、自我效能感得分以及主观幸福感得分差异具有统计学意义。结论：以积极心理学理论为指导设计的心理训练营能够改善大学生情绪体验，增加获得感，提升生活意义感与幸福感。

【关键词】积极心理学；心理健康教育；心理训练

随着对心理学认识的发展，心理健康的含义已不仅仅是指没有精神疾病（如焦虑和抑郁），还包括心理健康（如感恩、希望、社交能力），缓解孤独与人际疏离，这二者通常被认为与精神疾病有关，并会增加自杀意念。也有既往调查中学生报告出现心理健康问题的同时还报告了较差的幸福感（即，对生活满意度和成就感的主观感受），受影响的学生通常表现不佳或学业失败甚至退学，这对学业成就、职业发展和生活状态有长期影响。在此背景下，大部分高校已经将心理健康工作从传统的"干预端"转向"预防端"，通过加强心理健康教育来预防心理健康问题的发生，进一步促进健康的积极发展，但是心理健康观仍在"问题观"向"成长观"转变的道路上，仍需为培养心理弹性和积极心理品质创造出更丰富的有利条件和空间。

已有研究表明，技能训练在改善大学生的心理健康方面是有效的[1-3]，包括，认知行为、正念及接纳与承诺技术等[4-6]。在技能训练中对学生可接受和有效参与的因素进行探索，得出易于参与、包容性与预防性、团体支持与安全性、技能的可操作性等四个支持性因素[7]。技能训练的目的在于提供学生练习时间、总结感受、分享体验、讨论问题[8]，建立新的支持系统。除此之外，Fredrickson在实证基础上提出的积极情绪的扩展—建构理论也具有开创性意义。

Fredrickson认为积极情绪是对个人有意义的事情的独特即时反应，是一种暂时的愉悦，具有拓展、建设和缓释功能[9]。Fredrickson等人研究发现，通过为期7周的冥想训练（loving-kindness meditation，LKM）后，积极情绪，被试的认知、身体、心理、社会资源、生活满意度都有了显著提高[10]，得出结论，个体日常的积极情绪体验的增加，可以建构一系列的个人资源（包括身体、认知、心理、社会资源），进而促进主观幸福感的提升。

除了冥想技能对以往生活事件的回忆，对当下生活的体验，对未来生活的向往同样可以唤起个人的积极情绪体验，但这些体验往往不易觉察，且尚未被系统地运用到践行拓展建构理论中。因此，很有必要探索一种可推广的预防性、半自助性的心理健康教育模式，为学生构建安全的团体支持空间，提供可习得、可操作的心理弹性工具，稳固积极情绪体验，丰富个体心理资源，提高对生命意义的感知，从而提升主观幸福感，助力学生积极健康成长。

综上，本研究在积极心理学理论基础上，采用"积极心理训练营"的方式，为学生提供心理健康技能训练，总结感受，分享体验的安全空间，通过测量学生在活动参与前后的积极情感、自我效能感以及生活满意度的差异验证活动的有效性，为进一步开展高校心理育人工作提供实践证据。

一、对象与方法

（一）对象

本研究对象选自东北某高校的大学生，共招募30人，其中7人在中途终止了活动参与，最终确定有效被试23人。在入组访谈阶段对学生的心理状态、参与动机等进行评估，排除近期服用过任何药物、有慢性或急性疾病的学生。

（二）工具与方法

1. 积极与消极情感量表（Positive And Negative Affect Scale，PANAS）

该量表由20个形容词组成，包含了积极情感与消极情感两个分量表组成[11]。量表采用五点计分，分别是"几乎没有""比较少""中等程度""比较多""极其多"。积极情感量表由10个描述积极情绪的形容词组成，得分高表示个体比较有活力，能够专心致志，并能从生活中感受到更多的快乐。消极情感量表由10个描述消极情绪的形容词组成，得分高表示个体的主观困惑较多，在生活中感受到更多的失落。本研究选择其中的积极情感量表来测量被试的积极情感，该量表的Cronbach α系数为0.83。

2. 一般自我效能感量表（General Self-Efficacy Scale，GSES）

该量表由Schwarzer等人编制，王才康等人翻译和修订为中文版[12]。量表一共包含 10 个题目,采用四点计分,分别是"完全不正确""有点正确""多数正确""完全正确"。总分越高,表示自我效能感的水平就越高,该量表的 Cronbach α 系数为 0.87。

3. 生活满意度量表(Satisfaction With Life Scale, SWLS)

对于主观幸福感的测量,本研究采用 Diener 等人编制的《生活满意度量表》(SWLS)[13],该量表五个项目,采用李克特七点计分,从 1 代表"完全不同意"到 7 代表"完全同意",得分越高说明被试的主观幸福感越强。该量表在本次研究中的内部一致性 α 系数为 0.937,可作为施测量表。

（二）活动流程

积极心理训练营由心理中心教师团队带领,负责入组访谈、活动带领、观察反馈以及追踪研究等,为期 10 天,通过自主报名和访谈筛选确定成员。活动以线上打卡、分享、互动,线下自主练习为主,下设三个模块,10 个主题活动任务:①"自我探索"模块:自我期待探索,优势探索,感受探索;②"自我赋能"模块:予人予己、感谢有你、闪光时刻、构筑希望感;③"自我关照"模块:建立联结、整理环境、自我关怀小瓶子。在训练期间每日根据主题提供线上"心理知识卡""活动任务卡""体验分享卡",其中知识卡和任务卡需要成员在当天完成并打卡,"体验分享卡"包括学员前日分享内容呈现和彼此互动,全程需实名提交但可选择匿名分享来保障安全性和可控性。活动期间还组织两次"非正式线上交流会",一方面提升学员参与感和互动感,构建心理支持系统,另一方面提供反馈渠道,及时掌握学员所遇难题和心理动态,适时调整,并在必要时引导及时咨询或就医。

（四）统计方法

使用 SPSS21.0 进行统计分析,对收集的数据行 K‐S,S‐W 分布检验,配对样本 Mann-Whitney U 检验(Wilcoxon 秩和检验),讨论参加积极心理训练营后的学生是否在积极情感、自我效能感及主观幸福感三个方面存在变化。

二、结果

（一）活动基本情况

本次活动共招募 30 名学员,最终完成训练营的学员 23 名(其中男性 7 人,女性 16 人),结营率为 76.67%,活动期间共打卡 230 次,形成了近 7 万字分享,所有活动打卡情况如下。

（二）前后测量结果差异

本次研究前测收集问卷 30 份,后侧收集问卷 24 份,剔除未完成训练营活动的 8 份问卷,保留前测后侧问卷 46 份。对收集的数据进行 K‐S,S‐W 分布检验,以确定采用何种统计方法,结果如表 1 所示。

积极情感、一般自我效能感及主观幸福因素测验的初测或后测未完全通过正态分布检验,因此选用配对样本 Mann-Whitney U 检验(Wilcoxon 秩和检验)。

表1 K‑S、S‑W分布检验

因素	Kolmogorov‑Smirnov(K‑S检验)			Shapiro‑Wilk(S‑W检验)		
	统计量	Df	显著性	统计量	df	显著性
积极情感(前)	0.09	23.00	0.20	0.97	23.00	0.68
积极情感(后)	0.15	23.00	0.17	0.92	23.00	0.06
自我效能感(前)	0.12	23.00	0.20	0.91	23.00	0.04
自我效能感(后)	0.19	23.00	0.03	0.93	23.00	0.12
主观幸福感(前)	0.16	23.00	0.12	0.93	23.00	0.09
主观幸福感(后)	0.22	23.00	0.00	0.88	23.00	0.01

1.《积极情感消极情感量表(PANAS)》前后测量结果差异

《积极情感消极情感量表(PANAS)》得分越高代表该情绪出现的频率越高,通过前后得分差异数据分析,结果如表2所示。

表2 《积极情感消极情感量表(PANAS)》前后测量结果差异

	M(p25，p75)	z	p
积极情感(前)	28(23，34)	3.24	0.001
积极情感(后)	33(30，36)		

后测的积极情感中位数为33(30，36),前测的积极情感中位数为28(23，34),前后测的得分分布存在着统计差异($z = 3.24$,$p < 0.001$)。

2.《一般自我效能感量表(GSES)》前后测量结果差异

《一般自我效能感量表(GSES)》得分越高,表示自我效能感水平越高。通过前后得分差异数据分析,结果如表3所示。

表3 《一般自我效能感量表(GSES)》前后测量结果差异

	M(p25，p75)	z	p
一般自我效能感(前)	27(23，30)	2.33	0.02
一般自我效能感(后)	29(24，30)		

后测的一般自我效能感中位数为29(28，30),前测的一般自我效能感中位数为28(24，31),前后测的得分分布存在统计差异($z = 2.33$,$p < 0.05$)。

3. 主观幸福感前后测量结果对比

《生活满意度量表》(SWLS)得分越高说明被试的主观幸福感越强。通过前后得分差异数据分析,结果如表4所示。

表4 《生活满意度量表》前后测量结果差异

	M(p25,p75)	z	p
主观幸福感(前)	19(14,24)	2.85	0.004
主观幸福感(后)	23(19,25)		

后测的主观幸福感中位数为23(19,25),前测的主观幸福感中位数为19(14,24),前后测的得分分布存在统计差异($z = 2.85$,$p < 0.05$)。

三、讨论

上述结果显示,从第一次活动到第五次活动,中间参与度略呈下降趋势,后逐渐稳定。除部分成员因个人原因中途退出或未全勤参与,大多数成员均按时间和计划完成打卡并积极分享反馈。成员反馈印象最深刻的活动之一是优势探索,为后续环节奠定了良好的活动基础。

积极情感维度的前后测结果在对比上显示,成员的积极情感显著提升,活动中通过感受探索等,体会觉察此时此刻,意识化情绪感受,建构积极情绪体验。而在一般自我效能感方面,前后对比结果差异明显。已有研究调查结果显示,社区慢性病患者的自我效能与赋能呈中度正相关,其中"自我认知"与"自我管理"维度与自我效能感相关性最高。这与本研究有较高的一致性,从这个角度上来说,可以尝试通过自我赋能的活动环节来提升个体的自我效能感,也可以通过提高自我效能感来强化自我认知、自我管理和自我决策能力。[14]另外,通过主观幸福感的前后测量对比发现,参与成员的主观幸福感也有显著提升。已有研究表明可以通过自我认同和自我效能感来提升主观幸福感,也和本研究具有一定相关性。

虽然本研究进行了初步实证探索,但接下来仍有诸多问题需改进提升。

首先,加强理论研究,增强活动设计的专业性。目前也有不少学校尝试采用心理训练,积极开展各类主题活动,但更多注重的是活动实践层面,在活动内容设计上也存在相互模仿借鉴的现象,"活动是否真的起到统计学水平的显著效用? 又是哪些因素起到关键作用?"等问题仍值得探索验证,所以加深对活动设计的关键影响因素的研究,丰富活动设计多样性的同时依然保留在合理的理论框架范围内,是未来研究更深入、问题更聚焦、内容更精准的方向之一。

其次,统筹宣教指导,提升活动实施的系统性。很多心理训练营多以单次或短程为主,虽然也有诸多成员反馈收获颇多,但是难以比较、连续和追踪研究,如何引导参与者通过有组织、易坚持、勤反馈的刻意练习把此时此地感受到的"受益匪浅的知识和技术"变成一种"认知思维习惯",进而加深积极体验的固着性和持久性,塑造积极弹性且多元的认知,也是后期活动系统性完善的思路。

最后,扩展研究方法,加强研究的科学性。团体干预是一个复杂的人际互动过程,很难完全控制活动内容、人际互动以及个人投入程度等多种影响因素的相互交织作用,仅单一的量化研究亦不能够充分验证干预效用,近些年来也有研究者将参与者的感受和反馈纳入临床研究议题,未来的研究可充分研究参与者的感受和反馈,将质性研究和量化研究相结合,共同构成循证实践的有力基础。[15, 16]

参考文献:

[1] Joseph A. Durlak. Successful Prevention Programs for Children and Adolescents[M]. Springer, Boston, MA.

[2] Botvin Gilbert J, Griffin Kenneth W. School-based programmes to prevent alcohol, tobacco and other drug use[J]. International review of psychiatry (Abingdon, England), 2007, 19(6).

[3] Eric Stice, Heather Shaw, C. Nathan Marti. A Meta-Analytic Review of Eating Disorder Prevention Programs: Encouraging Findings[J]. Annual Review of Clinical Psychology, 2007, 3(1).

[4] Breedvelt Josefien J F, Amanvermez Yagmur, Harrer Mathias, Karyotaki Eirini, Gilbody Simon, Bockting Claudi L H, Cuijpers Pim, Ebert David D. The Effects of Meditation, Yoga, and Mindfulness on Depression, Anxiety, and Stress in Tertiary Education Students: A Meta-Analysis.[J]. Frontiers in psychiatry, 2019, 10.

[5] Junping Huang, Yeshambel T. Nigatu, Rachel Smail-crevier, Xin Zhang, Jianli Wang. Interventions for common mental health problems among university and college students: A systematic review and meta-analysis of randomized controlled trials[J]. Journal of Psychiatric Research, 2018, 107.

[6] Viskovich Shelley, Pakenham Kenneth Ian. Randomized controlled trial of a web-based Acceptance and Commitment Therapy (ACT) program to promote mental health in university students[J]. Journal of clinical psychology, 2020, 76(6).

[7] Remskar Masha, Atkinson Melissa J, Marks Elizabeth, Ainsworth Ben. Understanding University Student Priorities for Mental Health and Well-being Support: A Mixed-Methods Exploration using the Person-Based Approach[J]. Stress and health: journal of the International Society for the Investigation of Stress, 2022, 38(4).

[8] Conley Colleen S, Durlak Joseph A, Kirsch Alexandra C. A Meta-analysis of universal mental health prevention programs for higher education students.[J]. Prevention science: the official journal of the Society for Prevention Research, 2015, 16(4).

[9] Fredrickson B L. The role of positive emotions in positive psychology. The broaden-and-build theory of positive emotions.[J]. The American psychologist, 2001, 56(3).

[10] Fredrickson Barbara L, Cohn Michael A, Coffey Kimberly A, Pek Jolynn, Finkel Sandra M. Open hearts build lives: positive emotions, induced through loving-kindness meditation, build consequential

personal resources[J]. Journal of personality and social psychology，2008，95(5)．

［11］黄丽，杨廷忠，季忠民.正性负性情绪量表的中国人群适用性研究[J].中国心理卫生杂志，2003，
      (1)：54－56．

［12］王才康，刘勇.一般自我效能感与特质焦虑、状态焦虑和考试焦虑的相关研究[J].中国临床心理学
      杂志，2000，(4)：229－230．

［13］李志勇，吴明证，王大鹏.积极事件与大学生生活满意度的关系：序列中介效应分析[J].中国特殊教
      育，2014，(12)：92－96．

［14］李璇，周宏珍，彭娟，朱亚芳，雷清梅. 社区慢性病患者赋能与自我效能感的相关性[J]. 广东医学，
      2017，38(2)：284－287＋295．

［15］Elliott Robert. Psychotherapy change process research：realizing the promise［J］. Psychotherapy
      research：journal of the Society for Psychotherapy Research，2010，20(2)．

［16］Alison Hodgetts，John Wright. Researching clients' experiences：A review of qualitative studies[J].
      Clinical Psychology ＆ Psychotherapy，2007，14(3)．

线上线下融合大学生心理健康工作方式初探
——以某院系为例

刘国尧　张　维　闫梦菲　王正位

清华大学

【摘要】高校学生的心理健康问题在当今时代的重要性日益凸显。本文以某院系为例,探讨在线上线下融合的基础上对高校学生进行心理健康分层管理的工作方式。第一层预防改善阶段以预防鉴别为主,建立"人才画像";第二层轻微阶段统筹各方面资源,发挥"党团班"的作用;第三层干预阶段,形成全面的流程化干预模式。

【关键词】高校心理健康;高校学生工作模式

高校心理健康一直以来是国家高度重视的重点工作,中共教育部党组书记怀进鹏曾针对高校心理健康问题提出"解难题,力求精准施策"的方针。而随着近两年学习与工作方式的剧烈变化,学生之间的人际交往显现出越来越"线上化"的态势,"虚拟"和"间接"成为一种常态。同时,他们所面临的学习、工作环境也更加富于变化,这容易对学生的心理健康状态造成不利影响。因此,如何更好地关注高校学生心理健康状态并帮助其提升心理健康素质是我们教育工作者面临的十分重要的议题。

一、原因浅析

当今,大学生心理健康状态面临着较大挑战,其原因主要体现在内外两点。

(一)环境对个人的影响

当今时代呈现出信息爆炸的态势,每个人所面临的社会环境复杂多变。短短几年时间,很多热门行业或公司就可能扶摇直上或跌落神坛。而在校园当中,环境的不断变化也对学生的专业选择、研究方向或就业择业等方面有着重大影响,快速的变化让学生容易产生无所适从甚至后悔自责的感受,而当他们试图改变时,会发现面临着诸多的困难,进而对自身生活的掌控感降低。

当个体在尝试规划、控制自己的生活内容和节奏,却反复遭到无法抵抗的失败时,往往会形成无助且抑郁的感受,马丁・塞里格曼(Martin Seligman)将这种感受称为"习得性无助"(learned helplessness)。

在不确定性增强的社会环境中,就业困难日益加大,学生的就业计划很可能遇到各种变化,很难按照预期发展,其在觉察到逐步丧失对生活的掌控感后,往往更容易出现习得性无助的情况。

当个体感受到的环境压力不断累积,却难以找到有效的自我调整方法时,其往往会陷入焦虑和抑郁的情绪状态当中,严重情况下可能影响到学生生命健康安全。

（二）大学生心理特点

大学阶段是人生的重要转折时期,这一时期,大学生的生理、心理和所处的环境都发生着新的变化。大学生心理上处于不稳定的状态,表现为情绪容易起伏,自我概念和自我评价不稳定,容易以自我为中心,控制情绪的能力较差等等。

在此阶段,大学生开始不断探索新鲜事物,例如恋爱关系、兴趣爱好、职业方向等等,而一旦遭遇挫折却容易心灰意冷,出现抑郁焦虑等心理状态(杨丽红,欧阳慧蓉,2021)。

在当今复杂多变的社会背景下,学生更习惯于隔着屏幕交流,也更习惯于用智能设备来了解和探索身边的环境,其情绪发泄和放松途径有一定减少,表达也受到一定限制。部分学生的负向情绪不断积累,却难以处理,容易造成长期应激状态,这对于情绪容易波动的他们来说有一定的挑战。

二、对策及工作开展

（一）工作对策：线上线下融合

学生心理健康工作需要顺应环境的变化,积极发挥线上工作的优势,与线下工作相辅相成。

线上工作具有实体性与虚拟性共生、当局者和围观者并存、同步性与异步性交织、易达性与共享性交融的特点。线上工作的方式虽然早已有之,但当今时代背景下,其应用场景已大量增加(赵岑,王展硕,2021)。一方面,快速增加线上工作场景是顺应环境的权宜之策,但另一方面,线上工作方式也是未来更加高效工作的必然趋势。与此同时,线上工作也能够为学生群体提供控制自己生活的"抓手",并提供相互交流共享的机会。

在沟通交流方面,某院系以线上线下相结合的方式进行工作。以新生心理健康教育举例,考虑到某些健康或场地因素,学生难以全部参加线下的培训,而在线下开展互动,辅以线上直播录播的形式则为增加学生受益面提供了可能。线上参会的学生可以参与直播互动,通过聊天框交流,嘉宾在现场予以分享答疑,既满足了现场的参与感,也扩展了单次培训的受众面。研究显示,让个体在小的任务当中重新获得掌控感是改善习得性无助最有效的方法之一。线上交流可以让学生通过网络表达想法,并通过合作等方式完成小组任务,这对学生来说是封闭环境中可以掌控的部分,而和他人的交流也同样给他们以互相支持、互相表达情绪的途径。

在资源共享方面，相关工作人员及时为学生助理、学生组织提供各项资源。在不确定性当中，有针对性的信息非常重要。例如在博士生资格考试前，某院系及时在公众号上发布"考前放松小贴士"；在学生居家自学期间，发布"居家学习的 X 种可能"推文，以帮助学生平稳度过居家时光。与此同时，院系工作人员和全体学生建立信息共享群，确保信息第一时间传达，同时获取学生的直接反馈，在不确定性当中与学生建立确定性的关系，提供资源共享的渠道。

在心理干预方面，线上工作也能够让服务更易得便捷。如果学生发生心理危机，院系可以第一时间组织相关负责人员，并安排各自分工；在学生情况平稳后，也会与相关医疗系统合作，为学生提供"线上评估"和"线上支持"服务，一方面可以让获得服务的难度大大降低，另一方面也可以让干预更有效率。

而最终，线下心理工作作为最终的闭环点和保障，也能够让学生感受到真实人际关系的温暖和踏实感。线上线下融合的工作模式可以为学生提供更多掌控生活的"抓手"，通过对小事的掌控和人与人之间的交流改善其状态。

（二）工作开展—分层管理

在具体工作中，为学生从入学到毕业全过程提供全程保驾护航。

2021 年伊始，院系成立了促进学生身心健康的相关中心（下称"中心"），以作为专门机构保障学生安全、健康和发展。旨在运用科学的学生工作原理及基本工作方法，帮助院系学生提升自我认知，疏导其在学习、生活中积累的不良情绪，缓解内心压力；更好地适应环境，提高身心健康水平，积极促进人生发展。

心理健康是一个连续体，从健康到心理异常到心理疾病存在着过渡的状态。因此中心坚持分层管理的策略，从预防、助人自助、危机干预等不同层面为学生提供保障。

分层管理的基础是鉴别。王蔚竣（2006）指出，大学生心理压力来源于内外两方面，其中身体健康、生活挫折、家庭因素是重要的潜在压力源；李虹、梅锦荣通过量表编制发现，校园中有 15 种主要压力源，其中包括学习、经济、家庭、健康等因素。因此在新生入学伊始，中心首先通过对学生档案的研读，判别重点学生，提早进行关注；其次通过量表筛查进行全面排查，及时发现有潜在或实际心理问题的同学；最后面向所有同学进行"人才画像"管理，由于心理状态是流动的，通过"人才画像"的形式长期追踪学生心理状况，提供心理支持与帮助。

为更好地了解学生动向，提供定制化的方案以助力学生发展，中心根据"用户画像"的相关理念，提出了适用于学生的"人才画像"。

用户画像（user persona）最早是由 Alan Copper 提出的，Alan Copper 认为用户画像是能够代表真实用户，通过用户动机区分用户不同类型，从而根据不同用户的特征设置相关要素，以便更好地对用户进行描述的一种方法（宋美琦等，2019）。在用户画像的基本理念之上，现当代企业将用户画像扩展到人才画像，用于人才选拔、人才能力分析以及人才提升等方面。

企业运用人才画像提升对于职员全方位认知的理念也可迁移到高校之中。中心提出的"人才画像"是贯穿在校生学习全周期的工具,全程跟进学生在学院中的学习与生活。中心自学生入学之前对学生情况进行摸底考察,建立"人才画像",多维度全方位地了解学生背景与情况,针对性地根据学生特点开展定制化的成长训练。人才画像对于院系了解学生概况有着全局性的指导意义,能够更加精准地了解学生情况,提前为有可能发生的事件进行预警,以更好地服务同学,采取适时合理的应对政策与手段。

根据上述鉴别手段的结果,我们将学生心理状态分为如下几个阶段:

1. 第一层:预防改善阶段

通过心理测量,鉴别为心理健康的同学。针对此层同学,中心以提供心理健康教育、心理健康服务为主。

第一,以人才画像为基础,开展特色化心理教育与服务。

通过非结构化访谈等方式,中心针对学生的确立目标,制定相应的方案。比如对于想要进入高压行业的学生而言,抗压力与时间管理能力是重要的基础指标;沟通能力和团队合作能力是提升工作质量的核心要素等。在人才画像的基础之上,学生能够根据画像的指标判断哪些方面是自己的长板,哪些领域需要重点加强等。在了解学生基本情况的基础上,针对学生的个人发展轨迹和特点,制定针对性的教育措施,如一对一沟通能力提升等。针对学生需求开展相关的训练营,如抗压能力拓展训练等,助力学生的能力提升,夯实基础,并给予一定的提升指点,让学生真正意义上在院系得到全方位的支持。

第二,以互动小程序为载体,进行针对性心理健康知识普及与教育。

中心与科技公司合作共同开发互动小程序。入学前,利用对话式交互设计了解学生心理状况;入学后,通过线上讲座、视频课以及认知行为疗法的自助练习等方式为学生提供针对性强的心理服务。互动小程序兼具实用性与趣味性,打破了空间和时间的限制,将线上指导与线下练习相结合,提高了心理健康知识普及的传播效率,更好地帮助学生适时参与针对性心理健康培训和教育。

第三,针对新时代大学生特点,组织特色活动。开展特色活动能够帮助学生们提升关爱自己的能力。而改善身体健康是其中非常重要的一方面。有学者指出,体育锻炼对于轻度心理问题干预效果显著(唐征宇,2000)。Schuch等(2016)指出,体育锻炼对于抑郁症患者和仅有抑郁症状的普通人均有良好改善效果。中心定期开展"减重打卡健康"、趣味运动会等活动,提升学生对于身体和健康的管理能力,加强对于健康的认识;开展与学生健康息息相关的讲座活动,如"睡眠质量提升",强化学生对于健康作息的认知,为更好地学习和工作打下坚实的基础。瑜伽、冥想等活动也同样提供给有兴趣的同学们。而这些小型的活动也同样为学生重新获取对生活的掌控感提供了更多机会。

2. 第二层:轻微阶段

"人生的道路虽然漫长,但紧要处往往只有几步,特别是在人年轻的时候。"这是柳青的《创业史》里面的话。在求学阶段也存在"关键节点",例如入学适应、备考压力、求职择业、恋爱婚姻等等。在这些节点中,学生往往容易因为遭遇压力而引起应激状态,在自身应对资源或能力不足的情况下很容易出现心理失衡。院系在学生求学各关键节点会进行预先宣传、引导、跟踪、干预的闭环处理方式。

首先,中心在现有学生工作体系基础上,统筹各方面资源,运用多学科视角针对学生在校期间的发展历程适时开展相关工作。与此同时,与各大兄弟院校、知名媒体、健康机构等相关组织开展交流合作,聘请兼职专家为学生开设讲座或提供辅导等,实现了全方位、多层次、灵活务实的身心健康指导目标。

其次,中心通过联合学生工作办公室等有关学工部门,在学校、院系内部开展积极沟通,建立了稳健的院内校内联动机制,"双保险"守护学生的身心健康。而在此网络当中,院系领导作为学生健康和安全的第一责任人,将持续致力于统筹各部门的着力方向。

除此之外,以"党团班"学生骨干为核心的工作机制也是院系多年摸索出的一条有效道路。习近平同志在全国高等学校党的建设工作会议中指出:加强党对高校的领导,加强和改进高校党的建设,是办好中国特色社会主义大学的根本保证。其中"党团班三位一体",即"学生党支部、团支部、班委会"共同参与班级管理与建设,三者相互协调与配合的工作机制可以使协同合作的工作效率最大化,从而达到"1+1+1>3"的效果(李健,靳炎,2019)。在此背景下,通过院系和中心发起,院内逐渐形成了以党支部为主导,团支部和班委会共同发力,学生助理掌握基本心理知识技能的工作体系。

具体来说,新生入学后,院系一方面将为全体学生提供心理健康方面的知识普及以及基本减压技能的介绍,另一方面也会专门为学生助理、团支书、党支书等学生骨干提供识别危机、基本助人技能等一系列的培训,帮助其在提升自身心理灵活性的同时,更好地预防同学出现严重问题。

在党支部、团支部、班集体中,院系不仅要求各负责人要随时关心成员心理健康状态,关注学生是否可能出现过度压力以及严重心理问题,也会帮助各组织通过新生团体咨询、个体辅导、健康讲座、专题推送等多种活动改善学生的积极心理特质。例如在博士生资格考试前夕,院系发布自我减压的文字介绍及音频,为学生提供相应方法;利用"党团班"工作体系实时关注学生们的压力状态,对于出现过度应激状态的同学及时沟通,必要时,利用已有的"导师、专家、医疗"体系,从多维度进行干预。

对于主动求助的同学,院系为其提供包括评估、心理咨询、职业发展指导等多方面的服务,帮助其走出困境,并逐步提升;对于无主动求助意愿,但可能存在危机的同学,院系通过党团班体系和青年教师的力量主动了解他们的即时状态,遇到问题第一时间按照流程提供支持。

3. 第三层:干预阶段

当学生真正面临心理危机时,院系建立了一整套应急流程。

首先,院系根据学校危机个案处理规则,针对学生危机程度进行分级。将危机程度较高的学生上报学校,并判断是否需要启动"危机干预"流程。流程中,根据学生危机等级确定工作组责任范围,并视情况为学生安排 24 小时陪护。而对于其他无危机的学生,则按照正常流程开展咨询辅导、心理教育等服务。

其次,为学生完善个人健康档案。在入学之初建立基本档案的基础上,学院将每一次评估、咨询、干预的内容也纳入健康档案当中,为后续重新评估、观察等提供记录材料。一方面为异常学生恢复健康提供保障,另一方面也为完善每一位同学的"人才画像"提供更多数据支持。

最终,结合党团班组织的力量。院系层面的紧急干预为学生提供"防护网",而党团班在日常生活中的互相关心协助则可以作为紧急流程之外的"柔性补充",学生互相之间往往更加熟悉,也更容易互相吐露心事,从而在第一时间发现问题。非紧急事件由学生之间相互支持,而紧急事件则可以由学生组织和院系合力解决,形成闭环管理,保障学生安全。

三、总结与反思

在线上教学和网络课堂等学习工具的普及之下,高校心理工作面临着更新的挑战,其难点不仅在于学生在求学时期的特殊心理特征,更在于时代发展所带来的各种新模式的转变。某院系通过线上线下融合的工作对策和分层管理的具体工作方式为高校心理工作提供参考思路。特别是在迁移运用新型工作手段,如人才画像方法等方面,做了一些有益的探索。

但目前的工作也存在一定不足。首先,线上评估干预难度比线下更大。心理评估及干预过程包含着大量的非语言信息(例如肢体动作、神态、仪表等),这些信息在线上会被大大削减。因此在实际评估过程中,线上方式往往并不尽如人意。其次,部分工作难以在线上实际开展。例如趣味运动会、户外拓展、团体咨询等活动,虽被学生所喜爱,但其属性决定了其难以在线上开展。最后,隐私性和安全性有一定冲突。例如当学生助理发现同学可能存在较大的心理压力时,该学生可能并不想向其他人透露自己的状态,因而学生助理在此时可能面对究竟应忠于工作职责还是应尊重同学意愿的两难选择。

参考文献:

[1] 茶利强,余添李,施菡,李丹,郝好.基于数据分析的高潜人才画像构建及应用[J].企业改革与管理,2019,(4):83-84.

[2] 昌敬惠,袁愈新,王冬.新型冠状病毒肺炎疫情下大学生心理健康状况及影响因素分析.南方医科大学学报,2020,(2):171-176.

[3] 光明网.我们正经历一场全球性精神卫生危机[N].https://www.cqn.com.cn/zhixiao/content/2022-

06/27/content_8836935.htm,2022.

［4］怀进鹏.不断推动高校思想政治工作高质量发展[N].人民日报,2021-12-10.

［5］李虹,梅锦荣.大学生压力量表的编制.应用心理学,2002,8(1):27-32.

［6］李健,靳炎.学生会如何在党团班三位一体建设中发挥"红色引擎"的功能.科教导刊,2019,(3):2.

［7］彭飞凡,刘宁,于梦鑫.数字经济时代HRM人才画像的构念、开发及应用.经营与管理,2022,(12).

［8］宋美琦,陈烨,张瑞.用户画像研究述评.情报科学,2019,(4):171-177.

［9］唐征宇.试论身体锻炼与心理健康之间的关系.心理科学,2000,23(3):370-370.

［10］王婷.新形势下研究生党团班一体化建设的探索.文教资料,2020,(30):3.

［11］王蔚竣.大学生心理健康筛选量表之编制研究[D].中国文化大学,2006.

［12］杨丽红,欧阳慧蓉.大学生心理问题的特点与心理健康教育效果评价.心理月刊,2021,(3):2.

［13］赵岑,王展硕.线上线下融合式学生工作的特征与实践.高等教育研究,2021,42(11):6.

［14］周惠斌,杨鹰,刘家良.新形势下研究生"党团班"创新模式的实践研究.创新与创业教育,2018,9(3):4.

［15］Schuch, F. B., Vancampfort, D., Richards, J., Rosenbaum, S., Ward, P. B., & Stubbs, B. Exercise as a treatment for depression: A meta-analysis adjusting for publication bias. Journal of Psychiatric Research, 2016, 77: 42-51.

积极构建掌上心理社区，
打造全通道心理危机防护网
——一例在掌上心理社区中发现的学生心理危机的处理

刁　静　李　媛　刘红梅　高　猛

电子科技大学

【摘要】这是一个在高校心理健康教育移动应用所构建的"掌上心理社区"中主动发现学生心理危机并及时启动干预的案例。24小时不断线的掌上心理社区，能够增进心理服务的便捷性与易得性，更广泛地扩大与危机学生的接触，同时，掌上心理社区的"技术＋人工"双保险危机监控机制，也能够确保学生危机得到更及时有效的识别，显著提升对于学生心理危机的发现力。此外，温暖、支持、陪伴、互助的掌上心理社区文化建设，还能够帮助学生极大拓展线上社群资源，丰富危机学生的社会支持系统。

【关键词】掌上心理社区；危机发现力；危机干预

研究显示，与20世纪末相比，21世纪中国大学生自杀率已经显著下降，处于较低水平，但面临的自杀风险仍居高位。高校心理健康教育工作者如何快速、准确判断大学生心理问题，有效预测大学生心理危机的发生并及时解决，是所有心理健康教育工作者有序开展相关工作的有效前提。多年来，高校心理健康教育工作者们一直希望能够有更多途径和方法让有危机的学生能更快地被干预。传统采用的方法包括新生心理测试筛查、通过心理委员实现朋辈早发现等等，那么还有没有好的方式能够更日常化地提升我们对危机学生的发现力呢？

一个可行的途径是结合当下移动互联网的普及，大力增强心理服务的便捷性与易得性，不断扩大与危机学生的潜在接触，更好地实现"让学生来"和"到学生中去"。因此，电子科技大学心理健康教育中心从2017年开始打造集活动参与、朋辈互助、咨询预约、心理测试于一体的"话心"APP，积极探索掌上心理社区的构建。本文即为我们在"话心"掌上心理社区中主动发现并成功干预的一个学生心理危机案例。（为更好地保护来访者隐私，已隐去其身份信息，并在部分相关信息上进行了修改。）

一、危机的发现

2022 年 4 月的一天，学校心理健康教育 APP"话心"的轻辅导区出现了这样一条匿名提问："马上要提交论文了，却完全无法工作。不知道为什么自己就是无法调节情绪。早些时候也曾试着跟人诉说自己的困难，但最近感觉每次和别人倾诉都在把身边的人拉入我自己的困境中。如果人间有废物，大概就是我这样的吧，我还活着干吗呢，不如死了算了，也许这样对大家都好……"

运营助理第一时间留意到了这条提问，并将之反映到了主管老师。虽然话心社区允许匿名提问以保护同学隐私，但用户必须通过学生认证才能够使用功能，因此可以查到提问者的身份信息。同时，同学在提问时，APP 中设有关于知情同意的嵌入提示："如果您的提问中有太多的痛苦情绪并涉及生命安全问题，我们可能会很担心您，并尽快与您联系。"于是，在了解到该生是我校研三的一位工科女生小 A 后，咨询师主动拨通了她的电话。在感受到咨询师帮助的意愿后，小 A 接受了邀请来中心面谈。

二、危机的干预

（一）充分了解扳机事件

小 A 父母都是老师，父亲在她小学五年级时因病去世，母亲多年来没有再婚，对她的成长倾注了很多的心血，因而也经常对她求全责备。她本科就读于一所普通一本院校，通过考研来到了我校。在研究生阶段，导师要求严格，她经常觉得自己比不上其他同学。从研二下论文开题，她的工作始终没有得到导师的认可。中期检查时，评审老师又给了一些意见，她觉得根据这些意见进行论文修改非常困难。最近即将面临毕业论文的提交，她感到压力巨大。每当着手论文，她都感到呼吸困难和心悸，只能马上关掉界面。不断有想死的念头冒出来，觉得如果死了就不用再面对这一切。昨天她在准备写论文时再次感到崩溃，于是在"话心"APP 上写下了那段提问。

（二）深入展开精准评估

在了解完整个事件后，咨询师首先对小 A 进行了症状学方面的评估：小 A 不仅情绪崩溃，难以工作，同时差不多有半年都经常吃不下饭、胃痛。她的睡眠也受到影响，难以入睡、经常被噩梦惊醒。她在 SCL－90 量表的抑郁、焦虑维度得分超过 4 分，其余维度也超过 2 分，综合判断她已经有较为严重的抑郁焦虑情绪、躯体化症状和社会功能受损，需要建议就医。

接着，咨询师对来访者的危机风险进行了详细评估：她在最近一周中几乎每天都会出现非常频繁的自杀念头，想过跳楼和割腕，去学校教学楼的一个平台看过，觉得"那里风景挺好"，宿舍里有一把水果刀，会设想如果从手腕切下去会如何，但没有尝试过。这些念头在她打开论文、觉得自己的论文是垃圾、自己也是垃圾的时候最强。她还不能真的做决定去自杀，主要是想到自己是母亲唯一的孩子，对母亲有责任。她以前没有过自杀史或精神障碍史，不过从初中开始，就有自残行为。在考不好或压力大的时候会扇自己耳光，用头撞墙。最近情绪不好的时候，她会通过喝酒来让自己好受一些，饮酒量大概在每次两罐啤酒或一杯红酒，不会喝到完全醉。这些信息显示来访者有频繁的自杀念头、模糊的自杀计划、初步的自杀准备、强烈的生死冲突和自我厌恶，有一定行为冲动性，但整体尚可控。考虑到小A目前面临论文提交，应激压力还在增大，危机风险达到中度，亟须启动进一步危机干预。

咨询师也对来访者的资源状况进行了评估：小A过去也有压力大的时候，大多都是自己慢慢熬过来。她难受时会跟母亲、男友或朋友倾诉，但觉得身边人都已经被她搞烦了。她会积极回应对方的建议，并表示自己已经想通了，但实际上只是害怕如果不这样做，对方会不高兴。小A与母亲的关系尤其纠缠，虽然母亲对她说延毕、肄业都可以，但她心里并不相信。她渴望得到母亲的支持和接纳，但又觉得母亲心里一定对她非常失望，当想到这点时，她又对母亲充满了愤怒，同时对自己更加厌恶。这显示小A有一定社会支持系统，但目前能利用的部分较少，还需要进一步介入。

结合这些信息，咨询师也对来访者当下的问题发展了初步的个案概念化：小A当下的危机主要跟学业压力有关，但同时也包含着人际关系方面的问题。小A小时候经常因为达不到父母的要求而被严厉责骂，父亲过世后她与母亲的关系更为纠缠，非常害怕达不到母亲的期待，会让母亲愤怒失望。过去的关系经验在她与导师的互动中被激活，导致了她强烈的焦虑、恐惧、内疚和抑郁。同时，因为当下的危机，她既强烈地渴望他人的帮助，又害怕自己的过度需要会导致他人厌烦，于是陷入更加强烈的内在冲突和自我厌恶，让她有用自杀来结束痛苦的想法。

（三）有效推进系统干预

在充分的讨论后，咨询师与小A一起制定了多管齐下的干预方案：

首先，咨询师与小A讨论了安全计划。将刀具交给他人保管，身边有人陪伴，确保自身安全。在自杀念头起来的时候，通过分散注意力、与好友联系、拨打热线电话等方式来应对。安全计划能够提供预先设定的步骤，指引遭受煎熬的患者度过想要自杀的时刻，进而避免自我伤害行为的产生。

其次，咨询师对小A进行了心理教育，帮助她了解严重抑郁焦虑带来的社会功能受损和恶性循环，就医可能给她带来的益处，并表示了咨询师会如何跟进这一过程，帮助她与精神科医生更好地合作。小A在最想死的时候都怀疑自己的难受是不是装出来的，心理教育的过程帮助她确认了自己的状态，增进了自我接纳。

之后，咨询师与小A讨论了对她的情况需要突破保密原则，团结更多的力量一起来给她帮助。比如辅导员和学院可以给到她论文方面的更多支持，也需要联系她母亲来学校，一是她就医的过程需要有家人陪伴，二是她对母亲有很多纠结的情感，我们可以给她母亲提供家庭指导，协调她们的母女关系。在充分的沟通后，小A表示了同意。

（四）全面构建支持系统

在与辅导员联系后,学院积极配合,安排专人对小A进行了论文指导,辅导员和同学也跟小A分享了很多经验,从现实角度帮助小A缓解了情绪。小A的母亲来到学校之后,我们也启动了多方会谈的机制,邀请小A、辅导员、导师、咨询师、个案管理人一起讨论如何帮助小A渡过心理危机。同时,咨询师也对小A母亲进行了家庭指导,帮助小A母亲理解小A对她的复杂感受,了解如何在这一特殊时期更好地为小A提供心理支持。

小A在话心社区的留言也引发了同学们的积极关注。很多同学都在小A的提问下留言对她表示同感或者理解,期待能够温暖和支持到小A。还有同学分享自己的过往经历或他们了解到毕业论文的相关情况,给小A支招如何能够解决问题。还不断有同学留言,关心小A目前的状态如何、是否安全,叮嘱她不要放弃希望。这种被关注和被支持的氛围也极大地感染到了小A,让她觉得不应该就这样放弃自己的生命。

小A后来在精神科被确诊为抑郁焦虑状态,在服药后情绪稳定度有了很大的提升。再结合咨询的支持、学院和朋辈的帮助,小A顺利完成了毕业答辩,渡过了这次心理危机。

三、经验与反思

24小时不断线的掌上心理社区,让学生可以随时轻松地在上面倾诉烦恼,使这个案例中的小A能够尽快进入我们的工作视野,通过及时干预大大降低了危机恶化的可能性。透过这个案例,我们有如下反思:

（一）主动构建浸润式心育环境,扩大与危机学生的潜在接触,显著提升危机发现力

国际自杀学研究发现,自杀是一个极其复杂的心理、生理和社会问题,目前的研究尚不能清晰地界定自杀的确切原因。尽管研究发现了众多影响自杀行为的因素,但准确预测自杀的能力并没有显著提高。因此,我们很难完全通过工具来预测和识别危机学生,必须依靠增进对更多学生的覆盖来扩大与危机学生的潜在接触。

掌上心理社区的建设能够积极适应学生上网偏好的变化,促进心育环境从现实向虚拟的延续,带来浸润式、融合性、全空间的体验,极大地增进心理服务的便捷性与易得性,为学生提供24小时不断线的稳定陪伴。同时区别于BBS、心理热线或心理求助邮箱,"话心"上丰富的活动开展和日常化的心理交流让这个心育平台能够不被心理困难或心理疾病标签化,更容易被同学大众接受。有覆盖面才有影响力,事实上,"话心"社区目前已经拥有用户超过41 000人,在非强制使用的前提下本科生覆盖率达98%。这让很多同学在日常生活中已经培养出对"话心"的使用习惯,极大减少了危机时使用"话心"求助的心理负担,有效地解决了心育工作"让学生来"和"到学生

中去"的难题。

（二）积极建立社区危机监测机制，及时有效介入干预，护航学生危机成长

在解决了"让学生来"和"到学生中去"的难题之后，我们在"话心"社区中积极建立危机监测机制，以确保能够及时地发现危机、介入干预。

首先是发挥技术优势，开发针对用户提问的危机自动检测功能。我们结合长期的工作经验，开发了针对学生危机风险的敏感词库，由系统进行实时自动检测。在监测到相关词汇时，"话心"APP能够自动识别提问者的身份信息，对其在"话心"平台的当次提问内容和历史提问内容进行汇总，以加密形式发送到主管老师的指定邮箱，方便心理中心尽快对学生危机进行评估和处理。

其次，我们也安排了运营团队负责对"话心"上的用户提问展开人工检测。所有的运营团队成员均从学校的心理委员中进行选拔，接受朋辈辅导和危机识别的专业训练，签署保密协议，并定期开展工作研讨，提升危机意识、强化团队支持。运营团队按照管理规定一日五查，对"话心"上的提问进行及时审核（学生提问需审核通过后才会正式发布），在发现危机提问的时候迅速报告主管老师进行处理。

经过多年的实践检验，这样的"技术＋人工"双保险机制可以很好地起到主动发现不遗漏的危机监察作用，确保学生的心理危机得到及时有效的干预。

（三）深入打造朋辈互助的社区文化，大力拓展线上社群资源，丰富危机学生的社会支持系统

研究显示，拥有良好的全通道式社会支持系统，将有可能大大降低大学生自杀等有关的极端案件的发生。虽然对于线上朋辈支持作用的研究还较少，但已有很多研究证实朋辈心理互助能够显著改善心理危机大学生的心理健康状况，提高大学生的社会支持水平。在这个案例中，"话心"社区温馨互助的氛围也让小A得到了来自朋辈丰沛的支持，成为她走出危机的重要力量。

"世界很大，我在这里陪你"，从"话心"诞生之初，这句话就一直是它的口号。多年来，我们一直致力于打造温暖、支持、陪伴、互助的"话心"社区文化，积极开展"话心"蓝手环行动，倡导朋辈互助、共同成长，付出温暖、收获力量。在"话心"社区，蓝手环积分的规则是回复他人提问一次或回复获得他赞一次，可获得1分。这个积分除了在头像旁出现特定头衔之外，无法兑换任何实际物品或奖励，但同学们依然非常投入。目前已经有超过190位同学获得了"话心森林守护者"称号（蓝手环积分超过200分），其中有23位同学的蓝手环积分已经突破1000分。同学们提到，对于他们，话心更像是"一个双向奔赴的平台"，因为在这里"不仅仅在向他人倾诉，也学着去倾听和安慰他人，在无数个漫长的夜晚，话心默默陪伴和抚慰着一个又一个孤独的灵魂"。

参考文献：

［1］吴才智，江光荣，段文婷.我国大学生自杀现状与对策研究［J］.黑龙江高教研究，2018,（5）：95－99.

［2］张雪莹,杨璐一,尹宗毅.基于大数据基础的工科院校大学生心理危机干预机制研究［J］.黑龙江教育（理论与实践）,2022,(1)：44－45.

［3］David A. Jobes.自杀风险的评估与管理：一种合作式的方法［M］.李凌,刘新春等,译.北京：中国轻工业出版社,2020.

［4］Franklin JC，Ribeiro JD，Fox KR，et al. Risk factors for suicidal thoughts and behaviors：A meta-analysis of 50 years of research［J］. Psychological Bulletin，2017，43(2)：121－187.

［5］钟颖.全通道式社会支持网络的大学生心理危机干预系统的构建［J］.佳木斯职业学院学报,2018,(8)：216－217.

［6］安宏玉.朋辈心理互助对大学生心理危机的干预研究［J］.山西卫生健康职业学院学报,2021,(6)：129－131.

构建高校"社会工作＋心理危机干预"融合思维新模式

梁亚男　付东然　徐　娟

哈尔滨医科大学

【摘要】当前高校心理危机干预工作正由传统的"被动治疗"转变为"主动预防和发展"模式,高校心理危机干预模式的创新研究势在必行。社会工作坚持契合需求为解决问题的前提,对特殊群体进行救助和服务,既从内探索症结,又从外分析影响,使高校心理危机干预工作呈现从细分到整合,从治疗到预防、发展的趋势,实现外部、内部双向成长和转变。本文以融合思维为导向,以社会工作理论和实践方法为依靠,探索社会工作与高校心理危机干预工作相融合的科学发展新模式。

【关键词】社会工作;高校心理危机干预;融合;预防和发展

面对日益增长的复杂矛盾和多元需求,高校学生因出现心理问题而导致意外事故屡见不鲜,给高校学生心理问题的预防与救助工作提出更高的要求。在国外,社会工作在学校工作中应用广泛,从最初协助学校和家长解决个别学生的问题,发展到学校教育、家庭教育、社区教育等多层面,以促进学生全面发展为目标,其基本思路从"治疗—救助"发展转变为"治疗—预防,救助—发展",它以需要为起点,依靠其系统的专业理论和实践方法开展专业干预服务,以期满足服务对象的需求。因此,未来高校心理危机干预工作应重视并尝试引入社会工作视角,构建高校"社会工作＋心理危机"科学发展,改变原有相对"被动治疗"角色,向"主动预防和发展"方向转变,形成专业互补、内外结合的新模式,对高校心理危机干预模式的创新研究有着非常重要的意义。

一、"社会工作＋心理危机干预"融合思维的可行性

（一）"社会工作＋心理危机干预"模式

社会工作是一种深入人心的服务,其以科学知识为基础,运用科学方法服务大众,是一个融合价值观、理论与实践的多维系统。"＋"是一种跨界、变革、开放,代表

一种联结的关系，也是一种重塑融合。社会工作和高校心理危机干预领域是融合协同关系，可以探讨构建二者完善的协同发展模式，推动高校心理健康教育的完善发展。"社会工作＋心理危机干预"模式注重预防和发展，就是要充分发挥社会工作和心理学的专业知识、技能和方法，把专业优势与高校心理危机干预工作深度融合，通过整合资源，协调社会关系，恢复、改善和发展大学生的社会功能，帮助大学生克服困难、解决问题、摆脱困境并预防心理危机的发生。

（二）高校心理危机干预工作和社会工作具有高度的契合性

二者的本质与逻辑起点一致，对于大学生群体，强调以学生为本，帮助大学生健康成长、成才，社会工作相关理论和方法纳入高校心理健康教育体系，可丰富其教育内容；二者的工作过程契合，各自侧重从解决思想问题和解决实际困难帮助学生主体；二者的工作目标趋同，都致力于实现大学生个体身心健康、构建和谐人际关系、培养健全的人格；二者的工作原则相近，在实践过程中都遵循平等、尊重、共同参与等基本原则。尽管二者高度契合，但研究发现社会工作介入心理健康的研究并不多，且尚未形成专业体系[1-2]。高校心理危机干预工作重在补救，疏于预防和发展。"社会工作＋心理危机"扭转了以往社会工作"被动"角色，进而转为一种积极的"主动"介入和"翻转"融入[3]。因此，构建新时代高校"社会工作＋心理危机干预"融合思维科学发展新模式不仅必要，而且切实可行。

二、构建"社会工作＋心理危机干预"模式的前提

（一）健全培训机制，提升学生工作队伍专业性，实现模式持续发展

高校应为学生工作队伍设定心理相关、社会工作、就业指导等培训框架，包括普及层次、提高层次、专业层次，并提供经费支持其参加培训，鼓励多证上岗，成为"多师型"人才，进而提升工作队伍专业性。同时，高校通过设置专门岗位，设立"社会工作服务处"、专题工作室等方式，为高校学生工作者寻求发展出口，建立激励机制，支持和鼓励学生工作者担任高校社工，从事专门高校社工活动，为社会工作与高校心理危机干预工作的完美融合奠定了基础。

（二）与时俱进，明确大学生的问题及需要

大学生的需要主要存在于接纳自己的身体与容貌、发展适当的人际关系、就业、到了法定年龄后所面临家庭和婚姻观、表现符合社会规范的性别角色、追求独立自主等方面。面对成长需要所带来的压力，大学生面对的问题，主要存在以下三方面：① 正面成长所面临的问题，包括青春期生理健康问题、性健康问题、心理情绪困扰问题、成长成才问题、社会融入问题、人际关系处理问题、就业创业问题、婚恋价值观问题等；② 权益受损方面问题，包括人身权益受损问题、贫困问题、监护缺失或监护不当导致权益受损问题等；③ 行为不良方面问题，如，厌学问题、网瘾问题、过度消费问题、赌博成瘾问题等。这些问题容易对大学生思想认知造成负面影响，使其出现消极

倾向,包括自卑、焦虑、抑郁、信仰危机、功利取向、诚信缺失、就业与择业的心理障碍等[4],这些新情况对加强学生思政教育、开展大学生心理危机干预工作提出了更高挑战。

三、构建"社会工作＋心理危机干预"融合思维发展新模式

"社会工作＋心理危机干预"模式建设以学生"需要"为出发点,把学生作为主体,以翻转理念、融合思维为指导,以社工专业性服务为特点,运用社会专业工作法,发挥其"被动"变"主动"的资源链接与优势整合能力。如图1所示。

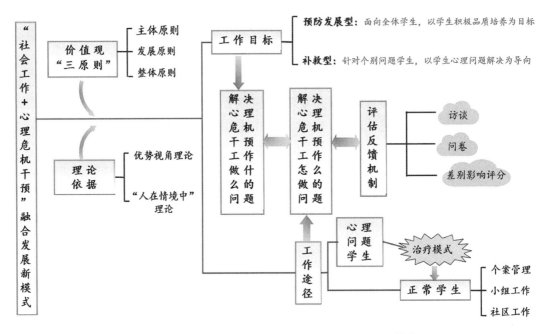

图1　高校"社会工作＋心理危机干预"融合发展新模式

（一）以社会工作价值原则为指导,明确工作队伍价值取向

高校心理危机干预工作以青少年社会工作"三原则"为指导,明确工作队伍价值取向。一是主体原则,尊重大学生的主体地位,承认与接纳大学生的独特性和差异性,照顾大学生的需要和特征,实行因材施教,从实际情况出发、个别差异出发,针对学生的性格、能力、兴趣及问题进行干预和引导,进而增强心理危机干预工作的针对性。二是发展性原则,坚持用发展的眼光看待和理解大学生,强调大学生的发展潜力和成长的内在动力。三是整体性原则,根据"人在情境中"的理论,重视与家庭、学校、社会及朋辈因素的影响作用,为大学生心理危机干预工作提供全面整合性的服务。

（二）以社会工作理论为依据,创新高校心理危机干预工作理论基础

"人在情境中"理论从人与环境交互作用的视角,聚焦个人、群体与社会之间的交互作用[5]。对于大学生,除了关注学生本身和学校因素外,还需要考虑"家庭—学

校—社会"联动性对学生的影响。对于处于困境中的学生,传统方式上,只关注问题本身,往往缺乏对学生主体的关注,或者只关注引起问题的学校因素,而忽视了家庭和社会在问题形成中的影响。所以,在学生问题形成分析中,要遵循社会工作"人在情境中"的假设,从以下三方面对问题成因进行分析:① 微观层面,要关注学生主体,从"生、心、社"即生理、心理、社会交往能力和社会支持网络方面进行影响分析;② 中观层面,关注家庭、学校和社会,从亲子关系、家庭经济状况、学风、校风、朋辈群体、师生及同学人际关系等方面进行分析;③ 宏观层面,关注社会政策、保障、文化、环境等对学生的影响。将学生问题置于"情境"中综合分析考虑,聚焦工作有效点,通过改善外部环境,推动服务对象成长和转变,实现"学校—家庭—社会"良性互动。

（三）以社会工作方法为借鉴,完善高校心理危机干预工作方法

目前,高校心理危机干预工作多为补救型,尚未完全转型为预防发展型。所以,发挥社会工作中个案工作、小组工作、社区工作方法的优势,补充传统单一的高校心理危机干预模式的不足,完善高校心理危机干预工作创新模式,促进其由"被动"变"主动"。采用一对一、一对多或者多对多的形式,帮助心理危机学生、遭遇困境学生。应用社会个案管理方法,对学生的需求、生理状况、社会环境、个人偏好等方面进行评估,通过评估切实提供符合学生需要的"全貌"服务,即寻找面临多重问题的学生所需要的服务网络,帮助协调各种服务关系,聚焦整个服务网络解决学生问题的有效性。在解决问题的同时提升学生解决问题的能力,激活动机,提升自我效能感,进而起到预防问题发生的效果。

（四）以评价反馈为尺度,完善高校心理危机干预工作评估反馈机制

把心理危机干预评价反馈作为评估危机干预效果的主要指标。通过学生满意度测量（由学生以口头或者书面形式,包括填写问卷和访谈,来表达对干预效果的看法）和差别影响评分（学生对自己陈述自己发生的改变,并分析哪些是干预带来的改变,哪些是其他因素带来的改变）对整个危机干预过程进行监测,对介入过程中的目标、干预、行动和影响等信息进行评估。在介入初期和中期,主要评估学生的表现和实施者的工作和技巧,了解学生改变的进展,适时修正介入方案,改变工作技巧。结束时重点评估导致学生改变的因素。通过建立评估反馈机制,可以监督介入工作的方向和进度,评估方法和技巧运用是否得当,巩固学生改变成果,促进高校心理健康教育者专业成长,使高校心理危机干预工作形成众人期盼的良性发展态势。

四、结语

社会工作在西方社会已体系成熟,相关理论和方法已经过实践检验,在解决社会问题,提高群体社会适应性,协调人与社会、环境的关系等方面做出巨大贡献。随着我国心理健康教育的改革和发展,将其引进到高校心理健康教育实践中并对高校心理危机干预模式进行创新研究有着非常重要的意义。

参考文献：

［1］李亚伟."社会工作＋"融合思维下社区心理服务体系建设探究［J］.智库时代,2018,（33）：156－158.

［2］杨波."社会工作＋"融合思维下社会心理共享服务体系建设——以厦门市希望社工危机干预项目为例［J］.管理观察,2017,（23）：63－65.

［3］孔华.学校社会工作理论与方法介入高校学生管理的必要性与可能性探析［J］.高教学刊,2019,（2）：156－158.

［4］裴榕,王学俭.大学生诚信问题及提升路径探析［J］.高校辅导员,2020,（2）：62－66.

［5］王利娜.生态系统理论视角下社会工作介入大学生心理健康问题研究［J］.江西电力职业技术学院学报,2021,（6）：130－131.

构建"一主双线六延伸"的
心理育人工作新模式
——以山东农业大学为例

王红菊　尹红霞　赵　银　魏亚慧　王　越　贺荣珍

山东农业大学

【摘要】心理育人是当前高校思想政治教育工作的重要组成部分。经过多年的实践探索,我校构建起"一主双线六延伸"的心理育人工作新模式,坚持凸显学生的主体地位,强化积极引领,利用线上线下资源,构建"六个延伸"心理育人大课堂,将心理健康教育延伸到学生家庭、学生宿舍、第二课堂、队伍建设、心理咨询与危机干预工作中,提升心理育人质量,为思想政治教育服务。

【关键词】一主双线六延伸;心理育人;工作模式

高校开展心理育人工作要始终坚持"以学生心理需要为工作出发点,以提升全体学生心理健康素养为目标,以学生自助成长为指引,心理育人为思想政治教育服务"的根本理念[1]。开展心理育人一方面要求面向全体学生,发挥学生的主观能动性,回归"自我教育、自我成长"的心理育人本源,另一方面要求不能仅着眼于心理健康教育的基础层面,即个体心理的健康和完善,而要以培养综合素质全面发展的人为目标,站在为党育人、为国育才的高度,组织和开展心理健康教育,实现由"育心"向"育人"的转化[1,2]。

笔者所在学校经过多年探索实践,与时俱进提出了"一主双线六延伸"心理育人工作模式。该模式凸显学生的主体地位,以"学生健康成长"为主体任务,以"线上与线下课堂"为工作载体,搭建了原生家庭、学生宿舍、第二课堂、队伍建设、心理咨询、危机干预六个"延伸课堂",全方位、多途径、全过程开展心理育人工作。

一、心理育人工作模式构建思路

(一)理念引领是关键

心理育人理念创新和模式构建是实施心理育人的关键,是心理育人取得实效性的前提。该模式以人本主义和建构主义理论为根基,突出学生的主体地位,围绕这个主体,心理育人工作需与时俱进,始终贯穿三大理念:一是以生为本、育心育德;二是共建共享、全员参与;三是积极导向、预防为主。在三大理念引领下,极大调动各层级育人主体的积极性,确保了心理健康教育全员参与、全过程衔接、全方位覆盖[1,3]。

(二)"三全育心"是力量

充分发挥全体教职员工在心理育人工作中的优势,构建"三全育心"格局。课程、科研、实践、文化、网络、管理、服务、资助等各部门各教育环节齐心协力,形成育人合力,发挥协同心理育人的功效。因此,要转变观念,让全体教师都成为大学生心理健康成长的引路人,让朋辈之间的心理互助成为校园的常态,让校园活动成为大学生心理成长的有效载体[1]。

(三)"双线课堂"是载体

探索育心与育德相结合的"双线"教育模式。线上课堂引入优质心理健康教育资源,实现与国内专家的"隔空对话";探索开设"暖心理"线上系列微课,帮助学生学会适应和减压;提出基于 ARCS 动机模型的心理健康微课设计策略,设计录制"知农爱农"情感体验系列微课,让心理健康知识普及更精细。线下课堂面向大一新生开设"大学生心理健康教育"必修课程,32 学时,2 个学分,实现大学新生心理健康教育课程全覆盖;面向其他年级开展选修课程,通过"自我认知""恋爱与性""生命教育""人际关系"等主题的分类指导,满足学生个性化需求。实现线上线下联动,育心与育德结合,全面提升大学生综合素养。

(四)四大平台是工具

将心理教育融入校园建设,打造四大育人平台,夯实心理育人基础,形成心理育人品牌。一是知识普及平台,课程全覆盖,全面普及知识教育。二是咨询服务平台,依托六大功能室,开展个体咨询、团体辅导、危机干预等工作;将外出培训、案例研讨及督导示范相结合,提升心理咨询师服务水平。三是活动展示平台,每年开展"5·25 大学生心理健康节""岱下心理剧场""我的青春不任性""园艺疗法"等国家级和省级精品项目。四是骨干培训平台,形成心理委员系列培训、朋辈辅导员系列培训、辅导员成长系列培训、专兼职心理咨询师系列培训、班主任及其他教师队伍系列培训课程。

二、打造六个延伸课堂,提升心理育人质量

(一)"温心"家课堂,形成家校共育合力

心理育人工作是一个系统工程,不应仅仅局限于校园,需要学校整合各种资源提高心理育人工作效果[4]。加强家校合作平台建设,将家庭教育指导服务纳入学校发展规划和学校年度工作计划,建立家校合作机制和联动机制。一是建立家长学校和学校家庭教育咨询中心,建设"家长云课堂",开展"我与家长云见面"系列活动;二是利用学校、学院网站、微信公众号等,加强心理知识普及宣传,为家长提供专业支持;三是开展教师家校共育实践技巧提升系列活动,帮助教师掌握家校沟通技巧,提升教

师家校共育能力。

（二）"聚心"宿舍课堂，满足学生归属情感

宿舍是四级预警防控体系中的重要一环，宿舍氛围和宿舍人际关系对大学生心理健康意义重大[5]，在实践中可将宿舍作为单位开展心理健康教育活动：① 开展园艺型宿舍评选和宿舍心理微电影大赛，打造温馨和谐的人际氛围和空间氛围；② 开展萨提亚沟通技术提升培训，以宿舍为单位开展练习，提升沟通技巧和冲突解决能力；③ 打造"我的宿舍我的家"特色活动等，将宿舍营造成乐住、乐学、乐思、乐交的场所，增进学生对宿舍的归属感，切实发挥宿舍"微阵地"的心理育人功能。

（三）"乐心"第二课堂，提升育人实效

实践是塑造和锤炼心理品质的重要阵地，笔者所在学校摸索形成了系列团体工作坊、"5·25大学生心理健康节""岱下心理剧场"、系列青春健康教育活动等丰富多彩的心理教育活动，重点打造了心理服务实践平台，指导心理社团开展社会调查、公益志愿活动等，使学生的积极心理品质得到提高，实践能力得到锻炼。

（四）"贴心"队伍课堂，夯实育人基础

学校采取校内及校外相结合的方式，对心理健康教育和咨询体系内的所有人员开展定期培训，不断提升心理教育与咨询队伍的工作能力和服务水平。相继开展了心理委员和宿舍护航员系列培训、朋辈辅导员系列培训、辅导员成长系列培训、专兼职心理咨询师系列培训、班主任及其他教师队伍系列培训。以点带面，全员参与，守护学生健康成长。

（五）"疗心"咨询课堂，提供专业服务

继续完善转介、反馈制度，定期进行个体咨询与案例督导，开展团体辅导和团体督导，支持咨询师不断学习、申请注册心理师和督导师，促进专兼职咨询师的专业化成长，实现心理咨询师专家化、心理咨询专业化。

（六）"抚心"干预课堂，筑牢安全屏障

大学生心理危机干预是一项复杂的系统工程，需构建有层次、有规范、有保障的心理危机干预体系，做好"四级"预警防控体系、重点关注学生月报制度和月报表、重点关注学生"一生一档"制度、建立心理危机转介和诊疗机制、定期案例督导和个案研讨制度、危机学生的心理排查和访谈工作，时刻关注危机学生心理状况，及时消除学生的心理困惑，化解各种矛盾冲突，减少心理危机事件的发生。同时，依托心理咨询与危机追踪系统，为学生提供随时化、便捷化、自助化的心理服务，实现心理危机学生在线分类和监控追踪，提高心理危机筛查的主动性。

三、利用资源，彰显特色

（一）突出课程思政，立德树人是根本

高校心理育人工作要从思想政治教育的高度出发，促进高校及整个社会的和谐

稳定,培育自尊自信、理性平和的健康心态。心理健康教育课程内容融入社会主义核心价值观和中国优秀传统文化的心理资源,挖掘本土红色资源所蕴含的时代内涵与教育价值,让学生学会自助成长,引导学生扣好人生第一粒扣子。与此同时,各科教师在教学过程中注重整合心理资源,增强专业课程的情感因素。

（二）家校社共育,实现资源整合

2019年,笔者学校颁布了《关于全面推进二级学院心理辅导站（朋辈辅导室）建设工作的意见》,实现了18个学院二级心理辅导站全覆盖,充分发挥学院在心理育人中的阵地作用。心理教育中心专门培训了焦点解决、认知行为疗法朋辈支持小组,指导宿舍长开展心理教育宣传和危机识别与上报工作;联合学校工会开展教职工心理减压和技能培训活动;创建了家长恳谈室和云上家庭课堂系列活动,形成学校—医院绿色转介通道,形成了家校社共育的格局。

（三）利用优势资源,发挥学校特色

1. 开展"园艺疗法"特色活动

依托农科院校特色优势,从整体上构建"基于生命教育理念的高校园艺疗法实践模式"框架,将园艺疗法应用于生命教育和积极心理品质提升,开发了"五感四季""草木山水"等系列活动[6]。

2. 开发"知农爱农"情感体验系列微课

深化"知农爱农"的价值引领和情怀教育,培育其心系"三农"、情牵"三农"、行为"三农"的赤子情怀至关重要。我校探索提出了基于ARCS动机模型的心理健康微课设计策略,设计录制"知农爱农"情感体验系列微课。

3. 开展"青春健康"系列教育活动

以山东省青春健康教育示范基地为平台,定期开展"我的青春不任性"培训及学生宣讲活动20余期,打造了"一体两翼四主线"的青春健康教育教学模式,荣获了"全国青少年健康促进典型案例"。

4. 打造"岱下心理剧场"

探索打造了"岱下心理剧场"品牌活动,与社会主义核心价值观、红色文化、校园文化融合,形成了"四进"（进课堂、进宿舍、进社团、进学院）工作模式。所拍摄的心理剧作品在全国高校心理剧大赛和微电影大赛中获奖。

四、总结与展望

"一主双线六延伸"心理健康教育工作模式架构起高校心理育人的总体框架,具有很强的系统性、针对性、可操作性,能一目了然的理清工作思路,找准工作方向,对增强心理育人实效、全面提升学生的心理健康水平有很好的促进作用。

参考文献：

［1］丁闽江.新时代高校心理育人质量提升的五个维度［J］.锦州医科大学学报(社会科学版),2022,20
(2)：78－82.

［2］王缓缓.新时代高校提升心理育人质量研究［D］.浙江工商大学,2020.

［3］杨吉措.新时代高校心理育人一体化建设研究［D］.兰州大学,2022.

［4］覃丽燕,邱勇强,银联飞.基于三全育人理念的"12345"心理育人体系的构建——以右江民族医学院
为例［J］.中国多媒体与网络教学学报(上旬刊),2022,(2)：188－191.

［5］黄慕雪.宿舍气氛对大学生心理健康的影响研究［D］.河南师范大学,2020.

［6］林丽丹,陈发煜,吴彩娟.五感刺激园艺疗法在维持性血液透析患者中的应用研究［J］.中国临床护
理,2022,(6)：339－342.

以"三生教育"为抓手、以榜样为引领的育德育心模式的探索与实践

陈　静　封　静　李晓华

湖北经济学院法商学院

【摘要】探索以"三生教育"为抓手、以榜样为引领的育德育心新模式。通过在教育教学、心理咨询、心理团辅、科研实践等领域开展"三生教育"活动,补充和完善了"五位一体"心理健康教育工作体系,创造性地实现育德育心的育人目标。未来可推动"三生教育"与传统文化相融合,促进"家庭—学校—社会"相联动的"三生教育"模式。

【关键词】三生教育;五位一体;榜样;育德;育心

立德树人是新时代高校教育的根本任务,心理育人是新时代高校教育工作的重要育人要素。为实现育德育心目标,7年来,我校探索了以"三生教育"为抓手、以榜样为引领的育人新模式。

"三生教育"即生命教育、生存教育、生活教育,就是要通过教育的力量,使受教育者接受生命教育、生存教育和生活教育,树立正确的生命观、生存观、生活观的主体认知和行为过程[1]。在德育方面,三生教育是德育的范畴,离开生命、生存和生活谈德育是空泛的、虚无缥缈的[2]。大学生心理健康问题归根结底发生于生命、生存或生活的方方面面,在大学生心理健康教育当中实施三生教育,有助于帮助学生解决心理困扰,维护心理健康。

榜样的力量是无穷的。2020年,教育部等八部门发布了《关于加快构建高校思想政治工作体系的意见》,提出英雄模范人物、国家荣誉称号获得者走进高校,面向广大师生开展思想政治教育[3]。董明,9岁意外高位截瘫,始终自强不息,顽强拼搏,感恩奉献,最终凤凰涅槃,获得了"全国道德模范""全国自强模范""全国百名优秀志愿者"等多项荣誉称号,并获得中国青年五四奖章,成为北京、伦敦两届奥运会的火炬手,其事迹就是对大学生最好的道德教育和"三生教育"。

一、实践价值

构建以"三生教育"为抓手,以榜样为引领的育德育心新模式是对当前育人挑战

的有效应对。部分大学生缺乏基本的生存能力和生活信仰,漠视生命,不能追求自己的生活目标,无法实现自身的人生价值[4,5]。三生教育能有效引领学生正确看待人生,引导学生有序参与生活,促进学生全面终身发展。

如今,历史虚无主义、拜金主义盛行,娱乐主义当道,冲击着社会主义核心价值观,榜样的引领有助于学生树立正确的世界观、价值观、人生观,接受理想信念教育、感恩教育,坚持艰苦奋斗,提高道德修养[6,7]。

二、条件保障

(一)建立载体平台

2016年5月,我校高位嫁接、柔性引进全国道德模范董明担任学校德育导师和心理健康教育中心职员,同年组建了"董明工作室",搭建了有榜样引领的"三生教育"平台。

(二)完善体制机制

1. 人员配备完善

典范人物作引领,工作室灵魂人物董明,其事迹就是对大学生最好的道德教育和"三生教育"。专业团队作基础,现有专业人员10人,均为国家二级心理咨询师,其中注册心理师2人,中级心理治疗师3人。专家团队作后盾,5位国内省内知名心理健康和精神医学专家均被聘为团队顾问。

2. 配套资金充足

心理健康教育工作经费始终为我校一级经费预算。每年心理健康教育经费超出达标中心生均水平,董明工作室可根据活动性质对应列支,近3年工作经费约15万元。

3. 硬件设施齐全

董明工作室有独立办公室30余平方米,且共享我校心理健康教育中心资源。心理健康教育中心实用面积400多平方米,功能齐全、布局合理,能高度满足日常工作、活动开展的需要。

4. 体系制度规范

签订了《董明教师聘用协议书》《董明工作室管理制度》,明确了董明及董明工作室在德育、心理健康教育、科研实践等方面的责任义务及考核要求。

三、模式探索

自"董明工作室"成立以来,开展了教育教学、心理咨询、心理团辅、科研实践等一系列"三生教育"活动,充分发挥了榜样的引领作用,补充和完善了"五位一体"心理健康教育工作体系,出色达成了育德育心的工作目标。

（一）"三生教育"下的教育教学

每年开展多场次"励志故事＋成长倡议"模式的新生入学教育讲座,每年约 3 500 名学生,累计 25 000 余人受益。"励志故事"中,董明分享了幼年意外高位截瘫,卧床十余年,通过自强不息、奉献自我、服务社会,获得各项国家荣誉,创造生命奇迹,实现生命价值的切身经历和心路历程。"成长倡议"中,董明结合时事,倡议新生规划大学生活,将个人发展融入国家与人民的需要中。2020 年,在讲座《坚定制度自信,绽放抗疫青春》中,董明结合自身励志经历与鲜活的抗疫一线故事,勉励同学们在大学生涯中要不忘初心,牢记使命,坚持不懈,砥砺前行。启发同学们思考选择何种方式生活,如何活出生命意义和生命价值。

"董明工作室"成员以讲座、宣讲会等方式宣传董明的励志故事,学生们深受感染和激励。其专题片《轮椅上的天使》《传递爱与希望》嵌入心理健康教育必修课,覆盖全校学生。

（二）特殊学生群体的定向心理咨询

为在校生提供心理咨询服务,帮助了一批学生,尤其是为身患残疾或遭受重大挫折的同学解决了人际、情绪、学业、人生规划等心理困扰。"董明工作室"团队还开通"董明甜茶会"在线咨询 QQ 账号,方便在疫情防控常态化背景下开展工作。

（三）丰富多彩的心理团辅

开展了系列心理团体辅导活动。主题丰富,涉及自我意识、人际关系、情绪管理、压力管理、挫折应对等;形式多样,引入了绘画、泥塑等表达性艺术治疗方式,以及正念训练等活动,融入体验式教育。

（四）项目式主导的团队心理实践

董明及"董明工作室"成员指导学生开展了一系列科研实践活动。

连续 4 年申请 6 项省、市、校级科研实践项目,指导学生团队,深入 4 所留守儿童小学,开展实地走访、问卷调查、防范性侵害教育、心理辅导（个体和团体）、家长课堂等关爱留守儿童活动。

为宣讲团大学生主讲人提供培训指导。指导培训主题涵盖挫折教育（"董心更懂你：荆棘之中,涅槃重生"）、自我认知（"MBTI 人格测试"）、人际关系（"多边形的朋友圈"）、性心理教育（"呵护健康,为爱负责""防艾不防爱"）等,3 年累计提供 210 余场宣讲,服务了 21 000 人次。

指导了首届"生命·生存·生活"最美朗读者比赛,29 支队伍 116 人参赛,丰富了大学生在疫情防控期间的学习生活,拓展了"三生教育"形式。

"董明工作室"通过上述各类活动,在学生群体中实施了"三生教育"。董明本人的励志故事、留守儿童心理调研、留守儿童性教育,都增强了大学生对生命的认识,激发学生思考生命的意义和价值,学生们通过活动认识到生命的可贵,树立了正确的生命观。提供心理咨询服务,开展人际关系、情绪管理、压力管理、挫折应对等心理团辅,让学生学会如何正确处理与自我、他人、社会的关系,学会如何应对生活中的苦恼。投身于志愿服务活动中,培养了学生的爱心和感恩之心,培养了学生的社会责任感,这些都帮助学生了解了生活常识,掌握了生活技能,确立了正确的生活观,追求幸福生活。

以"三生教育"为抓手、以榜样为引领,开展心理活动,切实维护了大学生心理健康,提高了心理健康素养,同时,也感召和引领着广大学子锤炼品德修为,自觉树立和践行社会主义核心价值观,努力成为担当民族复兴大任的时代新人,创造性地达到了育德育心的育人效果。

四、实践成效

（一）开创了"五位一体"心理健康教育工作新格局

教育教学有素材。《轮椅上的天使》《传递爱与希望》等专题片嵌入心理健康教育必修课,覆盖全校学生。

实践活动有体系。开展"4＋X"活动,即每年举办1个新生入学教育专题、1次董明姐姐面对面、1场藏龙大讲堂、1期辅导员俱乐部团建等活动,指导"X"支社会实践团队。

咨询服务有温度。运营董明专属咨询 QQ 号,开通"董明甜茶会",个性化在线和书信咨询服务 240 余人次,团队暖心咨询 2 510 余人次。

危机干预有成效。协同解决危机事件 50 余次,化解心理问题 3 000 多人次,帮扶自杀风险类学生 284 人,有力维护了校园安全稳定。

平台建设有保障。"董明工作室"有独立办公室 30 余平方米,配置专业书籍 300 余册,近 3 年工作经费约 15 万元,共享学校心理健康教育中心资源。

（二）心理健康教育工作引领效果显著

工作室坚持以人为本,育德育心,积累了一定的工作室建设经验,吸引了 20 多所兄弟高校来访交流。

引领学生成长成才。涌现出中国大学生自强之星 3 人、"湖北省向上向善好青年"1 人;学生应征入伍热情空前高涨,近年近 550 名学生光荣参军,连续 6 年获省征兵工作先进单位;助力学生自信就业,就业率连续 4 年保持在 94% 以上,得到了省领导的肯定性批示。

提升团队科研水平。团队主持了 9 项省厅级、1 项市级、14 项校级研究项目,形成了 10 余篇调研报告,发表了 40 余篇论文,获省级优秀论文一等奖 1 项,作全国全省学术交流 5 次。

带动辅导员队伍提能。5 名辅导员荣获"全国民办高校优秀辅导员"称号,12 个学生工作研究项目获得省级立项,形成学术成果 100 余项。

拓展社会服务领域。组建了天使儿童服务队、城市志愿服务队、海霞敬老服务队,将服务触角向社会有效延伸,累计服务时长 380 000 余小时。参加省疫情心理咨询热线和武汉微邻里心理援助工作,服务时长 600 多小时,服务个案 150 多人。2019年,全国人大常委会副委员长沈跃跃在视察工作时,对关爱留守儿童心理健康项目给予了高度评价。

五、反思

以"三生教育"为抓手、以榜样为引领的育德育心新模式,嵌入了体验式教育,建构了"三生教育"和"榜样引领"良性循环、相互促进的育人生态环境,取得了良好的育人效果。未来可推动"三生教育"与传统文化相融合。在培养社会主义建设者和接班人的过程中,中华优秀传统文化可为"三生教育"提供取之不尽用之不竭的宝贵文化资源,中华优秀传统文化的深厚内涵能有效增强"三生教育"的育人效果。

参考文献:

[1] 罗崇敏.生命教育,生存教育,生活教育——论青少年孩子的三生教育[EB/OL].https://www.sohu.com/na/444485111_120991081,2021-01-14.

[2] 李建峰,吴旭亚,胡海静.构建"三生教育"德育体系的实践与研究[J].现代特殊教育,2018,(9):57-61.

[3] 教育部等八部门关于加快构建高校思想政治工作体系的意见[EB/OL].http://www.gov.cn/zhengce/zhengceku/2020-05/15/content_5511831.htm,2020-04-02.

[4] 袁岩,陈薇薇.茶文化背景下应用技术型大学"三生教育"现状与提升路径[J].福建茶叶,2021,(1):206-208.

[5] 袁岩,陈薇薇,陈平波.茶文化视域下独立学院实施"三生教育"的研究[J].福建茶叶,2020,42(11):180-181.

[6] 袁乐冉.榜样的力量[J].中学政治教学参考,2022,(10):53-54.

[7] 张爵宁,孙泊.以榜样力量引领道德建设[J].人民论坛,2017,(14):64-65.

"6＋1"大学生心理健康教育创新模式的探索与实践

杨宪华　刘　月　金　敏

商洛学院

【摘要】加强和改进大学生心理健康教育,是新形势下贯彻落实全国、全省高校思想政治工作会议精神、提升心理育人质量的重要途径。近年来,我们紧密围绕立德树人的根本任务,立足地方新建本科院校实际,更新教育理念,确立培育目标,搭建服务平台,构建了"6＋1"大学生心理健康教育工作模式,更好地适应和满足学生心理健康服务需求,引导学生养成积极向上的心理和健康心态。取得的多项成果成效明显,积累的一些经验值得推广,有效促进了大学生健康成长成才。

【关键词】心理健康教育;大学生;心理育人;心理健康素养

浇花先浇根,育人先育心。加强和改进大学生心理健康教育,是新形势下贯彻落实全国、全省高校思想政治工作会议(2016)、全国高校学生心理健康教育工作推进会(2021)等精神、提升心理育人质量(2017)的重要途径。目前,尽管大学生心理健康总体水平逐步提高(辛志强等,2012),然而我国大学生的心理问题不容乐观(王建中等,2002;张旭新等,2010),其心理品质的开发还不够到位(樊富珉等,2001;王新波,2010),加强和改进大学生心理健康教育工作刻不容缓。长期以来,各高校对学生的心理健康教育沿袭传统的病理性模式,教育理念及运行机制缺乏科学性、系统性,教育、预防、咨询、干预一体化体系不够健全,教育的成效不够明显,难以适应新形势高等教育人才培养的需要。近年来,商洛学院紧密围绕立德树人的根本任务,立足地方新建本科院校实际,更新教育理念,确立培育目标,搭建服务平台,构建了"6＋1"大学生心理健康教育工作模式,不断规范发展心理健康教育与咨询服务,更好地适应和满足学生心理健康服务需求,引导学生养成自尊自信、理性平和、积极向上的心理和健康心态。通过近10年的探索和实践尤其是近5年的应用和推广,有效促进了大学生健康成长成才。

一、大学生心理健康教育创新模式的构建及顶层设计

作为地方新建本科院校,我校始终十分重视大学生心理健康教育工作,把这项工作作为学生工作的突破口,逐渐形成了"6+1"大学生心理健康教育工作模式。其中,"1"是指以积极心理健康教育为导向,确立"培育心理健康素养"这一中心目标;"6"是指搭建六个心理健康教育服务平台,即"心"课堂平台、"心"辅导平台、"心"监测平台、"心"活动平台、"心"防控平台和"心"网络平台。六个平台相互联系、相互促进、相辅相成,共同服务于培育大学生心理健康素养的目标,六个平台和一个目标是一个有机整体。在工作中,我们坚持将"6+1"大学生心理健康教育模式常抓不懈,服务于大学生健康成长成才。

(一)确立工作理念和目标,不断提高大学生心理健康素养

(1)确立积极心理健康教育理念。理念是心理健康教育的"灵魂",要切实发挥大学生心理健康教育创新模式的作用,必须有科学、先进理念的支撑。结合积极心理学的理论(任俊,2006)及心理健康教育领域最新研究成果(孟万金,2008),我们确立了积极心理健康教育的理念。积极心理健康教育用积极的视角发现和解读大学生各类问题的积极方面,用积极的途径培养积极的品质,用积极的思想浇灌积极的心灵。以积极心理健康教育为导向开展大学生心理健康教育,能够确保心理健康教育取得实效。积极心理健康教育理念是对传统心理健康教育的继承、发展和整合,它在教学方向、教学任务、教学途径上更加强调学生积极人格品质的培养、积极情绪体验的增进及积极班级氛围的营造。

(2)确立心理健康素养培育目标。目标是心理健康教育的"方向"。我们从当代大学生心理健康现状、特点和发展需求出发,结合心理健康素质系列研究成果(沈德立,2008;张大均,2007)、最新的心理健康素养(江光荣,2020;Pedro Dias,2019)等研究,确立了心理健康素养培育目标。心理健康素养是积极心理健康教育在实践中的具体体现。心理健康素养是个体在促进自身及他人心理健康,应对自身及他人心理疾病方面所养成的知识、态度和行为习惯,这一目标包括适应、人际、个性、自我、动力、应对六种具体素质,分为指导学生积极适应、促进学生主动发展、激励学生自主创新三个层次。

(二)搭建六个平台,促进大学生健康成长成才

(1)搭建"心"课堂平台。开设心理健康教育必修课和团体心理辅导等选修课,通过优化课程内容、创新教学方法、探索教学模式、整合资源、强化多元评价等措施,充分发挥课堂教学的主渠道作用。

(2)搭建"心"辅导平台。以心理辅导为依托,将个体心理咨询与团体心理辅导相结合,通过明确辅导原则、流程、内容及方法等措施,不断加强心理辅导质量,为学生的健康成长导航。

（3）搭建"心"监测平台。通过对学生心理症状、心理状态等问题以及心理品质等资源的评估和监测，收集一手数据资料，开展科学研究，为开展心理健康教育提供科学依据。

（4）搭建"心"活动平台。通过开展心理情景剧、心理沙龙、心理科普知识竞赛、团体辅导等系列活动，普及心理健康知识，提高学生的心理自助及助人能力。

（5）搭建"心"防控平台。通过实施预防维护、筛查预警、治疗监控、转介跟踪、应对处置横向五级干预机制，以及学校、学院、班级、宿舍纵向四级干预网络，提高针对性。

（6）搭建"心"网络平台。充分借助易班平台开展大学生心理健康教育，将心理健康教育工作由线下拓展到线上，由传统的面对面教育空间拓展到网络虚拟空间，实现线下线上双向互动，提高时效性。通过近三年的实践，已逐渐形成了"心理墙""解忧信箱""读名人传记，学成长心法""青春阅读，悦享青春"等一系列品牌栏目，同时打造了如"心理游园会""大学生幸福训练营""大学生心理知识竞赛"和"5·25"大学生心理健康节等一系列品牌活动，极大提高了心理健康教育的影响力、感染力和覆盖面。

二、大学生心理健康教育创新模式的形成及保障措施

近年来，我们结合地方新建本科院校的特点，高度重视、建章立制、组建团队、不断探索，在工作中创新方式方法、多措并举，逐渐形成了工作长效机制、五个支持系统、五项制度依据和五支力量。

（一）逐渐形成，接续实施 10 年来逐渐形成长效机制

该项目自 2008 年开始探索，2014 年形成雏形，2016 年完成了"6＋1"模式的基本框架结构。自 2008 年起将心理测评研究和"5·25"主题心理活动常规化，自 2010 年起开始将"心理健康素养"作为培育目标，自 2012 年起将"大学生心理健康教育"必修课和心理咨询活动常规化，自 2013 年起将预防维护、筛查预警、治疗监控、转介跟踪、应对处置的横向五级干预机制常规化，自 2014 年创办《大学生心理健康资讯》电子刊物，2016 年搭建"易班"网络平台开展心理健康教育，自此形成了"6＋1"模式的雏形。我们构建的工作模式逐渐由 2010 年的"2＋1"到 2012 年的"4＋1"再到"6＋1"。2017年，将已有经验和成果进行凝练总结，正式形成了"6＋1"大学生心理健康教育模式，2017 年度成功入选陕西高校辅导员（学生工作）精品项目（2019 年完成），该模式是我们在工作中坚持边探索、边实践、边应用、边完善的原则，逐渐探索、凝练形成的。

（二）高度重视，逐渐形成五个到位的支持系统

学校历来高度重视心理健康教育工作，逐步形成了领导到位、机构到位、人员到位、投入到位和场地到位的五个支持系统，为开展大学生心理健康教育提供有力的支撑。一是加强组织领导，成立校级心理健康教育领导小组，成立了由二级院（系）领导小组，形成了校院两级心理健康教育领导组织体系。二是建立健全心理健康教育机

构,设立心理健康教育中心并独立办公,成立了心理学系、心理健康教育教研室,为开展工作提供有力的组织保障。三是重视队伍建设,目前学校有心理学专业教师15名、已考取心理咨询师资格证书的辅导员占辅导员总数的51％,目前建成了一支专兼结合、专业互补、相对稳定、素质较高的工作队伍。四是每年设立生均不低于10元的专项经费,用于心理健康教育工作的组织与实施等。五是不断创造条件,加强场地建设,目前工作场地和活动场地能够满足基本需求。

（三）建章立制,逐渐形成五项抓好工作的制度依据

学校重视心理健康教育制度建设。一是坚持以全国、全省心理健康政策为导向,认真领会《普通高等学校学生心理健康教育工作基本建设标准（试行）》《高校思想政治工作质量提升工程实施纲要》《高等学校学生心理健康教育指导纲要》等文件精神,不断完善学校有关规章制度。二是制定并出台政策。在学校出台《关于进一步加强心理健康教育工作的意见》基础上制定了《商洛学院心理育人工程实施方案》,为开展工作提供制度保障。三是建立心理咨询制度,多次修订心理咨询相关制度,使制度"上墙",确保辅导规范。四是建立心理健康课程教学规章制度,制定教学规范、明确教学大纲、细化教学环节,确保教学质量。五是建立健全预防干预制度,在纵向四级干预网络机制基础上建立了横向五级干预机制。

（四）组建团队,逐渐形成五支抓好工作落实的力量

一是组建心理健康教育骨干团队,学校目前配有专兼职心理健康教育骨干教师21名、心育导师9名、心理辅导员18名,逐班配备了心理委员。二是组建学生事务咨询团队,成立了由心理学专业教师、心理学专业学生和获得心理咨询资质的辅导员定期值班的事务咨询团队,接待学生来访。三是组建特殊学生心理帮扶团队,各二级学院成立了以党总支书记为组长,以辅导员、班主任、学生党员为骨干的特殊学生帮扶团队。四是组建心理健康课程教学团队,目前已经组建了一支由责任心强、综合素质高教师组成、相对稳定的教学团队。五是组建学生自我服务团队,成立了大学生心理健康学社,吸纳优秀社员,倡导学生心理健康自我管理、自我提升、自我服务。

三、大学生心理健康教育创新模式的效果及工作经验

作为一所二本院校,商洛学院被列入陕西省首批转型发展试点高校,2016年通过教育部本科教学工作合格评估,2018年被确定为陕西省"一流学院"建设单位,2021年学校应用心理学专业被入选陕西省一流本科专业建设点,2022年建设陕西省心理健康教育与咨询标准化中心。结合学校转型发展背景、应用型人才培养目标定位、学生和工作需要,在工作中坚持边实践边改革、边改革边思考、边思考边总结的原则,逐渐完善教育模式,取得了一定成效,并积累了一定的工作经验。

（一）主要成效

该模式在实践过程中创建,在不断的实践应用中凝练,符合地方新建本科院校学

生的心理特点及实际,在实际的运用中具有较强的操作性,做到了从实践中来并应用于实践,得到了实践检验,具有一定的普适性、应用性和示范性。

1. 实施成效显著,学生心理健康得到良性发展

自 2008 年以来,定期面向全体学生开展"5·25"主题心理健康教育活动,尤其是近五年来,紧抓"3·25～5·25"大学生心理健康教育宣传季的契机,依托学校心理健康教育中心的专业力量,通过精心策划、营造氛围、打造品牌等举措分层次、分阶段的有序推进不同主题的心理育人活动,实效明显。连续 10 余年来,每年 10 月对大一学生进行心理测评,并为学生建立了电子心理档案。将"大学生心理健康教育课"作为必修课纳入人才培养体系,通过情绪管理、人际交往、心理危机应对等 16 个专题课程的开设向学生普及心理卫生和心理保健知识,传授心理健康保健技能,课程教学覆盖面到达 100％。始终坚持咨询原则,不断加强咨询记录、反馈等方面的规范管理,及时疏导和化解学生的心理疑难问题,有效预防学生心理危机的发生和发展,近五年来,心理咨询室共接待来访学生 200 余名,咨询服务次数 230 余次,咨询时长达 300 余小时。一方面,实验结果表明,学生的心理问题明显减少,在校生心理问题检出率保持在较低水平,做到心理问题及早发现、及早知情、及早关注和及时帮扶,减少了突发事件的比例,多次化解了潜在的危机;另一方面,学生的心理健康素养得到普遍提升,绝大部分学生均能够顺利适应环境、主动发展、自主创新,做到了顺利毕业就业。近 5 年来,学生累计参加各类社团活动达 2.2 万余人次,学生学习风气日益浓郁,在各类学科竞赛、挑战杯、创新创业等活动中多次获奖。

2. 违纪等特殊学生减少,模式在二级学院全面推广

休学、退学、转学等异动学生人数减少,违纪学生比例下降,连续 6 年来实现了特殊群体学生恶性事故为零的工作目标。特殊学生群体的大部分学生已有了明显转变,学习和生活重新步入正轨。该模式在我校 10 个二级学院全面开展,目前应用效果良好。该模式在 2 所同类高校得到推介,并在第二届汉江大学联盟论坛中得到交流和推广,取得了一定成效。陕西省教育厅网站多次对我校心理健康教育成果进行了相关报道,利用参加全国心理学大会及心理健康相关学术会议等机会对学校心理健康教育做法进行分享、交流和推介。

3. 成果较为丰富,具有一定的社会影响和辐射作用

一是模式探索过程中(2008～2017),取得了一些有价值的研究与实践成果。撰写并发表学术论文 40 余篇(其中核心 14 篇),出版学术专著 1 部,立项课题 5 项,制定相关文件制度 1 项,获得省级心理健康教育知识竞赛、优秀案例评选等相关荣誉 15 项,获得陕西高校辅导员工作室 1 个,在中国教育报、陕西省教育厅官网、辅导员工作联盟等媒体发表相关文章及报道 7 篇。二是模式形成后(2017～2022),取得了一些研究与实践成果。撰写并发表学术论文 40 余篇,出版学术专著 2 部,心理健康教育相关的中省校级研究课题 20 余项,制定相关文件制度 1 项,获得省级心理健康教育

知识竞赛、优秀案例评选等相关荣誉 22 项,获得陕西高校辅导员工作室 1 个,在陕西省教育厅官网等媒体发表相关文章及报道 7 篇。

（二）积累的经验

近年来,经过通力协作,我校心理健康教育工作不断推进,积累了三点主要经验。一是大学生心理健康教育工作是个系统工程。必须做好顶层设计,构建科学工作模式、运行机制和保障措施;必须引起各方高度重视,形成育人合力。这是心理健康教育工作取得成效的重要前提。二是大学生心理健康教育工作贵在用心、重在落实。必须坚持把心理健康教育工作用心做实、做细、做精;必须坚持积极心理健康教育理念,建章立制,明确责任,强化落实。这是心理健康教育工作取得成效的关键所在。三是大学生心理健康教育工作必须注重创新,凝练特色。在心理健康教育的工作实践中必须不断改善和创新工作思路,将心理育人实践活动作为有力抓手,努力挖掘和培育师生喜闻乐见、覆盖面广、实效明显的心理健康教育宣传活动;同时要善于凝练特色,打造并发挥品牌活动的积极效应,不断推动心理健康教育工作取得新突破、做出新成绩。

四、下一步愿景

心理健康教育工作责任重大、使命光荣,心理健康教育工作还任重道远。我校心理健康教育工作尚存在一些有待解决的问题。表现在:一是心理健康教育工作模式的顶层设计还需进一步完善,该模式有待在兄弟院校进行分享与应用;二是心理健康教育工作模式的实施方法还有待创新,理论与实践的有机结合有待加强。为了更好地做好心理健康教育工作,我校将在顶层设计上下功夫,在方法创新上继续动脑筋,在应用推广上坚持下力气。我们今后将做好以下工作:一是结合最新的心理健康教育工作政策要求,依托学校应用心理学"省级一流专业"建设和陕西省心理健康教育与咨询标准化中心建设,加强顶层设计,形成合力,进一步完善"6＋1"心理育人工作模式,打造品牌和特色。三是结合新时代大学生心理发展的实际需求,进一步加强心理健康管理工作,强化工作模式在我校二级学院的广泛应用,依托项目(如素质培育、课堂改革、辅导训练、活动科普、监测深化、防控预案、网络拓展等)将"6＋1"工作模式进一步融入教育教学和人才培养,提高校院两级心理育人实效,提升大学生心理健康素养总体水平。四是创新工作方式方法,加强网络心理健康教育平台建设,推动"易班＋"心理健康管理工作。五是跳出"校园"微环境,构建并落实家校社协同育人下的心理育人体系。六是面向地方社会需要,面向人民生命健康,扩大受益群体和辐射面,针对儿童青少年群体开展模式应用推广研究与实践,更好地服务地方社会发展。

参考文献:

[1] 江光荣,赵春晓,韦辉,于丽霞,李丹阳,林秀彬,任志洪.心理健康素养:内涵、测量与新概念框架

［J］.心理科学,2020,43(1)：232－238.

［2］辛自强,张梅,何琳.大学生心理健康变迁的横断历史研究［J］.心理学报,2012,44(5)：664－679.

［3］王新波.大学生积极心理品质培养研究［J］.中国特殊教育,2010,(11)：40－45.

［4］张旭新.大学生心理问题的特点与心理健康教育［J］.思想理论教育导刊,2010,(8)：106－108.

［5］沈德立,马惠霞,白学军.中国青少年心理健康素质调查研究［J］.天津师范大学学报(社会科学版),2008,(5)：71－75.

［6］孟万金.论积极心理健康教育［J］.教育研究,2008,(5)：41－45.

［7］陈良,张大均.大学生心理健康素质的发展特点［J］.西南大学学报(社会科学版),2007,(4)：129－132.

［8］王运彩.大学生心理健康教育存在的问题及对策［J］.河南大学学报(社会科学版),2006,(1)：140－142.

［9］王建中,樊富珉.北京市大学生心理卫生状况调研［J］.中国心理卫生杂志,2002,(5)：331－333.

［10］樊富珉,王建中.北京大学生心理素质及心理健康研究［J］.清华大学教育研究,2001,(4)：26－32.

积极心理学在高校心理委员队伍建设中的应用

戴 丽

马鞍山职业技术学院

【摘要】心理委员作为学校心理危机防控体系中的基础成分,在宣传普及心理健康知识、组织开展心理健康教育活动、心理危机预防和干预等工作中发挥着不可替代的作用。高校心理育人是新时代思想政治教育工作的重要育人要素,坚持育心与育德相统一。将积极心理学运用于心理委员专业培养,不仅激发其心理潜能,也是发挥朋辈心理辅导在心理委员队伍建设中的有效创新。

【关键词】积极心理学;高校心理委员;朋辈心理辅导;心理育人

2018年7月4日中共教育部党组印发了《高等学校学生心理健康教育指导纲要》,着重提出,"培育学生自尊自信、理性平和、积极向上的健康心态",充分坚持育心与育德相统一,"健全心理危机预防和快速反应机制,建立学校、院系、班级、宿舍'四级'预警防控体系"[1]。心理委员作为联系师生的桥梁和纽带,在宣传普及心理健康知识、组织开展心理健康教育活动、朋辈互助活动、心理危机预防和干预等工作中发挥着不可替代的作用。

班级心理委员,最初起源于西方的"朋辈心理辅导"。2004年,天津大学为建立和完善学校心理危机干预机制率先尝试在班级设立心理委员制度[2]。此后,班级心理委员制度在大学校园中逐渐实施和得以广泛应用,有效推动了高校心理健康教育工作的开展和"助人自助"心理健康教育工作目标的实施。高校心理委员的实施,一方面扩大了心理健康教育影响范围,提升了学生自我管理和自我服务的能力;另一方面班级心理委员在选拔、培训以及胜任力等方面存在一些问题。积极心理学倡导心理学的积极取向,关注人的健康幸福与和谐发展,注重人的积极力量和积极品质的发掘和培养,运用积极心理学提升心理委员能力和素质有着重要的意义。

一、班级心理委员的建设现状

(一)班级心理委员选拔存在随意性

班级心理委员选拔形式不一,大部分是自愿报名、班级民主选举,但有些班级心理委员是班级教育者随意指派某位同学担任,或其他非主要班委兼任心理委员,或者推荐需要心理帮助的同学当心理委员,认为多和心理老师接触能够改善学生心理状况,诸多情况导致心理委员工作懈怠,学生不认可的现状,影响心理健康教育工作的顺利开展。

(二)班级心理委员缺乏相应的专业培训

近年来,在校大学生作为特殊群体承受着疫情带来的人际交往、学习和生活等方面的影响。心理委员也不例外,缺乏相应的专业培训和指导。由于高校心理委员培训制度不够完善,专业的师资力量匮乏等原因导致培训形式单一、培训时长过短以及培训内容不具系统性和针对性等特点。

(三)班级心理委员的管理与激励体制不完善

由于心理委员的工作内容、工作性质和其他班委不同,如果没有明确、可量化的评价管理体系,会让很多同学认为心理委员是个没有多大意义的职位,在一定程度上削弱了心理委员的工作积极性和队伍的稳定性。心理委员也作为班委之一,工作积极性不高、胜任力不强以及预防不够有效等突显问题在一定程度上阻碍了学校心理健康教育工作在学生基层的顺利开展及朋辈心理辅导工作的有效落实。

二、积极心理学应用与班级心理委员队伍建设策略

近几年来,大学生受到各种媒体信息影响,情绪、心态以及自身成长面临诸多问题,像"啃老""佛系""躺平"等网络词汇经常被作为青年群体的"标签",甚至被称作青年群体的"丧文化"。教室里面对面的课程转为线上课程,导致学生学习兴趣降低,听课效果甚微;培训活动和社会实践难以正常开展,导致很多大学生缺乏有效的锻炼,无法展示自己的才华,产生负性情绪和积累心理压力过大,这就加大了班级心理委员工作的难度。因此,基于积极心理学加强班级心理委员队伍建设,对于不断完善心理健康教育工作体系是非常必要的。

(一)合理选拔,关注积极心理品质

新生入学报道后,班主任或辅导员在班级要提前做好对心理委员选拔资格、工作职责及综合素质等进行必要的宣传和动员。作为一名心理委员,需掌握一定的心理学知识,具备较强的心理素质,积极品质、良好的亲和力、较强的沟通能力、情绪管理能力,且人格健全乐于助人。心理委员选拔工作通常在新生入学一个月后开展,对班级自愿报名的心理委员进行初选,将选出1~2名同学推荐到院系,院系将通过心理健康笔试、面试和心理测试等环节最终选拔出综合素质较高的同学担任心理委员。

(二)加强积极心理团辅活动,激发心理委员心理潜能

心理委员作为高校学生心理健康教育工作的重要组成部分以及朋辈心理辅导的重要成员,肩负着宣传心理健康知识,组织开展相关心理健康活动,预防和干预学生心理危机的重要责任,因此,运用积极心理学专业培训加强心理委员队伍建设,切实

提高心理委员工作的实效性。

1. 结合线上线下培训,明确心理委员角色和职责

加强心理委员集中系列培训,选取积极心理学相关内容,结合线下授课和线上分享心理健康资源,切实提升心理委员助人自助能力。具体内容列举如表1。

表1　基于积极心理学的心理委员培训内容

培训时间	培训主题	培 训 内 容
第一次	心理健康与危机识别	识别一些常见的心理问题,能够觉察心理危机信号,做到冷静面对并及时上报。
第二次	角色定位和工作职责	明确心理委员角色定位和工作职责,了解什么"可为"和"不可为",严格遵守保密制度。
第三次	人际沟通和心理辅导	掌握人际沟通和简单的心理辅导技巧,组织开展简单的团体心理活动和暖心帮扶。

2. 开展积极心理团体训练,重在体验和实践

心理健康教育工作是一个侧重实践的工作,心理委员不仅掌握积极心理学理论知识,更重要的是多参与体验心理团体训练活动,激发其心理潜能。心理委员专业训练可以安排在每学期的前一至两个月进行,每周一次培训。培训相关内容可设置如表2。

表2　心理委员积极团体心理训练内容

培训主题	培 训 内 容
第一次　认知自我	正确认识自己、客观评价自己和完善自己
第二次　心理素质拓展	"重走长征路"等活动,探索自我成长和团队合作
第三次　心理情景剧	通过编排会演达到自我发现,激发心理潜能
第四次　角色模拟与案例分析	识别相关心理需求,心理咨询和辅导技巧
第五次　团体沙盘游戏	团体心理辅导技巧与人际沟通技巧
第六次　室内团体活动	如何组织班级活动、宣传普及心理健康知识

3. 分享总结和提升,实现助人自助

在每次的培训活动中,最后的分享与总结环节是必不可少的,心理委员首要关注自我的成长和能力提升,才能实现"自助助人"目标。因此,通过分享讨论,心理委员将自己的理解和实践结合起来,这样才能使培训更加深入,更具实效性。

(三) 侧重激励,提升心理委员心理素质

由于心理委员工作的特殊性和具体困难,在日常工作中,针对心理委员开展工作

激励制度以调动心理委员工作的积极性和实效性。完善心理健康教育工作网络,确保班级心理委员和其他班委一样能够参与校园评优评先,如每年度开展"院十佳心理委员评选"等。首先,制定心理委员管理制度和考核制度,充分调动心理委员的工作热情和积极性,保障心理委员工作队伍的稳定性和持续性;其次,建立规范的汇报制度,按时上报班级心理健康状况周报和月报,及时上报班级特殊学生情况等。最后,设立合理的奖励机制,规范各班级心理委员的工作台账,及时记录班级同学日常心理状况和活动开展情况等。同时,对于按时参加会议和培训并提交学习总结、积极召开心理主题班会和组织班级心理相关活动、按时提交学期工作计划和总结的心理委员给予表彰和激励。

三、基于积极心理学形成朋辈心理建设育人合力

班级心理委员工作一定程度上减轻了专职心理咨询教师的压力,缓解了心理健康教育工作资源的不足,扩大了心理健康教育的影响[3]。心理委员是学校心理危机预警防控体系中的基础成分,作为学校心理健康中心、系部二级心理辅导员站、班级心理委员和宿舍心理信息员四种朋辈心理辅导模式之一,要充分体现大学生的主体作用和自我管理,就需要学校为其创造更广阔的发展空间和良好的工作平台,运用积极心理进行心理委员队伍建设,促进个体积极心理健康,提升其幸福感。

高校心理育人工作必须重视心理委员专业化培养,实施科学的管理策略,才能有效保证高校心理育人的实效[4]。学校心理健康教育中心通过广播站、橱窗、校刊校报以及微信公众号、心理委员 QQ 工作群、班级微信群等媒体宣传心理健康教育工作,营造积极良好的氛围;同时借鉴"3·25""5·25""12·5"心理健康节以及校园心理情景剧大赛、校园心理委员技能大赛等活动,在班级召开心理主题班会或组织班级心理团体活动,让同学们掌握一些心理调适技能,增强学生自我管理自我服务能力。总之,加强积极心理学在高校心理委员队伍建设中的应用,形成思想政治教育、心理健康教育和朋辈心理辅导育人合力,积极实现自我价值,获得更多的心理滋养和幸福感。

参考文献:

[1] 丁闽江.高校心理委员的能力结构、现状及提升策略[J].贵州师范学院报,2019,(7):74-79.

[2] 梁圆圆,周惠玉,厉月.高校心理委员胜任力现状调查与对策研究[J].黑龙江教师发展学院学报,2021,(4):105-107.

[3] 杨薇薇,郑秋强.高校心理委员队伍建设存在问题及对策[J].长春师范大学学报,2022,(1):172-175.

[4] 王敬群,王青华."互联网+"时代高校心理委员队伍的专业化建设探究[J].江西广播电视大学学报,2021,(3):91-96.

对高职院校青年志愿者心理素质提升的对策建议

刘恕华

辽源职业技术学院

【摘要】目前国外有可借鉴青年志愿者心理素质方面的经验和方法,但国内关于此方面的经验与资料缺乏,知网搜关键字"高职院校""青年志愿者""心理素质"出现信息很少,需要致力于此方面研究的学者探索青年志愿者心理素质提升的方法与对策。

【关键词】职业院校;志愿者;心理素质;素质提升;对策建议

志愿服务是现代社会文明的标志,通过对中外部分学校青年志愿者服务性质和内容等方面比较研究,发现都有服务社会共性特点。为了做好志愿服务,需要志愿者具有良好的综合素质,其中心理素质在做好志愿服务中起到非常重要作用,下面将论述提升青年志愿者心理素质的对策建议。

一、概述

在志愿者大军里高校青年志愿者占有的比例较高,呈现出志愿活动的生力军态势。青年志愿者弘扬了奉献精神,促进了社会的进步与和谐。为准确深入研究当前青年志愿者心理素质现状,针对部分高职院校青年志愿者进行问卷调查,取得如下数据:发放问卷 320 份,回收有效问卷 318 份。其中,男生占 33.6%,女生占 66.4%;本科生占 22.6%,专科生占 77.4%;大一生占 52.5%,大二生占 32.7%,大三生占 14.8%;心理健康者占 60.7%,心理不健康者占 39.3%。从调查数据看出,青年志愿者的心理素质亟待提升,保障志愿服务的工作质量。

对比国内外青年志愿者活动发现我国的志愿服务不是很成熟。例如,国外志愿服务首先考虑大众需要,通过志愿活动服务他人、积累经验、丰富阅历。日本等国家志愿服务为无报酬形式,但被服务人可以提供生活费用;我国青年志愿服务活动多数为公益性质;服务内容上国内外都是从实际需求出发。通过从志愿服务需要、性质和内容进行对比后,作者感到青年志愿者活动质量除了与组织管理及运行有关外,还与青年志愿者的心理素质有关系。因此,做好这一群体心理素质的提升与完善,能够保障青年志愿者服务健康、高效发展下去。

二、青年志愿者心理素质提升研究主要方向和内容

（一）主要方向

构建青年志愿服务激励机制,促使高职院校青年志愿者服务进一步提高和健康发展,满足新时代社会发展的需求,实现培养中华英才的历史重任。

加强青年志愿者心理素质的提升,提高参与志愿服务的积极性与主动性;提高思想政治素养,增加志愿服务工作的责任感和使命感。

提高青年志愿者心理调节能力,完善人格培养;保持志愿服务工作和情绪的稳定性,增强坚韧性、心理相容性、人际交往、团队协作、组织协调、危机处置等能力。

（二）主要内容

宣传营造良好青年志愿精神氛围。为进一步推进高职院校志愿服务的规范化和常态化,带动提升全社会大众的责任意识,要在青年中弘扬志愿奉献精神,促进形成良好的青年志愿精神氛围。目前我国关于高职院校青年志愿者心理素质提升策略的研究尚处探索阶段,缺乏统一心理素质提升的培养标准,队伍建设上主观随意性较大,需要规范管理和营造氛围促进志愿精神发扬光大。

建立完善青年志愿服务激励机制。对志愿活动中优秀成员或团体给予表彰和奖励,是对志愿者的精神支持和社会认可,同时也是保持社会和谐稳定、形成良好风尚的需要。通过构建完善的志愿者服务激励机制,促使志愿服务活动有序前行,解决当前存在的志愿服务机制不健全、志愿服务意识不强、志愿者权益保障不到位等问题。

满足心理需求提高志愿服务工作效能。根据马斯洛的需要层次理论,志愿服务能满足青年志愿者自我实现的需求,构建优良的心理基础。通过了解不同类型志愿者参加志愿活动的需求,从其需求出发使其在愉悦情绪状态下,提高志愿服务的工作效能,从而满足人本主义理论上的心理需求。例如,对于有奖励需求的志愿者,可以通过活动多给予表扬、称赞,尊重其人格;对于有人际交往需求的志愿者,可以安排其多参与交往活动项目,使其能够结交更多的朋友,扩大人际交往的圈子,获得更高的群体认同感;对于有提升能力需求的志愿者,可以提供有挑战性的工作,让其有更好的学习良机。通过建立良好组织运行机制,激发青年志愿者的工作热情和积极性,做好志愿服务工作。

完善个体人格是做好志愿服务的前提条件。通过研究解决目前有些高职院校存在的不妥现象,认为教学中开设过心理学课程,青年志愿者多数人都学过心理学课程,有这些知识做基础足够应对志愿服务工作。对于青年志愿者心理素质提升的培训干脆不做或者做得很少,造成重视志愿者上岗前相关工作内容的培训,忽视心理素质提升的培养,忽视完善个体人格可以起到调节情绪、增强心理承受力作用。使有些

青年志愿者在提供志愿服务时受到服务对象的影响、遇到突发事件时受到心理刺激，或者其权益难以得到保障时，产生心理问题而影响自身心理健康。

三、对策建议

营造弘扬青年志愿服务精神的校园氛围。为了弘扬奉献精神和团结互助等志愿服务精神，高职院校可以由校团委主抓，与宣传部门联合，举办学习《志愿服务条例》内容、宣传报道志愿者精神、志愿服务心理知识、志愿者自身心理成长和心理保健等内容；可以通过线下团体辅导、线上平台学习、微信和 QQ 等方式开展案例分析、角色扮演、专题讲座等方式，把道德情操培养贯穿于平时学习和生活中，营造弘扬志愿服务精神的校园氛围。

树立全社会尊重关爱青年志愿者的意识。志愿者服务于社会方方面面，在展现自身服务价值和良好风貌的同时，更是需要得到全社会的尊重和关爱，尤其是青年志愿者对此需求更加强烈。如今社会志愿者当中青年志愿者占有大多数，他们在提供志愿服务时，会与自己的学业或者工作产生冲突，希望志愿服务组织能从志愿服务的时间、内容等方面做好组织协调工作，青年志愿服务激励机制公平公正，使青年志愿者感受到归属感和价值感，提高青年志愿服务时情绪感受和服务质量。

加强提升青年志愿者心理素质的培养。高职院校的青年志愿者大多数为18～22岁，正处于青年时期，情绪不稳定易波动，容易受到不良信息的影响和侵蚀，产生焦虑、抑郁等情绪。加强自我意识是提高志愿服务品质的保障，使得青年志愿者拥有自知之明，自觉履行岗位职责。可以采取团体辅导形式，提高青年志愿者自我认知水平，帮助其深入了解自我、悦纳自我，增强自信心，提高志愿服务水平。

重视培养人际交往与团队协作的能力。青年志愿者参与志愿服务由于个体之间不熟悉，性格禀性各自不同，为了保证志愿服务工作顺利开展，需要建立良好和谐的人际关系和团队协作，充分重视青年志愿者开展志愿服务人际交往和团队协作能力的培养；运用心理学知识和良好心理素质来提高与服务对象心理相容性。为此，可以开展信任背摔、飞越取水等团体拓展训练活动，培养人际沟通与团队协作能力。

参考文献：

［1］叶明.大学生志愿者心理素质提升研究［J］.湖北成人教育学院学报，2011.

［2］张晏铭.浅析大学生志愿者精神的培养［J］.湖南工业职业技术学院学报，2013.

［3］邓俊芬.大学生志愿者精神的内涵、价值与培育路径［J］.开封文化艺术职业学院学报，2022.

专题二

高校心理咨询的理论与方法研究

励志电影对大学生心理弹性的提升研究[①]

薛　玲

复旦大学　上海工程技术大学

【摘要】 近年来,大学生心理健康教育越来越得到全社会的关注,大学生心理健康教育课程的普及是各高校提升大学生心理健康水平的重要手段。目前的心理健康教育课程多以知识讲授为主,形式较为单一,而电影融合了多种艺术表现手法,尤其是励志电影,其鲜明的主题思想和强烈的艺术感染力深受大学生喜爱。本研究的意义在于,通过电影这种大学生喜闻乐见的艺术媒介,在大学生团体辅导活动或大学生心理健康课程中增加励志电影欣赏的内容,从而达到丰富课堂内容,提升学生兴趣,提升学生心理健康水平和心理弹性的目的。

【关键词】 励志电影;大学生;心理弹性

在现阶段疫情常态化背景下,大学生抗逆力面临着前所未有的挑战。能否在不确定的环境中保持健康良好的心理状态,在逆境中快速调整自己,寻找合适的应对策略渡过难关是大学生应当培养的重要能力。心理弹性是与抗挫折能力较为相关的一个概念,是个体应对消极生活事件能够良好适应的能力和内部特质,是抗逆力的重要体现。

一、心理弹性是大学生应当培养的重要能力

(一)心理弹性的定义

心理弹性(resilience)又称"心理韧性""心理复原力"等,目前越来越受到心理学家的重视,学者们也从不同角度给予了不同的定义。比较常见的定义是从个体的能力、逆境积极结果和动态适应过程三个角度来界定的,包括个体遭受逆境和适应良好两个部分。在能力定义上,Connor 和 Davidson(2003)提出,心理弹性是个体在逆境下依然能保持适应性行为,较好地处理压力和创伤事件的能力。在结果定义上,Masten(2007)则将心理弹性视为一种发展框架或适应系统,强调个体遭受重大压力事件后

---

① 项目名称:上海工程技术大学思政研究项目。

所产生的积极结果。在过程定义上，强调心理弹性具有动态性，被视为是在个人与环境交互作用中动态形成的过程，有利于个体积极地应对负面事件和压力（Tusaie & Dyer，2004）。Kalisch 等（2017）的研究也赞同将心理弹性作为一个动态过程来理解，强调了个体主动、动态地适应压力。在众多关于心理弹性的定义中，本研究倾向于 Tusaie & Dyer（2004）的界定，即心理弹性是表示在一系列能力和特征的动态相互作用下，个体能在困境中迅速恢复和适应的过程。这一定义是侧重过程取向的，既体现了动态性，也包含了能力和结果取向的重要部分。

（二）提升心理弹性对于大学生心理健康的重要性

大学生的年龄阶段处于从少年到青年的过渡阶段，很多大学生进入大学时是初次离开家独自生活，社会阅历不足，心理调节能力缺乏，安全防范意识比较薄弱，他们的学习生活也不可避免地受到家庭、学校、社会等诸多因素的影响和冲击，当遇到一些突发事件和较大挫折时，他们往往不能够正确认识和科学处理，在缺乏有效的社会支持系统时，不能主动、积极地求助以应对困难，再加上网络不良因素的影响，极易诱发心理危机事件，甚至导致非正常死亡。

提升大学生心理弹性则从积极心理学的视角给我们提供了一种增强大学生心理健康的途径。在学校、家庭、社会这一系统中，通过帮助大学生学会用辩证的方法看待遇到的问题，带着积极的视角挖掘生活中的资源，用以应对所面临的困境，将会有助于他们接纳目前的状况，并能在客观分析问题的情况下找到最有效的应对方式，从而解决问题或找到顺应环境的方法。

（三）心理弹性框架下重组模式的构建

Kumpfer（1999）在"个体—过程—情感"模型和社会生态系统模型的基础上建立了心理弹性框架，该框架由 6 个部分组成，从动态视角强调了危险性因素和保护性因素的相互作用，这一模型解释了心理弹性的作用机制，帮助我们理解心理弹性如何促使重组、适应、适应不良重组这几种可能性发生的过程（马伟娜等，2008）。

在心理弹性理论框架指导下，应重视个体与环境的交互作用，从动态的、系统的角度探究大学生心理弹性的作用机制。当大学生面对压力源时，应指导他们认识并分析所处环境的危险因素和保护因素，觉察到个体与环境之间的相互作用过程，激发个体内部的心理弹性因素，调动认知、情感、精神、身体和行为，主动应对，从而适应或改变环境，对抗挫折。

二、励志电影与大学生心理健康促进

（一）电影对人心理活动的影响

随着电影艺术的普及，越来越多的学者和心理学家注意到电影对人类心理的影响。英国著名心理医生贝尔尼·弗德尔首次提出通过电影欣赏来进行心理治疗的方法；1967 年古巴的心理学家在一次小组心理治疗实验活动时提出"电影中的事件和人物引起人们的联想和感情投入,使人受压抑的动力和情绪释放出来";华东师范大学心理学系徐光兴教授(2003)曾经研究电影对人的心理活动机制所产生的影响,认为电影可以促进人心理压抑的释放、投射、替换、同一化、升华和净化,并能激活一些本能的自我保护。加藤隆胜等人的研究结果发现,社会、政治的变化,家庭生活,书籍、讲演、电影等,都会对青年人的价值观、人生观的形成造成影响。黄璐等人(2009)在电影教育研究领域的调查中指出,科学合理的电影教育能够促进大学生生活、学习及心理问题的改善。

(二)励志电影对大学生心理健康的影响

励志电影是众多电影中具有积极意义的、能激发观众正能量的一类影片,从内容上,它所表达的主题、内容积极向上;从主观感受上,能给观众的人生观、价值观带来激励作用,催人上进。因此,励志电影指有鲜明的主题思想和强烈的励志色彩,激励人们表达乐观心态,追求积极向上的精神层面,在内容上体现出主人公的坚韧、力量和乐观的影片。励志电影通过带给个体听觉、视觉上的体验,一方面,会影响观众的生理感受和情绪状态,另一方面,能让观众感悟影片中主角的人生历程,促进观众在励志电影情节的渲染下对剧情产生共情(赵燕等,2020)。张爱宁(2008)通过研究证实在大学生团体辅导中运用电影疗法,可以有效地帮助团体成员改变认知,增进幸福感,提高心理健康水平。

三、励志电影对大学生心理弹性的提升

以大学生团体辅导及心理健康课程为载体,加入励志电影这一媒介,通过探究励志电影对大学生心理健康及心理弹性的促进作用,从而达到提升大学生心理健康教育效果的作用。在大学生心理健康教育的课程体系当中,加入团体干预形式的励志电影欣赏,通过电影观摩、小组讨论、大组分享等形式,贴近大学生这一年龄阶段特有的认知方式和思考方式,在课程中消解说教,彰显人文精神,将深切的生命体验和情感体验融入课程的讲授和团体活动之中,也使课程或活动的内在感染力和亲和力得以增强。在大学生心理健康课程的教学中融入励志电影赏析环节,可以在兼顾教学的理论性的同时加强艺术性,使课程更能得到大学生的广泛认同,在艺术、人文教育与心理健康教育的转换间,同大学生的全面成长相结合,提升大学生心理健康水平,增加心理弹性。

重大公共事件给人们带来不确定性和焦虑、抑郁等负面情绪,也为高校心理健康工作带来了巨大的挑战,高校心理健康教育工作者正在探索如何应对疫情环境下提升大学生心理抗逆力的方法。本研究为拓展大学生逆境教育的途径和手段,将艺术教育与心理健康教育相结合,探索提升心理弹性的路径。

参考文献:

[1]黄璐,王荣,徐选国,等.电影对大学生心理、行为影响的调查[J].中国社会医学杂志,2009,(5).

［2］李涣.谈电影学的重要分支——电影心理学[J].首都师范大学学报（社会科学版）,1996,(4).

［3］马伟娜,桑标,洪灵敏.心理弹性及其作用机制的研究述评[J].华东师范大学学报（教育科学版）,2008,(1)：89-96.

［4］石凡.励志电影欣赏课程对大学生心理健康水平的影响研究[D].河北师范大学,2011.

［5］徐光兴.中外电影名作心理案例集[M].上海：上海教育出版社,2003：3.

［6］巫科,郑洪燕.励志电影与大学生的思想教育.[J].短篇小说（原创版）.2018,(5)：69-71.

［7］张爱宁.观影疗心——电影在心理咨询与治疗中的应用[D].华东师范大学,2008.

［8］赵燕,等.励志电影对青少年乐观心理的影响[J].西部素质教育.2020,6(9)：78-79+82.

［9］邹芙蓉.大学生心理健康状况相关因素分析及心理健康教育效果的对照研究[D].山东大学,2009.

[10] 周塬.生命意义感、心理弹性、压力知觉与手机依赖的关系及干预研究[D].华东师范大学,2002.

[11] Connor, K. M., & Davidson, J. R. T. Development of a new resilience scale: the connor-davidson resilience scale(cd-risc). Depression and Anxiety, 2003, 18(2).

[12] Kalisch, R., Baker, D. G., Basten, U., Boks, M. P., Bonanno, G. A., Brummelman, E., Chmitorz, A., Fernàndez, G., Fiebach, C.J., Galatzer-Levy, I., Geuze, E., Groppa, S., Helmreich, I., Hendler, T., Hermans, E.J., Jovanovic, T., Kubiak, T., Lieb, K., Lutz, B., ... Kleim, B. The resilience framework as a strategy to combat stress-related disorders. Nature Human Behaviour, 2017, 1(11)：784-790.

[13] Kumpfer, K. L. Factor and processes contributing to resilience: The resilience framework. Resilience and Development: Positive Life Adaptations, 1999, 179-224.

[14] Masten, A. S. Resilience in developing systems: progress and promise as the fourth wave rises. Development and Psychopathology, 2007, 19(3)：921-930.

[15] Tusaie, K., & Dyer, J. Resilience: a historical review of the construct. Holistic Nursing Practice, 2004 (18).

[16] Yu, X., Zhang, J., Yu, X. N., & Zhang, J. X. Factor analysis and psychometric evaluation of the connor-davidson resilience scale (cd-risc) with chinese people. Social Behavior & Personality: an international journal, 2007, 35(1)：19-30.

共情在艺术创作和艺术欣赏过程的体现[①]

于　洋[1]　张洪英[1]　李飞飞[2]　曹文秀[3]

1 上海交通大学　2 温州大学　3 中南大学

【摘要】在艺术概论和美学概论中,研究者常常从情感的角度来分析艺术的社会性特征。事实上,情绪与情感同属感情型心理活动范畴,代表着同一过程的两个方面:情感是对感情性过程的体验和感受,情绪则是这一体验和感受状态的活动过程。情绪是个体动机系统的核心,在艺术创作过程中表现得十分明显,创作者往往对外界事物引发一定情绪反应,并对其进行认知上的思考,进而进行艺术创作;而艺术欣赏方面,对艺术作品的感悟会激发欣赏者相应的情绪反应并产生一定的情感,本文从情绪的一种反应——移情,来阐述情绪对艺术创作、艺术欣赏两个过程的作用和影响。

【关键词】共情;移情;情绪;艺术

区别于直接性情绪,共情是一种间接性情绪:直接性情绪是在刺激事件作用于本人的情况下产生的,而共情是在刺激事件作用于他人的情况下产生的,是个体对他人而非本人所处情境产生情绪后的移入式反应。移情的概念,最早是由美国心理学家铁钦钠于1909年提出来的。他认为人不仅能看到他人的情感,而且还能用心灵感受到他人的情感,他把这种情形称为"共情(empathy)"。在美学领域,研究者也采用移情一词来表达相同的含义。例如,在《西方美学史》中,朱光潜认为,审美本质是移情的过程,移情说是西方近现代美学史上影响力最大的学说。

20世纪90年代以后,随着共情研究的深入和心理学研究的综合性倾向的兴起,心理学家开始从情绪和认知两个方面来界定共情的含义和特征。这些研究认为,在共情的产生过程中,认知成分和情绪成分是相互作用、密不可分的。一方面,对他人发生感同身受的情感反应往往建立在能推断他人情绪状态的认知能力的基础上。这在艺术上常常体现为艺术创作者对生活事件产生感悟从而激发特定情绪,进而用艺术创作的方式来进行情绪表现。另一方面,设身处地的情绪唤醒为观察者提供了推

① 项目名称:上海交通大学思政创新发展研究课题《心理育人理论框架与实践路径研究》,项目编号:DFY‐LL‐2021032。

断他人情绪意义的内部线索。这一方面常体现在欣赏者欣赏艺术作品时接受创作者的情绪传递并进行感悟。

共情的美学理论意义概念是由利普斯提出的。利普斯认为,共情现象即是于此所建立起来的事实:对象即自我,而我所经验到的自我也同样是对象。其意是指在艺术的创作与欣赏中,主体将自身的主观因素(思想、感情、理念、精神等)融入对象之中,创造出主客观统一的审美形象。

一、共情与艺术创作

无论是语言艺术、造型艺术、表演艺术、综合艺术,其创作者都必然是在生活中有所遭逢,有所见闻,有所体验,有所认识,产生某种特定的情绪,需要倾诉,需要表达,这才进入创作状态。正如苏珊·朗格所说:"艺术品本质上就是一种表现情感的形式,它们所表现的正是人类情感的本质。"共情是艺术创作者对外界刺激产生情绪反应的一种心理机制,它激发艺术创作者的情绪反应使得创作者可以进行情感体验,在情绪自然表现的基础上进行认知的活动下进行艺术表现,进入创作状态。共情的心理发生机制有以下几个方面与艺术创作有关:

1. 条件作用

当个体观察到他人的情绪线索时之所以产生相似情绪体验,是因为他人的情绪线索变成了引发个体自我情绪的条件刺激。该作用可以用条件反射来进行生理机制的解释——婴儿被紧张而焦虑的母亲抱着时,能够通过与母亲身体的接触,感觉到母亲的紧张而产生痛苦。随着该反应的泛化,母亲的痛苦表情或声音都能成为引起婴儿共情的条件性刺激,而不再需要身体的直接接触;反应进一步泛化,别人的痛苦表情也可引起婴儿的痛苦。这个作用广泛地存在于社会生活中,而艺术创作者由于观察的敏锐性,创作者对他人的情绪较一般人更容易产生条件作用共情,激起自身情绪反应后往往进入创作状态进行艺术创作。

2. 直接联想

当观察到他人在体验一种情绪时,他人的面部表情、声音、姿势以及情境线索等,会使观察者联想或回忆起过去曾体验过的类似情形,从而引发相似的情绪体验。这种共情在生活中普遍发生,在艺术创作中更不鲜见。如白居易的《琵琶行》,该文叙述的是在荻花瑟瑟的秋夜,作者于浔阳江头聆听商人妇的一曲琵琶,并听她自叙坎坷身世,联想到自身的被贬遭际,心态突然失衡。当琵琶再度响起时,他禁不住泪湿青衫。白居易的共情反应是通过直接联想产生的,因为琵琶女由"名属教坊第一部"到"门前冷落鞍马稀"的不幸,触动诗人联想到自身由在京为官到"谪居卧病浔阳城",引发了"江州司马青衫湿"的悲伤情绪反应。这种共情的反应机制可以用情绪记忆的唤起来解释:情绪记忆是以体验过的情绪或情感为内容的记忆。当某种情境或事件引起个体较强较深的情绪、情感体验时,对情境、事件的感知,同由此引发的情绪、情感结合在一起,可以储存在人的头脑中。一旦相关的表象重新浮现,相应的情绪、情感就会出现。简单的示意图可表示为:具体情境、事件的发生→引起个体产生情绪、情感→个体将对情境的感知和相应的情绪储存在脑中→与之前的情景、事件相关的其他事件表象浮现→产生相应的情绪、情感。

3. 模仿

霍尔曼认为,共情的产生与情绪感染的发生机制——模仿,有着直接的联系,即当人们无意识地模仿他人的面部表情和身体姿势时,就会自主性地感受到与他人相同的情绪。如《红楼梦》中林黛玉的扮演者陈晓旭在《红楼梦》剧组中进行了三年的培训、拍摄之后这样说:"我就是林黛玉。如果我演其他角色,观众会觉得林黛玉在演另外一个女孩的角色。"在封闭环境的训练里,在刻意接近和模仿中,演员陈晓旭身上的林黛玉性格被逐步建立与强化,使得没有任何表演经验的陈晓旭能把林黛玉演绎得如此淋漓尽致。巴威尔(Bavels)及其合作者通过实验研究证实,情绪感染的发生机制是一种初步的动作肌模仿,在这种模仿过程中,观察者自主地感受到他人的情绪,观察者的外显行为并非适应于自己的情绪,而是适应于他人的情境;观察者的行为仿佛他正处于他人的境地,正在无意识地为他人设身处地。在表演艺术中,这种共情的方式可以使得表演者创造出真正的贴合剧中原人特点的表演艺术。

4. 角色扮演

角色扮演与前几种方式不同,它涉及想象或设想受害者所处情境的精确的认知能力。在这种方式中共情的产生更多的依赖于共情者本人过去的经历。共情者把自己放在他人的处境中,想象自身遇到了与他人的痛苦遭遇相同的情境,从而对他人产生很强的共情体验。在这种共情反应的产生过程中,共情者似乎充任了对方的角色,而且在这过程中,由于存在着一种认知的重新调整或转化,因而较多地受意识的控制和调节,表明这种方式要比之前几种更为高级。如巴尔扎克在创作时总是全身心非常投入虚拟的小说世界,当他创作《高老头》写到主人公高里奥老头孤独地死在伏盖公寓时,巴尔扎克也脸色苍白,脉搏减弱昏厥过去。在这个过程中作者对作品中的人物进行角色扮演,仿佛自身也处在那种情境下,产生了共情。这种共情方式多体现在具体创作过程中,并且角色扮演往往使创作者更好地进行艺术创作。苏联作家阿·托尔斯泰为了更好地创作就在书桌上放了一面镜子对自身进行观察来比较自身情绪与所塑造人物的情绪。因此创作时可以通过利用角色扮演这一共情方式提升创作水平。

总的来说,在艺术创作过程中产生共情需要以下条件中的一个或几个:

(1) 对他人情绪表达的觉知,即通过对他人情绪的外显表情来感知他人所处的情绪状态。

(2) 对他人所处情境的理解,即个体能从当事者的角度来看待所处的情境,设身处地考虑他人情绪表达的真正意义。

（3）相应的情绪体验的经验，即个体若有了类似情境中的情绪体验的经验，那么当其看到他人的情绪表达和所处情景时就会唤起自己生活经验中的类似的情绪反应，进而产生共情体验。

二、共情与艺术欣赏

人们对艺术的审美、接受是艺术欣赏的过程，其间也伴随着情绪。情绪与欣赏者的关系较之情绪与艺术创作的关系，有相同之处也有相异之点。

就艺术欣赏而言，共情反应中的条件作用、直接联想、模仿、角色扮演也同样可以存在。所不同的是，创作者的共情系由现实生活所诱发，而艺术欣赏者的共情系由艺术作品所诱发。

如观众在影视中看到恐怖的情节、受刑的场面会顿生恐惧，这是艺术欣赏中条件作用所引发的共情；《三毛流浪记》中有一幅描写三毛因看孤儿流浪的电影而大哭的场景，虽是漫画却很生动地说明了欣赏过程中的"直接联想"，即由作品中人物的遭遇、情绪引发了自身对过去某种经验的联想，从而产生共情。

对于模仿和角色扮演这两种共情方式，格鲁斯的"内模仿说"解释了其在艺术欣赏中的表现。"内模仿说"主要侧重由物及我的过程，即个体对对象作一种内在而不外现的模仿。格鲁斯认为人在审美时对于审美对象没有进行真实的言行模仿，而是在内心进行模仿。"内模仿说"在艺术欣赏中有很多例证，譬如梅兰芳曾请一位老太太欣赏川剧《秋江》，剧中有划船的动作。老太太看后说："很好，就是看了有点头晕，因为我有晕船的毛病……"说明在观看时老人仿佛也乘在船上，随着演员摇摆，这正是内模仿的典型表现。但内模仿的作用是有一定的条件的。从审美角度可以将艺术欣赏者分为"分享型"和"旁观型"。旁观型的欣赏者在欣赏艺术品的过程中理智性较强，始终会明确分清彼此，不会进入作品去进行角色扮演；艺术欣赏中的内模仿多体现在分享型的欣赏者上。

象征性联想也是共情产生的心理机制之一。它指共情的产生不仅直接为受害者的痛苦表情和姿态所诱发，也能通过信件或照片等间接信息觉知他人的情绪而诱发共情。虽然这时产生共情的线索是对事件发生情况的描述或标记，而不是情境本身，但其与直接联想一样，也是以他人的或情境的情绪线索与观察者过去的情绪体验之间的联系为基础的。但是在这种模式中，共情产生要更高级，因为产生共情的欣赏者需要学会去解释那些代表真实情境的信息。这种共情在阅读文学作品、欣赏绘画作品中得到广泛的体现。

艺术欣赏中欣赏者不仅仅限于从艺术作品得到共情，欣赏者主体也有个体的主动性，会对艺术作品进行主观想象和评价，正如俗语所说"一千个读者就有一千个哈姆雷特"，但这些联想和想象必须建立在对艺术品欣赏、共情产生相应情绪和情感的基础上，而且共情产生的情绪情感会推动着对艺术欣赏对象的进一步认知上的活动。

在艺术创作中,共情既是主体情感的释放,又是艺术作品的内在灵魂。但共情并不是创作者在创作过程中唯一的情感来源,创作者往往在创作过程中也能获取新的情感方式,新的情感体验。

总的来说,共情现象在生活中大量存在也并不一定必须与艺术相联系。但毋庸置疑的是,良好运用共情在艺术创作和审美中的作用,会有助于艺术创作者的创作,提高艺术作品的感染性,并且更好地满足艺术欣赏者的审美需求。

参考文献:

［1］孟昭兰.情绪心理学[M].北京大学出版社,2005:250.

［2］袁义江,赵秀峰.略论荣格的美学思想[J].西北师大学报,1996,(2).

［3］邹忠民.作家的情绪心理[J].昭通师专学报,1992,(2).

［4］苏珊·朗格.艺术问题[M].中国社会科学出版社,1983,7.

朋辈心理咨询培养体系对受训学员咨询求助倾向和人格内隐信念的积极影响

黄治成　菲如扎·伊力哈木　莫茵岚　盖弈涵　周　莉

中国人民大学

【摘要】朋辈心理咨询是近年来我国高校引入的学生互助心理帮助模式,有效地补充了校园心理健康支持资源,长期以来,学者主要关注朋辈心理咨询的特点、效果和作为心理支持的价值,而本研究转而关注朋辈心理咨询培养体系对受训个体的积极影响,探究朋辈心理咨询培养体系在咨询室外的积极作用。研究通过问卷测量的方式,收集了 248 份有效数据进行分析,结果发现:① 和非朋辈成员相比,朋辈心理咨询学员的心理困扰应对方式相对更加多样;② 朋辈心理咨询学员会比非朋辈成员更愿意寻求专业咨询师的帮助;③ 相比于非朋辈成员,朋辈心理咨询学员的人格内隐信念更偏向渐变论,即更相信人的特点是可变的。研究结果对于今后如何健全校园心理健康建设有新的启示。

【关键词】朋辈;朋辈心理咨询;求助倾向;人格内隐信念

心理健康问题已经成为当下最受关注的健康问题之一,而在所有人群中,大学生群体心理健康所受的威胁应受到格外的关注。王雅芯等人(2021)的调查表明,18.5%的大学生有抑郁倾向,4.2%的大学生有抑郁高风险;陈祉妍(2021)的调查显示,在中国的成年人中,18～24 岁的青年群体是焦虑、抑郁程度最高的。

朋辈心理咨询(peer counseling)是指"非专业心理工作者经过选拔、培训和监督向寻求帮助的年龄相当的受助者,提供具有心理咨询功能的人际帮助的过程"(Mamarchev,1981)。20 世纪 60 年代,由于青年一代心理问题的显现以及校园专业心理咨询师数量的匮乏,朋辈心理咨询于美国出现,并在中小学、高校中不断发展成熟。2009 年,在相似的背景下,斯坦福大学"桥"朋辈心理咨询项目引入中国大陆,在中国人民大学等高校中展开实践,十年以来,人大的朋辈心理咨询中心已经培养了近500 名朋辈心理咨询师。

长期以来,关于朋辈心理咨询体系的研究主要集中于朋辈心理咨询的特点、优势、有效性、疗效因子等等,关注朋辈心理咨询作为校园心理支持资源的价值。然而,朋辈心理咨询体系的影响并不只存在于校园朋辈心理咨询室中,而是更加广泛而深刻地影响着朋辈心理咨询学习者、他们身边的人和整个校园环境。朋辈心理咨询师不只是咨询师,更是和来访者一样的普通大学生,在朋辈组织中学习、实践的经历会带给他们全面的成长,而他们的改变又会进一步影响身边的人。

因此,为探究朋辈心理咨询体系在咨询室外的深远影响,本研究以朋辈心理咨询培养体系对朋辈心理咨询学员的影响为主题,检验朋辈心理咨询培训经历与求助倾向和人格内隐信念的关系。

一、理论背景

(一)朋辈心理咨询的培养体系

朋辈心理咨询拥有较为专业、完善的选拔与培养体系。以中国人民大学朋辈心理咨询项目为例:该项目每年在不限专业、年级的报名者中,以 5∶1 的报录比,面试选拔 30～40 名学员。学员在一学期内,学习 17 周 34 学时的课程、约 32 小时的翻转课堂(section)、进行约 32 小时的"微格训练"(学生在角色扮演中练习技巧并得到同伴的反馈)。最终通过两轮模拟咨询评估的学员,才能上岗成为朋辈心理咨询师。已经上岗的朋辈心理咨询师也需要参与每周一次的督导进行案例分析。朋辈心理咨询具有一定的专业色彩,但由于受训内容和受训时间的影响,其专业能力受到限制,所以,朋辈心理咨询又被称为"准心理咨询"(para counseling)或"类专业心理咨询"(para-professional counseling)。但是朋辈心理咨询师在帮助来访者解决日常问题方面和专业咨询师一样有效(Durlak,1979)。

朋辈心理咨询以人本主义心理学为基础,相信人是有能力、有价值、有责任感的(孙炳海、孙昕怡,2003),它相信如果给予机会和指导,来访者就能解决自己的问题。因此朋辈心理咨询师不是告诉来访者应该做什么,而是做倾听者、理清问题者、信息提供者。倾听、共情、理解、反馈是朋辈心理咨询师工作的核心,保密、忠诚、善意是朋辈心理咨询中的主要伦理守则。

朋辈心理咨询组织由各种职能成员构成,包括行政成员、咨询师、培训师和学员,一个成员可能同时处于多种角色,并参与多种相关活动或工作。为明确朋辈心理咨询培训体系而非相关活动经历和接触经验的影响,本研究排除了单纯行政成员身份的朋辈成员,将接受过或正在接受朋辈心理咨询培训的朋辈心理咨询学员和非朋辈成员的大学生相对比,后文以"朋辈心理咨询学员"代指接受过或正在接受朋辈心理咨询培训的大学生,以"非朋辈成员"代指完全非朋辈组织的一般大学生。

(二)求助倾向

心理求助(psychological help-seeking)是指当个体在遇到心理和情绪等方面的困难时,向他人寻求帮助以解决困惑的过程。心理求助的途径主要有两个,一是专业途径,即向心理咨询师、心理医生求助;二是非专业途径,即向朋友、家人求助(余晓敏,2004)。

有研究者发现,当遇到心理问题时,个体更倾向于首先自己解决,再向他人进行求助(Flisher,2002)。也有研究者发现,在非专业帮助与专业帮助中,大学生群体会更倾向于寻求非专业帮助,而在问题严重时,才不得已寻求专业帮助(张宁,李箕君,袁勇贵,2001)。

影响专业心理求助行为的因素很多,包括人口统计学因素下的性别、种族、年龄;社会文化因素下的东西方文化差异、心理求助污名化、社会支持、公众相关知识普及;以及个体因素下的人格因素、人际信任、先前的求助经历等等。其中,公众相关知识普及与先前的求助经历与本文探究内容有关(李盈,2015)。掌握越多的精神卫生知识、对精神疾病的歧视程度越低,则越愿意寻求专业心理帮助(陶钧等,2017);而求助经验对求助行为有强化的作用(张瑾等,2014)。

(三)人格内隐信念

人格内隐信念(implicit beliefs of personality)是人们对个人属性可塑性作出的隐含假设,其影响着人们对自我与他人的认知方式和行为后果(Dweck, Chiu, & Hong,1995)。按照人们对人格特质可塑性的不同假设,人格内隐信念分为实体论和渐变论。实体论(entity theory)认为,个人属性是固定、不可变化的特征实体;渐变论(incremental theory)则相信个人属性是可塑、可以发展的品质。相比于实体论者,渐变论者更可能在理解自我与他人行为时降低特质的重要性,并对需求、意图、情绪状态等具体因素进行分析。

朋辈心理咨询的技术和渐变论的观点有所相合。探索事情最理想的结果、分离事件与情绪、为来访者"赋能"等,分别对应了渐变论对需求、情绪的分析和认为人的特质可变的观点。

(四)朋辈心理咨询培养体系和求助倾向以及人格内隐信念的关系

朋辈培养体系促进朋辈心理咨询学员的求助倾向。一是朋辈课程会传递鼓励成员在有需要时主动寻求帮助的价值观,二是朋辈课程中关于咨询伦理、咨询实际情况的介绍也在一定程度上对心理咨询进行了"祛魅",故去除了一些对心理咨询污名化的观点。此外,朋辈心理咨询师在见证来访者在咨询中的恢复和好转后,更可能了解到心理咨询的积极作用,进而也更愿意在有困难时寻求专业心理咨询的帮助。

朋辈心理咨询培养体系可能对成员人格内隐信念产生影响,使其更接受渐变论的观点,这是因为朋辈心理咨询理念和人本主义的共通之处:相信人的自主性,相信来访者自身具有力量,相信每个人在获得支持的情况下都能够变得更好。这些信念会在培养体系中潜移默化地影响着朋辈心理咨询学员,也会在实践中被不断强化。在中国人民大学朋辈十周年纪念故事合辑(《朋辈十年,我们的故事时间》)中,许多成员写到了在朋辈心理中心学习、服务的经历对自我成长的显著影响,这些影响包括

"看到了以前自己不曾在意的闪光点","发现自己被遮蔽的力量","察觉到自身细心、明朗、健全的属性稳步提升"等等。这些积极的变化一方面可能源于学习朋辈心理咨询的过程,包括课程、翻转课堂团体和督导;另一方面可能来自朋辈心理咨询师上岗后服务来访者的观察、体验和感悟。无论是察觉到了自己的成长,还是观察到了来访者的进步,都有可能促进朋辈心理咨询学员的人格内隐信念偏向渐变论,更相信人的性格和能力并非一成不变,而是可以改善、增长、越变越好的。

综上,本研究提出两条假设:

H1:朋辈心理咨询学员相较于非朋辈成员,在出现心理困扰时,比非朋辈成员更愿意求助于专业心理咨询。

H2:在人格内隐信念上,朋辈心理咨询学员比非朋辈成员更倾向于持渐变论而不是实体论的观点,即认为人的性格是可变的。

二、研究方法

(一)研究对象

本研究的调查对象为在读本科生,通过问卷网进行网络问卷的发放。共收到问卷314份,剔除无效样本后,共得266份有效数据,为保证比较的合理性,排除了在朋辈心理咨询学生组织中只担任行政岗位、未经历朋辈心理咨询培养的成员,最终共248份数据纳入分析。其中,男生89人(35.9%),女生159人(64.1%),大一72人,大二49人,大三75人,大四52人。

(二)研究工具

1. 求助倾向

本调查借鉴了余晓敏(2004)研究使用的测量方法,测量了咨询求助倾向和当前咨询意向。

咨询求助倾向和当前咨询意向分别采用单题测量,条目分别为"如果你确实遇到了心理和情绪上的困扰,那么你求助心理咨询的可能性有多高"和"此时你因为心理困扰求助心理咨询的意愿程度是多少"。选项均采用五点计分,分数越高表明该个体的咨询求助倾向/当前咨询意向越高。

除了咨询方面的求助倾向之外,问卷还测量了大学生应对心理困扰的方式和首选的求助对象。前者条目为"在遇到心理困扰时,你通常的解决方法是(可多选)",选项包括"运动或娱乐""独处,情绪低落""找人倾诉,寻求帮助""努力学习"和"其他";首选求助对象条目为"在遇到心理困扰时,如果你决定向人寻求帮助,你会首先选择",选项包括"朋友""老师""恋人""心理咨询师""家人"和"其他"。

2. 人格内隐信念

使用Dweck(1995)的人格内隐信念问题测量人格内隐信念,具体条目共三条:"对于一个人来说,本性难移""一个人可以用不同的方式做事情,但是他/她内心重要的部分是不会真正改变的”和“每个人的基本特点是固定的,没有什么东西能够真正改变他/她”。选项采用六点计分,分数越高表明该个体的人格内隐信念越接近实体论,即相信个人属性是固定、不可变化的特征实体。在本研究中,这三个项目的 Cronbach's α 系数为 0.71。

三、研究结果

(一)描述统计

本次调查对象基本情况如表 1 所示。在本研究中,“朋辈心理咨询学员”特指经历了或正在经历朋辈心理咨询培训的大学生个体,非朋辈成员特指没有经过朋辈心理咨询培训且没有在朋辈组织中担任行政岗位的大学生个体。

表 1　主要变量的描述统计

		非朋辈成员		朋辈心理咨询学员	
		N	百分比	N	百分比
总　数		208		40	
性别	男	83	39.71%	6	15.00%
	女	125	59.81%	34	85.00%
年级	大一	62	29.67%	10	25.00%
	大二	36	17.22%	13	32.50%
	大三	62	29.67%	13	32.50%
	大四	48	22.97%	4	10.00%
应对方式	运动娱乐	148	70.81%	32	80.00%
	独处	136	65.07%	28	70.00%
	找人倾诉	138	66.03%	31	77.50%
	努力学习	44	21.05%	6	15.00%
	其他	18	8.61%	3	7.50%
首选求助	朋友	117	55.98%	23	57.50%
对象	老师	3	1.44%	0	0.00%
	恋人	24	11.48%	6	15.00%
	心理咨询师	5	2.39%	3	7.50%
	家人	50	23.92%	7	17.50%
	其他	9	4.31%	1	2.50%

从基本的描述统计中可以发现,无论是否朋辈心理咨询学员,应对心理困扰方式的倾向是类似的,运动或娱乐是最多选择的(非朋辈成员:70.81%;朋辈心理咨询学员:80.00%),找人倾诉则位列第二(非朋辈成员:66.03%;朋辈心理咨询学员:77.50%),独处第三(非朋辈成员:65.07%;朋辈心理咨询学员:70.00%),这三种应对方式构成了绝大多数调查对象的选择,只有极少数参与者($n = 2$)没有选择这三种应对方式。

朋辈心理咨询学员与非朋辈成员在心理困扰的应对方式上存在微小的差异,在运动娱乐和找人倾诉这两项处理方式上,朋辈心理咨询学员选择的比例要比非朋辈成员高 9.2% 和 11.5%。独立样本 t 检验结果表明,朋辈心理咨询学员的在心理困扰应对上的选择数量($M = 1.58$,$SD = 0.59$)略高于非朋辈成员($M = 1.38$,$SD = 0.70$),差异达到边缘显著,$t(246) = 1.683$,$p = 0.094$,Cohen's $d = 0.21$。

(二)朋辈心理咨询培训经历和咨询求助倾向、当前咨询意向

独立样本 t 检验结果表明,朋辈心理咨询学员的咨询求助倾向($M = 3.78$,$SD = 0.83$)显著高于非朋辈成员($M = 2.94$,$SD = 0.95$),$t(246) = 5.17$,$p < 0.001$,Cohen's $d = 0.66$。这意味着有过朋辈心理咨询培训经历的大学生要更愿意在面临心理困扰时寻求专业心理咨询师的帮助。

独立样本 t 检验结果表明,朋辈心理咨询学员的当前咨询意向($M = 2.70$,$SD = 0.91$)显著高于非朋辈成员($M = 2.22$,$SD = 0.865$),$t(246) = 3.19$,$p = 0.002$,Cohen's $d = 0.41$。这意味着有过朋辈心理咨询培训经历的大学生当前接受咨询帮助的意愿更高。不过,从平均数来看,不论朋辈心理咨询学员还是非朋辈成员,当前咨询意向都偏向于不太想咨询。

(三)朋辈心理咨询培训经历和人格内隐信念

独立样本 t 检验结果表明,朋辈心理咨询学员的人格内隐信念得分($M = 3.84$,$SD = 0.89$)显著低于非朋辈成员($M = 4.16$,$SD = 0.87$),$t(246) = -2.12$,$p = .035$,Cohen's $d = 0.27$。这意味着朋辈心理咨询学员持有的观念相比非朋辈成员更偏向"人的性格是可变的"这样的信念。

四、讨论

本研究以大学生个体为研究对象,比较了朋辈心理咨询学员和非朋辈成员在心理困扰应对方式、咨询求助倾向、当前咨询意向与内隐人格信念上的差异,得出以下结论:

第一,相比于非朋辈成员,有过咨询培训经历的朋辈心理咨询学员在面对心理困扰时有更丰富的应对方式。这可能得益于朋辈心理咨询的培养课程的内容,例如,朋辈课程中曾教授过"情绪急救箱",每位朋辈心理咨询学员可以准备若干应对情绪困扰的方法或资源。这样一旦遇到情绪困扰,个体可以更轻松地从"急救箱"中取用应

对方式。

第二,朋辈心理咨询学员会比非朋辈成员更愿意寻求专业咨询师的帮助。在十周年合辑里,一些朋辈心理咨询学员在报告中写道:"我终于敞开了心扉,去做长期心理咨询""我们需要主动寻找和建立社会支持""因为有过在朋辈对心理知识的了解,我才能更加主动地配合医生,更加积极地走出低谷"。

第三,相比于非朋辈成员,朋辈心理咨询学员会更相信人的特点是可变的。许多朋辈心理咨询学员在十周年合辑报告中写道:"在朋辈,我学会正视自己,也蜕变成了更好的自己""'改变'是我加入朋辈之后的关键词""朋辈让我学会关爱自己并在人与人的互动中做出改变""朋辈让我纠正过去的思维方式""朋辈告诉我,我们有力量对抗心中的潮汐""抑郁这条黑狗并不是无法克服""我们在小屋发现自己被遮蔽的力量""朋辈传达出,每个人都有自己解决自己问题的能力"。

本研究虽然取得了一定成果,但是仍然存在以下几点不足。首先,本研究属于基于横断数据的相关研究,无法区分朋辈身份带来的差异是由于培训经历还是个体本身差异的影响,在未来可以进行纵向追踪,获得更多数据,分析朋辈心理咨询学员在培训前、培训后是否发生显著变化。其次,本次研究作为前瞻性的探索性调查,没有全面深入地探究朋辈培训经历对受训个体带来的各方面影响及其机制,后续研究可以尝试从自我认同、社会支持、自我效能感等角度分析朋辈心理咨询培养经历的影响。

参考文献:

[1] 陈祉妍,郭菲.2020年国民心理健康状况调查报告:现状、趋势与服务需求.见:傅小兰,张侃,陈雪峰,陈祉妍.心理健康蓝皮书:中国国民心理健康发展报告(2019~2020)[M].社会科学文献出版社,2021,1-33.

[2] 李盈.大学生专业心理求助态度的影响因素及干预研究[D].华中师范大学,2015.

[3] 孙炳海,孙昕怡.朋辈心理咨询模式在学校心理辅导中的运用[J].教育评论,2003,(6):49-51.

[4] 陶钧,郑亚楠,唐宏.大学生精神卫生知识知晓、对精神障碍患者歧视状况对专业性心理求助态度影响的调查分析[J].现代预防医学,2017,(3):474-477.

[5] 王雅芯,刘亚男,翟婧雅,蔡济民,陈祉妍.2020年大学生心理健康状况与需求.见:傅小兰,张侃,陈雪峰,陈祉妍,心理健康蓝皮书:中国国民心理健康发展报告(2019~2020)[M].社会科学文献出版社,2021,94-121.

[6] 徐明胜,许万飞.朋辈心理咨询在高职院校心理危机干预中的应用[J].太原城市职业技术学院学报,2012,(9):133-134.

[7] 余晓敏.大学生心理求助及其影响因素研究[D].华中师范大学,2004.

[8] 张瑾,刘新民,穆露露,刘培培,何佩佩.大学生心理求助态度与领悟社会支持的关系.皖南医学院学报,2014,(5):452-454.

[9] 张宁,李箕君,袁勇贵.心理咨询的现状调查.健康心理学杂志,2001,(5):389-391.

[10] 周莉,雷雳.美国朋辈心理咨询模式及其对我国的启示——以美国斯坦福大学为例.教育理论与实

践,2016,(15):51-53.

[11] 祝秀香,陈庆.加强朋辈心理辅导工作完善大学生心理援助体系.中国高教研究,2006,(10):67-68.

[12] Durlak, J. A. Comperative effectiveness of paraprofessional and proffesional helpers. Psycological Bulletin. Monterey, CA: Brooks/Cole, 1979.

[13] Dweck, C. S., Chiu, C. Y., & Hong, Y. Y. Implicit theories and their role in judgments and reactions: A word from two perspectives. *Psychological inquiry*, 1995, 6(4):267-285.

[14] Flisher, A. J., Beer, J. P. D., & Bokhorst, F.. Characteristics of students receiving counselling services at the university of cape town, south africa. *British Journal of Guidance & Counselling*, 2002, 30(3):299-310.

[15] Mamarchev, H. L. Peer Counseling. Searchlight Plus: Relevant Resources in High Interest Areas. No. 52+, 1981.

[16] Vincent J. D'Andrea & Peter S. Peer Counseling: Skills, Ethics and Perspectives. Science and Behavior Books, 2013.

从大学生认知与需求视角探析朋辈心理咨询发展潜能及其"窗口"作用
——以中国人民大学朋辈心理咨询中心为例

栾凯妮　　彭诗雨

中国人民大学

【摘要】朋辈心理咨询是运用主动倾听和问题解决的技巧,结合人的发展和精神健康知识来辅导同龄人的心理咨询方法。由于其与专业的心理咨询相比之下,有着咨询师与来访者背景相近、更易获得性、互动性高等特质,朋辈心理咨询开始被越来越多的高校引入并推广。本研究以中国人民大学朋辈心理咨询中心为例,由中国人民大学大学生认知与需求视角出发,分析研究朋辈心理咨询广阔的发展潜能与拓展可能。

【关键词】心理咨询;朋辈心理咨询;高校心理健康

大学生心理健康问题向来是心理健康工作的一个重要聚焦点,《中国国民心理健康发展报告(2019—2020)》的调查结果显示,青年期的心理健康问题较为多发,18～24岁组的心理健康指数低于其他各年龄段。校园作为学生活动的主场所,处于大学生心理服务支持系统的第一战线,故在学校层面识别和支持学生的心理健康非常重要。国家也对此工作高度重视,教育部等五部门于2021年9月联合印发《关于全面加强和改进新时代学校卫生与健康教育工作的意见》,指出亟须完善高校心理咨询服务体系以有效地促进在校学生心理健康水平的提升。另外,后疫情时期带来的心理余震持续侵扰着愈来愈多在校学生的心理健康,在校大学生的心理健康问题在此背景下日益凸显。本研究的展开是对现实需要与政策号召的回应,对完善高校心理健康服务格局具有重要意义。

中国人民大学朋辈心理咨询中心是朋辈心理咨询实践的先锋,具有独特的示范与研究意义。朋辈心理咨询现阶段在国内高校的运行模式主要有以班级心理委员为纽带的"学校——院系——班级"工作网络、以大学生心理社团为载体的活动宣讲模式,工作主要通过网络线上咨询、信函咨询、心理健康知识宣讲、互助式心理活动的途径展开。而相比于其他高校,中国人民大学更加注重朋辈心理咨询中的专业性知识与技能,并创设了一套保障朋辈心理咨询得以持续为在校学生提供高效心理支持的稳定机制。自 2010 年,中国人民大学便引进美国斯坦福大学名为"桥(Bridge)"的心理咨询项目,通过对学生进行专业培训,使其拥有基础的心理咨询能力,从而辅导和帮助他们的同龄人。中国人民大学朋辈心理咨询中心选拔的校内学生,将在老师与在岗咨询师的指导下修读至少 2 门课程,同时参与课程训练小组,进行咨询模拟的反复练习,以全面提升他们的助人能力。经历至少 105 小时的培训后,他们还要经过重重考核,才能够取得朋辈咨询师资格,在朋辈小屋内为同学们提供心理咨询服务。上岗之后,咨询师还将定期参加督导会,借助老师对案例的专业督导不断提升咨询技巧。本文将以已有体系化建设的中国人民大学朋辈心理咨询中心为例,从大学生的认知、态度与需求角度探析朋辈心理咨询发展的潜能及宣传作用。

一、研究方法

本研究采用自编式问卷调查表,以偶遇抽样的方式进行问卷发放,通过微信群、朋友圈等电子平台进行传播,本问卷共 20 题,旨在了解我校学生对心理咨询的认知、态度,分为 A、B、C、D 四个部分。A 篇主要收集了填写者学院、年龄等基本信息;B 篇针对研究对象关于心理咨询及朋辈心理咨询的认知程度、了解渠道、工作模式进行调查;C 篇则聚焦中国人民大学朋辈小屋,调查问卷填写者对朋辈咨询的接纳程度及一些具体维度的评价;D 篇探寻学校朋辈心理中心的活动与工作对专业心理咨询的宣传、推广效果,并询问了已有向朋辈小屋寻求帮助经历的填写者再次造访小屋的意愿。本次问卷发放共回收 116 份有效问卷,研究对象囊括各专业大类,为本次研究提供了有力支撑。

二、结果与分析

(一)中国人民大学学生对朋辈心理咨询的了解程度——基于认知视角

通过问卷调查的方式,了解到中国人民大学学生关于心理咨询和朋辈心理咨询概况的若干想法与态度,结果如表 1、表 2 所示(分数由低到高表示了解程度越来越高)。

表 1　中国人民大学大学生对心理咨询了解程度

选　项	人　数	比　例
0~2	10	0.086
3~4	30	0.259
5~6	30	0.259
7~8	34	0.293
9~10	12	0.103

平均得分为 5.64 分。

表 2　中国人民大学大学生对朋辈心理咨询了解程度

选　项	人　数	比　例
0～2	14	0.121
3～4	16	0.138
5～6	32	0.276
7～8	30	0.259
9～10	24	0.207

平均得分为 6.14 分。表明大多数大学生对于心理咨询有一定水平的了解与认知,其中尤其对朋辈心理咨询有着特殊的认知。

（二）中国人民大学学生对朋辈心理咨询的接受意愿——基于需求视角

通过问卷调查的方式,了解到中国人民大学学生关于接受朋辈心理心理咨询意愿的若干想法与态度,结果如下:(数字越高,表示了解意愿越强)。

表 3　中国人民大学大学生对朋辈心理咨询更多信息了解意愿

选　项	人　数	比　例
0～2	12	0.103
3～4	14	0.121
5～6	26	0.224
7～8	34	0.293
9～10	30	0.259

平均得分为 6.59 分。表明大学生普遍对朋辈心理咨询信息有着一定的接受意愿(见表 3)。并认为朋辈心理咨询相较于专业心理咨询,主要优势按重要程度依次体现在:背景相近(同所学校、生活方式相似,便于理解……)、易获得性(地点便利、无需预约、免费……)、互动性(年龄相仿,沟通压力小……)等等(见图 1)。

被调查的 116 人中,有 72.41％需要寻求心理帮助时,会愿意将心理困惑告诉朋辈咨询师。其中主要原因按重要程度依次为:希望找人倾诉,舒缓情绪、朋辈心理咨询师可能有类似心理困惑,便于理解、朋辈小屋不用提前预约,便捷度高等等(见图 2)。

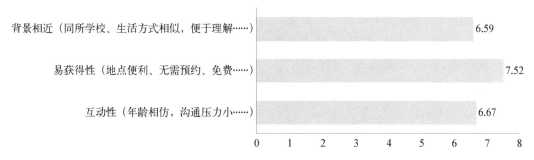

图1　朋辈心理咨询与专业心理咨询相比优势

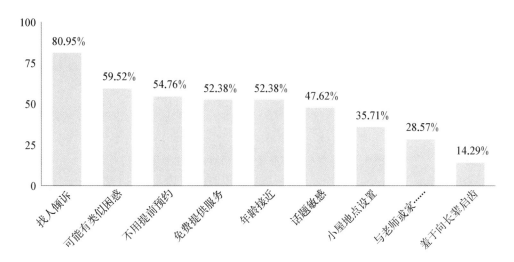

图2　大学生愿意向朋辈心理咨询师倾诉主要原因

在这一部分人中,愿意倾诉的话题按重要程度依次为:学习或工作困难、社交与人际交往、自我关怀与自我探索等等(见图3)。

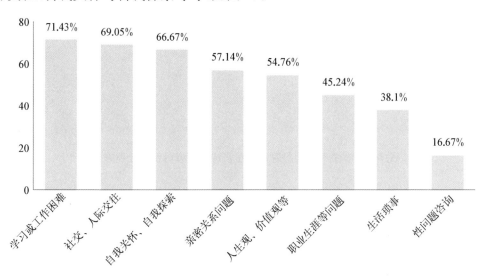

图3　大学生愿意向朋辈心理咨询师倾诉话题

被调查的 116 人中,有 27.59％需要寻求心理帮助时,不愿意将心理困惑告诉朋辈咨询师。其中主要阻碍按重要程度依次为:认为自己可以解决、认为向陌生人倾诉没有安全感,怕自我暴露等等(见图 4)。

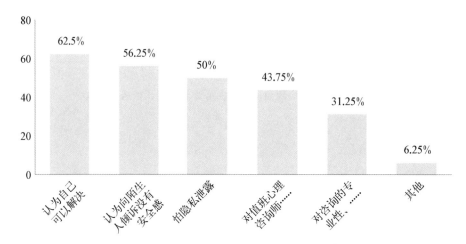

图 4　大学生向朋辈心理咨询师倾诉的主要阻碍

在这一部分人中,当遇见情绪危机时,处理方式按重要程度依次为:自我分析调节、转移注意力(做自己感兴趣的事等)等等(见图 5)。

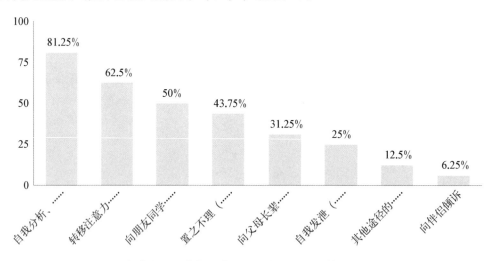

图 5　大学生不愿意向朋辈心理咨询师倾诉时情绪处理方法

(三)朋辈心理咨询对于心理咨询的推广宣传作用

对于校园朋辈小屋的存在(宣传/直接接触)对大学生关于心理咨询的认知明晰作用,问卷结果如表 4 所示(数字越高表示作用越大)。

平均得分为 5.66 分。表明校园朋辈小屋对大学生关于心理咨询的认知有一定促进与加强作用。

表 4　校园朋辈小屋的存在(宣传/直接接触)对大学生关于心理咨询的认知明晰作用

选　项	人　数	比　例
0～2	14	0.121
3～4	18	0.155
5～6	36	0.310
7～8	36	0.310
9～10	12	0.103

经过问卷调查,发现大多数大学生了解朋辈心理咨询的方式按重要程度依次为:朋辈心理中心的宣传介绍、学校相关课程、校外微信公众号或微博等平台等等(见图6)。

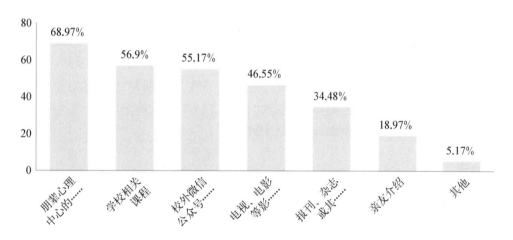

图 6　中国人民大学大学生了解朋辈心理咨询的渠道

三、讨论与建议

(一)找准朋辈心理咨询发展潜能核心要素,进一步加强自身特质的挖掘与宣传

通过对问卷调查的结果分析可以发现,中国人民大学的在校生对心理咨询的认知程度还有待提高,而当具体细化到朋辈心理咨询的范畴时,学生的了解则更明晰。进一步调查学生对朋辈心理咨询的接受意愿,结果表明接受调查的学生普遍有了解更多朋辈心理咨询相关信息的意愿,并认为朋辈心理咨询相较于专业心理咨询,主要优势按重要程度依次体现在:背景相近、易获得性高、互动性强。因此,朋辈心理咨询在发展过程中应重视对这些特质的进一步挖掘,以此发挥朋辈心理咨询对心理支持体系的独特补充作用。

被调查的116人中,有72.41%表示在需要寻求心理帮助时,会愿意将心理困惑告诉朋辈咨询师,希望可以就学习或工作困难、社交与人际交往、自我关怀与自我探索等话题与朋辈心理咨询师进行交谈,获得情绪的舒缓以及在认知层面上的引导。本问卷还询问了"您会更偏好具有以下哪些特质的咨询师?"(多选),在给出的 12 个选项中选择数量为前三位的特质依次为"真诚"(81.03%)、"尊重别人"(77.59%)、"善于沟通"(77.59%)。在问题"您认为心理咨询与治疗专业人员能够提供的帮助有哪些?"问题(多选)中,答案"舒缓来访者情绪"(82.76%)与"使来访者更加了解自己"(81.03%)取得了压倒性优势,而这也正是中国人民大学朋辈心理咨询师所一直致力的服务目标,足见其适应了学生们对心理咨询的需求,未来发展极具潜力。故朋辈心理中心在宣传过程中,宣传内容应更具针对性,明晰朋辈小屋的功能与定位,告诉学生们在面临着各种心理困惑时都可以来到朋辈小屋寻求帮助,朋辈心理咨询师将秉持真诚、尊重、不评判的理念,并用通过训练不断提高的沟通能力为来访者创造一个安全的情绪抱持空间。

另外,根据本次调查,被调查者中 27.59%的同学在需要寻求心理帮助但不愿意将心理困惑告诉朋辈咨询师时,存在的主要阻碍因素按重要程度递降依次为:"认为自己可以解决""认为向陌生人倾诉没有安全感""怕自我暴露"等等。因此,在对中国人民大学朋辈心理咨询中心的宣传过程中也应进一步展现朋辈心理咨询师的专业性与工作的规范性,强调朋辈咨询师经历了大量的培训与实践练习,掌握了一定的专业知识与技能,且将严守工作伦理,坚持保密性原则。

(二)拓延朋辈心理咨询发展潜能,进一步发挥对心理咨询的宣传"窗口"作用

中国人民大学朋辈心理咨询师的咨询技能是在周莉老师等专业师资力量的培训下成长起来的,这一过程充分发挥了常规专业心理咨询对朋辈心理咨询的指导作用,反过来,朋辈心理咨询也成为可即性强的"窗口",通过日常的活动与工作使得更多学生接触、了解心理咨询。由于我国心理咨询业发展时间短,长期以来存在着诸多对心理咨询业的认知偏差,很多人缺少对自己心理问题的识别能力,对心理问题的污名化也在很大程度上让人们将心理咨询归为敬而远之的"疾病诊疗所"。而朋辈心理咨询中心的积极宣传与科普,以及朋辈小屋自身的服务工作,让越来越多的学生消除了对心理咨询的误解。中国人民大学朋辈心理中心与学校心理健康中心之间协作的转介也为原本惧怕心理咨询的学生提供了安全绿色通道,提高了心理干预的效率。

同时,中国人民大学心理咨询中心让更多的学生成为学校心理咨询的主体,这些朋辈心理咨询师本身就是宣传媒介,成为心理健康教育工作的学生"形象大使"。在"助人—自助"的良性循环中,朋辈心理咨询师们在自己的生活圈中发挥着"种子"作用,在享受到朋辈心理咨询带来的喜悦与成功后热情地普及着心理咨询的理念。我们相信,这是一项具有可持续影响的育人工程,将继续为学生的健康发展提供更充分更全面的心理关怀。

参考文献：

［1］文森特·J·丹德烈亚,中国人民大学朋辈心理咨询中心译.朋辈心理咨询——技巧、伦理与视角［M］.中国人民大学出版社,2013.

［2］袁晓琳.高校朋辈心理咨询模式的探析［J］.教育现代化,2020,7(22)：86-88.

［3］何祥檩.大学生心理问题及朋辈心理辅导的可行性探讨［J］.轻工科技,2020,36(7)：175-176+179.

［4］边玉芳.复学后学校面临的学生心理问题及应对策略［J］.基础教育课程,2020,(12)：27-32.

［5］孙炳海,孙昕怡.朋辈心理咨询模式在学校心理辅导中的运用［J］.教育评论,2003,(6)：49-51.

［6］杨宏飞,刘佳.875名大学生对心理咨询的认知调查［J］.中国心理卫生杂志,2005,(9)：46-48.

［7］钱铭怡,马悦.北京市大学生对心理咨询与治疗专业工作的认知［J］.中国心理卫生杂志,2002,(10)：659-662.

［8］马建青,王东莉.我国大学生心理咨询心态的调查分析——兼与高校咨询员看法的比较研究［J］.青年研究,1997,(9)：25-32+24.

文化取向心理治疗的理论与技术探索
——疫情下中国传统文化的视角

赵富才　赵　彤　李　冉

聊城大学

【摘要】目的：探讨我国心理咨询的文化背景特点，构建文化取向心理治疗（COT）的理论与技术。方法：通过对高校常用的心理咨询理论和技术的调查，从文化的视角进行审视分析，构建文化取向的心理治疗的理论与技术。结论：文化取向心理治疗认为，我国心理咨询文化具有集体主义、民族差异、宗教影响、地域差异等特点。COT构建了一系列咨询的概念和技术，包括连接技术、心理空间、心理代价、具象化、关系适宜性、技术灵活性、多元咨询能力、元咨询技术。咨询过程包括五个阶段："观察—倾听"阶段，是建立良好咨询关系的环节；"连接—澄清"阶段，全面了解求助者及其与文化的关系；"鼓励—领悟"阶段，帮助求助者看到问题的全景；"改变—成长"阶段，来访者学会用新的视角应对冲突；"生成—迁移"阶段，来访者能够将新的能力应用到生活中。

【关键词】文化取向；心理咨询；心理治疗

新冠疫情暴发以来，线上线下的咨询、危机干预与心理救援深刻体现出中国传统文化和中国体制的优势和特点。笔者依据30多年来的心理咨询的教学、研究和临床实践，尤其是近二十年的临床咨询经验，发现个人的文化背景对一个人成长的决定性作用，从而提出了"文化取向心理治疗"（Culture-Orientated Therapy，COT）的观点与技术。人的心理问题复杂多样，但从根本说，都是源于文化的冲突。而同一个治疗理论技术对不同文化背景的人而言，功效是不同的。不存在一种能解决所有问题的理论技术。COT理论与技术立足于我国的传统文化、价值观念、生活习俗等方面，借鉴西方心理治疗的理论技术和实践经验，构建本土化的心理咨询的概念、治疗程序和技术。

一、研究思路

在对国内外相关研究进行梳理的基础上，调查目前高校心理咨询师的理论取向和常用的心理咨询的技术方法,从文化的视角审视高校常用的心理治疗的理论技术,探讨西方心理咨询理论和技术的优势和局限,及其对不同的文化背景和价值观念的求助者的不同适用性,探讨我国心理咨询的文化背景特点,构建文化取向的心理治疗的理论与技术。

二、国内高校心理咨询理论技术调查及文化取向的分析

（一）调查方法和结果

选取 4 所高校的专兼职心理咨询师进行焦点小组访谈。每个焦点小组 9 人,共 4 个小组,每组访谈约 50 分钟。访谈对象共 36 名,其中专职 17 人,兼职 19 人;男 14 人,女 22 人;平均年龄 33.66 ± 7.25 岁;已从事心理咨询、心理健康教育工作 7.24 ± 4.67 年。

编制半结构化访谈提纲,对 36 名调查对象进行半结构化焦点访谈。访谈内容主要包括咨询理论取向、常使用的方法和技术、入职前后接受过哪些专业训练、求助者哪类问题最难处理、当下咨询理论技术的优势和局限。

访谈结果表明,高校心理咨询师的理论取向选择的频率从高到低依次是认知主义、认知行为主义、行为主义、精神分析、人本主义,也有部分访谈对象认为自己没有刻意地偏向于哪个理论和技术,比较综合。高校心理咨询中常用的技术或方法主要有：① 认知疗法；② 行为疗法；③ 认知行为疗法；④ 支持疗法；⑤ 精神分析疗法；⑥ 以人为中心的疗法；⑦ 森田疗法。部分访谈对象也学习和偶尔使用过其他疗法或技术,如格式塔疗法、催眠技术、NLP、萨提亚家庭治疗、正念疗法。

（二）对高校常用心理咨询理论技术的文化视角的分析

从文化的视角审视高校常用的心理咨询理论技术,发现西方的理论和技术有自己的优势和局限,对不同的文化背景和价值观念的求助者有不同的适合性。

认知行为疗法（CBT）认为,人的心理问题主要是由错误认知导致的结果。咨询的关键在于指导求助者改变原来的认知结构,纠正不合理的信念,从而改变心理和行为。然而,CBT 理论过于聚焦目标设定和转变的发生,缺乏对文化和社会的考虑,因此可能忽视咨访双方的态度、价值观、文化背景。CBT 的价值观强调理性、个人言语能力、认知和行为的改变,这与东方文化强调隐喻而非决断的言语沟通、相互依赖而非独立的关系,以及强调接受而非改变的价值观差异巨大。例如,艾利斯的合理情绪疗法主张使用辩论技术,可能会让一些"爱面子"的中国人感受到个人和文化上的压制,让求助者感到不舒服。虽然 REBT 通常因其清晰性和有效性很容易被大部分求助者所接受,但有效性不等于文化适合性。所以在咨询实践中,使用辩论的技术时要考虑求助者的文化、种族、年龄、性别、个人文化水平等因素的影响。

罗杰斯创立了以人为中心的疗法（person-centered therapy, PCT）,即人本主义疗法。人本主义疗法强调创造一种良好的氛围,做到真诚相待、互相理解、彼此尊重,帮

助求助者进行自我探索，认识自身的价值和潜能，发现真正的自我，朝着自我实现的目标前进。传统的人本主义理论鼓励求助者在做决定和理解周围世界时保持个体的主观独立性。因此，这样的理论方法不一定适用于生活在强调集体主义文化背景中的求助者。人本主义心理学认为，每个人都具有自我实现的潜能和自主的倾向，但对于认为社群和集体的利益高于个人自我实现的求助者来说，PCT的治疗效果可能会差强人意。例如，由于受到中国传统文化的影响，许多求助者在寻求咨询时十分期待得到咨询师的直接建议和指导，这容易与PCT所遵循的非指导性原则产生冲突。虽然PCT的核心条件包括尊重、热情、真诚、共情、积极关注具有跨文化的普遍价值，但是在某些文化中，情感表达受到文化、习俗的限制。

精神分析治疗的原理在于寻找症状背后无意识的动机，使之走进意识的层面，使求助者认识到其无意识中的症结所在，真正了解症状的真实意义，达成意识的领悟（insight），从而使症状失去存在的意义。但从文化的视角来看，经典精神分析存在着明显的局限：其治疗使用的技术和长期性被认为仅适合于中产阶级的求助者；其关于性别的观念受到了女性和少数族群的批评；其使用的自由联想、解释、梦的分析等技术，由于缺少性别、家庭、文化的考量而可能错失求助者改变和成长的关键。精神分析理论强调个体的内部动力，却忽视了社会、环境、文化、家庭等方面的因素。精神分析治疗强调来访者和咨询师之间的言语交流，但从文化的视角看，在东方文化中，很多交流依赖于不言而喻的共情性感知，文化也会影响到移情和反移情反应。

三、我国的文化特点及其对心理咨询的影响

心理咨询的文化不仅指国籍、民族、语言和宗教等人种志变量，而且包括年龄、性别等人口统计科学变量，教育、经济、生活方式等阶层变量，以及各种正式、非正式的团体隶属关系。心理咨询中的咨访双方在以上各个方面或多或少都有一定的差异，事实上就存在着某种程度的文化差别。

（一）集体主义文化显著

集体主义是我国文化的一个显著特征。在集体主义文化中的个体，个人的需求、欲望、成就都更多的服从于其所属群体的需要与目标。今天虽然我们开始更多地强调个人的价值和独立性，但集体主义对人们的思想和行为仍有决定性影响。这种影响在使用个人主义导向的西方咨询理论技术对我国的来访者进行咨询时可能会出现矛盾和冲突，如人本主义心理治疗要求咨询师为强化来访者的自主能力，在会谈中要尽量处于伴随和观察的地位，不应该给予直接的指导。但在集体主义文化背景下的个体更愿意把咨询师看成是解决问题的专家，期待咨询师有更多的指导和权威，如果咨询师不给予指导和建议，可能被认为是无能的表现[1]。

（二）民族文化差异

我国是多民族大家庭，各族人民在其文明发展的历程中都形成了独特的文化和

风俗,在理解世界的方式、人与人之间的交流、情感的表达等方面都有自己的传承和特点。即使是同一民族的文化,因为地域差异、经济发展水平不同也会出现一定的差异。这些差异就形成了各具特色的亚文化。在对来自某一民族文化背景的来访者进行咨询时,了解其文化背景对于咨询关系的建立、咨询效果的提升是非常重要的环节[2]。

（三）地域文化差异

我国区域发展不平衡,东部与西部、沿海和内陆、北方与南方,地区之间文化差异很大。较为开放的区域,社会、经济发展迅速,和西方文化有更多的交融,人们更容易崇尚个人价值,思想和行为具有独立性。而内地相对封闭的地区,社会、经济发展相对较慢,人们受中国传统文化的影响较大,会更多服从家庭和权威,人与人之间联系更为紧密。经济、社会、文化的差异会使人们在人际交往模式、情感表达方式、家庭观念等方面产生较大的差异。

（四）宗教文化的影响

我国奉行信仰自由的原则,许多民族都有自己的信仰。同时中国几千年的文化传统中,佛、儒、道更是深刻影响着中国人的个人信仰,甚至在一定程度上调节人的认知和行为,保持心理平衡。咨询师在咨询过程中要了解来访者的宗教信仰,重视宗教信仰对其心理行为的影响。

四、文化取向治疗对文化的操作性概念界定

文化取向治疗理论强调,咨询师在面对具体的来访者时,要考虑其文化背景及其多样性特点,保持对文化的敏感性。咨询师要时刻提醒自己,始终从文化的视角全面了解求助者的信息,对来访者的言行举止做出准确的内容反应、情感反应,避免对来访者心理行为的误解,满足不同文化背景以及同一文化背景的不同个体之间的需要。

中国文化具有内在多样性、多元化特点,为了准确把握文化对心理咨询的影响,发挥文化在心理咨询中的"定向"功能,COT 对文化做出操作性的界定和分类,将文化分成第一文化、第二文化、代际文化、家庭文化和个人文化(first culture, second culture, intergenerational culture, family culture and personal culture, FSIFP)。

第一文化,又叫主文化,是国家、民族和整个社会层面的文化,如本土文化与域外文化、东方文化与西方文化、国家民族文化等。第二文化又称亚文化,如区域文化、社区文化、城市与农村文化、学校文化等。代际文化指不同年代的文化,如青少年文化、成年人文化、老年人文化。家庭文化反映了一个家庭的各种关系,包括夫妻关系、亲子关系、兄弟姐妹关系等,它虽然是最小单位的文化,但对一个人的成长产生的影响是巨大的。例如:学生的学习态度、兴趣与家庭教育密切相关,而亲子关系冲突反映了两代人的文化、价值观念的冲突。个人文化是指个人的文化水平、修养以及个人的主观能动性。

从社会文化层面看,当代文化与传统文化产生矛盾和冲突。如儿童、青少年在国学班上学习《三字经》《弟子规》《道德经》《大学》《中庸》等传统文化经典之作,其核心是仁、孝、忠,但这些道德精髓与市场经济逐利文化诉求正好相反,学生一旦步入社会就容易被无情的现实击得支离破碎。

从学校文化角度看,所有学校奉行的教育理念都是素质教育,保障学生的全面发展,但现实中学校实施的是应试教育,学生经常处于"题山考海"的压力之下,个性的全面发展成为一句空话。

从个体的认知理念看,学生如果认为自己学习不好对不起父母、老师,在中国传统文化语境下被认为是成熟懂事的表现,但 REBT 理论认为这是不合理信念。与西方人相比,中国人尤其青少年和老年人,躯体化症状较突出,这是因为在中国传统文化语境下,躯体疾病容易获得认可和同情,而心理疾病可能会遭到误解和鄙视。例如,有的学生以头疼、胃疼等躯体症状作为不想上学、"逃避"学习压力的条件,就可能是躯体化障碍的表现。

五、文化取向治疗的概念构建与理论功能

（一）概念的构建

（1）连接技术。文化连接是尊重、热情、真诚、共情、积极关注的前提条件,包括咨询师与求助者之间的文化连接、文化与问题的连接、个人与群体文化的连接,等等。

（2）心理空间。文化心理空间是立体结构,分四层:一是同质层,相同的文化价值理念;二是混合层,同质异质文化理念在一起,冲突与和平共存;三是异质层,冲突不断;四是相容层,求同存异,相互尊重,都有发展。

（3）心理代价。求助者的任何改变和成长都需要付出一定的代价,文化取向的咨询理论技术以将求助者成长、改变的代价降到最低为目标。

（4）具象化。就是把抽象的东西表现得很具体,也就是把看不见的、不容易理解的,变得看得见、容易理解。比如,眼泪是悲伤的具象化,冰雪是寒冷的具象化,白发、皱纹是衰老的具象化,草木枯荣、沧海桑田是时间流逝的具象化,水银泻地、月华如水是光的具象化。

（5）咨询关系适宜性。文化取向治疗理论的一个重要观点是,来访者的问题可能源于个体内部,也可能源于个体的外部世界,外部现实有时比内部认知结构、无意识过程更重要。咨询师采用与来访者文化相适应的治疗方法,并与其共建关系,将会发现来访者其实比想象的更具智慧。因而,只有考虑到对方的文化背景,才能共建适宜的咨访关系。文化取向的治疗师的任务是与来访者合作,共同寻找最适宜的治疗体系。

（6）技术灵活性。一种治疗理论技术或干预策略不可能适用于所有来访者和生活情境,对某种文化背景的来访者比较合适的干预策略,对另外一种文化背景的来访者则未必有效。咨询师需要根据来访者的生活经历和文化价值观,灵活地采用相应

的技术和策略,制订恰当的目标,从而增强治疗的有效性。面对每个来访者,咨询师要重视其独特性,注意在合适的时间以合适的方式将合适的技术运用到合适的来访者身上。

(7)"元"咨询理论。面对日益多元的文化和多样的群体,怎样才能将传统理论有机地整合在一起? 针对情况各异的来访者,什么样的治疗方法才是最有效的? 最好的答案是:摒除单一理论取向,采用整合的思考角度,整合各流派的适宜之处,形成适应不同求助者的"元"咨询理论。能起到"元"理论作用的就是"文化"。

(8)多元咨询能力。咨询师不仅要具备相关知识和技能,而且具有自我觉察、自我反思的态度,反思性别、籍贯、种族、文化,年龄、社会阶层、信仰、性取向、资历、阅历等是如何影响自己世界观、价值观的。在咨询过程中,咨询师能与来访者共同面对,一起谈论一个问题,创造意义。

(二)理论功能

一个人的成长受到家庭、学校、社区、民族文化深刻的影响,文化价值认同直接或间接影响着人的成长。从文化的普遍性来看,任何个人的成长、任何咨询理论的形成都离不开特定文化的土壤;从文化的特殊性来看,不同文化背景下个人的成长都具有一定的差异性,不同文化背景下的心理咨询治疗理论具有不同的功能和适用性。

文化取向治疗把文化视作理论技术诞生和成长的土壤,文化在咨询过程中发挥定向、整合和调节的功能。

1. 整合心理咨询的"元"理论

任何一种咨询的理论方法都是在一定的文化背景中形成、发展并加以实施的,因而每种理论方法都适用于特定的文化,而对与其不一致的文化背景来说,这种理论方法就可能出现偏差。咨询理论方法的文化价值观不同,对来访者问题的解释就不同。例如,精神分析疗法认为心理障碍来源于来访者潜意识,与其幼年的创伤性经历有关;认知行为疗法则认为不适应性行为是社会学习的结果。不同的观点导致咨询师对来访者心理问题采取不同的解释与解决模式。文化取向治疗承认西方心理治疗理论与实践的实用价值,并认为这些理论和实践是发展传统治疗和创新理论的基础。但是,文化取向治疗更强调来访者的文化属性,重视每位来访者的文化特点与咨询师的差异性,寻找与来访者文化背景相适应的处理方法,在承认、接纳和总结各流派理论的基础上,不再将治疗定格于某一理论,而是以所处的文化为背景,与来访者个体寻求行之有效的理论、策略和方法。

2. 建立适宜的咨访关系

咨询师与来访者的咨询关系涉及个人、家庭、学校、文化等多种因素,咨询师的文化背景与来访者的文化背景的交互作用,双方对咨访关系的认知、体验是治疗能否取得理想效果的关键。良好的咨访关系是进行心理咨询的前提条件,也是心理咨询取得良好效果的先决条件,它有助于求助者解除自己的思想禁锢,开放自己的内心世界,从而拥有新的思维、情感和行为方式。这种良好关系的建立需要在来访者的文化背景框架内进行,也需要来访者理解和尊重他人的观点。文化取向治疗研究不同文化群体的特征,从而形成更加适宜的咨访关系,致力于将文化作为核心要素纳入咨询疗法中,发展适合来访者个体文化的理论和策略。

3. 发展多元文化认同

文化认同是伴随认知、情感和行为不断发展而扩展的,每个发展阶段都包含对自己与他人的态度。文化认同的水平影响着来访者和咨询师如何认识问题、如何制订恰当的咨询目标及方案。每位来访者都有多种文化身份,这些身份发展不均衡,每一个体对其文化背景的意识水平各不相同,来访者的主要问题也各不相同。文化认同的一个重要观点是,咨询师必须意识到不同个体的文化认同水平的差异,尽量与来访者的意识水平相匹配。

六、文化取向心理治疗的模式

文化取向的心理治疗模式包括五个阶段:

(1)"观察—倾听"阶段。在这个阶段咨询师的任务是倾听与观察,也是建立良好咨询关系的关键环节。在倾听的过程中做到完整的接纳和包容,不做价值评判,通过尊重、热情、真诚、共情、积极关注等技术,尽快建立良好的咨询关系,并且需要关注如下问题:在来访者所处的文化中,重要的个人特点和人际关系特点是什么? 该群体的自然的优势、助人风格怎样? 言语和非言语行为以及参与性技术和影响技术如何在群体中发挥作用? 文化取向治疗认为,只有考虑到对方的文化背景,才能共建适宜的咨访关系。

(2)"连接—澄清"阶段。这个阶段的主要任务是澄清事实,全面了解来访者的人口学信息、个人成长史、精神状态、生理功能、心理功能,以及来访者的问题、症状及其产生的原因、过程、相关人物和事件,通过内容反应、情感反应等技术,鼓励来访者不断自我开放,重点厘清这些事件与文化背景的关系,始终关注"文化"。例如,一位女性来谈她的婚姻中的委屈,你却发现她对家庭婚姻的错误观念导致对她的婚姻伴侣造成伤害;一位男性因家暴问题来接受咨询,他是施暴方,却因为他从小生长在暴力家庭中也让人可怜和同情;你向一位求助的老人推荐一个调整睡眠的视频,却发现她由于文化水平低而不会使用智能手机。

(3)"鼓励—领悟"阶段。帮助来访者看到问题和冲突的全景及其与文化价值的关系,看到自己在冲突处境的应对中运用了哪些现实能力,缺失的是哪些现实能力。在这个过程中,来访者能够在尊重、平等、合作、共建的咨询关系中,扩展自己的思考和觉察,从不同的视角看待自己和自己的困扰,在这种不同于以前的特定空间之中,扩展思考和觉察,在与以前不同的认知和体验中,做出自己的应对和选择。

(4)"改变—成长"阶段。来访者学会用新的视角、新的语言、新的行为去认识、表达和应对冲突。咨询师的任务是根据来访者的文化背景采取适当的技术，比如内容表达、情感表达技术，鼓励来访者积极尝试，不断改变和成长，同时降低改变的心理代价。

（5）"生成—迁移"阶段。来访者只有将新的能力与技术整合应用到生活的其他方面，才意味着他整体"自助"能力的增强。

文化取向心理治疗还处在发展过程中，一些概念界定还不甚明确，文化的概念比较抽象，在操作层面容易发生分歧。因此，其理论和技术的完善还有很长的路要走，需要不断在实践中接受检验和提升。

参考文献：

［1］李歆瑶.多元文化心理咨询——去除心理咨询中的文化偏见［J］.心理研究,2009,(3)：18-21.

［2］刘晓敏,等.不同从业系统心理咨询师和心理治疗师的理论取向［J］.中国心理卫生杂志,2013,(8)：578-582.

［3］朱艳丽.多元文化心理咨询与治疗：文化意识的关注［J］.河南教育学院学报,2014,(3)：30-33.

［4］杨安博,等.从多元文化视角看西方主流咨询理论的局限性［J］.医学与哲学,2019,(21)：56-58.

［5］罗伟.多元文化心理咨询理论与实践的反思［J］.吉林省教育学院学报,2012,(5)：141-142.

［6］段媛媛.多元文化环境下大学生心理危机干预现状及对策研究［J］.辽宁经济管理干部学院学报,2019,(5)：119-121.

［7］李稚琳.关于多元文化咨询能力的研究［J］.哈尔滨职业技术学院学报,2019,(3)：85-87.

［8］Sue D W, Sue D. Counseling the culturally different：Theory and practice. 4th ed. NY：John Wiley & Sons, 2003.

［9］Jencius M, West J. Traditional counseling theories and cross-cultural implications. In：Harder F D, McFaddenJ eds. Culture and counseling：New approaches. Boston, MA：Pearson Education, 2003.

［10］Ivey A E, D'Andrea M, Ivey M B, et al. Counseling and psychotherapy：A multicultural perspective. 5th ed. Boston, MA：Allyn & Bacon, 2002.

［11］Pedersen P. The importance of both similarities and differences in multicultural counseling：Reaction to C. H. Patterson. Journal of Counseling and Development, 1996, 74：236-237.

朋辈心理咨询师自我效能感现状

王茵蕾　周　莉

中国人民大学

【摘要】目的：本文结合咨询师自我效能感及朋辈心理咨询体系，探索受训学生及上岗咨询师自我效能感的现状。方法：研究选择30位受训学生及上岗咨询师作为被试，通过咨询活动自我效能感量表进行测量评估，选择探索性助人技巧、会谈管理和咨访关系冲突三维度，对被试评分与量表均分进行单样本 t 检验，受训学生及上岗咨询师进行独立样本 t 检验，上岗时长小于1年与1至3年的咨询师进行独立样本 t 检验。结果：整体受训学生及上岗咨询师自我效能感显著高于量表均值，其中，探索性助人技巧自我效能感最为显著；上岗咨询师的咨访关系冲突自我效能感显著高于受训学生；上岗时长小于1年的咨询师自我效能感略微高于上岗时长1至3年的咨询师。结论：通过系统化筛选朋辈项目成员，以及朋辈咨询技巧课程讲授、团体讨论演练、咨询过程模拟、建设性反馈方式，能提高咨询师自我效能感，促进新手咨询师继续学习精进助人技术的动机。

【关键词】自我效能感；咨询师培养；朋辈心理咨询；朋辈

心理咨询师的自我效能感（counselor self-efficacy）意指心理咨询师对自己执行符合咨询角色行为能力的信心，包含有能力完成规定的技能和常规的会谈管理任务或应对更具挑战性的咨询情景（Larson & Daniels，1998）。咨询师自我效能感从班杜拉（Bandura，1986，1997）的社会认知理论（general social cognitive theory）发展而成，自我效能感帮助决定个体对于行为活动、思考方式、情感反应等选择。

朋辈心理咨询（peer counseling）是运用主动倾听和问题解决技巧，结合人的发展和精神健康知识来辅导同龄人的心理咨询方法。朋辈咨询师，除了是具备熟练咨询技巧、理解助人过程的咨询师，也是朋辈，具有与来访者面对相似人生阶段和发展挑战的特性，有助于学生充分发挥同辈间彼此理解、互相支持、共同成长的独特力量（俞国良，侯瑞鹤，2015）。关于朋辈心理咨询的培训体系，由于对象为非心理学专业的学生，课程以"微格咨询"和基本助人技巧为根据，学生在角色扮演中熟练应用相关技巧,通过角色扮演进行录音获得及时反馈,也学习如何管理会谈及更具挑战性的咨询情境,与咨询师自我效能感中对于咨询师能力的信心评估方面极为贴合。

因此,本研究在朋辈心理咨询的培训体系与咨询师自我效能感概念上,试图探讨受训学生及上岗咨询师的自我效能感是否高于量表均值;经过朋辈课程讲授、实验及角色扮演训练,上岗咨询师自我效能感是否与仍在接受训练的受训学生相比更高;上岗时长更为长久的咨询师自我效能感是否更高;探索受训学生及上岗咨询师自我效能感的现状。

一、研究过程

(一)被试

采用方便取样方法,选取中国人民大学接受过朋辈心理咨询项目培养的学生,皆为朋辈心理咨询中心指导老师与经验丰富的咨询师通过访谈考察沟通能力、人格稳定性、助人意愿、学习动机,选拔进入培养项目。共发放问卷 35 份,回收有效问卷 30 份,有效率为 85.71%。被试包含已接受课程训练 8 周(项目过程的二分之一)的受训学生 16 人,和已经通过评估上岗的朋辈咨询师 14 人,朋辈咨询师中上岗小于 1 年的有 9 位,1 至 3 年的则有 5 位。其中男生 5 人(16.67%),女生 25 人(83.34%),平均年龄 20.47 岁($SD = 1.76$),学生包含本科生(86.67%)及硕士生(13.33%),皆来自不同专业。

(二)研究工具

采用由 Lent 等人编制的咨询活动自我效能感量表(Lent et al.,2003),对朋辈咨询师、受训学生的自我效能感进行测量,该量表包含探索性技术、洞察性技术、行动技术、会谈管理、个案困扰、咨访关系冲突六个维度,总共 41 题。考量到助人技术里的洞察与行动技术未纳入朋辈心理咨询技巧培训中,且咨询挑战中的来访者苦恼所需技术超过了受训学生的现有经验,本研究选择探索性技巧(5 题)、会谈管理(10 题)以及咨访关系冲突(10 题)进行测量。值得注意的是,朋辈咨询师与受训学生根据自身对咨询师能力表现的信念进行评分,而非咨询过程结果的信念。题目采用 10 点量表的形式,0 分代表没有自信,而 9 分是完全有自信。量表整体的克隆巴赫 α 系数为 0.95,内部一致性信度良好。

(三)数据处理

使用 SPSS26.0 软件对数据进行分析。对量表测量结果分值与量表均值进行单样本 t 检验,对受训学生和咨询师自我效能感进行独立样本 t 检验,对上岗时长小于 1 年、1 至 3 年咨询师自我效能感进行独立样本 t 检验。

二、研究结果

(一)咨询师自我效能感

对量表三个分维度的被试评分均值与量表均值(4.5 分)进行单样本 t 检验,结果显示,探索性助人技巧自我效能感评分显著高于量表均值($t = 18.84$,$p < 0.01$),会谈管理自我效能感评分显著高于量表均值($t = 10.52$,$p < 0.01$),咨访关系自我效能感挑战显著高于量表均值($t = 8.09$,$p < 0.01$),被试的咨询师自我效能感较高,具体结果见表1。

表1　咨询师自我效能感结果

	最小值	最大值	平均数(M)	标准差(SD)	t 值
探索性助人技巧	5.60	9.60	7.97	1.01	18.84**
会谈管理	4.00	8.90	6.83	1.21	10.52**
咨访关系冲突	3.30	9.60	6.70	1.49	8.09**

注:* 表示 $p < 0.05$,** 表示 $p < 0.01$,下同。

（二）受训学生与上岗咨询师自我效能感比较

对量表三个分维度的受训学生评分均值与上岗咨询师评分均值进行独立样本 t 检验,结果显示,上岗咨询师的咨访关系冲突自我效能感显著高于受训学生($t = -2.40$,$p < 0.05$);尽管上岗咨询师探索性助人技巧($t = -1.87$,$p > 0.05$)与会谈管理($t = -2.00$,$p > 0.05$)评分未显著高于受训学生,但整体而言上岗咨询师在这两个维度的得分高于受训学生。总的来说,咨询师的自我效能感较受训学生高,且标准差较受训学生低,具体结果见表2。

表2　受训学生及上岗咨询师自我效能感比较结果

	受训学生		咨询师		t 值
	平均数(M)	标准差(SD)	平均数(M)	标准差(SD)	
探索性助人技巧	7.68	1.20	8.31	0.61	-1.87
会谈管理	6.45	1.40	7.26	0.80	-2.00
咨访关系冲突	6.16	1.82	7.32	0.62	-2.40*

（三）不同上岗时长朋辈咨询师自我效能感比较

对量表三个分维度的上岗时长小于1年、1至3年咨询师评分均值进行独立样本 t 检验,结果显示,上岗时长小于1年的咨询师探索性助人技巧自我效能感高于1至3年($t = 0.41$,$p > 0.05$),小于1年的咨询师会谈管理自我效能感高于1至3年($t = 0.35$,$p > 0.05$),小于1年的咨询师咨访关系冲突高于1至3年($t = 0.01$,$p > 0.05$),上岗时长小于1年的咨询师自我效能感高于1至3年,原假设无法被验证,具体结果见表3。

表3　不同上岗时长咨询师自我效能感比较结果

	小于1年		1至3年		t 值
	平均数（M）	标准差（SD）	平均数（M）	标准差（SD）	
探索性助人技巧	8.38	0.42	8.20	0.92	0.41
会谈管理	7.32	0.83	7.16	0.84	0.35
咨访关系冲突	7.32	0.72	7.32	0.47	0.01

三、讨论

本研究将自我效能感概念引入朋辈心理咨询中，探讨正在接受朋辈咨询培养项目训练的受训学生以及接受过并通过评估上岗的朋辈咨询师自我效能感的差异，同时比较了上岗时长不同的咨询师的自我效能感。研究结果显示，整体受训学生和上岗咨询师的自我效能感高于量表均值，上岗咨询师咨访关系冲突自我效能感高于受训学生，上岗时长小于1年咨询师自我效能感略微高于1至3年。

整体受训学生和上岗咨询师具有较高的自我效能感，且在咨访关系冲突上，上岗咨询师评分高于受训学生，二者间表现出显著差异。符合过去对于新手咨询师培养效果的研究结论，经过训练后，受训学生关于助人技术的自我效能感提高，使用更多的探索性助人技巧，表现出更多的共情，在会谈中说话频率减低（Hill et al.，2008）；在美国关于朋辈心理咨询培养的研究中，也发现受训学生反映在培训后，自己的能力有所提高，能更好地学习有利于适应生活情境的技巧（Dorosin et al.，1977）。在我们的研究中，或许也可解释为朋辈心理咨询培养项目的效果，系统化的选拔流程筛选出符合助人特质、有强烈助人意愿的受训学生；课程培养体系引入斯坦福大学"桥"朋辈心理咨询项目，咨询技巧课程包含教师讲授、翻转课堂、模拟练习三大模块。咨询师自我效能感也与课程作业量、督导氛围、反馈方式、角色扮演经验相关（Barbee et al.，2003；Mesire et al.，2018；Daniels & Larson，2001；Urbani et al.，2002）。通过团体讨论、角色扮演，受训学生不断熟练精进自身的咨询技巧以及应对咨询情境的能力。

关于上岗时长短的咨询师自我效能感略微高于上岗时长长的咨询师，虽然随着训练经验丰富度增加，处于较高职业发展阶段的咨询师会有较高的自我效能感（Larson & Daniels，1998），但是根据朋辈咨询师的上岗时长，小于1年与1至3年都属于新手咨询师。新手咨询师更多的觉察到焦虑感与批评性的自我对话，对助人工作既感到兴奋，又觉得充满挑战（徐慧，侯志瑾，2010）。对咨询师和来访者会谈感受的研究发现，咨询师感受相比来访者更差（涂永波，江光荣，朱旭，2013）。同时，有更多经验的咨询师会更有可能在咨询中遇见较具挑战性的情境（Lent et al.，2003），可能更容易看到自身局限。由于咨询师自我效能感为咨询师自身主观的评价，咨询师的职业阶段、认知状态皆会影响自我效能感评分。

本研究也存在一定局限性，因为样本量较小，精确性和可靠性相比于大样本有一定不足；且对于研究课程培养的效果，对同一样本的受训学生进行培养前、培养中、培养后的横断面研究会更具代表性。此外，可以增加来访者对于咨询师与受训学生表现、咨询效果等的评估，以及引入观察员评分，以获取更为客观全面的信息。

参考文献：

［1］俞国良，侯瑞鹤.论学校心理健康服务及其体系建设.教育研究，2015，36：125－132.

［2］文森特·J.丹德烈亚.朋辈心理咨询：技巧、伦理与视角［M］.中国人民大学朋辈心理咨询中心，译.北京：中国人民大学出版社，2013.（D'Andrea, V. J., & Salovey P., 1996）

［3］安芹，贾晓明，戴彦清，曹娟.新手咨询师首次心理咨询实践的专业技能表现.中国心理卫生杂志，2015，29：895－900.

［4］涂永波，江光荣，朱旭，胡姝婧，谢娜.咨询师和来访者对会谈感受的异同.中国心理卫生杂志，2013，27：518－522.

［5］Bandura, A. *Social foundations of thought and action: A social cognitive theory*. Englewood Cliffs, New Jersey：Prentice-Hall, 1986.

［6］Bandura, A. *Self-efficacy: The exercise of control*. New York：W. H. Freeman, 1997.

［7］Barbee, P. W., Schere, D., & Combs, D. C. Prepracticum service learning：Examining the relationship with counselor self-efficacy and anxiety. *Counselor Education and Supervision*, 2003, 43：108－119.

［8］D'Andrea, V. J., & Salovey, P. *Peer counseling: Skills, ethics and perspectives*. Science and Behavior Books, 1996.

［9］Daniels, J. A., & Larson, L. M. The impact of performance feedback on counseling self-efficacy and counselor anxiety. *Counselor Education and Supervision*, 2001, 41：120－130.

［10］Dorosin, D. A., D'Andrea, V., & Jacks, R. A peer counselor training program：Rationale, curriculum and evaluation. *Journal of American College Health*, 1977, 25：259－262.

［11］Hill, C. E., Roffman, M., Stahl, J., Friedman, S., Hummel, A., & Wallace, C. Helping skills training for undergraduates：Outcomes and prediction of outcomes. *Journal of Counseling Psychology*, 2008, 55：359－370.

［12］Lent, R. W., Hill, C. E., & Hoffman, M. A. Development and Validation of the Counselor Activity Self-Efficacy Scales. *Journal of Counseling Psychology*, 2003, 50：97－108.

［13］Mesrie, V., Diener, M. J., & Clark, A. Trainee attachment to supervisor and perceptions of novice psychotherapist counseling self-efficacy：The moderating role of level of experience. *Psychotherapy*, 2018, 55：216－221.

［14］Urabni, S., Smith, M. R., Maddux, C. D., Smaby, M. H., Torres-Rivera, E., & CREWS, J. Skills-based training and counseling self-efficacy. *Counselor Education and Supervision*, 2002, 42：92－106.

咨询次数对咨询效果的影响

——减少咨询预约等待的策略探究

张柯蓝 谌 燕 章劲元 郭晓丽

华中科技大学

【摘要】目的：在确保咨询效果的前提下，探究是否可以减少当前高校心理咨询次数上限。方法：选取某高校262名自愿寻求心理咨询的来访学生，并使用治疗效果评定量表（ORS）和会谈评定量表（SRS）在咨询前、每次会谈前后以及结案时测评。结果：98％的学生8次以内结案，78％的学生3次及以内结案；咨询效果在6次、8次咨询后均显著（$p < 0.05$），且多2次咨询，效果并未明显提升；工作同盟在6次、8次咨询后均能有效建立（$p < 0.05$），且多2次咨询对工作同盟改善不大。结论：短程咨询可满足大多数学生需要，6次咨询和8次咨询在咨询效果和工作同盟上无差异，可以通过减少咨询次数上限的策略减少咨询预约等待。

【关键词】咨询效果；工作同盟；咨询次数上限；减少等待

大学生群体处于成年初显期，有其心理发展的特殊性，同时由于近几年心理健康教育的普及推广，大学生对自身心理健康的关注度上升，加之社会经济快速发展带来的心理应激，高校心理咨询人次呈现逐年递增的趋势，即便绝大多数高校都满足教育部规定的专职心理教师队伍师生配比1∶4 000的要求，心理咨询排队的现象仍普遍存在。据了解，到学期中后期，部分高校无咨询空位，同时有超过100位学生在排队等待咨询。大学生的心理健康需求巨大但心理咨询服务提供不足，是当前我国高校心理健康教育的主要矛盾之一[1]。研究表明，长期的等待时间，可能会导致心理健康状态恶化[2]。

关于短程心理咨询，更有基于一次单元心理咨询的效果研究。作为一种简短的、结果导向的咨询模式，一次单元咨询让当事人在一次有限时间内尽可能获益[3]。在北美和澳大利亚，已经有一系列的效果研究证实了一次单元的成效，与平均持续16次咨询的效果基本相当[4]。同时研究也发现，不管是问题的严重程度、线上线下对比，治疗效果还是长度，一次咨询都能有效减轻精神症状[5]，尤其是对重度抑郁的青少年,症状缓解可持续 4～9 个月^[6]。这一模式具有经济实惠、空间时间便利、干预门槛低等优点,得到许多当事人的好评,能有效减少当事人的等待时间,改善心理干预供不应求的状况[7]。

综上,本研究提出假设:在现有 8 次咨询上限的基础上,减少咨询次数也能有良好的咨询效果。基于此,可以考虑下调高校心理咨询中心的咨询次数上限,从而进一步缓解高校学心理咨询高咨询量负荷,避免学生长期等待,加剧心理状态恶化。

一、研究方法

（一）对象

本研究于 2020 年 10 月至 2021 年 1 月,在华中地区某高校心理健康教育中心进行前后测的追踪调查。截至 2021 年 1 月,参与调查的来访学生 262 人,男生 144 人,女生 118 人,年龄 16～24 岁(20.03 ± 0.43),共收集前测问卷 262 份,后测问卷(包含每次咨询前后的反馈与结案反馈问卷)883 份。

（二）工具

1. 治疗效果评定量表(Outcome rating scale, ORS)

ORS 是由 Miller 和 Duncan 共同开发的自陈量表,评估来访者身心健康、人际关系、生活社交以及整体生活状态四个维度,每个维度最高分为 10 分,量表总分处于 0～40 分,低分表明痛苦程度高,高分表明痛苦程度低。此外,也可通过后测分数的增长评估来访者的改善程度,如增长大于 6 分则表明来访有显著改善。经研究验证,ORS 有良好的信效度和敏感性,能够反映当事人在治疗过程中发生的变化[8]。

2. 会谈评定量表(Session rating scale, SRS)

SRS 的条目内容主要改编自 Bordin 对工作同盟的经典定义,包括咨询关系、咨询目标、咨询方式和咨询满意度四个维度,用于评估每次咨询中的工作同盟强度。经研究验证,SRS 有良好的信效度,能够有效评估国内会谈中的工作同盟[9]。

（三）调查方法

本研究在华中地区选取某高校心理健康教育中心,从来访学生中招募研究参与者。根据自愿原则,参与者分别在预约咨询时填写治疗效果评定量表(ORS),在每次咨询开始前填写治疗效果评定量表(ORS)、每次咨询结束后填写会谈评定量表(SRS),最后在结案时填写治疗效果评定量表(ORS)、会谈评定量表(SRS)以及自编结案反馈量表。所有参与的大学生均能理解此次调查的目的、方案和内容,并知晓此次调查为匿名保密,均自愿签署了知情同意书。

（四）统计方法

采用 SPSS21.0 软件进行统计分析。

二、结果

（一）结案时咨询次数

截至 2021 年 1 月，参与者中已结案 251 人，平均咨询次数为 3.08 次，三次以内咨询结案的学生占总人数的 70%，仅有 2% 的学生进行 8 次以上的咨询，具体占比如图 1 所示。

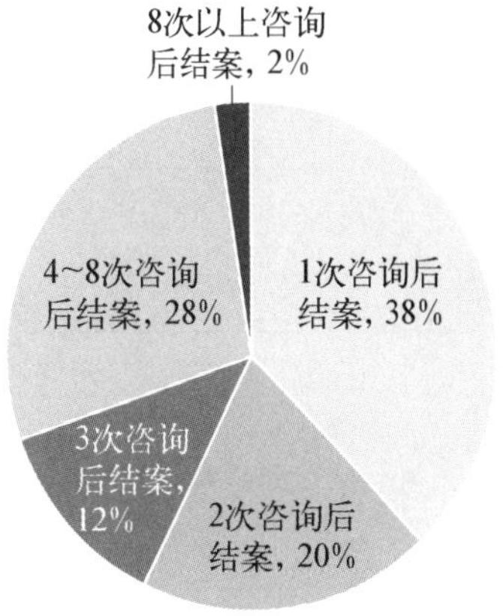

由图 1 可知，98% 的学生在 8 次及以内结案，78% 的学生在 3 次及以内结案。同时考虑平均咨询次数为 3.08 次，因此在一定程度上表明，短程咨询可以满足绝大多数学生的需要。

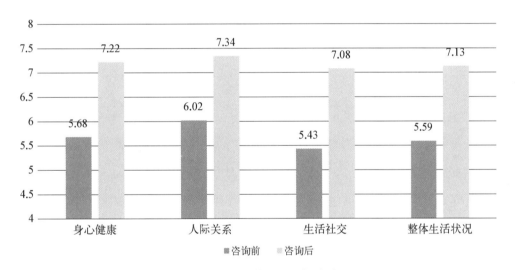

图 1　结案时咨询次数占比

（二）咨询效果

根据 ORS 得分，对咨询前和结案时的均值进行比较，结果如图 2 所示。

图 2　咨询前后学生 ORS 得分对比

由图 2 可知，相比于咨询之前，结案时 ORS 各维度均有提升，且咨询后总分高出咨询前 6 分，说明有临床水平的改善。对均值进行配对样本 t 检验，结果（见表 1）表明，心理状态改善具有统计学意义（$p < 0.05$），表明咨询可以明显改善学生身心健康、人际关系、生活社交和整体生活状况。

表 1　咨询前和结案时 ORS 得分比较（M±SD）

	咨询前	结案时	p 值
身心健康	5.68 ± 2.42	7.22 ± 2.20	0.000
人际关系	6.02 ± 2.47	7.34 ± 2.16	0.000

续　表

	咨询前	结案时	p 值
生活社交	5.43 ± 2.36	7.08 ± 2.32	0.000
整体状况	5.59 ± 2.16	7.13 ± 2.12	0.000

（三）咨询过程中的改变

根据 ORS 得分，对每次咨询的均值进行比较，结果如图 3 所示。

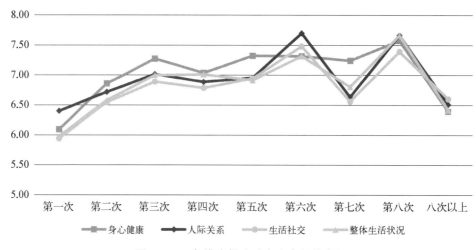

图 3　ORS 各维度得分随咨询次数的变化

由图可知，随着咨询的推进，学生 ORS 得分逐渐提升，在第四次和第五次咨询时相对平稳，在第六次咨询和第八次咨询时达到高峰，第七次咨询后得分有明显回落，八次及以上的咨询后跌落到较低水平，仅次于首次咨询后。

（四）进一步验证不同咨询次数下 ORS 得分的差异分析

由图 3 可知，在第六次咨询和第八次咨询时，咨询效果得分达到高峰，因此对第一次、第六次和第八次学生 ORS 得分进行单因素方差分析，发现组间差异显著（$p <$ 0.05），两两比较后发现学生第六次咨询后和第八次咨询后的 ORS 总分和各维度得分显著高于第一次咨询后（$p < 0.05$），且第六次和第八次咨询后心理状态无显著差异（$p > 0.05$）（如表 2 所示），表明学生在第六次和第八次咨询后整体心理状态已经有明显改善，且多两次咨询并没有对心理状态有显著提升作用。

（五）咨询过程中工作同盟的变化

对每次咨询后工作同盟的均值进行比较，结果如图 4 所示。

由图可知，随着咨询推进，工作同盟平稳提升高，在第六次达到第一个峰值，在第七次咨询后明显回落，第八次咨询后达到高峰，而在第八次咨询后，咨询关系维度继续提升，但其他维度得分有部分回落。

表 2 　第一次、第六次和第八次咨询后学生 ORS 得分比较(M±SD)

	首次与第8次			首次与第8次			第6次与第8次		
	首次 咨询后	第6次 之后	p 值	首次 咨询后	第8次 之后	p 值	第6次 之后	第8次 之后	p 值
身心健康	6.10± 2.43	7.32± 1.98	0.000	6.10± 2.43	7.58± 1.89	0.001	7.32± 1.98	7.58± 1.89	0.606
人际关系	6.40± 2.50	7.70± 1.91	0.000	6.40± 2.50	7.67± 1.61	0.004	7.70± 1.91	7.67± 1.61	0.948
生活社交	5.94± 2.52	7.48± 1.82	0.000	5.94± 2.52	7.39± 1.34	0.001	7.48± 1.82	7.39± 1.34	0.860
整体状况	5.98± 2.24	7.32± 1.86	0.001	5.98± 2.24	7.67± 1.51	0.000	7.32± 1.86	7.67± 1.51	0.448
ORS 总分	24.42± 3.78	29.82± 2.96	0.001	24.42± 3.78	30.30± 2.35	0.000	29.82± 2.96	30.30± 2.35	0.752

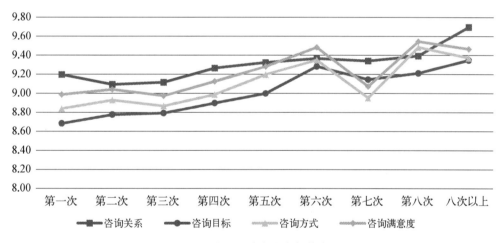

图 4 　工作同盟随咨询次数的变化

（六）进一步验证不同咨询次数下工作同盟的差异分析

由图 4 可知,在第六次和第八次咨询时,工作同盟得分达到峰值,因此,对第一次、第六次和第八次工作同盟进行单因素方差分析,发现组间差异显著($p<0.05$),两两比较后发现(如表 3 所示),第六次和第八次组间差异不显著($p>0.05$),除了咨询关系维度,第六次和第八次咨询结束后的咨询目标、咨询方式和整体咨询满意度相比于第一次咨询后均有显著提高($p<0.05$)。结果表明,咨询在第六次和第八次时均已建立良好的工作同盟,且多两次咨询对于工作同盟几乎没有影响。

表3 第一次、第六次和第八次咨询后工作同盟得分比较(M±SD)

	首次与第8次			首次与第8次			第6次与第8次		
	首次咨询后	第6次咨询后	p值	首次咨询后	第8次咨询后	p值	第6次咨询后	第8次咨询后	p值
咨询关系	9.20±1.24	9.37±0.86	0.216	9.20±1.24	9.39±1.00	0.309	9.37±0.86	9.39±1.00	0.891
咨询目标	8.69±1.54	9.28±0.92	0.004	8.69±1.54	9.21±1.17	0.022	9.28±0.92	9.21±1.17	0.747
咨询方式	8.84±1.52	9.35±0.90	0.013	8.84±1.52	9.48±1.00	0.018	9.35±0.90	9.48±1.00	0.508
整体满意度	8.99±1.40	9.48±0.83	0.009	8.99±1.40	9.55±0.87	0.026	9.48±0.83	9.55±0.87	0.734
工作同盟总分	35.71±3.54	37.48±3.21	0.022	35.71±3.54	37.88±3.43	0.031	37.48±3.21	37.88±3.43	0.498

三、讨论

目前高校心理咨询资源有限,学生咨询预约后等待的情况比较普遍,结合这一现状,本研究通过对高校心理咨询结案情况调查和咨询效果的对比分析,发现在咨询上限为8次的设置下,平均结案次数为3.08次,且78%的学生在3次以内结案,即在相对宽松的次数限制下,绝大多数学生仍然能在3次左右提升心理状态,因此有理由考虑可以缩短咨询上限,将有限的咨询资源给予更多等待的学生。

但是缩短咨询次数能确保相同的咨询效果吗?研究继续追踪每次咨询后来访学生的心理状态变化以及工作同盟情况,探究次数减少是否会影响咨询效果。通过图3、图4可以看到,随着咨询推进,学生ORS得分逐渐提升,在第六次咨询和第八次咨询时达到高峰,工作同盟也平稳提升,同样在第六次和第八次咨询后达到高峰,单因素方差检验显示第六次咨询后的心理状态改善和工作同盟情况与第八次咨询后的无明显差异($p>0.05$)。因此趋势改变和统计学分析均可以看到六次结案能达到与8次结案基本一致的咨询效果和工作同盟,考虑到各高校的咨询等待情况,可以建议减少咨询次数上限,在保证咨询效果的前提下,最大限度利用心理咨询资源,减少学生等待时间,确保更多数学生收益。

短程咨询确实能更高效地完成咨询工作,不过需要注意的是,咨询节奏的调整需要有专业的知识和技能保障,不能一味追求"短、快"。本研究通过调查与追踪分析提出减少咨询次数上限的策略,其中仍有局限和进一步完善的部分,如样本覆盖面有限,扩大各类型高校更具代表性;仅有自评量表的差异呈现咨询效果,可以增加他评或行为学、生物学检测等其他效果评估方式多维呈现,提高结果的效度;未进行追踪回访,可以进一步做结案后一个月、三个月的状态追踪对比,更全面地验证咨询效果的差异。

参考文献:

［1］柳静,王铭,孙启武,唐光蓉.我国大学生心理咨询与危机干预的管理现状调查[J].中国临床心理学杂志,2022,30(2):477－482.

［2］Reichert A, Jacobs R. The impact of waiting time on patient outcomes:Evidence from early intervention in psychosis services in England. Health economics. 2018,27:1772－1787.

［3］Young J. Single-session therapy:The misunderstood gift that keeps on giving 1. In:Hoyt MF, Bobele M, Slive A, Young J, Talmon M, eds. Single-Session Therapy by Walk-in Or Appointment. 1st ed. Routledge;2018:40－58.

［4］Schleider JL, MA, Weisz JR, PhD. Little Treatments, Promising Effects? Meta-Analysis of Single-Session Interventions for Youth Psychiatric Problems. Journal of the American Academy of Child and Adolescent Psychiatry. 2016,2017,56:107－115.

［5］Weisz JR, Kuppens S, Ng MY, et al. What Five Decades of Research Tells Us About the Effects of Youth Psychological Therapy:A Multilevel Meta-Analysis and Implications for Science and Practice. The American psychologist. 2017,72:79－117.

［6］Schleider J, Weisz J. A single-session growth mindset intervention for adolescent anxiety and depression:9-month outcomes of a randomized trial. Journal of child psychology and psychiatry. 2018,59:160－170.

［7］任志洪,刘芊滋,张琳.心理热线援助会谈框架的构建:基于一次单元心理干预视角[J].中国临床心理学杂志,2022,30(1):170－175.

［8］佘壮,席居哲,史燕伟,江光荣.正式反馈的发展与临床应用[J].心理科学,2021,44(1):223－229.

［9］佘壮,Barry L.Duncan,席居哲.合作—改变效果管理系统及其在临床咨询中的应用[J].中国临床心理学杂志,2022,30(4):789－793.

框架在心理动力学心理治疗中的功能

刘新春[1]　谭婷婷[2]　张雪茹[1]　白苏好[1]

1 天津大学　2 天津师范大学

【摘要】治疗框架包括分析性设置和分析性态度。治疗师要与病人制定治疗框架，为心理治疗构建一个安全的空间，分享潜在的无意识流动。无论外在的框架如何调整，治疗师内在的框架要始终保持稳定性和促进性，治疗师感到想和病人在暴风雨中游泳，并且稳稳地掌控着分析性工作，向着持续存在引航，在糟糕的现实中寻找意义。

【关键词】框架；设置；容器；功能

如果一个人想从书中学习如何下象棋，他很快就会发现只有开始和结束才有详细的讲解，而棋局中间波诡云谲的千变万化很难被详尽地叙述。心理动力学心理治疗亦是如此，它是一种需要在特定框架内进行的专业关系和专业工作（Bleger，1967）。在治疗的开始，治疗师要与病人制定治疗框架，为心理治疗构建一个安全的空间，治疗师和病人能够倾听彼此的想法和感受，分享潜在的无意识流动（Künstlicher，1996）。

一、框架的界定及其发展

治疗框架由一系列专业的界限构成，既包括非常具体的元素，称为分析性设置（analytic setting），例如每次治疗的时间、治疗的持续时间、咨询室的环境和治疗师提供收费的服务等，也包括非常抽象的元素，称为分析性态度（analytic attitude），例如治疗师的理论取向、治疗师有限的自我暴露、保密性、治疗之外没有双重关系、反移情和无意识的关系等（Gabbard，2019；O'Neill，2015）。

弗洛伊德（Freud）认为治疗的框架涉及自由联想、分析中的悬浮注意、治疗师在病人视野外的位置、每次见面的时间和持续的时长、费用等。弗洛伊德的治疗技术是与他自己的人格相匹配的，他只是推荐他的技术，治疗师应该掌握框架的灵活性，非完全遵从，不应奉为禁忌（Freud，1913）。

克莱因学派（Kleinian authors）严格遵守框架，反对技术创新，坚持运用解释和移情性解释技术，即使是精神病性水平的病人，也坚持使用分析性的技术（Modell，

1989）。有些意大利的治疗师将节制的原则变成节制的规定,致力于遵守非个人化、匿名的规定,咨询室没有装饰,不体现治疗师的个性和偏好,治疗师穿同样的衣服,有些甚至在咨询前会摘下婚戒（Momigliano,1988）。

比昂（Bion）在病人的需求方面有很大的灵活性,涉及咨询的频率和时长、咨询的安排、错过的会谈、治疗的阶段、付费的方式、沙发的使用、携带或者邮寄手写的图片,使治疗情境更加人性化,让病人受到更多的鼓舞。完全的节制既很难实现,也没有必要。治疗师和病人在咨询室相遇,要不同程度地满足病人的需求,尤其是治疗师的解释,由饱含情感的言语组成,给病人带来相当程度的满足感,有力促进了治疗的进程（Künstlicher,1996）。

温尼科特（Winnicott）充满创造性,他将设置看作对一切相关细节的管理,设置比解释更重要（Winnicott,1956）。在对 Little 的治疗中,他不仅隐喻地抱持了她的幻想、焦虑和精神错乱,而且真实地握着她的手。在她恐慌的当下,刚开始咨询时沉默了很久,他会延长时间而不额外收费;因为病人生病卧床,他去病人家中长达数月,即使病人的需求非常渴望和强烈,也没有失去耐心。他充满感情地照顾病人,会谈结束的时候会为她沏咖啡并提供饼干（Little,1986）。

二、框架的功能

在制定框架时,有些治疗师可能强调第三只眼,"父亲"的规则,框架中"限制"的部分,允许病人发现自己内在的客体;有些治疗师强调舒适感,病人通过框架可以使用治疗师;有些治疗师强调框架的支持功能,产生和逐渐整合分析的创造性;有些治疗师认为框架中的规则和准则是"安全屏障",允许病人在遍布陷阱的小径上"付诸疯狂",而不必去冒真正疯狂的风险（Carpelan,1981）。

框架是治疗师发挥容器功能的载体,治疗师借此成为连续的客体和可靠的容器。好的容器能够持续地将被容纳的客体包含在内部,同时也能将其放在外部,不会因为时间的连续性而失去被容纳的客体的连续性。容器是积极的,治疗师可以发挥创造性的解释功能,并且调动遐想能力,能够接收病人传达的信息并加以矫正,变成病人可以整合的形式（Bion,1962）。积极的容器对病人也是重要的,使得病人能够进入新的关系,借此无意识的心理机制开始显现,内在的主观现实变得同客观现实一样真实。

心理动力学治疗的目标,就是从人格层面帮助每个人每天都在创造性地活着。很多病人来咨询是因为失去了创造性,病人不能够游戏了,治疗师的作用是让病人从不能游戏的状态重新进入可以游戏的状态（Winnicott,1971）。游戏是发生在时间和空间里的一种创造性体验,是病人深层次的真实。就像当婴儿学习走路的时候,他都是先走向他的母亲,然后才能离开她。咨询亦然,病人要得先学会依赖分析师给他的东西,然后才是分析师本人。精心构建和维护的框架,治疗师和病人共享的中间区域,以及病人的转换性内射,共同促成了创造性的自发流动。

框架是重要的,更重要的是,在治疗师和病人的相遇中,尽可能自由地演奏出原始的和无法预测的乐章(Quinodoz,1992)。很多咨询的失败很可能源于没有意识到框架有助于理解病人的内在精神世界。如果不能适应病人,框架就不能给病人提供必要的安全感,进而降低病人对治疗的信心,影响后续分析性工作的成功进行。治疗框架的稳定性能够传递出治疗师作为一个人的存在,治疗师在咨询中在场,可以被病人使用,准备好接收言语或非言语层面传达的投射信息。治疗师在稳定的时间和空间中,运用孜孜不倦的关注和理解的态度,小剂量地给予病人足够的自信,让病人在移情的情境中感受到依赖和被接受的体验。治疗师和病人共同维持治疗情境的独立性,并且将亲密接触严格限制在精神层面,同时确保疯狂的想法不会溢出咨询室。驾驭想法的语言是隐喻的,每一次的会谈会结束也将会继续,比事实更重要的是真实性,当病人走出咨询室后,咨询中发生的一切都会消散(Momigliano,1988)。

咨询中的框架就是确定的不确定,或者是不确定的确定。框架的打破意味着现实性侵入了咨询室。咨询需要稳定的框架,但是对于某些病人而言,对病人的理解往往发生于打破框架的时候(D'Agostino & Ferrigno,2014)。就像《道德经》中的"大成若缺,其用不弊",伟大的创生来源于平衡的缺口之处,不断打破旧平衡建立新平衡。治疗师要关注打破框架背后的潜在意义,对框架的初始攻击等同于对治疗师涵容能力的无意识攻击。寻求咨询的病人往往对外部现实很敏感,他期待治疗师能帮助他走入内在心理现实,或者感知到外在现实背后的潜在意义。对于儿童而言,框架更需要改变。在与儿童的咨询中,儿童往往来回活动、时不时摸摸、推搡,甚至是打一下,偶尔还大喊大叫,他们想坐在治疗师的膝盖上或者和治疗师打闹,让治疗师照顾他的身体,和他们一起玩。无论外在的框架如何调整,治疗师内在的框架要始终保持稳定性和促进性,治疗师感到想和病人一起在暴风雨中游泳,并且稳稳地掌控着分析性工作,向着持续存在引航,在糟糕的现实中寻找意义。

三、临床材料及其分析

L,24 岁,女,没有宗教信仰。身材高挑,长发,穿着中性的长袖 T 恤,有点不修边幅,但也不至于邋遢。首次咨询时,到咨询室先走了一圈,然后坐在治疗师对面的可以活动的办公转椅上。感觉她有些冷漠,有一种懵懂的状态。

第 26 次咨询片段

L 进入咨询室,照常坐在我对面的转椅上。

L:哎,这个垃圾桶的角度不对,要调整一下。

治疗师:怎么调整? 你说,我来调。

L:你往左边转,再往左一点。有点过了,再往右一点。

治疗师:好的,这样可以了吗?(L 指挥治疗师转动垃圾桶的角度)

L：好了，就是这样。

对于 L 而言，咨询室意味着治疗师所代表的内部客体，以及许许多多的部分客体。在无意识层面，所有具体的物体都是分析师的一部分。L 把治疗师和咨询室当作她的主观性客体，治疗师要能够被 L 使用（Winnicott，1969）。

第 40 次咨询报告 2 个梦。第 1 个梦是，L 逃难到某国的雪山，暂住在一个家族旅馆里，被胁迫砍人，感到内疚；然后逃到挪威的雪山，为了维持关系参与杀人，最后的场景是跟一家三口坐雪橇车去山下，感到很拘谨。第 2 个梦是，梦到自己是女巫，经常把人的身体掏空，头埋进充满鲜血的躯干里，感觉很兴奋，体验生命的活力。

维持住咨询的框架比解释更重要（Faimberg，2014）。治疗师没有对这两个梦境进行过度的解释，框架可以庇护人格中最原始的精神病性的部分。治疗师和病人能够明确意识到，设置能够保证咨询在被保护的框架下独立进行，不带有伤害性的误解，疯狂的想法不会溢出咨询室。

第 56 次咨询，咨询已经到了结束的时间。治疗师提醒 L 咨询该结束了，L 没有像往常一样起身离开，而是开启了新的话题。治疗师等待着 L 说完，并给予回应。L 说："时间到了，今天就到这儿吧。"

在我们每个人的内在都有一种时钟，支配时间可能是口欲的、肛欲的或者生殖器的元素。每个病人都有自己对婴儿部分特定需要的满足。婴儿感觉到母亲存在的时间是 X 分钟。如果母亲离开的时间超过了 X 分钟，那么婴儿内部世界母亲的形象就会消退，随即婴儿运用母婴一体形象的能力也会中断。婴儿十分痛苦，如果母亲会在 X＋Y 的时间内返回，这种痛苦很快会得到改善，因为在 X＋Y 的时间内，婴儿没有被改变。如果在 X＋Y＋Z 的时间，婴儿就会被创伤，即使母亲在 X＋Y＋Z 的时间后返回，也不能修复婴儿被改变的状态。创伤意味着婴儿生命的连续性遭遇了断裂，原始的防御再次被组织起来，用以防御无法想象的焦虑，或者防御返回到初期未整合的自我的极端混乱的状态（Winnicott，1965）。治疗师要根据病人的节奏，根据自己能在病人头脑中留存的时间，灵活地安排咨询的时长和节奏，提供相应的照护。

心理现实和精神世界异常复杂。心理过程的可塑性和影响因素的复杂性，反对僵化地使用治疗技术。某种被证明是常规的设置有可能是无效的，某种不正确的设置有可能会收获意想的结果（Freud，1913）。温尼科特将病人分为三类：第一类病人可以作为整体的人发挥功能，他们的困难在于人际关系领域。治疗这些病人的技术，属于弗洛伊德在 20 世纪初发展出来的精神分析。第二类病人的人格刚开始发展出完整性。分析与最初的事件有关，这些事件涉及完整性的达成，爱与恨的结合和对依赖的清晰认识。这类病人需要情绪方面的分析，是对担忧阶段的分析，或者"抑郁心理位置"的分析。第三类病人的分析必须处理其情绪发展的早期阶段，人格还没有成为一个整体，还没有达成时空的统一状态。人格结构还没有被牢固地建立起来，工作的重心更多是管理，在很长一段时间内常规的分析工作不得不暂时搁置，而管理工作就是所有的一切(Winncott,1954)。

参考文献：

［１］ Bion，W. R. *Learning from Experience*. Basic Books，1962.

［２］ Bleger，J. Psycho-Analysis of the Psycho-Analytic Frame. *International Journal of Psychoanalysis*，1967，48：511‑519.

［３］ Carpelan，H. On the Importance of the Setting in the Psychoanalytic Situation. *Scandinavian Psychoanalytic Review*，1981，4(2)：151‑160.

［４］ D'Agostino，G.，& Ferrigno，M. The Setting：Limit or Limes? *Italian Psychoanalytic Annual*，2014，8：175‑182.

［５］ Faimberg，H. The Paternal Function in Winnicott：The Psychoanalytical Frame. *International Journal of Psycho-Analysis*，2014，95(4)：629‑640.

［６］ Freud，S. On Beginning the Treatment. *Standard Edition*，1913，12：121‑144.

［７］ Gabbard，G. O.长程心理动力学心理治疗基础读本(第二版).徐勇，等，译.中国轻工业出版社，2019.

［８］ Künstlicher，R. The Function of the Frame. *Scandinavian Psychoanalytic Review*，1996，19(2)：150‑164.

［９］ Modell，A. The Psychoanalytic Setting as a Container of Multiple Levels of Reality：A Perspective on the Theory of Psychoanalytic Treatment. *Psychoanalytic Inquiry*，1989，9(1)：67‑87.

［10］ Momigliano，L. The Setting：A Theme With Variations. *Rivista di Psicoanalisi*，1988，34(4)：604‑682.

［11］ O'Neill，S. The Facilitating Function of the Setting. *British Journal of Psychotherapy*，2015，31(4)：463‑475.

［12］ Quinodoz，D. The Psychoanalytic Setting as the Instrument of the Container Function. *International Journal of Psychoanalysis*，1992，73：627‑635.

［13］ Winnicott，D. W. *The maturational processes and the facilitating environment：Studies in the theory of emotional development*. International Universities Press，1965.

［14］ Winnicott，D. The Use of an Object. *International Journal of Psychoanalysis*，1969，50：711‑716.

［15］ Winnicott，D. *Playing and Reality*. Routledge，1971.

高校心理"云"训练营的理论和实践探索[①②]

史光远　黄　荷　王春晓

清华大学

【摘要】大学生的心理健康状况亟须重视,对心理干预的需求大大增加。本研究运用积极心理学"云"训练营与正念冥想"云"训练营,针对随机选取的2组大学生分别进行线上干预。在实验前后分别采用牛津幸福感问卷、正性和负性情感量表、自我控制量表、一般自我效能感量表和抑郁症筛查量表评估被试的心理状态。在进行为期2周的干预活动后发现:①2组被试的幸福感、积极情绪、自我控制感、自我效能感均显著提升,消极情绪均显著下降,积极心理学"云"训练营和正念冥想训练营都具有显著的干预效果。②积极心理学和正念冥想对大学生心理状态的干预效果存在差异性,对于幸福感的提升,积极心理干预组的效果较正念干预组显著地强;对于抑郁情绪的降低,正念干预组的效果较积极心理干预组边缘显著地强。

【关键词】积极心理学;正念;线上心理干预

在中国,18岁以上成人的抑郁障碍的终生患病率是6.8%,焦虑障碍的终生患病率是7.4%(Huang et al.,2019)。2022年6月29日,人民日报健康客户端、好心情心理医疗、灵北中国、抑郁研究所等单位,共同发布《2022国民抑郁症蓝皮书》,调查数据显示青少年抑郁症患病率为15%~20%;在抑郁症患者群体中,50%为在校学生,其中41%曾因抑郁休学(人民日报,2022)。研究表明,通过抑郁自评量表的测量,中国大学生抑郁症状的标准分从2000年的40.91分增加到2017年的46.05分(Feng et al.,2020)。

在内卷压力增大、专业心理资源不足的背景下,大学生的心理健康工作逐渐采用线上干预的形式。当前时代,随着计算机技术、网络、手机的广泛使用,通过网络进行心理干预变得越发普遍和重要,网络心理干预的方式主要包括知识普及、咨询师在线

---

① 项目名称:2021年清华大学本科教育教学改革项目《大学生情绪健康的网络课程体系建设》,项目编号:ZY01_01。

② 项目名称:清华大学学生工作研究项目《大学生自主心理测评暨网络自助项目》,项目编号:THXSGZ2021-YB-26。

指导、手机或计算机软件干预等。有研究表明接受网络干预的对象主要是那些受过良好教育的、年龄偏大的人群。国外著名高校均有丰富的线上心理干预课程,例如哈佛、斯坦福、剑桥等大学的心理中心主页上有包括积极心理训练、正念冥想、行为训练等多项课程,帮助学生自主调节情绪。研究表明,积极心理学线上干预对于焦虑抑郁情绪良好的干预效果(张平等,2022),认为积极心理干预同抑郁症状有关的被试,线上自助的积极心理干预更容易被接受,效果更好(Walsh et al.,2018)。针对法国大学生开展的研究也发现,正念冥想线上干预显著提升了其幸福感,缓解了压力、焦虑、抑郁等负面情绪(Devillers-Reolon et al.,2022)。

目前大学生普遍使用手机、网络等,对线上心理干预有兴趣和需求;而国内高校,线上干预的系统方案较少,并且不成体系,无法系统地指导学生。通过网络心理干预,可以对传统的心理咨询起到重要的补充作用。因此,本文探索通过心理学的在线心理训练,改善学生消极情绪,提升幸福感的效果。

一、对象与方法

(一) 对象

随机选取某高校 29 名大学生作为积极心理干预组,同时随机选取 25 名大学生作为正念组的被试,2 组在专业、性别、生源地等方面差异无统计学意义。

(二) 工具

在干预前后分别用牛津幸福感问卷(OHQ, Oxford Happiness Questionnaire)、正性和负性情感量表(PANAS, Positive and Negative Affect Schedule)、自我控制量表(SCS, Self-Control Scale)、一般自我效能感量表(GSES, General Self-Efficacy Scale)和抑郁症筛查量表(PHQ - 9, the 9-item depression module from the Patient Health Questionnaire)评估被试的心理状态。

(1) Hills 和 Argyle (2002)编制的牛津幸福感问卷(OHQ):共 18 个题目,采用 6 点里克特量表,内部一致性系数 Cronbach's α 为 0.887。

(2) 正性和负性情感量表(PANAS),由 Watson 等人(1988)编制:共包括 10 个正性情感和 10 个负性情感题目,5 点里克特量表,内部一致性 Cronbach's α 分别为 0.774 和 0.840。

(3) 自我控制量表(SCS),由 Tangney 等学者(2004)编制:共包括 13 个题目,5 点里克特量表,内部一致性 Cronbach's α 为 0.800。

(4) 一般自我效能感量表(GSES),由 Schwarzer 等人(1997)修订为中文版:共包括 10 个条目,4 点里克特量表,内部一致性 Cronbach's α 为 0.870。

(5) Kroenke 等学者的(2001)抑郁症筛查量表(PHQ - 9):共 9 个题目,4 点里克特量表,内部一致性 Cronbach's α 为 0.850。

（三）研究程序

前测：对被试统一施测，要求被试按照各个量表的指导语，认真、独立地进行线上测验。

后测：2周的干预活动后，被试再次完成各个量表组成的后测问卷。

干预流程：根据积极心理学或正念的研究干预方案，对被试进行为期2周的线上心理干预，每天一项主题活动（具体活动见表1）。每次活动都是按照知识分享——完成活动——线上打卡分享的流程进行，从而对被试的认知、情感和行为进行影响和改变。第一天会先进行线上相识活动，组织者介绍训练营内容，参与者进行自我介绍。最后一天，会进行线上告别活动，公布参与者的活动参与情况，发放活动参与证明。

（四）干预方案介绍

基于积极心理学的PERMA模型和疫情下线上干预特点，提出针对性干预方案（Stafford et al.，2021；马丁·塞利格曼，2012a）。积极心理学"云"训练营的方案，主要包括人际和谐、学业探索、志趣培养和自我照顾四个模块，具体主题如下表1。正念训练营主题围绕"缓解压力""高效休息""提升专注力""管理情绪""自我成长"五个模块。

表1 积极心理学"云"训练营干预方案

温暖相识：初见		
模块一	人际和谐	亲情 友情 爱情
模块二	学业探索	沉浸体验 思想碰撞 积极学习体验分享
模块三	志趣培养	了解自我 培养审美 体验福流 榜样力量 角色思考
模块四	自我照顾	送给自己一份小礼物 送给自己一个好心情 送给自己一次体验
告别：结业		

二、结果与分析

（一）描述性结果及前后测对比

1. 积极心理干预组

积极心理干预组共招收完成前后测的参与者 29 人,其中,女性 18 人,男性 11 人,平均年龄 23.59 岁,标准差 4.53 岁。通过对前后测量表数据的配对样本 t 检验,结果表明：积极心理干预前后,参与者幸福感提升显著,$p < 0.001$;抑郁情绪显著下降,$p < 0.001$;自我控制感显著提升,$p = 0.010$;自我效能感显著提升,$p < 0.001$;积极情绪显著提升,$p = 0.001$;消极情绪显著下降,$p = 0.004$。积极心理干预组参与者在干预前后的各量表测量得分均值、标准差及配对样本 t 检验结果详见表 2。

表 2　积极心理干预组参与者心理状态前后测描述性结果

	前　测		后　测		$t[28]$	p
	均值	标准差	均值	标准差		
幸福感	78.62	13.24	86.97	11.44	−4.63	<0.001***
抑郁	15.90	4.22	13.83	3.63	4.05	<0.001***
自我控制感	39.52	6.80	42.76	7.06	−2.78	0.010**
自我效能感	24.59	4.97	27.34	7.17	−4.40	<0.001***
积极情绪	30.31	6.17	34.28	7.11	−3.64	0.001**
消极情绪	24.72	7.79	20.97	6.24	3.12	0.004**

注：** $p < 0.01$, *** $p < 0.001$。

2. 正念干预组

正念干预组共招收完成前后测的参与者 25 人,其中,女性 16 人,男性 9 人,平均年龄 23.88 岁,标准差 4.20 岁。通过对前后测量表数据的配对样本 t 检验,结果表明：正念干预前后,参与者幸福感的提升达边缘显著,$p = 0.063$;抑郁情绪显著下降,$p < 0.001$;自我控制感显著提升,$p = 0.003$;自我效能感的提升边缘显著,$p = 0.071$;积极情绪显著提升,$p < 0.001$;消极情绪显著下降,$p < 0.001$。正念干预组参与者在干预前后的各量表测量得分均值、标准差及配对样本 t 检验结果详见表 3。

表 3　正念干预组参与者心理状态前后测描述性结果

	前　测		后　测		$t[24]$	p
	均值	标准差	均值	标准差		
幸福感	84.84	13.00	87.08	12.03	−1.949	0.063+
抑郁	17.80	4.71	13.85	2.36	4.705	<0.001***

	前　测		后　测		$t[24]$	p
	均值	标准差	均值	标准差		
自我控制感	41.72	7.667	43.91	6.96	− 3.300	0.003**
自我效能感	24.00	5.26	26.80	5.35	− 1.890	0.071+
积极情绪	27.16	6.97	32.04	6.19	− 4.589	<0.001***
消极情绪	27.28	5.96	21.16	4.72	4.812	<0.001***

注：+ $p<0.10$，** $p<0.01$，*** $p<0.001$。

（二）不同干预组干预效果对比

通过分析积极心理干预组和正念干预组参与者训练前后测数据的重复测量方差分析，结果表明：对于幸福感的提升，积极心理干预组的效果较正念干预组显著地强，即线上积极心理训练对参与者幸福感的提升显著高于线上正念训练对参与者幸福感的提升，$p = 0.008$，$\eta^2 = 0.127$；对于参与者抑郁情绪的降低，正念干预组的效果较积极心理干预组边缘显著地强，$p = 0.054$，$\eta^2 = 0.070$；而对于自我控制感、自我效能感、积极情绪的提升以及消极情绪的降低，尽管两个干预组都效果明显，但是重复测量方差分析显示干预效果并无显著的组间差异。详细分析结果见表4。

表4　积极心理干预组和正念干预组的干预效果的重复测量方差分析结果

	变化比例 Δ		p	η^2
	积极心理干预组	正念干预组		
幸福感	7.73%	2.07%	0.008**	0.127
抑郁	− 5.75%	− 10.97%	0.054+	0.070
自我控制感	4.98%	3.37%	0.438	0.012
自我效能感	6.88%	7.00%	0.975	<0.001
积极情绪	7.94%	9.76%	0.554	0.007
消极情绪	− 7.50%	− 12.24%	0.184	0.034

注：+ $p<0.10$，** $p<0.01$，*** $p<0.001$。变化比例 Δ＝（后测得分－前测得分）/总分。

三、讨论

本研究证明，积极心理学和正念冥想线上心理干预都具有显著的干预效果，积极情绪、自我控制感和自我效能感显著提升，消极情绪显著下降。对于幸福感的提升，积极心理干预组的效果较正念干预组显著地强。对于参与者抑郁情绪的降低，正念干预组的效果较积极心理干预组边缘显著地强。

本研究创新性地设计了教师指导,学生自主学习的线上心理干预方案,实践应用性强,对疫情下大学生的线上心理干预提供了启发。本研究也有以下不足:被试数量较少,干预后未能进行追踪测试,在积极心理干预组和正念冥想干预组之外未能设置对照组。总结来说,本研究提示疫情下积极心理和正念冥想的线上心理干预方案,对于干预学生消极情绪,提升积极情绪、幸福感和控制感是有显著效果的,值得进一步研究和实践探索。

参考文献:

[1] 人民日报.2022 国民抑郁症蓝皮书[N].https://m.peopledailyhealth.com/articleDetailShare?articleId=026345f72bbf4e9eaf312ff0e237ed51.

[2] 张平,张兰鸽,倪士光.在线积极心理干预策略及其应用研究(综述)[J].中国心理卫生杂志,2022,36(3):224-229.

[3] Becerra Gálvez, A. L., Pérez, A., Lugo, I. V., Pérez, Y. Y., Franco, A. G., Medina, E. A., & Anguiano, S. A. Stress, coping and resilience in times of COVID-19: An online psychological intervention for women. *International Journal of Community Medicine And Public Health*, 2022, 9 (2):652.

[4] Carr, A., Cullen, K., Keeney, C., Canning, C., Mooney, O., Chinseallaigh, E., & O'Dowd, A. Effectiveness of positive psychology interventions: A systematic review and meta-analysis. *The Journal of Positive Psychology*, 2021, 16(6):749-769.

[5] Feng, B., Zhang, Y., Zhang, L., Xie, X., & Geng, W. Change in the level of depression among Chinese college students from 2000 to 2017: A cross-temporal meta-analysis. *Social Behavior & Personality: An International Journal*, 2020, 48(2):1-16.

[6] Hills, P., & Argyle, M. The Oxford Happiness Questionnaire: A compact scale for the measurement of psychological well-being. *Personality and Individual Differences*, 2002, 33(7):1073-1082.

[7] Huang, Y., Wang, Y., Wang, H., Liu, Z., Yu, X., Yan, J., Yu, Y., Kou, C., Xu, X., Lu, J., Wang, Z., He, S., Xu, Y., He, Y., Li, T., Guo, W., Tian, H., Xu, G., Xu, X., ... Wu, Y. Prevalence of mental disorders in China: A cross-sectional epidemiological study. *The Lancet Psychiatry*, 2019, 6(3):211-224.

[8] Kroenke, K., Spitzer, R. L., & Williams, J. B. The PHQ-9: Validity of a brief depression severity measure. *Journal of General Internal Medicine*, 2001, 16(9):606-613.

[9] Schwarzer, R., Bäßler, J., Kwiatek, P., Schröder, K., & Zhang, J. X. The Assessment of Optimistic Self-beliefs: Comparison of the German, Spanish, and Chinese Versions of the General Self-efficacy Scale. *Applied Psychology*, 1997, 46(1):69-88.

[10] Tangney, J. P., Baumeister, R. F., & Boone, A. L. High self-control predicts good adjustment, less pathology, better grades, and interpersonal success. *Journal of Personality*, 2004, 72(2):271-324.

[11] Walsh, S., Szymczynska, P., Taylor, S. J. C., & Priebe, S. The acceptability of an online intervention using positive psychology for depression: A qualitative study. *Internet Interventions-the Application of Information Technology in Mental and Behavioural Health*, 2018, 13:60-66.

压力观运用于大学生心理咨询的研究

曾柏洁　陈美林

北京工业大学

【摘要】 大学生群体受到不同程度的压力困扰,但经典压力理论运用于临床实践仍然存在局限。压力观的提出为压力应对提出了新的可能性,但如何将其运用在心理咨询中还仍待探索。通过对相关文献的梳理,本研究提出通过四种思路与身处压力状态的大学生来访者进行心理咨询工作:① 讨论压力下生理反应;② 引入思维模式;③ 调整压力观;④ 确认压力背后的意义和价值。

【关键词】 压力观;大学生;心理咨询;运用

压力(stress)指个体身心受到真实或潜在威胁时,为了恢复稳态平衡产生的一系列生理和心理反应(Von Helversen & Rieskamp,2020)。Lazarus 和 Folkman(1984)作为压力研究的先驱者,提出压力反应(stress response)要经过两次评估,首先个人要评估情景中压力源(stress)的困难程度(初级评估),然后评估自己是否有足够的资源来应对(次级评估)。因此当个体认为掌握的资源和能力不足以应对任务要求时,就是一个"威胁",反之则是一个"挑战"。值得注意的是,压力评估结论不同时,压力反应也完全相反:研究发现"评估环境带来威胁"与心血管功能下降、激素反应升高、负面情绪和较差认知表现相关,评估"环境带来挑战"与心脏机能和身体发育的激素(如脱氢表雄素)分泌增加、动机增强和认知表现提高有关(Kassam,Koslov,& Mendes,2009;Mendes,Blascovich,Hunter,Lickel,& Jost,2007)。压力引发的身心健康问题引发整个社会的关注。就大学生群体而言,调查发现 18.2% 的大学生有抑郁倾向,8.4% 有焦虑倾向,43.8% 的大学生报告睡眠不足(傅小兰,张侃,2021)。

尽管上述压力理论解释了压力下的"战斗—逃跑"反应,也验证了耶克斯-多德森定律:压力和工作表现呈倒 U 型曲线,适中的压力水平对应着最佳工作表现(Yerkes,& Dodson,1908),但理论转向应用时存在两个局限:首先是大学生在大学阶段持续经历着来自适应、学业、人际、就业等方面的压力,例如在面对随堂测验时,因为资源或能力不足,很多场景都更容易视作"威胁";其次,较小比例的大学生认为自己处于"适中"或"较小"的压力状态下,大部分都为压力困扰。

是否有可能个体在评估环境为"威胁"的同时,还能促成适应性的行为,诱发获益性的身心反应,或反之亦然? 近些年,研究者(Crum,Salovey, & Achor, 2013)基于成长型思维(growth mindset)提出了"压力观(stress mindset)",即"在多大程度上,个体认为压力是有利的,或压力是有害的"。与压力理论注重对环境中压力源的评估不同,压力观注重个体对于压力本质属性(有利/有害)的信念,这是两种不同的理论构念(Crum,A. J.,Salovey, P., & Achor, S., 2013)。干预研究也证明,通过干预大学生群体的压力观,能够即刻提升其积极情绪、积极信号的选择性注意、动机程度、适度的皮质醇和成长激素的分泌(Crum,A. J., Akinola, M., Martin, A., & Fath, S., 2017)。

研究发现,"情绪压力""人际关系""学业问题"一直是中国大学生在学校心理咨询中心的咨询诉求前三位(陈幼贞,2004;牛娟,杨卫国,赵翠霞,杨莹,2019),压力不仅是各种咨询议题回避不开的共同内容,本身也是大学生最直接的困扰。本研究希望能够基于压力观的实证研究,从"身心"两方面探索适用于大学生"压力"主诉的工作思路。

一、身体方面

(一)压力下生理反应的讨论

在心理咨询中,当事人经常会谈到压力状态下的感觉有多么糟糕。例如在情绪方面,压力状态下的个体可能会感觉紧张、焦虑、沮丧、易激惹、手足无措;在生理方面,个体可能会感觉到心跳加速、呼吸急促、警觉,甚至失眠或者满身大汗。虽然对于当事人的共情理解是重要和必要的,但很多时候专业工作者也认同了当事人持有的"压力有害"观点。不妨在这里做一些停留和讨论。

因为仅从上述描述来看,压力让人望而生畏,但是从生理反应来看,心跳加速可以被视为是跑步比赛前的准备活动;呼吸急促保证了个体能摄入更多的氧气运用于脑力活动。而压力反应尽管让个体体验到很多负面情绪,但也会分泌一种压力激素——催产素,使人能够寻求社会支持、增强同理心,同时保护人的心血管系统免于压力影响。如此看来,压力反应并不都是负面的、有害的,反而有积极的、促进的功效;此前提到的研究都表明压力观发挥了重要的作用,人们可以通过重塑对压力的信念,获得更健康和有益的压力反应。专业工作者重视在心理咨询中与当事人讨论和反思自身的压力反应,能够带给当事人对压力的不偏不倚的认知,一定程度上能够减少其对压力的排斥和抵抗。

在身体层面,通过引入压力下的反应,当事人能够有机会开启自身压力观的探索之路。之后,专业工作者可以帮助当事人觉察自身的压力反应,通过放松训练等方式练习容纳压力反应,并且在学习工作中提醒这些压力反应的积极作用——这些提醒是"成长型压力观"发挥作用的开端。

（二）压力观对生理的影响——介绍思维模式

因为压力观主要以思维模式（mindset）为理论基础，在心理咨询等临床工作中，专业工作者可以向当事人介绍思维模式的概念和力量，科学故事和精炼科普能够发挥心理健康教育的作用。例如，安慰剂效应证实了思维模式有调动我们身体自我疗愈能力的作用，基本上60％至90％的疾病都能受益于安慰剂效应。例如，Crum等人（2013）设计的干预视频提到：即使患者正在接受吗啡注射，但是如果告知他们自己注射的只是"生理盐水"，那么他们就难以体验到疼痛缓解的感觉；而被告知自己正在接受吗啡注射的病人，则不会出现这样的问题。安慰剂效应不仅仅有医疗作用，反之亦成立：假的毒藤同样也可能起皮疹。

介绍思维模式，可以让当事人了解到对于事物的信念能够带来生理方面的显著变化，以此为当事人调整压力观注入动机和做出铺垫。

二、心理方面

（一）调整压力观——压力重评策略

压力重评（stress reappraisal）被视为一种广泛使用的干预策略，它并不试图去否认环境中的困难（Jamieson J. P., Brett P. J., Greenwood, E. J., & Altose, A. J., 2016），相反，压力重评聚焦在识别压力中的益处，通过对"应对资源"的重评，还将压力反应也看作为一种应对方式。

如图1所示，在心理咨询中，专业工作者可以结合经典压力理论的两级评估和压力重评，首先聚焦到某一个压力情境，帮助当事人回顾当时对任务难度和应对资源的

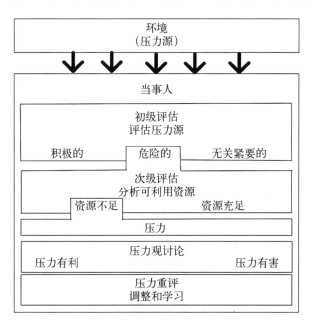

图1　压力两级评估和压力重评思路

评估;随后,可以结合压力观,讨论如何将压力作为应对资源作为讨论。

（二）再探压力——确认压力背后的价值和意义

每个人都有自我决定的动机(Ryan, R. M., & Deci, E. L., 2000),但是在压力状态下很多人往往会感觉到被推着走,这可以从近几年被社会热议的"内卷""躺平"现象中看到,大学生往往因为社会比较而体验到更大的情绪压力,在提到学业压力中的"拖延",人际交往中的"社恐"的时候,都将自我描述为一个不可控制、难以决定的状态。

这涉及在心理咨询工作中如何看待压力为何产生。海德格尔和萨特认为人具有方向性(directionality),指人具有能动性、朝向未来的、前进的品质,意味着我们所做的事情背后总是有原因和目的。依据此角度,压力是人在发展和朝向未来的过程中的受挫。

尽管心理咨询流派对于压力有各自的理念和干预,但在心理咨询过程中,一种对压力的整合性理解是:压力背后潜藏着对于个体重要的目标或者原因,尽管外界环境会诱发不同的压力源,但个体之所以会感觉到压力,还是因为压力源中蕴藏着个体珍视的内容。这与成长型压力观不谋而合,每个人可以从压力中学习,将压力转换为动力,更好地帮助和我们实现目标、使命、价值。

因此,在心理咨询中,可以通过探讨压力背后珍惜的人、事、价值、意义感来增强对压力的允许和利用。这也可以通过书写练习来完成:"之所以感到有压力,是因为我……"

三、总结和讨论

传统"压力管理""减压产品"提倡对抗、减少或回避压力的策略,这反过来容易加重压力负担;相比之下,压力观对于压力有一种信念或元认知层面的思考,这为我们将不同程度、不同类型的压力转化为动力提供了可能。

值得注意的是,专业工作者能否对压力保持开放的态度,本身也会影响到当事人对压力的看法。这不仅体现在专业工作者对压力的耐受、对压力的讨论保持开放、对当事人的压力反应保持觉察,还体现在专业工作者持有的压力观。倘若专业工作者能够创造一个容许和鼓励压力存在的咨询环境,便能更好地陪伴和鼓励当事人将压力转换为前进的资源和力量。

目前关于大学生和专业工作者的压力观的研究较少,未来的研究方向是探索基于压力观的心理咨询和团体咨询的干预效果,讨论专业工作者持有的压力观对咨询效果和胜任力的影响。

参考文献:

［1］陈幼贞.大学生心理咨询问题分析[J].健康心理学杂志,2004,(1)：13-14.

［2］ 傅小兰,张侃,陈雪峰,陈祉妍.中国国民心理健康发展报告（2019—2020）［M］.北京：社会科学文献出版社,2021：94－121.

［3］ 牛娟,杨卫国,赵翠霞,杨莹.师范院校心理咨询现状与对策.中国健康心理学杂志［J］,2019,27（10）：1571－1574.

［4］ Crum, A. J., Salovey, P., & Achor, S. Rethinking stress：The role of mindsets in determining the stress response［J］. Journal of Personality and Social Psychology, 2013, 104(4)：716－733.

［5］ Crum, A. J., Akinola, M., Martin, A., & Fath, S. The role of stress mindset in shaping cognitive, emotional, and physiological responses to challenging and threatening stress［J］. Anxiety, Stress, and Coping, 2017, 30(4)：379－395.

［6］ Jamieson J. P., Brett P. J., Greenwood, E. J., & Altose, A. J.. Reappraising stress arousal improves performance and reduces evaluation anxiety in classroom exam situations［J］. Social Psychological and Personality Science, 2016, 7(6)：579－587.

［7］ Kassam, K. S., Koslov, K., & Mendes, W. B. Decisions under distress：Stress profiles influence anchoring and adjustment［J］. Psychological Science, 2019, 20(11)：1394－1399.

［8］ Lazarus, R., & Folkman, S. Stress, appraisal and coping［J］. New York：Springer, 1984：22－55.

［9］ Ma, Z., Zhao, J., Li, Y., Chen, D., Wang, T., Zhang, Z., Chen, Z., Yu, Q., Jiang, J., Fan, F., & Liu, X. Mental health problems and correlates among 746217 college students during the coronavirus disease 2019 outbreak in China［J］. Epidemiology and Psychiatric Sciences, 2020, 29, e181：1－10.

［10］ Mendes, W. B., Blascovich, J., Hunter, S. B., Lickel, B., & Jost, J. T. Threatened by the unexpected：Physiological responses during social interactions with expectancy-violating partners［J］. Journal of Personality and Social Psychology, 2007, 92(4)：698－716.

［11］ Ryan, R. M., & Deci, E. L.. Self-determination theory and the facilitation of intrinsic motivation, social development, and well-being［J］. American Psychologist, 2000, 55(1)：68－78.

［12］ Von Helversen, B., & Rieskamp, J. Stress-related changes in financial risk taking：Considering joint effects of cortisol and affect［J］. Psychophysiology, 2020, 57(8)：1－15.

［13］ Yerkes, R. M., & Dodson, J. D. The relation of strength of stimulus to rapidity of habit-formation［J］. Journal of Comparative Neurology and Psychology, 1908, 18：459－482.

［14］ Zhan, H., Zheng, C., Zhang, X., Yang, M., Zhang, L., & Jia, X. Chinese College Students' Stress and Anxiety Levels Under COVID－19［J］. Frontiers in Psychiatry, 2021, 12：615390.

正念在大学生抑郁情绪与
智能手机成瘾间的中介作用

樊　凡　生媛媛　戴必兵　刘惠军

天津医科大学

【摘要】过度或不恰当地使用智能手机会给人们带来抑郁等负面的心理问题。抑郁人群可能依赖手机减轻负面情绪并花费更多时间在手机交流上,从而造成智能手机成瘾,二者之间很容易形成恶性循环,打破这种恶性循环需要找到一种中介因素,它既能缓解抑郁,也能控制手机成瘾。大学生正念水平不仅与抑郁情绪呈负相关,还和智能手机成瘾负相关,所以正念作为能够缓解抑郁的有利因素,很可能在抑郁与手机成瘾的关系中发挥中介性的保护作用。目的:探索正念在抑郁情绪与智能手机成瘾间的中介作用。方法:采用抑郁自评量表、五因素正念问卷和智能手机成瘾问卷对829名大学生进行调查,通过 SPSS26.0 进行共同方法偏差检验、描述统计和相关分析,使用 SPSS PROCESS 3.5 宏程序进行中介效应分析。结果:① 在本研究中被试的抑郁分数为(46.47 ± 9.20)分,正念分数为(120.96 ± 11.46)分,智能手机成瘾分数为(60.07 ± 11.44)分。② 抑郁和正念呈显著负相关$(r = -0.426, P < 0.01)$,和智能手机成瘾呈显著正相关$(r = 0.399, P < 0.01)$;正念和智能手机成瘾呈显著负相关$(r = -0.435, P < 0.01)$。③ 抑郁情绪对正念有显著的负向预测作用$(\beta = -0.536, P < 0.001)$,对智能手机成瘾存在显著正向预测作用$(\beta = 0.279, P < 0.001)$;正念对智能手机成瘾有显著的负向预测作用$(\beta = -0.316, P < 0.001)$。正念在抑郁与智能手机成瘾间起部分中介作用,效应值为0.169,占总效应量的37.72%。结论:正念在大学生抑郁情绪和智能手机成瘾间起部分中介作用。

【关键词】正念;抑郁;智能手机成瘾;大学生

智能手机因其便携、迅速、方便和个性化等特点为人们的工作与生活带来许多的便利,然而过度或不恰当地使用智能手机也将伴随着负面影响(Panova & Carbonell,2018)。例如"低头族"长期沉迷手机压迫颈椎,影响视力以及拇指与手腕(Baabdullah et al.，2020），深夜过度使用手机会影响睡眠质量（Kumar et al.，2019）。同时，智能手机成瘾还与负面的心理影响（Sönmez et al.，2021）、生产力下降（Duke & Montag，2017）和人际关系受损（Chen et al.，2016）有关。一项调查发现中国大学生的手机成瘾率达 25.39％，有 51.81％的大学生因过度使用手机导致学习效率下降（Cao，2018）。研究发现，智能手机成瘾的大学生受到抑郁情绪的困扰（Kil et al.，2021；Matar Boumosleh & Jaalouk，2017），而抑郁人群可能依赖手机减轻负面情绪并花费更多时间在手机交流上，从而造成智能手机成瘾（Kim et al.，2015）。抑郁与智能手机成瘾之间很容易形成恶性循环，打破这种恶性循环需要找到一种中介因素，它既能缓解抑郁，也能控制手机成瘾。由此我们聚焦于正念，正念是指个体对此时此刻的经验进行有意地、不加评判地注意的过程（Kabat-Zinn，2003）。正念训练是干预抑郁情绪的有效方法（袁昕赟等，2021），通过引导个体保持觉察状态，将注意力从消极思想上转移，避免长期置于消极想法之中，从而降低抑郁的源头，改善情绪（王子健等，2021）。研究发现，大学生正念水平不仅与抑郁情绪呈负相关（滕姗等，2017），还和智能手机成瘾负相关（杨秀娟等，2021），所以正念作为能够缓解抑郁的有利因素，很可能在抑郁与手机成瘾的关系中发挥中介性的保护作用。因此，本研究拟探索抑郁情绪对智能手机成瘾的影响以及正念是否在其中起中介作用，从而阐明其作用机制并为干预大学生智能手机成瘾提供理论依据。

一、对象与方法

（一）对象

采用方便取样法，分别在北京、天津和河北的 3 所高校发放纸质问卷。共发放问卷 832 份，删除数据异常问卷，最终获得有效问卷 829 份，问卷有效率为 99.64％。有效样本平均年龄为 19.97±1.65，其中男性 346 人（20.07.1±1.62 岁），占比 41.7％，女性 483 人（19.91±1.66 岁），占比 58.3％；大一 199 人（24.0％），大二 223 人（26.9％），大三 178 人（21.5％），大四 229 人（27.6％）；文史财经类 225 人（27.1％），理工农医类 604 人（72.9％）。

（二）方法

1. 研究工具

（1）自编一般人口学调查问卷：收集被试性别、年龄、年级、专业和每日手机使用时长。

（2）抑郁自评量表（self-rating depression scale，SDS）：此量表共 20 个条目，采用 4 级评分，其中有 10 个条目为反向计分（Zung，1965；段泉泉，胜利，2012）。将 20 个条目的分数相加得到总粗分，再按公式换算成标准分（标准分＝总粗分×1.25 后取整）。标准分越高则症状越严重。本研究中 SDS 的内部一致性信度为 0.82。

（3）五因素正念问卷（five factor mindfulness questionnaire，FFMQ）：该量表共 39

个条目，分为观察、描述、有觉知地行动、不判断和不行动五个维度。采用1(一点也不符合)～5(完全符合)评分，其中19个条目为反向计分(Baer et al.，2006；Deng et al.，2011)。FFMQ可测量正念水平，得分越高则表示正念水平越高。本研究中FFMQ的内部一致性信度为0.74。

（4）智能手机成瘾问卷(smartphone addiction inventory，SPAI)：该量表共26个条目，包括四个维度，分别是强迫行为、戒断、耐受性和功能缺失(Lin et al.，2014)。SPAI采用4点评分，1代表"非常不同意"，4代表"非常同意"。本研究中SPAI的内部一致性信度为0.91。

2. 共同方法偏差检验

采用Harman单因素检验对测验所有项目进行探索性因子分析(Podsakoff et al.，2003)，结果显示共提取出20个特征根大于1的因子，最大因子的方差解释度为15.24%，小于40%的临界值，这表明本研究不存在明显的共同方法偏差。

3. 统计学处理

运用SPSS26.0对各个变量进行共同方法偏差检验、描述统计和相关分析，并使用SPSS PROCESS 3.5宏程序进行中介效应分析。总体符合正态分布。以$P<0.05$表示差异具有统计学意义。

二、结果

（一）各变量描述统计分析

在本研究中被试的抑郁分数为(46.47±9.20)分，正念分数为(120.96±11.46)分，智能手机成瘾分数为(60.07±11.44)分，每日手机使用时长为(3.03±0.81)时。

（二）各变量的相关分析

对抑郁、正念和智能手机成瘾进行Pearson相关分析。结果可得，抑郁和正念呈显著负相关，和智能手机成瘾呈显著正相关；正念和智能手机成瘾呈显著负相关。见表1。

表1　抑郁、正念和智能手机成瘾的相关性(r值，n＝829)

	抑　郁	正　念	智能手机成瘾
抑郁	1		
正念	−0.426[a]	1	
智能手机成瘾	0.399[a]	−0.435[a]	1

注：[a]$P<0.01$。

（三）正念的中介作用分析

采用Hayes编制的SPSS Process 3.5插件对正念在大学生抑郁情绪与智能手机

成瘾关系中的中介效应进行估算,控制性别、年龄、年级和每日手机使用时长,设定置信区间为95％,Bootstrap次数为5 000。结果显示,抑郁对智能手机成瘾的总效应、直接效应和间接效应的95％置信区间均不包含0,即3种效应均显著。这说明正念在抑郁与智能手机成瘾间起部分中介作用,效应值为0.169,占总效应量的37.72％(见表2)。大学生抑郁情绪对正念有显著的负向预测作用($\beta = -0.536$,$P<0.001$),对智能手机成瘾存在显著正向预测作用($\beta = 0.279$,$P<0.001$);大学生正念对智能手机成瘾有显著的负向预测作用($\beta = -0.316$,$P<0.001$)。见图1。

表2　正念在抑郁情绪对手机成瘾影响的中介效应分析

中介效应影响路径	效应值	标准误	95％置信区间	
			下　限	上　限
总效应	0.448	0.039	0.371	0.525
直接效应	0.279	0.041	0.198	0.359
抑郁情绪→正念→智能手机成瘾	0.169	0.023	0.127	0.217

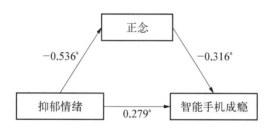

图1　正念在抑郁情绪与手机成瘾间的中介模型

三、讨论

本研究相关分析显示,抑郁情绪与智能手机成瘾呈正相关。这意味着抑郁程度高的个体,其智能手机成瘾的程度也越高,这与前人研究结果符合(Kil et al.,2021;Kim et al.,2015;Matar Boumosleh & Jaalouk,2017)。同时,结果表明抑郁情绪对智能手机成瘾的直接效应显著,这可能是因为抑郁个体通过沉迷手机来回避现实生活中的问题和减少厌恶感,回避行为在减少厌恶感的同时对该行为产生负强化,从而形成了回避的行为模式,最终导致智能手机成瘾(李英仁 et al.,2019)。此外,抑郁个体的反刍思维也让他们难以在当下需要完成的事情上集中注意力,采取回避型的问题解决模式,个体为了回避选择手机作为现实交往的代替品,从而增加手机成瘾的可能性(王欢等,2014)。

依据正念水平可以作为手机成瘾保护性因素(连帅磊等,2021)的假设,考察正念在大学生抑郁情绪与智能手机成瘾间的中介作用,发现正念在抑郁情绪与智能手机成瘾的关系中间接效应显著,即当个体抑郁情绪高时,个体的正念水平下降,自我调控能力减弱,从而导致智能手机成瘾。既然正念可以部分解释抑郁情绪影响智能手机成瘾的机制,那么可以通过正念训练来提高个体的正念水平,使抑郁个体抑制内心渴求,合理判断并回应当前环境,提高观察和有觉知地行动的能力,从而干预智能手机成瘾。

本研究解释了大学生抑郁情绪对智能手机成瘾影响的作用机制以及正念在其中起到的部分中介作用。但是推论还有待扩大样本进一步验证。此外研究还有以下局限:首先,研究仅收集大学生样本,未来研究可以关注到不同年龄阶段以及人群,例如青少年、成人、孕妇、老人等,完善有关智能手机成瘾的相关研究;其次,本研究属于横断面研究,不能解释因果关系,未来研究可采用交叉滞后等方法,进一步研究抑郁情绪对智能手机成瘾的预测;最后,正念水平可以通过训练得到提升,未来可以通过对个体进行正念训练以探究正念是否在其他负面情绪对智能手机成瘾的影响上起到中介或调节作用。

参考文献:

[1] 段泉泉,胜利.焦虑及抑郁自评量表的临床效度[J].中国心理卫生杂志,2012,26(9):676-679.

[2] 李英仁,刘惠军,杨青.行为激活疗法:一种简易而经济的抑郁症干预措施[J].中国临床心理学杂志,2019,27(4):854-858+853.

[3] 连帅磊,冯全升,闫景蕾,张艳红.手机成瘾、非理性拖延与抑郁、焦虑的关系:正念的保护性作用[J].中国临床心理学杂志,2021,29(1):51-55+18.

[4] 滕姗,赵久波,张小远,赵静波,杨雪岭,陈洁.大学生正念和睡眠质量在负性生活事件与抑郁情绪间的链式中介作用[J].中华行为医学与脑科学杂志,2017,26(9):815-819.

[5] 王欢,黄海,吴和鸣.大学生人格特征与手机依赖的关系:社交焦虑的中介作用[J].中国临床心理学杂志,2014,22(3):447-450.

[6] 王子健,肖鹏,杨冬林.正念认知疗法对抑郁症患者心理状态和生活质量的干预效果评价[J].中国健康教育,2021,37(9):850-853.

[7] 杨秀娟,范翠英,周宗奎,刘庆奇,连帅磊.正念与手机成瘾倾向的关系:无聊倾向和未来时间洞察力的作用[J].心理发展与教育,2021,37(3):419-428.

[8] 袁昕赟,贾淑怡,符诗瑞,郭巍,彭焱.正念训练对大学生睡眠和焦虑抑郁情绪的干预效果[J].中国学校卫生,2021,v.42;No.335(11):1655-1659.

[9] Baabdullah, A., Bokhary, D., Kabli, Y., Saggaf, O., Daiwali, M., & Hamdi, A. The association between smartphone addiction and thumb/wrist pain: A cross-sectional study. *Medicine*, 2020, 99 (10): e19124.

[10] Baer, R. A., Smith, G. T., Hopkins, J., Krietemeyer, J., & Toney, L. Using self-report assessment methods to explore facets of mindfulness. *Assessment*, 2006, 13(1): 27-45.

[11] Cao, M. The relationship between mobile phone addiction and learning burnout among local college

students. *Chin. J. Health Psychol*, 2018, 26: 953 - 956.

[12] Chen, L., Yan, Z., Tang, W., Yang, F., Xie, X., & He, J. Mobile phone addiction levels and negative emotions among Chinese young adults: The mediating role of interpersonal problems. *Computers in Human behavior*, 2016, 55: 856 - 866.

[13] Deng, Y.-Q., Liu, X.-H., Rodriguez, M. A., & Xia, C.-Y. The five facet mindfulness questionnaire: psychometric properties of the Chinese version. *Mindfulness*, 2011, 2(2): 123 - 128.

[14] Duke, É., & Montag, C. Smartphone addiction, daily interruptions and self-reported productivity. *Addictive behaviors reports*, 2017, 6: 90 - 95.

[15] Kabat-Zinn, J. Mindfulness-based interventions in context: past, present, and future, 2003.

[16] Kil, N., Kim, J., McDaniel, J. T., Kim, J., & Kensinger, K. Examining associations between smartphone use, smartphone addiction, and mental health outcomes: A cross-sectional study of college students. *Health promotion perspectives*, 2021, 11(1): 36 - 44.

[17] Kim, J.-H., Seo, M., & David, P. Alleviating depression only to become problematic mobile phone users: Can face-to-face communication be the antidote? *Computers in Human behavior*, 2015, 51: 440 - 447.

[18] Kumar, V. A., Chandrasekaran, V., & Brahadeeswari, H. Prevalence of smartphone addiction and its effects on sleep quality: A cross-sectional study among medical students. *Industrial psychiatry journal*, 2019, 28(1): 82 - 85.

[19] Lin, Y.-H., Chang, L.-R., Lee, Y.-H., Tseng, H.-W., Kuo, T. B. J., & Chen, S.-H. Development and validation of the Smartphone Addiction Inventory (SPAI). *PloS one*, 2014, 9(6): e98312.

[20] Matar Boumosleh, J., & Jaalouk, D. Depression, anxiety, and smartphone addiction in university students- A cross sectional study. *PloS one*, 2017, 12(8): e0182239.

[21] Panova, T., & Carbonell, X. Is smartphone addiction really an addiction? *Journal of behavioral addictions*, 2018, 7(2): 252 - 259.

[22] Podsakoff, P. M., MacKenzie, S. B., Lee, J.-Y., & Podsakoff, N. P. Common method biases in behavioral research: a critical review of the literature and recommended remedies. *The Journal of applied psychology*, 2003, 88(5): 879 - 903.

[23] Sönmez, M., Gürlek Kısacık, Ö., & Eraydın, C. Correlation between smartphone addiction and loneliness levels in nursing students. *Perspectives in psychiatric care*, 2021, 57(1): 82 - 87.

[24] Zung, W. W. A SELF-RATING DEPRESSION SCALE. *Archives of general psychiatry*, 1965, 12: 63 - 70.

对弗洛伊德投射理念的再思：
内涵、发展及其应用

姜 艳

上海大学

【摘要】本文以弗洛伊德原著为研究依据,在宗教"投射"论的背景中,通过对"投射"概念在心理学、宗教心理学、精神分析领域的比较分析,来考察彼此间的差异,梳理弗洛伊德"投射"概念在精神症状研究中的发展和含义,厘清弗洛伊德是如何运用"投射"来理解原始宗教现象的,并澄清"投射"概念的误用。

【关键词】投射;精神分析;上帝形象;防御机制

弗洛伊德(Sigmund Freud,1856—1939)是精神分析理论的奠基者。在精神分析理论日趋成熟之际,他将精神分析理论运用至宗教学、人类学的研究领域,涉及图腾崇拜、万物有灵论、宗教起源等宗教学的研究主题。由于其在《图腾与禁忌》(1913)、《一个幻觉的未来》(1927)等论文中,探讨了与投射相关的研究,而被研究者放置在宗教投射论的框架之中。从19世纪下半叶起,一些著名的学者也分别从哲学、社会学、人类学领域涉及宗教投射论的研究。费尔巴哈率先将"投射"引入宗教学研究。他认为宗教的神或上帝,本质上是人类所特有的无限性的自我意识的投射和异化[1]。同时代的社会学家涂尔干从社会学的视角将投射运用在图腾起源的研究中。他认为原始人类为进入神圣的状态,在共同交流的过程中,当群体认可的对象出现,就把情感投射到它身上,于是出现图腾,……此即为图腾崇拜之源[2]。

弗洛伊德也正是在这一文化背景中,被认为是宗教投射论链条的重要一环。麦克·阿盖尔(2005)认为,弗洛伊德关于宗教最有影响的理论是上帝是父亲形象的投射[3]。凯伦·阿姆斯特朗(2016)将弗洛伊德个体发生学的观点概述为位格神只是个崇高的父亲人物,对此种神祇的需求源自婴儿期对有力量、具保护性父亲的渴求,神是这些欲望的投射,人们因挥之不去的无望感恐惧他、崇拜他[4]。通过对弗洛伊德宗教投射论的概括性表述可以清晰地看到弗洛伊德关于人神关系的思考立场,即上帝并不存在,只是个体心理需要的投射。与费尔巴哈、涂尔干所不同的是,弗洛伊德的宗教投射论的内容是将人神关系转换到"父—子"的家庭场域中。要理解弗洛伊德的这一转换的依据与理论推进的路径，我们必须回到他所创立的精神分析的理论中，因为他是基于自身所创立的理论来探究宗教议题的。保罗·利科（Paul Ricoeur）视弗洛伊德的投射概念在宗教起源中的位置与内摄对超我起源的作用一样，只是心理功能的解释。我们必须越过图腾主义，回到他对投射过程解释的起点[5]。因此，有必要厘清在不同领域，对于投射是如何界定的，才能更好地进行不同学科的对话。因此，本文将通过对投射概念的考察，回归弗洛伊德原著，进一步探究弗洛伊德是如何使用"投射"概念。

一、"投射"概念的内涵与发展：症状中的防御机制

弗洛伊德认为，投射是指将一种自身拥有的难以接受的想法、感受、特质或行为归于他人的心理过程。也即是将本属于自己的但不被自身接受的方面"转移"到他人身上。在精神分析体系中，投射属于一种防御机制，它能帮助个体保护自己避免所知觉到的危险，并缓解难以忍受的焦虑和冲突。这种防御通过将内部或外部的威胁性体验从意识领域转移到潜意识领域，从而降低了威胁性体验的影响力。弗洛伊德起初使用投射是用来区分强迫性神经症与妄想症之间的防御机制的差异。他首次描述投射的心理机制是在对妄想狂的研究中。在慢性妄想症案例的分析中，首次使用"投射"来解构他的一位病人P夫人的妄想症状。P夫人存在一系列的妄想症状，其中之一是觉得周围的邻居以及亲戚朋友都在谴责她。弗洛伊德认为：在妄想症中，自我谴责被压抑了，而这一机制正是投射[6]。在此案例中，妄想症病人试图从外界寻找问题的起源，将其所不能容忍的感受、自我评价投射到外界，而这些内容随后以他人对自己谴责的言语返回。投射也可理解为将内在感受外化的过程。将超我外化到某一权威人物或他人身上，于是个体就能够将内部冲突演绎成与权威性或惩罚性他人之间的外部冲突，从而缓解自身难以忍受的内部冲突。在薛柏的案例中，弗洛伊德继续阐释了投射机制在嫉妒妄想中的作用：主体将不忠贞的念头放置在其配偶身上来防御自己不贞的欲望；借此方式，他转移了对自己无意识的注意，将之移置到他人的无意识中。同时，弗洛伊德也对投射机制在妄想中的作用做出提醒。第一是投射作用在所有妄想症中扮演的角色不尽相同；第二，它也并不仅出现在妄想症中，在其他一些精神条件下也会发生投射，而这根本就是我们对待外部世界的一种固有的方式。对于某种特定情感的根源，如果不在自身内部寻找，那我们就会把它们放到外部，而这种比比皆是的转换其实都可以被称为"投射"。由此看来，对于投射的理解还牵涉更普遍的精神机制，但弗洛伊德在此搁置了对投射作为更普遍的精神机制的探讨。

在弗洛伊德的著述中，均是在相对严格的意义之下使用"投射"概念。他在使用投射对妄想症的解释中也是相当谨慎的，投射仅能解释部分妄想症状，而且也不是在所有妄想症中都会出现投射机制。在精神分析的理论中，投射主要是作为防御机制

在起作用。

二、"投射"概念的应用:"恶魔"是原始人对自身敌意的防御

弗洛伊德在精神分析专业领域之外提到"投射"是在《图腾与禁忌》(1913)一书中。该书被认为是弗洛伊德应用精神分析观点和方法研究社会心理学的首次尝试,也是弗洛伊德第一次集中阐述自己关于宗教和道德起源的一部重要著作。在第二篇"禁忌与矛盾情感"中,在对附着于死人的塔布的分析中,明确使用了"投射"一词。弗洛伊德认为在原始人的观念中,刚死亡的人的灵魂会变成恶魔,活着的人因此感到有必要以塔布来保护自己,防范恶魔的敌视。对敌视的防御形式是,将它移置到死人身上。这种在正常的和病态的精神生活中都很常见的防御过程,叫做"投射"[7]。因此,与通常的理解不同,冯特认为针对死人的塔布是源于人对魔鬼的恐惧,而弗洛伊德认为是活着的人否认自己曾对所爱的死者心怀敌意,而是死者的亡灵怀有这种敌意,并且在居丧期内始终都在伺机害人。因此,从精神分析的视角,魔鬼被解释为活人对死人的敌视情感的投射。

在得出这一结论之前,弗洛伊德从精神分析理论出发,分析了"亲人在死后变成恶魔的假想"这一观念的内在动因。在此,弗洛伊德将附着于死人的塔布禁忌与神经症病人的"强迫性自我责备"做类比,来进一步分析暗含于其中的个体内在的心理动力。强迫性自我责备这一现象可见于当个体失去亲人时,当事人常常无法摆脱是否由于自己的大意或失职,而导致亲人死亡的疑虑。这种病态的哀悼形式,随着时间的推移,也会逐渐消退[8]。精神分析理论认为,这种强迫性自我责备并非不无道理。个体不能轻易地否定或者摆脱它们,并不是哀悼者真的要对死亡负有责任,而是在哀悼者内心存有某种对死者的敌意,这些是来自潜意识的愿望。因此,在这一推论之下,我们可以得出这样的结论:死者的灵魂会变成魔鬼,活着的人感到有必要以塔布来保护自己,防范恶魔的敌视——这一观念的内在动力是活着的人潜意识中对于死人的爱恨交织的矛盾情感。

可以看出,经由"投射"这一心理防御机制,将人的心理结构中的无意识部分的恨投射给神灵或魔鬼。投射机制在此仍然是一种心理防御功能,是为了缓解个体内心对已亡之人的爱恨交加之矛盾情感。同时它也是一种无意识的运作机制。主体自身在意识层面并不清晰,也不能洞察到自身的矛盾情感。经由投射这样的自我保护机制,主体将内心对已亡之人的恨转变成死者亡灵的敌意,再通过塔布——禁止触摸、禁止触碰等等,来缓解内心由此而产生的恐惧感。

三、"投射"概念的误用:上帝是父亲形象的投射

在《释梦》(1900)出版后一年,弗洛伊德在对迷信的分析中,提出世界上关于迷信的大部分观点经过漫长的演化,形成了现代的宗教——只不过是心理向外在世界的

投射[9]。在这一时期，精神分析理论的核心架构并未成型，弗洛伊德当时也认为对这种心理因素及其在潜意识中的联系的模糊的认识很难表达。他认为当人类开始思考的时候，被迫用人神同形的方式或自己想象出来的众多人格力量来解释外在世界。在此，投射只是作为一种认识世界的方式，被投射到外部世界的心理究竟为何物尚不清晰。随着俄狄浦斯情结在精神分析理论中的核心地位的确立，弗洛伊德便将其用在对宗教现象的理解和分析中。沃尔夫（1991）认为，这一心理投射物究竟为何，在弗洛伊德对达·芬奇的分析中有所体现：俄狄浦斯情结是宗教最深层的根源[10]。弗洛伊德确实多次在其宗教心理学的相关论述中提及上帝与父亲，父与子的关系。如"一个个人的上帝，从心理上来说只不过是拔高了的父亲"[11]，"正是随着抬高了从没有忘怀的原始父亲，上帝才获得了我们今天在他身上仍然识别的各种特征"[12]，"一个理想化的超人，这个神性的创造者被直呼为'父亲'，精神分析推断，他的确是父亲"[13]。在此，弗洛伊德多次提到"上帝""父亲"，但弗洛伊德并未直接使用"投射"一词来表达上帝与父亲之间的关系。对这一关系的深入理解，需要回到弗洛伊德的宗教起源论中。

弗洛伊德的宗教起源论分为两个部分：个体发生学与种系发生学。这两个部分都源于弗洛伊德对俄狄浦斯情结的发现和思考。在个体发生学方向，弗洛伊德在1910年提出宗教需要扎根于父母情结，全能而又公正的上帝，仁慈的大自然，在我们看来是对父母亲的崇高升华，或者说是关于父母的概念在小孩子心目中的再生[14]。他认为个体对童年期的孱弱无助的印象，产生了寻求保护的需要，这一需要指向的对象是父亲[15]。随后，在《精神分析新论》（1933）中解释宗教的保护功能和禁令功能如何结合在一起时，进一步提到父亲在个体弱小时给予其保护，但当个体认识到现实生活中的父亲能力有限，又返回到早在童年时能给予自身保护的记忆中的父亲形象，把这个父亲抬高成一个神灵，并使之成为某种当代的和真实的东西。记忆中的父亲的强大力量和要求保护的执着性，一起支撑着个体对神的信仰[16]。在此方向上，个体的内心既有俄狄浦斯期时对父亲的敌意与害怕，同时又有对父亲的爱与需要。个体为了缓解无助感，满足内心的安全感，通过将父亲理想化，形成了对上帝的爱和为上帝所爱的意识，用以抵御来自外部世界和人类环境的危险。

在种系发生学这个方向，弗洛伊德提出原始弑父事件是图腾崇拜的源头，图腾动物之所以成为崇拜对象，是因为原始部落中弑父的弟兄们把自己对原始父亲的矛盾情感投射于其上。弑父的弟兄们尽管恨父亲，同时却又爱着他。弑父后满怀悔恨，慢慢形成了"罪疚感"。在这种罪疚感的压迫下，儿子们建立起图腾崇拜里最基本的禁忌：禁止宰杀图腾（父亲的替代物）和族外婚（禁止同一氏族、图腾成员之间的婚姻）；这两个禁忌与俄狄浦斯情结的两股被压抑的欲望（弑父、娶母）相对应。弗洛伊德在其《自传》（1925）中强调，弑父是图腾崇拜的核心和宗教形成的出发点。他认为原始父亲是上帝的最初形象，以此为基础，子孙后代们便塑造了上帝这个人物[17]，并且进一步推论宗教是人类普遍的强迫性神经症,和儿童的强迫性神经症一样,它也产生于俄狄浦斯情结,产生于和父亲的关系[18]。我们看到,在种系发生方向上,弗洛伊德提及"原始父亲"是上帝的最初形象,此处的"原始父亲"并不等同于现实生活中的"父亲",他也未提及"投射"概念。

综观弗洛伊德的著述,首先,弗洛伊德确实在精神分析理论早期提出现代的宗教只不过是心理向外在世界的投射。但究竟这一投射物是什么? 弗洛伊德并未进行充分的阐释。其次,"上帝是父亲形象的投射"是后来的研究者如麦克·阿盖尔、阿兰·帕杰特从弗洛伊德的相关论著中得出的推论。通过对弗洛伊德相关宗教著作的梳理,我们发现弗洛伊德从未使用"投射"来阐述上帝与父亲的关系,弗洛伊德的人神关系并不是现实生活中的父子关系,个体的俄狄浦斯情结也并不能解释宗教是一种普遍的强迫性神经症。弗洛伊德构想了"原始弑父事件",从而创造了一个人类物种的"俄狄浦斯",试图来连接其理论中个体心理与集体心理之间的断裂。弗洛伊德构想的"原始弑父"事件,将"人神关系"对应为父子关系,关系的核心是俄狄浦斯情结。正如利科所言,弗洛伊德从未言说上帝,他所说的只是"上帝与人的上帝"[19]。弗洛伊德没有使用"投射"概念来分析"上帝"和"父亲"的关系,因为如前所述,在精神分析理论中,投射是指"将本属于自己的但不被自身接受的方面'转移'到他人身上",而在弗洛伊德关于"上帝"与"父亲"关系的论述中,上帝是"拔高了的父亲""理想化的超人",上帝是个体所期望的对象、渴望认同的形象。因此,这一关系并不适合用投射概念去表达。

四、小结

虽然弗洛伊德在不同的领域碰触到投射,但仍然赋予它十分严格的意义,是比心理学、宗教心理学的投射概念更为狭窄的含义。它多以防御以及将主体所拒绝或误认的属于自身的性质、感觉与欲望归诸他者(人或物)的方式出现,并且投射是主体无意识运用的机制,其向外投射的内容也主要来源于人类心理结构中的无意识内容。通过弗洛伊德对人类无意识的洞察,我们看到投射作为一种具有防御功能的心理机制在妄想症、灵魂观念产生中的运作。在此,投射机制的作用和症状、神话、万物有灵论有关。仅在将投射作为一种更为广义的认识世界的方式时,才与当代意义上的宗教有关。在宗教学研究中,万物有灵论、神话常被理解成,原始民族被假设没有其他能力去构想自然界,而将人类的性质与激情投射到自然力量上。弗洛伊德在此的主要贡献,是对原始人类的一些具体的现象,如特别的禁忌,提供了全新的诠释视角。这种投射其实是一种误认,恶魔并非是自身的邪恶,而是主体潜意识的敌意的投射。弗洛伊德在理论早期提到现代的宗教只不过是心理向外在世界的投射,但在论述原始父亲与上帝形象时,也并未直接使用投射概念。因为,在精神分析的理论中,这一关系并不适宜用投射去表达,"移情"在此或许更为合适。宗教作为一种相当复杂和多重的文化元素，并不能简单地看作任何精神机制的结果。宗教也并不是来自个体的投射物，而是社会观念、实践和结构的复杂系统。

参考文献：

［1］费尔巴哈.基督教的本质［M］.荣振华，译，北京：商务印书馆，1984：446.

［2］爱弥尔·涂尔干.宗教生活的基本形式［M］.渠东，汲喆，译，上海：上海人民出版社，2006：217.

［3］麦克·阿盖尔.宗教心理学导论［M］.陈彪，译.北京：中国人民大学出版社，2005：105.

［4］凯伦·阿姆斯特朗.神的历史［M］.蔡昌雄，译.海口：海南出版社，2016：401.

［5］Paul Ricoeur. translated by Denis Savage：Freud and Philosophy An Essay on Interpretation，New Haven and London，Yale University Press，1970：238.

［6］The Standard Edition of the Complete Psychological Works of Sigmund Freud volume III（1893—1899），London：The hogarth press and the institute of psychoanalysis，184‐185.

［7］弗洛伊德.图腾与禁忌［M］.车文博主编.弗洛伊德文集第11卷.北京：九州出版社，2014：65.

［8］弗洛伊德.图腾与禁忌［M］.车文博主编.弗洛伊德文集第11卷.北京：九州出版社，2014：61.

［9］弗洛伊德.日常生活的精神病理学［M］.车文博主编.弗洛伊德文集第2卷.北京：九州出版社，2014：231.

［10］D. M. Wulff，Psychology of Religion：Classic and Contemporary Views. New York：John Wiley & Sons，1991：272.

［11］弗洛伊德.达·芬奇的童年回忆［M］.车文博主编.弗洛伊德文集第10卷.北京：九州出版社，2014：156.

［12］弗洛伊德.群体心理与自我分析［M］.车文博主编.弗洛伊德文集第9卷.北京：九州出版社，2014：134.

［13］弗洛伊德.精神分析新论［M］.车文博主编.弗洛伊德文集第8卷.北京：九州出版社，2014：146.

［14］弗洛伊德.群体心理与自我分析［M］.车文博主编.弗洛伊德文集第9卷.北京：九州出版社，2014：134.

［15］弗洛伊德.一个幻觉的未来［M］.车文博主编.弗洛伊德文集第12卷.北京：九州出版社，2014：33.

［16］弗洛伊德.群体心理与自我分析［M］.车文博主编.弗洛伊德文集第9卷.北京：九州出版社，2014：134.

［17］弗洛伊德.群体心理与自我分析［M］.车文博主编.弗洛伊德文集第9卷.北京：九州出版社，2014：47.

［18］弗洛伊德.群体心理与自我分析［M］.车文博主编.弗洛伊德文集第9卷.北京：九州出版社，2014：48.

［19］Paul Ricoeur. translated by Denis Savage：Freud and Philosophy An Essay on Interpretation，New Haven and London，Yale University Press，1970：238.

高校心理咨询过程管理规范化建设

周全丽　蒋毓新

陕西师范大学

【摘要】作为我国心理咨询以及心理健康教育的重要组成部分，近二十年来，我国高校心理咨询迅速发展，但仍面临着诸多的伦理与法律困境，而这些困境的解决需要长时间的探索。因此，有必要在当前有限的条件下，从高校心理咨询实践的过程管理上加强规范化建设，进一步完善和提升高校心理咨询实践工作。

【关键词】高校心理咨询；过程管理；规范化

近二十来年，我国高校普遍成立了学生心理健康教育与咨询机构（以下简称心理中心），并配备了一定数量的专兼职人员。有关咨询中心建设的体制机制及运营规范等相关研究相继增加，但有关高校心理咨询实践的研究与探讨却为数不多。2013 年 5 月，我国第一部《中华人民共和国精神卫生法》正式实施，在一定程度上保障了精神卫生工作的规范化和科学化，但缺乏针对高校心理健康服务工作更细化的规定[1]，也缺乏对心理咨询行业的规定和约束[2]，引发了一些困惑。在对我国高校部分心理中心个体心理咨询资料的分析以及对高校心理咨询师的伦理判断与行为调查分析后，均发现心理咨询实践流程需进一步规范[3][4]；我国高校心理咨询在其发展的过程中对标准流程的重视不足，特别是在当前心理咨询人员专业水平有限的状况下，遵循标准流程往往利大于弊[5]。

2021 年 7 月，教育部办公厅发布了《关于加强学生心理健康管理工作的通知》（教思政厅函〔2021〕10 号），要求加强学生心理健康教育工作的源头管理、过程管理、结果管理和保障管理。同时，高校心理中心大多隶属于学工部，作为学生管理机构的一部分，咨询实践工作还涉及与学生管理工作的配合，特别是在维护校园安全稳定等方面。如何在符合专业与伦理要求的同时，找到咨询工作与学生管理的平衡，是实践工作中急需去突破的。心理咨询工作伦理是保障心理咨询专业服务水平，维护来访者和咨询师权益的一套行为规范与专业准则[6]，是心理咨询工作开展的根本。《中国心理学会临床与咨询心理学工作伦理守则（第二版）》中对咨询的专业关系、知情同意、隐私权和保密性、专业胜任力和专业责任、心理测量与评估、教学培训和督导等做了明确的说明和规定[7]，本文以此为参照，对高校心理咨询过程中的规范化管理进行探讨。

一、咨询前的管理规范化

（一）人员管理规范

咨询前阶段涉及的人员主要是预约工作人员，调研发现，大部分高校均有专人负责预约工作，且多为学生心理类社团成员或其他学生兼职，他们与来访学生互为同辈，在日常生活和学习中可能或多或少存在一定的交集。所以应加强预约工作人员的伦理意识和行为规范，保障咨询工作的专业性和规范性。可通过岗前培训帮助预约工作人员形成良好的咨询工作伦理意识，同时，形成明确的心理咨询预约工作流程及特殊情况处理等岗位知识清单，帮助预约工作人员明确工作要求和规范。另外，还可通过与预约工作人员签署保密协议的形式，进一步加强预约工作的伦理规范。

（二）工作流程管理规范

咨询前涉及咨询预约与咨询安排两项流程，目前各高校面向学生主要提供三种预约方式：电话、网络及现场预约，咨询安排因预约方式的不同略有差异。预约工作中，要明确预约登记内容、预约规范用语及特殊情况处理等内容，并对预约登记进行统一规范存档。如，预约登记要明确来访学生需提供姓名、电话、学号、求助问题、紧急程度等，并明确哪些属于必填，哪些可根据学生意愿进行选择性的登记；如，预约过程中如何使用合适的语音语调及礼貌用语进行恰当的言语表达；如，在预约中出现校外人员预约、来访学生预约时情绪崩溃、预约学生多次预约不同咨询师等情况时如何应对。预约安排是对咨询时间的对接、更改以及取消等情况的处理，涉及预约工作人员、咨询师及预约学生之间的沟通，要明确预约安排的基本原则，即预约咨询学生咨询体验最大化、安排时效最优化，恰当制定预约安排工作流程。

二、咨询中的管理规范化

（一）人员管理规范化

咨询中这一阶段主要涉及的工作人员有专兼职咨询师、督导师，当存在保密例外情况时还涉及辅导员及部分行政工作人员。按照《中国心理学会临床与咨询心理学工作伦理守则（第二版）》，专兼职咨询师及督导师应具备开展相关工作的专业知识与技能，同时，接受专业伦理培训，确保咨询师有较强的伦理意识和专业的胜任力。可根据学校工作实际，出台咨询师工作守则，规范咨询行为，并强化岗前培训，帮助咨询师熟悉咨询信息登记要求、不同咨询动机学生的干预以及辅导员兼职咨询师如何避免双重关系等。当涉及保密例外，需与辅导员或部分行政工作人员进行沟通时，需以"心理咨询保密例外伦理知悉书"的形式帮助相关人员树立伦理意识，保障来访权益及咨询工作的规范性。

（二）工作流程管理规范化

咨询涉及首次访谈、知情同意、咨询记录书写、咨询效果评估及督导等流程,各个流程要根据专业和伦理要求开展,并加强管理,提升工作规范性。

1. 规范首次访谈,加强科学评估

首次访谈中需收集来访学生信息,并就来访学生心理问题进行综合评估,可形成结构化的首次访谈内容,明确访谈主题:家族史、生理病史与服药情况、精神状态(包括情绪状态、食欲、睡眠、生理状况及对未来的希望感)、自杀想法与自杀行为、创伤史、受虐待史[8]以及学生当前面临的困难等,面对不同的来访者访谈内容可根据实际情况进行。另外,为避免出现咨询师因缺乏心理评估专业知识而对需要专门精神科治疗的来访者在未就医的情况下持续提供咨询的情况[9],首次访谈中可借助标准化心理评估量表,加强对学生心理状态的分析与评估。

2. 明确咨询范围,完善转介机制

我国《精神卫生法》(2018年修正)第二十三条规定心理咨询人员不得从事心理治疗或者精神障碍的诊断、治疗,心理咨询人员发现接受咨询的人员可能患有精神障碍的,应当建议其到符合本法规定的医疗机构就诊。心理咨询(counseling)侧重一般人群的发展性咨询,心理治疗(psychotherapy)侧重心理疾患的治疗和评估[7],所以高校心理咨询的范围应为大学生的发展性问题。但在工作实践中,部分学生对自己处在何种情况下需要寻求心理咨询的帮助不够清晰,或担心寻求心理咨询影响自己的升学就业、自我形象或者给家庭带来负担等原因,其问题严重到一定程度或者被辅导员关注以后,才主动或被动接受心理咨询;还有部分学生的心理问题从中学阶段就已出现,进入大学后症状发展已较为严重。除此之外,医疗机构在心理治疗中主要采取药物治疗,能够提供的谈话治疗资源有限,所以很多学生会一边服药一边在学校寻求心理咨询。这些情况致使高校心理咨询师要接待相当大比例的心理障碍或人格障碍的来访学生[9]。为规范这些情况的管理,属于精神疾病的,应及时转送精神病院接受治疗;属于障碍性心理问题的,可转介到综合医院开设的心理门诊接受心理治疗[10]。在接受精神科医生的诊断和治疗后,高校心理中心可接受处于康复期学生的咨询,以确保工作的规范性和合法性。

3. 规范知情同意,保障咨询开展

心理咨询工作开始时,心理咨询师有责任向寻求专业服务者说明工作的保密原则及其应用的限度、保密例外情况并签署知情同意书[7]。在高校心理咨询工作的开展中,心理咨询协议是知情同意伦理要求的重要体现,也是心理咨询师与来访者建立关系的根基与保障,有助于双方了解与明确自身权利与义务,更有利于心理咨询工作的顺利开展[11]。咨询协议需包括咨询师情况、咨询设置、义务与权利、保密与保密突破和心理教育等内容[12]。

另外,高校咨询工作对象受辅导员/班主任的直接管理,在实际工作中,普遍存在必要时要与来访学生辅导员或监护人进行沟通的情况,如,部分因家庭经济情况意外致贫或因父母对心理疾病认识的误解导致学生产生较大心理压力等。所以在咨询协议中,需提前告知学生心理咨询服务与学生管理的分离,在必要情况下,将秉承"来访者利益最大化"的原则,与辅导员/班主任或其家长沟通,并强调保密及沟通前的告知与协商。最后,在来访学生知悉、理解并同意咨询协议的内容后,与来访学生商议签订咨询协议。

4. 规范咨询记录,提升咨询实践水平

高校心理咨询工作的规范开展离不开在实践中规范、合理地记录咨询过程,如使用来访者信息登记表、初始访谈记录表、每次咨询记录表、咨询效果评估表等对工作过程进行记录。咨询记录是在每次咨询发生后咨询师必须要撰写的对咨询发生过程的记录,咨询记录有相对固定的内容,比如需要包括咨询的日期、开始和结束的时间、咨询次数、形式(个体、团体、家庭等)、临床测验的结果、来访者主诉的问题、对来访者功能和症状的评估、来访者对咨询的反应、咨询的进展、危机的评估、咨询计划、咨询师署名和日期等[13]。从来访学生接受第一次访谈,填写信息登记表起,来访者档案就开始形成,规范的咨询记录是规范建立学生档案的必然要求。

5. 规范督导机制,保障咨询效果

督导的目的是促进咨询师发挥专业能力,监督其为来访者提供专业、有效的服务,保证督导过程中的来访者和督导结束后又接待的来访者不受伤害,同时为咨询师进入心理咨询行业的专业把关[14]。当前,绝大多数高校的心理健康教育中心都挂靠学生工作部门,多数专职心理健康教育教师属于学生思想政治教育系列,且大多数的兼职心理健康教育人员是学校辅导员[15]。在高校心理健康教育兼职人员队伍专业性有待提升的情况下,督导显得尤为重要,各高校可根据实际情况开展团体督导、个体督导、定期案例讨论等,保障咨询过程有效性和规范性。

三、咨询后的管理规范化

(一)人员管理

咨询结束后涉及的主要工作人员为咨询师及档案管理人员。档案管理人员需要明确可接触档案的人员范围及情况,合理且符合伦理地保存、传递和处理专业工作相关信息(如个案记录、测验资料、信件、录音、录像等)。咨询结束后,若咨询师在进行科研、写作或演讲、报道等时需用到心理咨询案例,应确保隐匿可辨认出来访学生的信息,同时在咨访关系结束后,咨询师在三年内不得与来访者建立任何形式的亲密关系。

(二)工作流程管理规范化

咨询后工作主要涉及咨询效果评价、部分来访学生追踪及档案管理三个流程。

心理咨询效果的评估是心理咨询目标实现与否的依据,随着高等学校心理咨询的快速发展,对咨询效果的评估也越来越受到重视[16]。规范化地进行咨询效果评估,意味着要建立贴近我国大学生实际的客观心理评估体系,体系中应包含来访者自我评估、咨询师评估、辅导员评估、同学与舍友评估以及标准的心理测评量表评估等。部分来访学生追踪是高校心理咨询实践中不可缺少的一环,是高校"立德树人"根本任务的要求。高校心理咨询中会接待一部分无咨询意愿或咨询动机较弱的学生,有很多学生会在一次咨询后便脱离。心理咨询作为心理育人的重要内容,就需要形成一套完善的来访学生追踪机制,护航学生健康成长成才。咨询结束后的档案管理涉及档案的留存、查阅和处理等内容,需要明确留存的时间、可供查阅的范围等内容。

心理育人是高校思想政治教育的重要组成部分,心理咨询是心理育人的重要实现方式之一,在促进学生心理健康素质与思想道德素质、科学文化素质全面协调发展等方面发挥着重要作用。在具体的咨询实践中,既要遵守心理咨询专业要求和伦理规范,也要结合思想政治教育的整体要求和工作实际,形成符合我国高校实际、促进学生健康成长的心理咨询过程管理规范。

参考文献:

[1] 姚玉红,毕晨虹,赵旭东.《精神卫生法》实施对高校心理咨询工作的影响初探[J].思想理论教育,2014,(5):85-88.

[2] 周晨琛,郭小迪,黎玮轩,张伊汀,刘梦林,宋亚男,钱铭怡.《精神卫生法》对高校心理咨询工作的影响初探——对北京高校心理咨询中心负责人的访谈研究[J].中国心理卫生杂志,2018,32(3):220-226.

[3] 陶金花,姚本先.高校个体心理咨询现状研究[J].中国卫生事业管理,2015,32(10):789-791.

[4] 曹宁宁,石惠,卢丽琼.高校心理咨询师咨询伦理的现状分析与对策思考——以上海高校为例[J].思想理论教育,2016,(3):80-85.

[5] 陈祉妍,刘正奎,祝卓宏,史占彪.我国心理咨询与心理治疗发展现状、问题与对策[J].中国科学院院刊,2016,31(11):1198-1207.

[6] 刘慧.心理咨询与治疗专业伦理研究的回顾与展望[J].医学与哲学(A),2014,(5):32-34.

[7] 中国心理学会临床与咨询心理学工作伦理守则[J].心理学报,2018,(11):1314-1322.

[8] Lawrence J. Schneider, C. Edward Watkins, Jr. Charles J. Gelso. Counseling Psychology From 1971 to 1986:Perspective on and Appraisal of Current Training Emphases. Professional Psychology:Research and Practice, 1988,(6):584-588.

[9] 安芹,贾晓明,尹海兰.高校心理咨询师的专业能力及专业发展[J].心理科学,2011,34(2):451-455.

[10] 李晓明,张明.心理咨询的理论与技术.东北师范大学出版社,2009:57.

[11] 张演善,张小远.英国心理咨询与治疗中法律问题评介[J].医学与哲学(A),2015,(6):84-87.

[12] 王浩宇,缑梦克,钱铭怡,孙文婷,庄淑婕,杨晶晶,米田悦,刘天舒,杨剑兰.北京心理咨询师知情同意使用现状的访谈[J].中国心理卫生杂志,2017,31(1):58-63.

［13］Susan Cameron，Imani Turtle-Song. learning to write case notes using the SOAP format. Journal of Counseling and development，2002，80(3).

［14］Bernard JM，Goodyear RK(王择青,刘稚颖译).临床心理督导纲要(第3版)［M］.北京：中国轻工业出版社,2005.

［15］马建青,石变梅.30年来高校思想政治教育对心理健康教育发展的影响探析［J］.思想理论教育,2018,(1)：97－102.

［16］汪隽.高等学校心理咨询概况及发展路径［J］.沈阳农业大学学报(社会科学版),2016,18(4)：487－491.

团体辅导课程对大学生自尊及心理健康的影响[①]

郭洪芹[1,2]　温　欣[2]

1 浙江大学　2 浙江工商大学

【摘要】目的：探讨团体辅导课程对大学生自尊及心理健康的影响。方法：以选修"心理学与个人成长"通识课的 34 名大学生作为实验组，完成自主设计的 6 周团体辅导课程；随机抽取未选修本课程的 34 名大学生作为对照组；课程开始前和结束后使用自尊量表（SES）和大学生心理症状量表（MSS－CS）对两组学生的自尊和心理健康水平进行测试。结果：团体辅导课程后，实验组自尊水平显著提高（$t = -5.24$，$P < 0.05$），心理症状显著减少（$t = -4.36$，-3.22，-3.59，-2.66，-5.13，-4.58；$P < 0.05$），心理健康水平显著提升，不同性别和年级的大学生自尊和心理健康水平有不同程度的提升，且女生和大一学生的提升效果更显著；对照组自尊及心理健康水平未见显著变化（$P > 0.05$）。结论：团体辅导课程能显著提高大学生的自尊及心理健康水平，可在大学生心理健康教育教学中优化推广。

【关键词】团体辅导课程；大学生；自尊；心理健康

随着新时期社会变革与竞争加剧，大学生的学业、就业等压力不断增大，其心理健康状况不容乐观，心理症状越来越多。《中国国民心理健康发展报告》研究显示：18 至 25 岁年轻人的心理健康水平显著低于其他人群，有 18.5％的大学生有抑郁倾向，其中有 4.2％有抑郁高风险[1]。相关研究表明，自尊是个体对自我价值和能力的情感体验[2]，与个体心理健康状况密切相关，高自尊意味着良好的心理健康状况。自尊与抑郁、人际敏感、焦虑等因子呈现显著负相关[3]，较高的自尊水平能促使个体更好地实现自我调控，产生更多积极情绪[4]。然而，大学生的整体自尊水平却呈逐年下降趋势[5][6]。

大学生正处在身心健康发展与完善的关键期，自尊是大学生心理发展的重要任

---

①　基金项目：浙江省哲社规划思政专项课题（编号：20GXSZ05YB）；浙江省社会科学界联合会资助项目（编号：2021KPHD05）。

务,自尊水平也是衡量大学生心理健康程度的重要标准之一[7],团体辅导对改善大学生网络成瘾[8]、促进学习适应有显著影响[9],能够提升大学生的希望特质[10]与主观幸福度[11]。以团体辅导的形式开展心理健康教育课程,把教学内容融入团体辅导中,相对于传统的讲授式教学更有针对性,更加直接地认可并利用学生之间的个体差异性[12],有助于增强心理健康课程的趣味性、互动性、实践性[13],进而改善心理健康教育课程的教学效果。研究证明,团体辅导课程对大学生自我接纳、自我评价和人际困扰方面的帮助效果显著[14]。本研究采用团体辅导的方式,探索团体辅导课程提升大学生自尊与心理健康水平的效果。

一、对象与方法

(一) 对象

以选修"心理学与个人成长"通识课的一个班级,共 34 名大学生作为实验组,并随机抽取该校未选修该课程的 34 名学生作为对照组,所有成员均自愿参加并知情同意。成员年龄均在 18~20 岁之间,平均年龄为(18.85±0.68)岁。被试基本信息见表 1。

表 1　被试基本信息

组别	性　别		年　级	
	男	女	大一	大二
实验组	17	17	26	8
对照组	17	17	26	8

(二) 方法

1. 施测工具

(1) 自尊量表(SES)[15]。该量表由 Rosenberg 在 1965 年编制,具有较好的信度和效度。量表共 10 个条目,每个条目包含 4 个等级选项,从 1~4 分别表示"非常符合—很不符合",其中一半题目反向计分,总分越高,自尊水平越高。

(2) 大学生心理症状量表(MSS-CS)[16]。该量表由杨宏飞、刘佳编制,用以衡量大学生心理健康水平,具有较好的信度和效度。量表共 30 个条目,每个条目包含 5 个等级选项,从 1~5 分别表示"完全符合—完全不符合"。量表包含自卑、人际过敏、网络成瘾、抑郁、敌对五个因子,心理症状总体情况用总均分表示。总均分和因子分得分越高,心理健康水平越高。

2. 课程方案

采取团体心理辅导方式完成 16 学时,5 个主题的通识选修课,每周进行 1 次。第 1 周团体开始,以"有缘相识"为主题,将课程内容与教学目标融入团体成员的相互认识与建立关系中。第 6 周团体结束,以学生反馈分享总结为主题,辅之以教师引导教育,实现课程教学目标。中间 4 个主题分别为"我的成长故事""我的教养方式""我的情绪管理""我的健康人格"。每次课程均包括热身暖场、主题串讲、小组活动、大组分享、教师总结以及作业布置等教学环节。

3. 施测方法

在课程开始前和结束后,分别对实验组和对照组成员进行自尊量表(SES)和大学生心理症状量表(MSS-CS)的测试,以此作为对团体辅导课程的效果评估依据。

(三)统计处理

采用 SPSS23.0 对前后测试得到的数据进行统计分析。对实验组和对照组的自尊和心理症状各维度得分进行前测—独立样本 T 检验、后测—独立样本 T 检验,对实验组和对照组的自尊和心理症状各维度分别进行前测—后测配对样本 t 检验。

二、结果

(一)团体辅导课程前对照组与实验组的自尊及心理症状差异分析

由表 2 可知,在团体辅导课程开始前,对照组和实验组的自尊、心理症状总均分以及各因子的得分差异不显著($P>0.05$),实验组和对照组具有良好的同质性。

表 2　课程开始前对照组与实验组自尊及心理症状差异分析 ($\bar{x} \pm s$)

项　目	对照组	实验组	t　值	P　值
自尊	20.85 ± 3.76	19.41 ± 3.72	1.58	0.117
总均分	2.99 ± 0.52	3.09 ± 0.80	-0.66	0.514
自卑	2.84 ± 0.71	3.04 ± 0.98	-0.97	0.334
人际过敏	3.10 ± 0.78	3.22 ± 1.03	-0.54	0.587
网络成瘾	3.04 ± 0.76	3.05 ± 0.82	-0.09	0.927
抑郁	2.82 ± 0.62	2.94 ± 0.78	-0.68	0.497
敌对	3.22 ± 1.00	3.18 ± 1.22	0.18	0.856

注:$**P<0.05$,$***P<0.01$,下同。

(二)团体辅导课程后对照组与实验组自尊及心理症状差异分析

由表 3 可知,在课程结束后,对照组与实验组在自尊、心理症状总均分以及各因子得分之间均存在显著差异($P<0.05$),实验组的自尊水平显著高于对照组,实验组的总体心理症状及自卑、人际过敏、网络成瘾、抑郁、敌对等因子分均显著高于对照组,说明经过团体辅导课程的干预,实验组大学生的心理症状表现明显减少,心理健康水平有显著提高。

表3　课程结束后对照组与实验组自尊及心理症状差异分析(n=34, $\bar{x} \pm s$)

项　目	对照组	实验组	t 值	P 值
自尊	20.94±3.65	23.74±2.66	3.60	0.001***
总均分	2.99±0.59	3.82±0.78	−3.49	0.000***
自卑	2.85±0.71	3.68±0.94	−4.05	0.000***
人际过敏	3.11±0.87	3.96±0.85	−4.08	0.000***
网络成瘾	3.05±0.76	3.60±0.94	−2.66	0.010***
抑郁	2.82±0.64	3.80±0.76	−5.68	0.000***
敌对	3.15±1.09	4.18±0.84	−4.37	0.000***

（三）团体辅导课程后对照组自尊及心理症状差异分析

由表4可知,对照组成员没有参与团体辅导课程,其自尊、心理症状总均分以及各因子得分没有发生显著变化($P>0.05$)。

表4　课程结束后对照组自尊及心理症状差异分析(n=34, $\bar{x} \pm s$)

项　目	前　测	后　测	t 值	P 值
自尊	20.85±3.76	20.94±3.65	−0.11	0.917
总均分	2.99±0.52	2.99±0.59	−0.06	0.951
自卑	2.84±0.71	2.85±0.71	−0.20	0.846
人际过敏	3.10±0.78	3.11±0.87	−0.168	0.867
网络成瘾	3.04±0.76	3.05±0.76	−0.08	0.934
抑郁	2.82±0.62	2.82±0.64	0.000	1.000
敌对	3.22±1.00	3.15±1.09	0.44	0.664

（四）团体辅导课程后实验组自尊及心理症状差异分析

1. 课程结束后实验组自尊及心理症状整体差异分析

由表5可知,实验组的自尊得分前后测差异显著,课程结束后的自尊水平显著高于课程开始前($P<0.01$);心理症状总均分及自卑、人际过敏、抑郁、敌对四个因子得分前后测差异显著($P<0.05$),课程结束后实验组的心理症状显著减少。

表5　课程结束后实验组自尊及心理症状整体差异分析(n=34, $\bar{x} \pm s$)

项　目	前　测	后　测	t 值	P 值
自尊	19.41±3.72	23.74±2.66	−5.24	0.000***
总均分	3.09±0.80	3.82±0.78	−4.36	0.000***

项　目	前　测	后　测	t 值	P 值
自卑	3.04 ± 0.98	3.68 ± 0.94	-3.22	0.003^{***}
人际过敏	3.22 ± 1.03	3.96 ± 0.85	-3.59	0.001^{***}
网络成瘾	3.05 ± 0.82	3.60 ± 0.94	-2.66	0.012^{**}
抑郁	2.94 ± 0.78	3.80 ± 0.76	-5.13	0.000^{***}
敌对	3.18 ± 1.22	4.18 ± 0.84	-4.58	0.000^{***}

2. 团体辅导课程后实验组不同性别自尊及心理症状差异分析

由表 6 可知,不论男女,课程结束后,其自尊得分显著高于课程前($P<0.01$),自尊水平显著提高;虽然男女大学生心理症状总均分及各因子分均提高,但提升程度不同,其中,男女网络成瘾因子得分前后测差异均未见显著性($P>0.05$),男女心理症状总均分、人际过敏、抑郁、敌对因子得分前后测差异显著($P<0.05$),女生自卑因子得分前后测差异显著($P<0.01$),女生心理症状有显著变化的因子多于男生。

表 6　课程结束后实验组自尊及心理症状水平的性别差异分析 $(\bar{x} \pm s)$

项　目	性别	前　测	后　测	t 值	P 值
自尊	男	18.71 ± 3.96	23.88 ± 2.84	-4.24	0.001^{***}
	女	20.12 ± 3.42	23.59 ± 2.55	-3.13	0.006^{***}
总均分	男	3.21 ± 0.90	3.94 ± 0.94	-2.72	0.015^{**}
	女	2.98 ± 0.70	3.69 ± 0.59	-3.53	0.003^{***}
自卑	男	3.33 ± 1.07	3.94 ± 1.00	-1.82	0.086
	女	2.75 ± 0.82	3.42 ± 0.84	-2.94	0.009^{***}
人际过敏	男	3.30 ± 1.06	3.97 ± 1.02	-2.32	0.033^{**}
	女	3.13 ± 1.02	3.95 ± 0.67	-2.68	0.016^{**}
网络成瘾	男	2.99 ± 0.96	3.69 ± 1.13	-2.02	0.061
	女	3.12 ± 0.68	3.51 ± 0.72	-1.74	0.100
抑郁	男	2.99 ± 0.82	4.03 ± 0.84	-4.14	0.001^{***}
	女	2.89 ± 0.78	3.57 ± 0.64	-3.08	0.007^{***}
敌对	男	3.25 ± 1.26	4.18 ± 0.98	-2.98	0.009^{***}
	女	3.10 ± 1.21	4.18 ± 0.70	-3.39	0.004^{***}

3. 团体辅导课程后实验组不同年级自尊及心理症状差异分析

由表 7 可知,大一大二学生自尊得分课程前后差异显著($P<0.05$),且大一学生差异更为显著;大一学生心理症状所有因子课得分课程前后差异显著($P<0.05$),大二学生则仅在心理症状总均分、自卑、抑郁 3 个因子上有显著差异($P<0.05$)。相对于大二学生,团体辅导课程对大一新生的自尊水平提升及心理症状减少效果更好。

表 7 课程结束后实验组自尊及心理症状水平的年级差异分析 ($\bar{x} \pm s$)

项　目	年级	前　测	后　测	t 值	P 值
自尊	一年级	19.50±3.76	23.77±2.74	−4.50	0.000***
	二年级	19.13±3.83	23.63±2.56	−2.51	0.040**
总均分	一年级	3.12±0.82	3.81±0.82	−3.48	0.002***
	二年级	3.00±0.77	3.85±0.68	−2.72	0.030**
自卑	一年级	3.02±1.08	3.62±1.01	−2.43	0.023**
	二年级	3.11±0.66	3.85±0.714	−2.98	0.021**
人际过敏	一年级	3.30±0.98	3.97±0.86	−3.03	0.006***
	二年级	2.95±1.23	3.96±0.86	−1.86	0.104
网络成瘾	一年级	3.02±0.86	3.68±0.957	−2.65	0.014**
	二年级	3.15±0.74	3.32±0.88	−0.54	0.601
抑郁	一年级	2.97±0.77	3.69±0.82	−3.64	0.001***
	二年级	2.84±0.89	4.16±0.38	−4.93	0.002***
敌对	一年级	3.28±1.18	4.22±0.81	−4.08	0.000***
	二年级	2.84±1.36	4.04±0.97	−2.08	0.076

三、讨论

（一）团体辅导课程对大学生自尊和心理健康水平有明显提升作用

在团体辅导课程前,实验组和对照组的自尊以及心理健康水平与对照组无显著差异。团体辅导课程之后,实验组自尊和心理症状总均分以及各因子得分后测显著高于前测,这表明在团体辅导课程的干预下,大学生的自尊和心理健康水平显著提高。同时,对照组自尊及心理健康水平无显著变化以及实验组的自尊、心理健康水平显著高于对照组再次印证了团体辅导课程对大学生自尊和心理健康水平的显著提升效果。这与近年来采用团体辅导活动提高大学生自尊和心理健康水平的相关研究结果一致[17][18]。

（二）不同性别和年级的大学生自尊和心理健康水平有不同程度的提升

团体辅导课程后，男、女大学生自尊水平均显著提高；男、女大学生心理症状总均分、人际过敏、抑郁以及敌对得分均显著提高，女大学生自卑因子得分显著提高。不同年级学生的自尊水平均显著提高，大一比大二学生提高更多；大一和大二心理症状总均分、自卑以及抑郁得分显著提高，大一学生人际过敏、网络成瘾、敌对得分显著提高。这表明团体辅导课程对不同性别和年级的大学生自尊和心理健康水平的提升效果不同，对女生和大一学生的提升效果更显著。

女大学生得分显著变化的心理症状因子较男生多的原因可能与男女性别差异有关，其中，在自卑因子上，团体辅导课程的影响效果对女生更显著。男生在课程中表现得更加内敛和沉默，而女生的自我意识易感性更高，更容易通过分享内心体验来调节自我情绪，因此更有可能改变对自己的认识和评价，进而在一定程度上克服自卑。这提示心理健康教育课程教学应当注重性别差异，结合男女生在课堂中的不同表现特点，灵活安排教学方式。

大一学生自尊提升更为显著，且心理症状得分差异显著变化的因子较大二的学生多，可能是由于大二学生已经对大学生活较为适应，其自尊水平和心理健康状态较为稳定，而大一的学生刚刚完成由较为封闭、严格的管理到较为开放、自由的学习生活环境的转变，新的同辈支持还没有建立起来，其环境适应和心理状态调整的空间更大，对其进行干预的效果更为显著。由此可见，大学生的心理健康教育开展越早，教育效果越好。同时，高校在开设心理健康教育课程时要注意不同年级大学生的差异性，针对其不同心理发展特点及心理健康需求实施教学。

（三）团体辅导课程提升大学生自尊及心理健康水平的效果与建议

团体辅导课程对大学生自尊和心理健康水平的提升有显著效果，其影响效果是否具有长期性需要在未来的研究中予以验证。虽然实验组整体的自尊和心理健康水平有了显著提升，但仍存在对个别成员提升不足的情况，且不同性别与年级的提升效果也有不同，这提示心理健康教育课程应重视个体与群体差异，对导致个别成员效果不好以及群体差异的原因进行分析研究，以此作为完善课程设计的依据，使全体选课学生都能通过课程学习收获心理健康和个人成长。

因课程设置所限，本研究只进行了16学时的团体辅导课程，对实验组学生实践干预的时间较短，这在一定程度上使研究结果具有一定的局限性。众所周知，心理健康与自尊水平的提升是一个漫长的过程，短期团体辅导课程的作用有限。为此，必须进一步改进和完善团体辅导课程的教学大纲和内容设计，不断提升团体辅导课程对大学生自尊和心理健康水平的持续影响力和长期效果。

参考文献：

［1］傅小兰,张侃.中国国民心理健康发展报告（2019～2020）[M].北京：社会科学文献出版社,2021：

10 - 98.

［2］田录梅,李双.自尊概念辨析[J].心理学探新,2005(2)：26 - 29.

［3］高爽,张向葵,徐晓林.大学生自尊与心理健康的元分析——以中国大学生为样本[J].心理科学进展,2015,23(9)：1499 - 1507.

［4］刘亚,王振宏,马娟,等.大学生外倾性与生活满意度的关系：情绪和自尊的链式中介作用[J].中国临床心理学杂志,2011,19(5)：666 - 668 + 671.

［5］沙晶莹,张向葵.中国大学生自尊变迁的横断历史研究：1993～2013[J].心理科学进展,2016,24(11)：1712 - 1722.

［6］施国春,赵东妍,范会勇.2004 至 2016 年中国大学生身体自尊的变迁：一项横断历史研究[J].心理发展与教育,2021,37(5)：648 - 659.

［7］钱怡,余新年,刘福莲.自我意识团体辅导对高职新生自尊与自我接纳的影响[J].中国健康心理学杂志,2022,30(6)：956 - 960.

［8］赵玉霞,郝艳红,静香芝.运动结合团体心理辅导对大学生手机成瘾的干预效果评价[J].中国学校卫生,2021,42(4)：556 - 559 + 564.

［9］高淑艳,李洋,郑宇姝.积极团体心理辅导对大学新生学习适应的改善效果[J].中国卫生事业管理,2017,34(6)：451 - 453 + 468.

［10］李永慧.大学生希望特质团体心理辅导干预效果评价[J].中国学校卫生,2019,40(1)：134 - 137.

［11］侯振虎,许晓芳,孙颖.大学生的幸福感能干预吗——改善大学生主观幸福感的综合性团体心理辅导效果研究[J].教育学术月刊,2018(3)：69 - 81.

［12］赵琼.团体心理辅导在《大学生心理健康》课程中的应用研究[J].教育现代化,2018,5(5)：173 - 174.

［13］欧阳丹.浅析团体心理辅导活动在大学生心理健康教育课程中的运用[J].高教论坛,2009(2)：127 - 129.

［14］王丽萍.积极心理取向的团体辅导在心理健康课程中的应用研究[J].卫生职业教育,2014,32(14)：105 - 107.

［15］汪向东,王希林,马弘.心理卫生评定量表手册(增订版)[M].北京：中国心理卫生杂志社,1999：318 - 320.

［16］王宇中.心理评定量表手册(1999—2010)[M].郑州：郑州大学出版社,2011：348 - 352.

［17］张雅文,张琪,庞芳芳,等.认知行为团体与自助干预模式对大学生自尊及心理健康的干预[J].中国临床心理学杂志,2021,29(5)：1099 - 1103.

［18］唐小丽,张仕庆,王江红.体验式团体辅导教学方式在大学生心理健康教育课程中的应用及评价[J].齐齐哈尔医学院学报,2017,38(7)：827 - 829.

园艺疗法课堂干预对改善大学生心理健康的效果研究

尚 云 陈红燕 刘 芳

云南师范大学

【摘要】目的：考察园艺疗法对改善大学生心理健康的效果。方法：采用抑郁自评量表（SDS）、正性负性情绪量表（PANAS）、幸福感量表（GWB）、生命意义感量表（MLQ）筛选出 30 名大学生被试，进行为期 10 周的园艺疗法干预实验。结果：通过花艺制作为主要方法的园艺疗法干预，大学生被试的抑郁和负性情绪得分显著低于前测，幸福感和正性情绪得分显著高于前测。结论：初步验证了花艺制作隐喻下的园艺疗法提升大学生心理健康的效果，结合提升生命意义认知可进一步维持和增强干预效果。

【关键词】园艺疗法；大学生；抑郁；幸福感；正性情绪和负性情绪；生命意义

园艺疗法的概念最早出现在英国，指的是通过植物栽培与园艺操作活动以达到促进体力、身心和精神的恢复疗法，是艺术和心理治疗相结合的一种治疗方式。我国悠久的园林文化是我国园艺疗法的历史积淀，将花艺制作隐喻下的园艺疗法融合到心理健康教育中，既是对我国优秀传统文化的传承，也是将园林学、心理学、教育学等学科交叉融合所孕育出的一类新式课程。

本研究以云南省某高校为例，通过花艺制作为主要方法的园艺疗法干预，以探讨花艺制作隐喻下的园艺疗法在大学生心理健康教育中的作用，从而探索大学生心理健康教育的新路径，为高校大学生心理育人工作提供理论依据和现实参考。

一、研究过程

（一）研究对象

本研究通过幸福感量表、正性负性情绪量表、抑郁自评量表、生命意义感量表等对学生进行入组筛选，结合测评结果及心理访谈，选取主观幸福感较低、存在抑郁情绪等心理问题的学生进入课堂，最终确定 30 人参与课程，通过园艺活动对学

生进行持续 10 次的心理干预,进而提高学生的心理健康素质。被试样本基本情况
如表 1:

表 1　园艺疗法课程人口学分布情况

变　量	类　型	人数	百分比	变　量	类　型	人数	百分比
性别	男	5	16.70%	家庭结构	完整	27	90.00%
	女	25	83.30%		父母离异	2	6.70%
					丧亲	1	3.30%
年级	大一	28	93.30%	家庭 经济状况	良好	4	13.30%
	大二	1	3.30%		一般	21	70.00%
	大三	1	3.30%		困难	4	13.30%
					特别困难	1	3.30%
年龄	17	5	16.70%	家庭氛围	非常好	3	10.00%
	18	11	36.70%		良好	17	56.70%
	19	11	36.70%		不太好	9	30.00%
	20	2	6.70%		非常糟糕	1	3.30%
	21	1	3.30%				
是否为 独生子女	是	4	13.30%	人际关系	较好	2	6.70%
	否	26	86.70%		一般	23	76.70%
					较差	5	16.70%
家庭 所在地	大中城市	3	10.00%	是否 在恋爱	是	1	3.30%
	小城镇	13	43.30%		否	29	96.70%
	农村	13	43.30%				
	边远地区	1	3.30%				
父亲 文化程度	专科及以上	2	6.70%	母亲 文化程度	专科及以上	3	10.00%
	高中/中专	9	30.00%		高中/中专	1	3.30%
	初中	11	36.70%		初中	9	30.00%
	小学	6	20.00%		小学	15	50.00%
	文盲	2	6.70%		文盲	2	6.70%

(二)研究工具

1. 抑郁自评量表

《抑郁自评量表(SDS)》由 Zung 编制于 1965 年,是用于心理咨询、抑郁症状筛查
及严重程度评定的重要量表之一,量表含有 20 个项目,采用四点评分。因为便于使
用,在国内外应用广泛。该量表内部一致性系数为 0.862,Spearman-Brown 系数为
0.853,间隔 3 周的重测系数为 0.82。

2. 生命意义感量表

《生命意义感量表》由 Steger 等人于 2006 编制。该问卷共计 10 个条目,包括 2 个分量表,分别是:① 拥有意义,用于测量个体当前人生意义感的水平,它包含 5 个条目;② 寻求意义,用于测量个体寻找人生意义感的过程,包括 5 个条目。每个条目采用 7 级计分,从"完全相同"到"完全不同"。经检验,问卷总量表的 α 系数为 0.669,各分量表的 α 系数为 0.581 和 0.703。

3. 正性负性情绪量表

《正性负性情绪量表》由 Waston 等编制,黄丽等进行汉化、翻译,用于测量正性和负性情绪。该量表包括正性情绪和负性情绪 2 个维度。负性情绪维度由 10 个描述负性情绪的形容词组成。每个形容词后有 5 个选择答案:几乎没有、比较少、中等程度、比较多和极其多,分别计 1～5 分(正向计分);得分越高表明情绪越重。量表结构效度较好,各条目因子载荷在 0.45 以上;内部一致性信度较好,Cronbach's α 系数为 0.8。

4. 幸福感量表

《幸福感量表》由汪向东等修订后形成,包括对健康的担忧、精力、对生活的满足和兴趣、犹豫或愉快的心境、对情感和行为的控制、松弛与紧张 6 个因子,共 33 个项目,该量表用来评价受试者对幸福的陈述。该量表的 Cronbach's α 系数为 0.876,重测信度为 0.835。

(三)研究程序

本研究通过花艺制作及花艺制作隐喻下的园艺活动进行干预,每周开展一次,每次 2 小时,连续 10 次。在干预结束一周后,对学生进行后测。研究的过程是"前测→干预→后测"。

(四)花艺制作为主要方法的园艺疗法干预

1. 走进植物,感受生命(第 1～3 周)

参观学校景观和温室基地,认识和了解校园里的植物,感受大自然的魅力,从大自然中吸取能量,感受生命的坚强和脆弱。通过"我的植物自画像"活动、观察种子发芽等活动让同学们走进植物,了解生命生长的过程,认识生命适应力的强大,从而感受生命。

2. 花艺制作,感悟生命意义(第 4～8 周)

通过对水培植物、常春藤等相关园艺种植的认识,引导学生觉察自己的挫折体验,以及应对方式,提高学生应对挫折的能力。通过多肉植物、椒草扦插,花束、花篮、胸花、秋叶等花艺制作,引导学生感受植物的智慧和生命力的顽强,同时认识生命的多姿多彩,发现生命的美好。人生是波澜起伏的过程,接纳生命中的挫折与沮丧,都是生命中正常的一部分,学习发现和转换生命意义的方法。对花艺制作的隐喻进行体验、感悟:鼓励学生全面地、客观地认识自我,努力发展自我、悦纳自我,从而感悟生命意义与价值,学会热爱生命、尊重生命。

3. 绘制生命之花,提升生命意义(第9~10周)

通过"我的生命线"活动,记录过去,把握现在,规划未来,引导学生感受生命的长度、体验生命的宽度。生命的价值不仅是存在,更重要的是实现生命的价值。生命就像一棵树,具有无限的可能性。通过绘制枝繁叶茂的生命之花,探索当下可以做什么,提升生命意义以及积极应对挫折的能力,学会挖掘自身所拥有的积极心理品质和自身资源,提升面对未来生活的勇气。

(五)数据处理

采用 EipData3.1 统计软件录入数据,利用 SPSS24.0 统计工具对收集到的有效数据进行统计分析。

二、研究结果

学生通过花艺制作隐喻下的园艺疗法进行干预后,学生前测分数与后测分数在抑郁、生命意义感、正性情绪、负性情绪、总体幸福感上存在显著差异,后测在抑郁量表、负性情绪量表上的得分低于前测得分,后测在生命意义感、正性情绪、总体幸福感上的得分高于前测得分,说明经过干预后,学生的抑郁等负性情绪得到显著缓解,学生的情绪状态和生存质量上显著提升,正性情绪增多。具体数据分析见表2。

表2　入组学生前测和期末测验在各量表得分的差异检验(n=30)

	前　　测		后　　测		t
	M	SD	M	SD	
抑郁	68.46	7.55	50.33	8.35	8.49***
生命意义感	40.33	10.08	47.57	10.42	−3.32***
自我效能感	20.43	5.10	23.90	7.12	−2.18*
正性情绪	26.90	5.98	32.40	6.96	−3.30**
负性情绪	30.37	6.22	24.87	6.79	3.04**
总体幸福感	71.73	11.51	79.43	12.35	−2.57**

注:* $p \leqslant 0.05$;** $p \leqslant 0.01$,*** $p \leqslant 0.001$。

通过花艺制作及花艺制作隐喻下的园艺活动,学生普遍感到自己在情绪调节、人际关系、学业等方面发生了积极的改变。其中,近94%的学生认为自己在情绪调节方面发生了积极改变,90%的学生认为自己在生命意义感方面发生了积极的改变,60%以上的学生认为自己在人际关系、学业压力、自我价值感、直面挫折与压力的能力方面发生了积极改变,在饮食睡眠上发生积极改变的学生为40%,在恋爱关系上发生积极改变的有26.7%。具体课程评价情况见表3。

表3　园艺疗法干预中的积极改变情况(n=30)

项　目	n	百分比
情绪调节	28	93.30%
人际关系	18	60.00%
学业压力	23	76.70%
恋爱关系	8	26.70%
自我价值感	20	66.70%
生命意义感	27	90.00%
直面挫折与压力的能力	18	60.00%
饮食和睡眠	12	40.00%
其他	4	13.30%

三、研究讨论

本研究中,花艺制作隐喻下的园艺疗法对改善学生情绪质量的有效方法,这与以前的研究结果一致。花艺制作活动通过增强同伴间的理解和合作,提高学生的情感识别和表达能力,从而分享情感体验,提升人际交往水平。

在接受10次花艺制作隐喻下的园艺疗法干预后,学生的生命意义感和自我效能显著提高。Han报告说,园艺活动加强了学生的自尊、自立和自我效能。Kwon等人还指出,参加园艺活动可以提高学生的自我效能感和学习动机。

花艺制作隐喻下的园艺疗法对提高学生的心理弹性是有效的。研究表明,在自然环境中,压力减轻和生理恢复得到改善。与非环境友好型校园的学生相比,拥有友好型环境的学校的学生往往表现出更高的心理弹性。此外,贴近自然环境已被证明可以缓解压力并提高心理稳定性。从性别的角度来看,女生的心理弹性水平显著提高,但男生由于数量较少没有统计学意义。这一结果可能是由于女生在成长过程中更容易受到来自外部刺激的压力的影响,如学业、家庭问题、与朋友的关系等。

综上所述,花艺制作隐喻下的园艺疗法提升大学生心理健康的效果,结合提升生命意义认知可进一步维持和增强干预效果。通过培养学生对自然的欣赏、与植物接触(花艺制作)为主要活动的心理干预能促进积极的情绪状态,增强情商和社交能力,提升对生命意义的认识、感悟。

四、对策建议

(一)园艺疗法拓展大学生心理健康教育新思路

园艺疗法与心理健康的融合,使得学生在与娴静的植物进行交流时与其建立良好的关系,感悟到生命的顽强,体验到自我的价值,感悟到生活的美好,并以积极向上的心态对待生活。

与此同时,区别于个体心理辅导,围绕花艺制作隐喻下的园艺疗法所开展的团体心理辅导可以有效改善学生的情绪状态、心理弹性、人际关系和自我效能方面的心理稳定性和社会情绪能力。由此可见,将花艺制作隐喻下的园艺疗法融于大学生心理健康教育中能够有效提升存在简单情绪问题或低自我效能、低生命意义感的学生的心理品质,提高对心理问题学生的干预效度。

(二)园艺疗法为学生心理咨询服务开辟新路径

在心理咨询的不同阶段,可以结合园艺疗法辅助辅导。在咨询的初期,让学生以植物进行隐喻或者从事相关的园艺活动,搜集学生的人格、情绪等方面资料,全面了解其当下状态,创造安全接纳的咨询关系;在咨询中期,以积极的视角引导来访者在安全的、支持的关系中去体验,逐渐改善其不合理的信念,增强其内心力量;在咨询的结束阶段,和来访者一起回顾,分享感悟。来访者可通过对自己养护的植物产生情感与认同,增强其对生命及生活的热爱,进而引导其体验生命的价值,提升其内在的精神力量。

五、结论

运用花艺制作隐喻下的园艺疗法能够加强学生与自然的情感联结以弥补社会联结的缺失,缓解压力,也能使学生从自然中体会生命的意义,找到自己的目标和价值,提高心理弹性和自我效能感。花艺制作实践操作活动可以锻炼学生的动手操作能力,丰富校园生活,使学生感受自然和生活的美好,降低抑郁等消极情绪,形成积极健康的人生观和世界观。

参考文献:

[1] 章俊华.landscape 思潮[M].北京:中国建筑工业出版社,2008.

[2] 李树华.尽早建立具有中国特色的园艺疗法学科体系(上)[J].中国园林,2000,(3):17‒19.

[3] 梁广东,石凌云.园艺疗法在大学生心理健康教育中的运用探析[J].锦州医科大学学报(社会科学版),2018,(1):60‒62.

[4] 杨利利,丁闽江.园艺疗法在中医药院校大学生心理健康教育中的创新实践[J].锦州医科大学学报(社会科学版),2019,(6):85‒87.

[5] 陈晓,王博,张豹.远离"城嚣":自然对人的积极作用、理论及其应用[J].心理科学进展,2016,(2):270‒281.

[6] 李永玲,桂枝,厉枫.园艺疗法在大学生积极心理品质提升中的应用[J].心理学进展,2021,11(9):6.

[7] 黄瑜勤,颜庆璋.园艺疗法在国内的发展现状与应用前景[J].现代园艺,2017,(23):51‒53.

[8] 黄晓旭,马博涵,张丽芳,张培.园艺疗法在园林与旅游学院在校大学生心理健康状况改善中的应用

探索——以河北农业大学为例[J].河北林业科技,2018,(4):14-17.

［9］ Steger, M. F., Kashdan, T. B., Sullivan, B. A., & Lorentz, D. Understanding the Search for Meaning in Life: Personality, Cognitive Style, and the Dynamic Between Seeking and Experiencing Meaning[J]. *Journal of Personality*, 2010, 76(2): 199-228.

［10］ Howell, A. J., Passmore, H. A., & Buro, K. Meaning in Nature: Meaning in Life as a Mediator of the Relationship Between Nature Connectedness and Well-Being[J]. *Journal of Happiness Studies*, 2013, 14(6): 1681-1696.

［11］ Mustaffa, S., Aziz, R., Mahmood, M. N., & Shuib, S. Depression and Suicidal Ideation among University Students[J]. *Procedia - Social and Behavioral Sciences*, 2014, 116(1): 4205-4208.

［12］ Swami, V., Barron, D., Weis, L., & Furnham, A. Bodies in nature: Associations between exposure to nature, connectedness to nature, and body image in U. S. adults[J]. *Body Image*, 2016, 18: 153-161.

［13］ Han M. Effects of Horticultural Therapy for Children With Intellectual Disabilities Family Relationships of the Family-Focusing on the Application of Family Systems Theory [D]. *Yong in: Dankook University*, 2014.

［14］ Kwon H, Lee N, Cho S, et al. A study on the effect of the horticultural activity program on the learning motivation of elementary school students and their self-improvement[J]. *Korean J Hortic Sci Technol* 2017, 2017: 227.

［15］ 戴晓阳.常见心理评估量表手册[M].北京,人民军医出版社,2010.

表达性艺术团体治疗在离异式单亲家庭大学生情绪管理中的应用

何冬妹

辽宁科技大学

【摘要】 表达性艺术团体治疗是表达性艺术治疗的团体模式,即在团体架构中,以音乐、绘画、心理剧、沙盘游戏等为载体,探索学生的情绪问题。在表达性艺术团体治疗中,学生通过多种艺术形式,整合心理资源,安全、合理地表达自己的情绪,借助艺术创作活动提升对自我情绪的深层次察觉,探索自身的内在能量,提高自我情绪管理能力。

【关键词】 表达性艺术;团体治疗;情绪管理;有意识宣泄;觉察

一、表达性艺术治疗的概述

1. 什么是表达性艺术治疗?

表达性艺术涵盖了视觉艺术、动作、戏剧、音乐、写作等,举凡能促进个人成长及小区发展的创造历程都属之;表达性艺术治疗是鼓励心理学、组织发展、小区艺术、教育等多元取向的结合。借由这些艺术历程的整合,且允许艺术历程相互的流动,以此获得自我内在资源,带来疗愈、厘清、启发及创造力[1]。

如果从传统精神分析理论的角度来看,自我表达是精神世界中超我的投射,但自体心理学派的创始人科胡特却把自我表达定义为在生活体验中建立对自我的抽象认识。即通过表达将内心无法用语言表达的、暧昧的、模棱两可的事物呈现出来。在表达与艺术创作过程中可以照顾到很多自己内在的情绪、想法、感受,用这种安全的表达方式宣泄出来,它的力量是很强的,它的信息也是直击人们的内心的。

2. 表达性艺术治疗能做什么?

研究发现,很多长辈由于年龄的原因,他们在自己的身上越来越看不到希望,可是通过艺术创作,他们看到了一个全新的自己,发现自己可以做很多的各种各样的事情,能够再一次感觉到从生理到心理的年轻。

离异式单亲家庭的学生受原生家庭的影响,他们常常自我否定,找不到自己的定位。通过这种自由的探索,他们就会找到一个安全的出口,使自己越来越有自信,脸上就会展现笑容,在艺术创作中,他们会试图忘记心理上的不舒服,获得很多的心理安慰,还能够处理一些小时候未能完成的心愿。美国艺术治疗创立者玛格丽特·瑙姆伯格认为,个体通过绘画的形式把被压抑的冲动表达出来,这使得无意识层面的东西进入了意识层面就能被了解,从而出现真正的和持久的改变。

艺术创作是学生潜意识的表达。潜意识是一个很有趣的东西,它隐藏在我们的意识下面,平常我们看不到,摸不着,但是却时时刻刻受到它的影响,就像弗洛伊德用的比喻,它就是一座冰山,在海平面上的这个冰山只是冰山一角,这是我们可见的意识。但冰山的下面体积非常庞大,这便是我们的潜意识。我们太多的想法、行为和情绪都被潜意识左右。在表达性艺术创作中,作品作为一种象征物,潜意识会通过作品的投射告诉我们平常不被理解的事情。

二、表达性艺术团体治疗的优势

表达性艺术团体作为艺术治疗的团体形式,即在团体架构中,通过音乐、绘画、心理剧、沙盘游戏等,探索个人的问题与潜能,达到整合心理资源,恢复身心平衡,促进心理健康发展的目的[2]。

研究表明,表达性艺术团体治疗,在心理障碍的干预中有着独特的治疗效果,且与传统团体心理治疗模式相比较,有更大的优势。

1. 多媒介并用,使学生的内心世界得以深层次澄清

心像(image)是连接意识和潜意识的事物,即是我们内在世界的内容。在表达性艺术团体治疗中,学生们通过视觉艺术、戏剧、音乐、沙游、动作、写作等媒介,把潜意识中的事物呈现出来,这些媒介可以在团体中灵活运用,换句话说就是用多种刺激元素作用于学生,使之在自己与自己、自己与他人关系的相互作用下,自发性地将自己的内在世界用可见的形式呈现出来。当然此时被呈现的心象并没有完全结束整个过程,通过觉察和分享,它还要再次回到学生深层次的世界中,然后再度被表达出来,这便完成了人的意识与潜意识的连接,学生的内心世界能够得到进一步的澄清。

2. 自由的创作,为学生提供了一个更包容的疗愈空间

艺术活动本身是具有创造性的。在团体中采用自由的创作形式,会让学生们的想象力得到最大限度的发挥。正如荣格理论中所阐述的,积极的想象力可以提升自我疗愈的能力。而艺术本身又具备价值中立的特点,因为学生创作的作品也是具有隐蔽性和象征性的,完全不会受到社会道德的约束,所以他们会大胆地把那些平日里不被接纳的东西充分释放出来。这使得团体更具备了安全和包容的氛围,这种包容性和安全感促使学生释放内在的情绪情感及冲动。同时面对作品,也会不断梳理和整合自己的感受及感悟。

3. 潜意识的投射明显降低了学生们来自语言上的自我防御

精神分析理论认为,个体在遭受不被自己或者他人接受的不愉快体验时,会采用一定的防御方式来缓解内心的冲突,其中一种防御方式就是投射。在艺术创作中,学生会将那些不愉快的经验或者不被接纳的情绪情感诉诸作品,即让感情自发地从潜意识中释放出来,以缓解自身的焦虑。尤其是当团体的领导者或者其他成员给予其作品高度关注时,学生就会接受自己创作中反馈回来的信息,一旦当他们意识到他人的镜像作用时,他们的创作活动就会变得更加积极,他们会借助分享和讨论作品的过程,流露出真情实感,放下所有的防御,表达出最真实的自己。

4. 表达的整合,进一步增强了学生的疗愈效果

在表达性艺术团体治疗中,学生们借助视觉图像、身体雕塑、沙游、写作、戏剧等方式来探索自己的内心世界。他们努力地想象创造出一件件自己满意的作品,于是艺术作品的生成,促使学生与自己内心深处相连接,而整个的创作过程便是对学生自我经验、情绪情感、心理资源的整合过程,在这一过程中,他们能够重新认识和体验自己的生命过程,完成内在的自我整合,大大增强了团体的疗愈效果。

三、在表达性艺术治疗团体中学习情绪管理

离异式单亲家庭的学生,在情绪上容易呈现两种极端的表达方式,一种是愤怒,另外一种是压抑。很多离异家庭的孩子在原生家庭中耳濡目染了父母吵架甚至暴怒的处理问题方式,因此愤怒也成了他们习得的一种处理问题或冲突的方式。他们在与人相处的过程中非常敏感,不知道被别人的哪一句话戳中就会突然爆发,情绪激动;而且很有可能自己却意识不到这种情绪的发泄,但结果是既伤到了别人,也伤到了自己。还有,当父母之间的冲突和矛盾逐渐升温,孩子常常会产生一种自责,他们认为是自己不够好,才导致父母之间的矛盾与冲突。所以他们即便有不愉快的体验时,也会尽量压抑,不去表达,尽量让父母满意。即便是他们内心充满了不良情绪,他们仍然认为自己的情绪是不能有的、不适合的、不能表达的。长此以往,便形成了压抑自己情绪的习惯。

如果说情绪管理也有一个从低到高的水平之分的话,那么,就应该是从无意识的压抑或发泄到有意识的宣泄与表达,再到有意识的觉察与成长。因此,表达性治疗团体的目标就是让学生学会正确地宣泄与表达情绪、察觉与梳理情绪。

1. 有意识的宣泄与表达

有意识的宣泄与表达,即是让学生意识到自己的情绪,然后选择一种方式去宣泄和表达。与无意识的情绪宣泄相比较,有意识宣泄与表达的最大好处就是在于他们知道自己是有情绪的,也知道自己是怎样表达的,更知道这样表达的原因在哪里,甚至还可以适当调整表达的效果,这样情绪就变得可控了。在表达性艺术治疗团体中可采用如下方式:

（1）情绪涂鸦。情绪涂鸦是引导学生用色彩去表达自己的情绪。团体的活动主题设计为"情绪波动，身体知道答案"。在团体活动中，教师首先为学生提供一张人体轮廓图像，在讨论完"当我们愤怒时，身体会怎样感受"之后，再请他们用色彩在身体的相应部位涂鸦。学生们大都在人体的头部、心脏、手部、脚部涂上了红色，还有的同学在手臂和腿部用红、黄、蓝三色以密集混乱的线条加以描述，尤其是在心脏部位加重了描画。甚至有的同学把整个头部都涂上了红色，身体的部分用黑色涂满，只留出几块儿白色的菱形做点缀。学生说，愤怒时，好像自己的整个血液都充满了头部，而整个身体是冰冷的麻木的，那种感觉真的是很难用语言来形容。当他们重新审视和分享这些作品时，内心感到轻松了许多，也放下了许多。

（2）绘画创作。绘画是被压抑的情绪情感的有意和无意的表露。绘画创作为学生们提供了一个直观的、深刻的安全通道，将内心压抑的情绪情感形象化，用一种更生动、更易于接受的方式宣泄出来。如，主题画"我的故事"是让学生来创作一幅六联画，加上封面和封底，一共是八幅，组成一本属于自己的小小书。一名学生讲述了他的特殊成长历程，书名《树》：子落—芽发—雨打—石破—依苗—成活。他讲述自己很小的时候父母就离异了，她一直跟奶奶一起生活，他就像是一颗从一辆急速行驶的货车上掉下来的一粒种子在路边发芽了，这个小芽经历了暴风骤雨，山石压迫，它依然坚强地破土而出，慢慢成长，最后长成了一棵枝繁叶茂、硕果累累的能为人们纳凉的大树。当他分享成长故事的时候，他满载的孤独、不安、压抑和委屈也随之被倾泻。

2. 促使学生有意识的觉察和成长

有意识的觉察和成长是情绪管理的关键，觉察便是让学生去深入分析自己的行为模式，然后通过接纳、原谅、转变等方式放下、成长。

（1）身体雕塑。身体雕塑是让学生通过肢体造型来回应他们深层次的情绪，让他们跟随自己的内在历程来帮助自己去探索内心深处的东西。在团体中，教师引导大家一起把愤怒情绪做成一个身体雕塑，把内在的情绪体验用外化的形式表达出来。学生们要通过几番讨论之后，由一名男生指导大家进行造型活动。经过几分钟的调整，学生成功地塑造了一个让人看着心疼的愤怒造型。撕扯、纠结、无奈、用尽全力、痛苦极致。这个造型让人感到了愤怒背后的恐惧和无助。教师用手机拍摄了整个造型和每个人的面部表情，当大家看到这个作品时，整个团体室的空气在一刹那凝固了，大家都感到十分震撼。

在分享完各自的感受后，又进行了第二次造型，这便是情绪转化的部分。大家最后创作出了一个动态的造型：一名学生在最里层，愤怒地用双手向上抓着，第二层几名女生做了同样的动作，最外层被其他几名男生紧紧包裹着，气氛十分紧张。慢慢地，最里层的女生双手下移托在下颌上，脸上露出笑容，几名女生的手也缓缓下落，最外层的男生手手相连，向外下腰，整个造型就变成了一朵盛开的莲花，一切都变得柔软起来。一名学生在分享中说，当愤怒情绪的张力拉伸到极致的时候，有了他人的支持与呵护,感到温暖,就会接纳和放下。

(2)诗歌创作。罗杰斯认为,通过图像和文字,我们对自己的情感行为有了更多的认识,从而获得更多的自我理解和自我认可,而诗歌创作能够帮助学生表达他们内心的喜悦、伤感、幸福与懊恼,从而帮助他们去用心回忆过去,感受现在。学生可以通过朗读或重读自己的作品,来觉察内心的情绪或矛盾冲突,从而获得反思和成长。在创诗歌创作之前,教师有意识地为学生提供诗歌的基本格式,比如我是、我感到、我触摸、我担心等等,引导学生进行创作并自我察觉,一名学生在诗中这样写道:"我是一个孤独的人,/我感到内心的寂寞,/我触摸哭泣的脸庞,/我担心我交不到朋友;/我是一个孤独的人,/我理解那些漠视我的同学,/我说我和他们不是一路人,/我梦想走出孤僻,/我会展示自己,/我希望拥有真正的兄弟。"这名大一学生把内心的孤独感真实表达出来,他来到一个陌生的城市,周围都是陌生人,他感到很孤独,需要朋友的支持,担心自己会交不到朋友。当然,我们也看到了他的觉察与成长,那就是他想要走出孤僻,尝试着展示自己,拥有真正的兄弟。

综上所述,表达性艺术治疗团体能够让学生通过多种艺术形式,安全地合理化地表达自己,借助艺术创作活动提升对自我情绪的深层次察觉,探索自身的内在能量,提高自我情绪管理能力。

参考文献:

[1] 2009年12月,国际表达性艺术治疗学会(The International Expressive Arts Therapy Association,简称 IEATA)之定义,来自网络 http://ieate.or/about.htmd.

[2] 梁黛婧.表达性艺术治疗团体对大学新生自我和谐的影响研究[J].心理月刊,2020,(22):42.

"自信训练营"对提升大学生
自信心的应用研究[①]

聂含聿[1]　刘纯姣[1]　孔祥阳[2]　任　悦[1]

1 上海立信会计金融学院　2 清华大学

【摘要】目的：当代大学生存在对未来缺乏信心的现象,本研究设计为期 10 天的线上"自信训练营",用以帮助大学生提升自信心,以更好的心理状态迎接未来。方法：通过公开招募,自愿报名的方式,共招募上海高校大学生 34 人。训练营通过每日音频课程、每日小确幸打卡、2 次线上团体辅导、录制优势自我介绍视频等方式进行。在开营前和结营后,测量《自尊量表》和《自信心主观评估调查表》,采用配对 T 检验等方法进行数据分析。结果：《自尊量表》,前测 28.03 ± 4.10,后测 32.26 ± 3.91, $t = 43.94$, $P <$ 0.001；《自信心主观评估调查表》前测 25.82 ± 4.10,后测 30.76 ± 4.65, $t = 6.036$, $P < 0.001$,结果具有极其显著性差异。结论：线上"自信训练营"对于提升大学生自信心效果显著,可以尝试推广。

【关键词】自信训练营；提升；大学生自信心

自信,英语为"self-confidence",从字面解读为"相信自己"。国内外研究者对于自信的定义有不同论述。马斯洛早在需要层次理论中提到过,认为自信是自尊需要得到满足时,个体产生的情感体验[1]。库伯·史密斯曾提出："自信是个体积极的主观评价,认为自己有能力、有价值。[2]"罗森伯格认为自信是对自我的肯定[3]。Branden认为自信是感受幸福能力的一种判断[4]。车文博认为自信是相信自己能力的一种我意向[5]。黄希庭认为自信是个体对过往成功经验的总结[6]。笔者认为,自信是一种积极自我表达,充分肯定自己的自我价值,是一种高自尊的体现。

自信对于大学生十分重要。早在 2000 年孙时进的研究发现,大学生不自信表现在自我要求高、不适应大学生活、缺少锻炼等[7]。涂春华在 2020 年的研究中提到,大学生缺乏自信的 5 大表现：身心不自信、学习不自信、人际交往不自信、综合素质不自

① 项目名称：上海市高校职业生涯发展培育工作室—玉心坊职业心理与礼仪工作室研究,项目编号：沪教委学【2021】51 号。

信、缺乏自我价值感[8]。大学生是国家未来的栋梁之材,心理育人又是高校对培养人才的重要环节,如何提升我国大学生整体的自信心水平,显得尤为重要。

本研究基于积极心理学的理论基础,研发为期10天的线上课程"自信训练营",用以尝试帮助大学生提升自信心。

一、研究对象与方法

（一）对象

我们通过公众号发布信息,共招募34名上海市大学生($n = 34$),年龄分布在20 ± 2岁,其中男生20人,女生14人,分别来自上海立信会计金融学院、上海第二工业大学、上海海关学院、上海电机学院、上海应用技术大学、上海师范大学。

（二）研究方法

1. 研究工具

（1）《自尊量表》(self-esteem scale,SES)。该量表是由罗森伯格于1965年编制的,最初用以评定个体关于自我价值和自我接纳的总体感受的量表,目前是我国心理学界使用最多的自尊测量工具。该量表由10个条目组成,分四级评分,1表示非常符合,2表示符合,3表示不符合,4表示很不符合。总分范围是10～40分,分值越高,自尊程度越高。该量表简明、易于评分,已有广泛应用,是对自己的积极、消极感受的直接评估。Cronbach α 重测系数为0.834。

（2）《自信心主观评估调查表》。该调查表由团队自己编制,作为《自尊量表》的补充调查表,该表共13题,对于自己主观的幸福感、自信心、生活掌控感的内容进行调查。Cronbach α 系数为0.803。

2. 干预方法与过程

对所有被试学员进行《自尊量表》《自信心主观评估调查表》前后测量,随后开展为期10天的训练内容,主要分为:原创每日音频课收听、线上自信心团体辅导培训2次、每日小确幸打卡(连续10天)、优势自我介绍视频录制。

（1）前测量表。在被试开始培训前,进行《自尊量表》《自信心主观评估调查表》前测。

（2）开发设计10节原创音频课程。被试每天收听自信音频课程,共10节课10个主题,每节课程10～15分钟。该课程基于积极心理学理论研发而成,考虑到音频传播的便捷性,该课程录制成音频模式。

（3）线上自信心团体辅导培训2次。培训均使用腾讯会议,第一次在训练营第1天开营仪式,第二次在训练营第5天,每次时长3小时。培训教师具有10年团体辅导经验,培训课程通过自信的眼神、自信的声音、自我优势探索、优势自我介绍演示、线上小组模拟演练等多项内容。

（4）每日小确幸打卡。通过小打卡的软件收集,共打卡10天,打卡内容通过记录每天发生的快乐的、感人的、有趣的、助人的等能带来积极情绪的事件,提升自我效能感、增强积极情绪。

（5）优势自我介绍视频录制。培训后,被试学员根据自己的优势、特长进行录制,自我介绍中通过故事、案例等突出自己的优势。

（6）后测量表。培训结束后,进行量表《自尊量表SES》《自信心主观评估调查表》后测。

3. 统计方法

本次研究使用SPSS26.0软件,对量表进行表述统计。

二、研究结果

（一）《自尊量表》前后测对比结果

《自尊量表》前后测结果具有统计学意义,且具有显著性差异。量表后测平均分较前测高4.23分,且34名被试中,有2名前后测结果一样,1名前测高于后测,其余31人后测结果均显著高于前测,说明训练营参加后被试学员自信心提升效果显著。

（二）《自尊量表》男女生前后测对比结果

男女生在《自尊量表》前后测中的数据也具有统计学意义,且呈显著差异。男生在训练营开始前分数低于女生,在训练营结束后明显高于女生。男生在本期自信培训中效果优于女生。

（三）《自信心主观评估调查表》前后测对比结果

自信心主观评估调查表前后测结果具有统计学意义,且具有显著性差异。量表后测平均分较前高4.94分,培训结束后,被试学员在自信心主观评估调查表中显示效果明显。

（四）《自信心主观评估调查表》子分类项目前后测结果对比

在该量表中,我们又测试了幸福感、主观自信心、自我掌控感三个子分类项目,结果均呈现显著性差异,可见训练后,被试的主观幸福感、主观自信心、自我掌控感均有所提升。

（五）自信训练营结束后的自我评价

训练营结束后,我们统计了被试学员的自我评价:"我很强""每一步都算数""感谢这个机会""首先爱自己""掌握自己才能改变""开心每一天,勇敢做自己""把握当下,直面生活"等等。

三、讨论与分析

《自尊量表》《自信心主观评估调查表》的前后测均显示出统计学意义,且具有显著性差异,参加完"自信训练营"后,学生们感受到的自信心提升效果明显。且男生和女生在训练结束后,男生在《自尊量表》的自信心主观感受要高于女生。本研究统计了幸福感、主观自信心、自我掌控感 3 个子项目与自信心提升的关系,结果显示呈正相关。此次数据对比效果很显著,在训练营结束后被试们自我评价很高,明显感到自己的自信提升了。

自信训练营对于提升大学生效果反馈很好,分析原因如下:

(1)从外部形态着手,让信心可视化。在日常与大学生接触的经验来看,不自信的学生外部表征比较明显:驼背、经常低头、说话声音小、沟通不敢直视对方、笑容少、自我评价较低等等。本次课程中,针对上述内容,有意识地设计眼神直视训练、微笑训练、发声训练、外部形态礼仪训练、优势探索训练等,通过线上团体辅导课程,逐一调整大家外部形态的状态,让每名被试同学通过腾讯会议视频,看到老师给每个人讲解的问题及调整过程,这样促进彼此成长。因此建议大家以后在设计自信的课程时,可以从个人的沟通技巧和外部形态方面切入,可视化、直观化,让学生们直观地看到自信状态的提升。

(2)引导学生关注自己内在优势。在个人优势探索的培训环节,直接用面试 HR 经常问的问题提问学生,"你可以迅速说出自己的三个优点和三个缺点么?"有些同学可以说出缺点,但是不能马上说出优点。引导学生们认识到,迅速说出自己的优点,也是我们自我肯定的部分。通过现场画优势树的方式,引导学生关注自身优势资源。过程中学生们重新审视自己并写出自己的诸多优势,探索从内在增强积极自我认知和自我效能感,同时提升自信心。

(3)透过积极视角触发积极情绪。每日小确幸打卡是基于积极心理学理论设计的,通过关注每天发生在自己身上的积极事件,从积极认知层面、积极视角看待周围生活环境。虽然环境没有发生变化,但是我们看待问题的角度和心态发生变化,我们对于生活的自我掌控感也会增强,增强了自我积极情绪。

(4)设置成长陪伴者、见证人——助教。训练营设置了助教陪伴环节,每名助教带领一个小群,平均 7 人一组,在 10 天中陪伴大家一起进行任务打卡和任务收取,并把打卡内容每日分享到小群中,因此每个人的成长过程是有陪伴、有见证的,这种被看见、被认可、被支持的感觉也会促使被试们积极完成打卡任务。这个过程也增强了学员黏性及完成任务的信心。

"自信训练营"项目已经成功运行 6 期,辐射全国 580 名大学生,可以尝试继续推广给更多大学生。

参考文献:

[1]教育部应对新型冠状病毒感染肺炎疫情工作领导小组办公室关于在疫情防控期间做好普通高等学校在线教学组织与管理工作的指导意见(教高厅)〔2020〕2 号. http://www.beijing.gov.cn/zhengce/zhengcefagui/202002/t20200206_1625521.html,2020‐2‐26.

[2]教育部办公厅关于印发高等学校、中小学校和托幼机构新冠肺炎疫情防控技术方案(第六版)的通

知国卫办疾控函〔2022〕36 号.〔R〕.http：//www.gov.cn/zhengce/zhengceku/2022-08/27/content_5706996.html.（中华人民共和国中央人民政府）2022－8－24.

［3］纪运景，来建成，宋旸，严伟，王春勇，王清华，李振华.基于量表评价法的理工科课程线上教学考核方式探索［J］.物理与工程，2022（02）.

［4］郎文霞.疫情防控期间线上教学的利与弊分析［J］.产业与科技论坛，2021.20（6）

［5］【美】马斯洛.动机与人格［M］.华夏出版社，200－201.

［6］Coppersmith，S. The antecedents of self-esteem［M］.SanFraneiseo：Freeman.1967.

［7］Rosenberg. M. Conceiving the Self［J］.New york，NY：Basic Books.1979.

［8］Branden. N. The six Pillars of self-esteem［M］. Newyork：Bantam books.1994.

［9］车文博.人本主义心理学［M］.浙江教育出版社，2003：90－95.

［10］黄希庭.人格心理学［M］.浙江教育出版社，2002：200－209.

［11］孙时进，范新河，刘伟.团体心理咨询对提高大学生自信心的效果研究［J］.心理科学，2000（01）.

［12］涂春华.当代大学生自信心缺乏现状分析及对策研究［J］.才智，2020，（8）：118－119.

［13］张奕蕾.缺乏自信心的大学生现状及教育对策［J］.科技风，2010，（2）.

［14］梁筱梅.大学生自信心现状及对策［J］.淮北煤炭师范学院学报（哲学社会科学版），2006，（2）：139－141.

易学思维对现代心理咨询认知技术的探索与应用

杨　敏

上海公安学院

【摘要】《周易》是中国最古老的一部文化典籍。其中,蕴含着丰富的心理学思想,其象辞、卦辞和爻辞等所运用的隐喻、象征与心理学潜意识所表达的最原始的认知一脉相通,具有改变思维方式和心理暗示功能。因此,从隐喻认知视角来研究和探索《周易》中的哲学理念,对于弘扬中国传统文化,推动现代科学技术和社会发展,尤其对现代心理咨询发展具有启示意义。

【关键词】隐喻;周易;心理咨询;认知技术

一个民族的兴盛除了综合国力强大的以外,更重要的则是对其传统文化的传承与发展。《周易》是我国传统文化的瑰宝,是中国最古老的一部文化典籍。自古以来被誉为中国传统文化的群经之首和源头活水,也是中国传统文化中儒家和道家的思想渊源。在中华文明的发展史上,《周易》对中国文化和社会发展产生了巨大的影响,对我国当今诸多领域都有巨大的影响与深刻的指导意义。《周易》中蕴含着丰富的心理学思想,尤其是《周易》中象辞、卦辞和爻辞等所运用的隐喻、象征,具有改变思维方式和心理暗示的功能。因此近年来备受心理学界的关注,产生了一批研究成果。瑞士心理学家卡尔·古斯塔夫·荣格在多年研究《周易》之后,评价其是一个取之不尽用之不竭的智慧源泉。

《周易》语义古奥、晦涩难懂,主要原因是其中蕴含诸多隐性话语。这种隐曲之意的表达是古人隐喻思维模式的表现。以传统的观念来讲,隐喻是一种比喻,是用一种事物暗喻另一种事物。现代隐喻研究的观点认为,隐喻不仅是一种语言的现象,还是一种通过语言表达出来的对世界各种事物认知的思维模式,是在对某类事物特征的暗示下去感知、想象、理解、体验甚至讨论另一类事物的心理、语言和文化行为。因此从隐喻认知视角来研究和探索《周易》中的哲学理念,对于弘扬中国传统文化,推动现代科学技术和社会发展,尤其对现代心理咨询发展具有深远的启示作用。

一、《周易》"天人合一"的哲学理念

《周易》中含有我国最早出现的"天人合一"的哲学理念。孔子作《易传》深刻发掘和发展了这些观念并形成了系统的思想。《周易》中包含的"天人合一"哲学理念,在我国传统的"天人合一"思想系统中占有至关重要的地位。天、地、人是《周易》中最重要的三个概念,《周易》的哲学思想无不通过天、地、人三个概念构成的命题表达出来。譬如,被称为天下第一卦的"乾"卦。

在《周易》六十四卦中,乾为纯阳之卦,坤为纯阴之卦,集中体现了天人合一、阴阳哲学的基本原理,称之为"乾元""坤元",其他六十二卦都是通过"乾元""坤元"不同的排列组合派生而成的,所以作为深入理解易道的关键,置于全篇之首六爻皆为阳爻。乾卦卦象为天,卦辞是"元亨利贞"。《象传》通过对卦辞的解释,把"元亨利贞"提炼为四个哲学范畴,称为乾之四德,论述天道运行的规律,并且推天道以明人事,启示人们根据对天道的认识来确立社会政治管理的理想目标。

著名学者曾仕强先生根据人生的发展历程和事物的发展规律,将"乾"卦的六爻一一对应为人生和事物发展的六个阶段:第一个阶段对应的是乾卦六爻中的初九,爻辞为"潜龙勿用",在这个阶段关键要学会用好这个"潜"字。意味要潜藏起来,暂时不要过多地表现。在人生的第一个阶段,人的能力还很有限,需要先潜藏,积蓄更大的能力,蓄势待发。如果急于表现往往事与愿违,给人以轻率的印象。第二个阶段对应乾卦中的"九二",爻辞为"见龙在田,利见大人",一个人积蓄了足够的能量待时机成熟便要表现一番,所以在这个阶段关键要伺机"见"(同"现"),当机遇出现时,如果我们能适时好好地表现,就有机会得到"伯乐"的赏识,有助于更好地发展。第三个阶段叫"惕",警惕的意思。对应的是乾卦中的"九三",爻辞为"君子终日乾乾,夕惕若厉,无咎",可以理解为一个人没有太多表现,偶尔不警惕犯点小错当然无伤大雅,但是一旦表现,如若再不警惕,随着时间的推移,那些在我们身上被靓丽的外衣遮掩的缺点就会慢慢暴露出来,进而威胁到自己。第四个阶段叫"跃"。对应乾卦的"九四",爻辞为"或跃在渊,无咎"。意思就是你要想办法,找机会去跃登龙门。一生一世就等这个机会,看看跃不跃得过去。一登龙门,就身价百倍,就能"飞龙在天",要是跃不过去掉了下来,那也无怨无悔。第五个阶段,也是人生中最重要的一个阶段,通常也是人生的转折点——"飞"。对应乾卦中的"九五",爻辞为"飞龙在天,利见大人",理解为这个阶段是人生最耀眼之时,因为经历了前面四个阶段的磨砺和考验,终于达到了人生的顶峰。当然,此时也要摆正位置,如果面对取得的成功,妄自尊大、目空一切,忽视上面的"大人",就会进入"悔",也就是第六个阶段——乾卦中的"上九",爻辞"亢龙有悔"。飞龙在天,很荣光,可是《周易》中的哲学不断在用隐喻提醒我们,物极必反,居高盈满是不可能长久保持的,当发展到第五个阶段的时候,大概要适可而止了。我们的人生看似复杂多变,但在《周易》看来却是有一定的规律可循。

因此,自然界有客观性的普遍规律,人的活动也有客观性的规律,人要服从于普遍规律,这是《周易》"天人合一"观念的核心观点。《周易》把天、地、人视为一个统一的整体,认为它们各自呈现出自身的具体规律,这就是天道、地道和人道,即三才之道。由此出发,认为衡量人们的行为正确与否,就要看它是否与天地之道相合。人的规律与天的规律有着同样的客观性,人也要服从于普遍规律。指导人们如何在不违背客观规律的前提下充分发挥主观能动性,来争取最好的结果,即达到主体和客体的高度统一与和谐。人生的最高理想是天人和谐,即达到主体与客体的高度统一,这是《周易》"天人合一"思想所追求的最终境界。

二、对现代心理咨询的启示

现代心理咨询主要是一对一的个案咨询,当然也有团体心理咨询。在心理咨询语境中,咨询师不仅要关注咨询实践活动的每个环节,还要对此实践活动进行相关的理论对照和应用,这里所述的"理论"不仅仅指某个具体的心理咨询理论或是隐喻理论,而且包括了与人的意义相关的所有理论,如伦理道德、言辞表意、人格尊重、人文价值等综合的理论。实践过程中,当理性无法言说或言说不能表达其意义的时候,我们只能通过隐喻来把握其精妙的含义,隐喻在心理咨询实践过程中有着非常重要的意义。然而,如果对这种理论思考没有把握到位,就会影响整个咨询过程,甚至导致咨询无效,无意中伤害到来访者。笔者在以往针对大学生就业心理问题开展个案咨询时,就多次根据个案个性特点和成长历程,运用《周易》"乾"卦的隐喻意义开展认知构架的重塑预设。在咨询过程中,当一个来访者叙述既想谈恋爱又怕受伤害时,咨询师就可以以隐喻的方式来表达自己欲要说明的深层含义,让来访者领悟此含义。例如,咨询师可以跟来访者说:"如果你很想吃长在树上的苹果,但会有摔下来的危险性,你该怎么办?"当然,任何人都可以明白,咨询师并不是真正想让来访者去摘苹果,而是通过这样一个简单的隐喻让来访者明白其中的寓意,自己去领悟,然后进行选择,最后走出心灵的迷区,隐喻的意义就彰显出来。

（一）用"隐喻"敲开咨访关系之门

在咨询过程中,通常认为建立良好的咨询关系是心理治疗的基石之一。充满信赖的咨询关系会让来访者感到安全和被接纳,伴随着这样的心理支持,来访者会自信面对只属于自己的世界,而且可以随时打开伤口,接受与自己信念价值完全不同的价值观的挑战。实践中,很多来访者在找到咨询师之前其内心已经挣扎许久,同时,对于某个出现的问题或状况又不便向其他人表述,但由于心理咨询本身的特点,在心理咨询过程中需要对来访者隐藏在内心的"秘密"进行挖掘与探索。这些"秘密"极有可能是来访者出现困扰的一个关键点,这就需要咨询师在咨询活动中对来访者的这个"秘密"保持极大的"兴趣"与"关注"。隐喻在咨询实践中的运用恰恰可以提供给人们一种不会感觉到被威胁或被强迫的自主感受的氛围,这样就会无意识地拉近彼此的距离。因为隐喻的本质倾向于在不同感觉、经验和认识领域中发现相似之处，隐喻者由此会产生"似曾相识"的感觉，而心灵在观察熟悉的对象时往往因"轻车熟路"而感到轻松自在。此外，当咨询师与来访者关注一个共同的话题时，二者的关系就建立起来。在互动过程中，二者的注意力非常集中，除了语言还通过眼神等隐喻性表达进行交流，这不但可以增加咨询师与来访者的信任感和亲密感，而且还可以建立良好的咨询关系，这是咨询成功的前提。

（二）用人文主义贯穿咨询全过程

人文主义是周易哲学传统的一个重要特色，强调的是"内在的人文主义"，象征着"生生不息的万物一体"体现人与天地万物的内在关联。现代心理咨询同样注重人本主义，尤其在咨访关系的建立初期，要求咨询师全神贯注，充分关注来访者内心需求。在心理咨询过程中来访者与咨询师在言语与非言语层面做无意识或有意识的同理反映，况且人的需求与其期待息息相关。当咨询师的暗示与来访者的价值体系相冲突时，来访者便会以强烈批判的防御态度予以抗拒。许多来访者由于在接受咨询之前曾受到许多人的劝说，他们会对这些劝说产生一种本能的"抗体"，因此这些劝导是没有产生效果的。更大的影响是这就意味着咨询过程中任何类似的方法都有可能引起来访者的阻抗。这就需要咨询师在充分尊重来访者的基础上，以间接的方式传递促使来访者改变的信息。所以，规避阻抗能够通过来访者潜意识层面进入来访者的内在，尤其是当这些治疗性隐喻被用到当下情境时，来访者会意识到其隐含的意义，从而愿意接受隐喻的暗示。在这个过程中，来访者会主动选择与自己有关联的部分来激发自己内在的改变，达到应有的咨询效果。

（三）注重功能干预非内容干预

着重于功能干预而非内容干预是由心理咨询"助人自助"这一目标决定的。心理咨询的主要工作常常是要对来访者的"问题"进行干预，但在心理学中，一个人的价值观属于个性倾向性的内容。事实上，每个人都有其独特性，从人性上来说是要尊重其人格的。与伦理学不同，心理学只研究个体价值观的形成过程，价值观在个性结构中的地位和功能，不研究价值观的具体内容及其正确性。因此，在心理咨询与治疗过程中，价值干预不可避免，但在干预时，应着重于功能干预而不是内容干预。功能干预就是在涉及价值问题时，以对价值进行功能分析为主要话题，即帮助当事人澄清其价值追求，让当事人意识到自己有什么样的价值观，帮助当事人认识其价值观之间是否存在矛盾，必要时引导当事人，而不是代替他进行价值选择。成功的咨询者不仅能帮助当事人克服当前的心理困难，更重要的是帮助来访者在以后的工作、生活中遇到障碍，能自己独立解决，而不是依赖咨询者，如同"授之以渔"，而不仅仅授之以"鱼"。反之，若咨询中着重于内容干预，不仅有碍良好咨访关系的建立，更是违背了心理咨询的本质意义。譬如，对于初涉社会的大学生，在就业初期往往存在好高骛远等心理，其对于新进单位的人事制度、业绩考核等不满而易产生焦虑、心理不平衡等，此时咨询师可以通过对"乾"卦初九的爻辞"潜龙勿用"中的"潜"字的进行充分诠释,帮助来访者正确认识自我,正确把握初涉社会阶段的处事原则,这样既能帮来访者解决面临的心理困扰和问题,又能增强来访者自主解决问题的能力。

总之,无论是在心理咨询的理论层面还是实践层面,隐喻都是一种意义的诠释方式,是意义表达展开的机制,对意义的探究是运用隐喻的根本所在。从隐喻认知视角看《周易》哲学思想在心理咨询中的重要意义是不可言喻的。中国古人正是在《周易》的占卜中形成了自己独特的思想观念,并在此基础上建立了中国古代的咨询心理学。我们应该看到,《周易》的占卜本身是以"易理"为根基,以卦爻作为其理性思维表现形式的一种咨询方法。从咨询结构上看,心理咨询是一种意义结构的综合性动力学解释的结果。所以,在现代心理咨询中所涉及的隐喻在此动力学解释的过程中有着非常重要的意义,它对任何理论和实践细节与宏观结构都是至关重要的。同时我们也要注意,心理咨询中的隐喻虽然很重要,但它的重要性并不是唯一的,它需要与其他咨询要素一起共同服务于来访者。因此,尽管在目前的心理咨询领域,隐喻的重要性还没有引起人们的足够重视,但作为一种咨询过程中的治疗手段,其对现代心理咨询的理论研究和实践意义都是不容忽视的,正确把握二者的相互作用,会给整个心理咨询带来更加丰满充实的效果。

参考文献:

[1] 康中乾,王有熙.中国传统哲学关于"天人合一"的五种思想路线[J].陕西师范大学学报(哲学社会科学版),2011,(1).

[2] 曾仕强.大易管理[M].东方出版社,2005.

[3] 陈福国.实用认知心理治疗学[M]上海人民出版社,2012.

[4] 杨文圣.涧水疗法的参照维度研究[C].哲学社会科学论坛.东华大学出版社,2013.

[5] 申荷永,高岚.《易经》与中国文化心理学[J].心理学报,2000,(3).

[6] 王国清.《周易》的理想人格与对当代心理学的启示[J].科教导刊,2011,(4).

[7] 李存山.对《周易》性质的认识[J].江苏社会科学,2001.

[8] 徐正英,常佩雨译注.周礼[M].北京:中华书局,2014.

[9] 孙熙国,肖雁."德"的本义及其伦理和哲学意蕴的确立[J].济南:理论学刊,2012.

[10] 杨敏.用心传递爱的正能量[J].人民警察,2013,(11).

论叙事疗法在后疫情时代心理重建中的运用

邹洪伟

吉林建筑科技学院

【摘要】新冠肺炎暴发以来,大学生的心理健康状况不容乐观,叙事疗法作为一种后现代的心理咨询方法,在后疫情时代的心理重建中能发挥积极的作用。叙事疗法可以通过引导学生讲述疫情时期发生的生命故事,帮助学生抒发并辨别情绪,减轻因疫情带来的心理伤害,帮助他们在寻找支线故事中达到自我认可,恢复生命力量。

【关键词】叙事疗法;疫情;心理重建

自 2019 年年末新冠肺炎疫情暴发以来,人们的生活、学习都发生了巨大的变化,学生历经着来自家庭、学校和社会的多重压力,学校及时地落实了管控措施,调整了教学方式,在保障学生健康的同时兼顾教学效果。学校也非常重视抗疫"心理战",通过多途径加强学生心理疏导服务工作。但是疫情的反复,让很多学生的身心健康问题成为高校校园安全的潜在隐患。因此,在后疫情时代,加强和关注学生的心理健康教育尤为重要,运用叙事疗法的理念和方法可以帮助学生调整心态,发掘潜能,提高心理复原能力,打赢疫情防控阻击战。大学生处于青春期后期阶段,正是世界观、认识观形成的关键时期,新冠肺炎带来的影响在自我认同、情绪情感、人际关系方面凸显。而叙事疗法作为一种后现代的心理治疗方法,可以帮助学生很好地解决这些方面的问题。叙事疗法通过"问题外化""解构和重建故事"等理念和技术,帮助大学生合理看到心理困扰,客观审视问题本身,将人和问题分离开,通过重新解读故事,重塑积极自我、积极情绪和良好的人际关系。

一、叙事疗法的理论概述

叙事疗法是后现代主义在心理学领域的开创性产物。它是由澳大利亚临床心理学家 Michael White 和 Chery White 夫妇及新西兰的 David Epston 创造并应用在心理领域的一种技术。他们认为,来访者症状背后的原因是复杂的,是来访者自己主观建构的。问题是被保持在语言中的,所以问题也可以在谈话中解决[1]。"叙事"通常会被理解为叙述故事,在心理咨询过程中,故事的叙述不是简单的讲故事,它具有独特的深层次的代表意义,是在解读故事背后的意义单元。叙事疗法近年来逐步被认识和广泛推广,虽然它的诞生仅有 30 年左右的历史,但是相关的理论和技术已经在心理治疗和心理咨询等工作中广泛应用,在医学和教育领域也得到不断更新和探索。这种多元化的治疗观给叙事疗法带来更多的生机和活力,它不仅是一种认识论,更是我们生活的哲学和生命成长的艺术,在伦理层面给予我们指导,在生活践行方面给予我们指引。在运用叙事治疗的过程中,咨询师采用一定的方法和技术,帮助来访者从故事中找寻遗漏的片段,通过激发过去的成功应对经验,唤起来访者改变的内在动力。叙事疗法发展出一系列的提问方式,帮助治疗者对来访者的原有叙事进行解构,并建构新的生活故事。一般会采用故事叙述、问题外化和由薄到厚等方法帮助来访者挖掘内在力量。

二、叙事疗法对后疫情时代心理重建的意义

叙事疗法在后疫情时代心理重建的主要目的是将疫情应对过程中那些被遗漏的、不完整的、零散的故事片段经过再加工而形成比较完整的、系统的、有代表性的故事,把这样的故事纳入生命历程,彰显个体的生命力和应对的潜力。一般而言,叙事疗法重新建构疫情经验的过程,具有以下几方面的意义:

(1)帮助学生识别和恰当表达、抒发情绪。疫情发生至今已经有三年之久,人们对它的应对从高度警觉和恐惧,到自然而然的接纳,经历了漫长的经验积累和心理建设过程。这段历程可以通过故事的叙述,让学生表达自己曾经产生的绝望、焦虑、恐惧和迷茫。这个过程中,咨询师通过循循善诱的引导,让学生在保持控制感的同时,合理表达自己的情绪。咨询师的陪伴能够很好整合过去的情绪、身体反应等经历,并且帮助他们理解情绪的功能和其背后的意义。为了更好地整合这些零散的、片段的记忆和感受,咨询师可以利用非语言的形式来完善学生们的个体故事,让学生们在重新诉说中寻找内在力量,而不是再次经历疫情带来的心理伤害。

(2)减轻并处理疫情期间产生的各种情绪问题。新冠肺炎疫情让人们的生理需求、安全需求、归属与爱的需求等等都受到了影响和制约。一些学生对于疫情的恐慌和焦虑已经泛化到生活的方方面面。比如偶尔的咳嗽和发烧都会让有些人忧心忡忡甚至寝食难安。通过咨询师的语言引导,让学生对自己在疫情期间采取的应对措施进行详细的、具体的描述,将应对疫情的身心反应正常化,让学生接纳自己的身心现状。恐惧和焦虑是对疫情的正常反应,也是对过往经历的必要反应,而不是在日常活动中泛化的反应。经由故事的叙述,暴露出的负性情绪将会得到有效的化解。

(3)帮助学生习得应对常态化疫情管控的能力。叙事疗法采用故事的“隐喻”的方式,把个体的生活经验理解成故事,把生活经验叙述成有意义的故事,从而达到对当事人的自我疗愈和自我成长。这种解决问题的方式极具创造性,问题源于生活,又

需要通过生活去解决。叙事疗法是以来访者为中心的心理治疗技术,以解决问题为目的,叙事的过程带领学生开启崭新的生活故事空间,分享学生在抗疫的过程中发生的系列事件,这些事件是引起他们当下的焦虑不安、恐慌等症状的一个主要原因。但是抗疫事件中的片段和闪光时刻也是消除这些症状的方法。在整个治疗过程中,咨询师要积极为学生们构建出透明和安全的氛围,要相信在疫情防控的过程中,每个学生都是应对疫情状况的专家,鼓励学生们用积极的视角去建构自己的生命故事,并且整合和赋予这些生命故事特定的意义,在自己的抗疫故事中塑造出"我是故事里的英雄"的奋斗精神和胜利情操,在故事中获得生命的内在潜力和生命活力。

(4)重建后疫情时代的生活意义。新冠肺炎疫情可以说是人类史上的一场灾难,每个人都深受其害。世界卫生组织评估,新冠肺炎疫情的暴发可能在一两年之内减轻、缓解。但是疫情后,对全人类精神心理健康的影响,可能要持续一二十年。对于大学生而言,四年大学,三年封校使得他们重新定义了大学生活。而心理咨询师通过叙事的有效建构,帮助大学生重新审视在应对疫情时的别样大学生活。一方面,大学生可以通过处理疫情带来的心理应激与外在现实生命故事模型,建立适应性的应对方式,不泛化到生活的其他方面。另一方面,通过叙事将疫情前后的故事串联成一个连续的、有意义的过程。体悟疫情给我们的生活启示和应对疫情时所爆发出来的力量。简单地说:若要创造生活的意义,表达我们自己,经验就必须"成为故事"。[2]

三、叙事疗法在后疫情时代心理重建中的运用

叙事疗法现已广泛应用于治疗各种心理健康问题。在后疫情时代,可以广泛应用到学生心理重建工作中,帮助学生在探索自己生命故事的同时,找寻生命的意义,体验自己的独特性、一致性和连续性,让内心和谐。

(一)创设情境,开启故事叙述

新冠肺炎疫情的暴发,折射出人类强烈的生存本能,对于未知事物的恐慌让一些人出现心理应激反应。虽然国家和学校对于新冠肺炎疫情采取了强有力的管控措施,疫情也得到了有效控制,但是三年的疫情生活,让很多大学生仍旧处于恐慌和焦虑之中,仍然能感受到疫情带来的束缚和生命的威胁。心理咨询师可以通过在校园内稳定而安全的环境下,鼓励当事人讲述生命故事,以此为线索,再帮助他们进行故事的重写,逐步让故事丰盈起来。通常来讲,故事的讲述过程是为了给听众带来趣味性和传授经验。但是在叙事治疗中,叙述故事是可以改变自己的。在叙述故事的过程中不仅是讲述,更多的是体悟和主动的建构,转换视角去看待故事中的人和事,重新认识事件,从而产生新的重建力量。简单地说,引导学生讲好自己的抗疫故事和心路历程,产生对于生命价值和生命力的洞察,将那些原本模糊或不确定的感觉和生命力得以凸显和表达出来,从而增强自我意识和自我认同。重新编排疫情中所遭遇的困扰,给自己的人生重新赋予意义。

（二）外化和解构，分离个体与问题

叙事疗法主张将人与问题分开，试图通过让当事人跳出问题，问题和人是独立的存在，这也是叙事疗法的一大亮点，这样的"外化"使当事人减轻内疚和自责感，叙事治疗重视语言技巧，充分发挥人的创造性与人本性，寻找对问题的客观理解。把被贴上标签的人还原成原本的状态，人就是自然人本身，不是带"病"的人，也不是有"问题"的人。问题外化的拟人化形式会让问题更加生动，更能被人感知和理解，这种具有戏剧性的对话效果，可以在轻松、生动的交流中使当事人进一步反思和探索问题。对于后疫情时代的心理建设，咨询师可以尝试让当事人在与原有抗疫经验保持距离的情况下反观抗疫过程中可能被遗漏或是忽视的闪光点和有意义的片段，并以此为契机发现过往疫情中情绪问题的存在，并且通过重新整理和建构完成新故事，体悟新意义。心理咨询师还可以通过帮助学生支配主线故事，发现问题影响个体的脆弱时刻，解构的过程中帮助当事人剥开事实，探寻支线故事和特殊意义事件。

（三）寻找意义事件，丰厚个体资源

在应对新冠肺炎疫情的过程中，大部分学生都能从初始的迷茫与恐慌状态中恢复到生活常态，但是对于曾经有过心理疾病史和创伤经历的易感人群，极易产生替代性创伤，从而激活过往的创伤记忆和痛苦体验。因此，对于受到疫情影响较大的学生，我们可以通过寻找意义事件，当来访学生看到自己的宝贵之处时，我们就要对这些特殊意义事件进行丰厚，使它更加立体、生动、有力量，也可能引发新的故事。他们所面对的不是一种可以置身事外的"工具"或"技术"，而是当事人的生命故事，这些生命故事包含了当事人对于人生的态度和抉择。在解构大学生的生命故事中，引导学生从不同的角度解读，挖掘生命特色事件，并赋予意义。

新冠肺炎疫情是21世纪的一个灾难性事件，给人类生活的多领域造成了巨大的破坏。对于大学生而言，新冠肺炎疫情对他们的心理健康、价值体系等造成了较大的冲击。而教育工作者可以将叙事疗法运用于实践，让学生们清楚地看见自己和他人在抗击疫情过程中所表现的顽强生命力。

参考文献：

［1］汪新建，吕小康.作为文化工具的心理治疗[J].自然辩证法通讯，2004，26(6)：15‐21.

［2］Whiet, M. & Epston, D. Narartive means to therapeupic ends. South Austraila：Dulwich Center Pubiclaiotns, 1990.廖世德译：《故事、知识、权力——叙事治疗的力量》，心灵工坊(台)，2001年版。

基于人际关系敏感的团体辅导
对大学生敌对的研究

孙静慧[1] 朱 婷[2] 王 乐[1] 吕桂莉[1]

1 泰山学院 2 湖南农业大学

【摘要】 目的：探索在大学生群体中，团体心理辅导人际关系敏感及敌对的干预效果，为促进大学生心理发展、人际和谐提供一种新的思路。方法：采用症状自评量表的人际关系敏感分量表和敌对分量表对某高校大一年级2 406名学生进行调查，随后从其中随机选取36名学生，分别为实验组、控制组和对照组，进行为期8周的人际关系团体辅导，采用症状自评量表的人际关系敏感分量表和敌对分量表作为评估工具。结果：① 人际关系敏感与敌对呈现正相关关系，人际关系敏感程度越高，敌对水平越高；② 团体辅导后实验组的人际关系敏感和敌对得分均有降低，且实验组人际关系敏感程度、敌对水平均低于控制组和对照组。结论：团体辅导降低大学生人际关系敏感，并减少敌对的出现。

【关键词】 人际关系敏感；敌对；团体心理辅导

敌对是一种长期而持久维持的负面认知状态，可能会伴有烦怒的消极情绪，同时可能会表现出言语攻击、身体攻击等行为，也会出现长期压抑敌对不表达的常见状态[1]。敌对不仅会影响大学生的学业与身心健康发展，还容易引起刑事犯罪行为[2]。人际关系敏感指在人际交往中存在敏感、多疑、自卑等问题，以及在与人相处中有明显的不自在感[3]。进入大学之后，学生进入相对自由和开放的环境，将会面临更多的人际交往，如果在这一阶段大学生的人际关系敏感程度高，就可能会导致大学生人际关系水平变差，甚至出现敌对的情况。

团体辅导是通过温暖、和谐的人际关系，帮助来访者体验积极的他人支持，并对群体产生寄托感。在团体辅导的过程中，能够激发个体潜能、促进个体成长的功能[4]。大量研究已经表明各类团体心理辅导均可以有效提高大学生心理健康水平[5-7]，鉴于此，本研究拟在高校心理健康教育工作中，通过团体心理辅导的方式，降低大学生的人际关系敏感，间接减少学生的敌对现象，从而促进大学生人际关系发展,为大学生心理健康教育工作的开展提供更有针对性的实操方案。

一、研究对象及方法

（一）研究对象

对山东某高校 2 406 名大一学生使用症状自评量表中的人际关系敏感分量表和敌对分量表进行测量。基于测量数据筛选人际关系敏感程度、敌对水平较高的大学生,从中随机抽取 36 名学生,并随机编入实验组、控制组与对照组三组,每组12 名学生。研究对象的选定后还需取得学生与家长对实验研究和问卷调查的知情同意。

（二）研究工具

症状自评量表(Symptom Check list 90,SCL - 90),由 L. R. Derogatis 在 1975 编制,该量表选用 10 个心理因子来描述心理状态[9],共包含 90 道题目。本研究中对人际关系敏感和敌对进行测量的即为人际关系敏感分量表和敌对分量表。

1. 人际关系敏感分量表

该分量表的得分在 9～45 分之间。该项目得分越高,表示个体在人际交往中越自卑,且可能会出现的问题也越多。项目得分在 27 分以上,表明个体人际关系敏感程度较强,在人际交往处于较消极水平。得分在 18 分以下,则说明个体有较为正常的人际关系处理能力[8]。

2. 敌对分量表

该分量表的得分在 6～30 分之间。得分越高,代表个体具有越高的敌对水平。具体可能表现为与人争辩,态度消极等[9]。该项目得分在 18 分以上的个体,更容易表现出敌对的一系列思想、情感和行为。而得分在 12 分以下则表明该个体积极友好的情绪、行为状态为主导。

（三）团体辅导设计及方案

团体辅导干预前,需先对三组同学在人际关系敏感和敌对的测量数据进行同质性检验,并充分保证分组的随机性以及每组研究对象的同质性。本次团体辅导采取单盲实验的方式进行。

对于实验组而言,本次研究中将对其进行以人际关系为主题的团体辅导(如表1),共分为八次,并安排在连续八周的同一时间进行;以防止时间变化对被试的心理状态产生影响。设置控制组的目的是控制安慰剂效应,将在团体辅导进行的同一时间组织控制组被试开展图书阅读、音乐绘画、电影赏析等无关实验目的的活动。对照组则无需参与任何活动,学生在同一时间直接按照学校制定的作息时刻表进行作息或参与其他老师的课程。

表1 人际关系团体辅导的方案

单 元 名 称	主要活动目标
第一单元 破冰之旅	团队成员相互认识,初步建立起团队基本信任。
第二单元 团队发展	队友之间加深沟通增进团体的凝聚力和相互信任关系
第三单元 认识自我	1. 以自我为出发点,初步进行自我认识; 2. 促进认识自我个性特点,增强自我接纳。
第四单元 认识队友	1. 由己及人,学会发现他人优点和长处; 2. 建立积极的交往方式,学会用正确的方式与他人交往。
第五单元 情绪处理	1. 正确看待人际交往中的问题情绪; 2. 尝试使用多种方法解决这类情绪问题。
第六单元 学会沟通	1. 通过视频赏析等方式学习言语、非言语沟通的技巧; 2. 认识团队工作中可以通过沟通的积极方式解决问题。
第七单元 合作的魅力	1. 理解人际合作重要性和意义; 2. 促进相互肯定与接纳。
第八单元 展望与回顾	1. 回顾整个团体过程,恰当处理学生的离团情绪; 2. 整合团体中的收获,积极面对未来。

（四）数据分析及统计方法

使用 SPSS26.0 对研究数据进行相关分析、独立样本 t 检验、单因素方差分析等数据统计分析。

二、研究结果

（一）变量间相关性分析

如表2所示,人际关系敏感和敌对表现为正相关关系,在人口学变量角度上,性别情况、学生来源以及是否为独生子女与人际关系敏感和敌对均无统计学差异。

表2 各变量相关性分析表

	1	2	3	4	5
1. 敌对	—				
2. 人际关系敏感	0.785**	—			
3. 性别	0.009	0.083	—		
4. 生源地来源	0.099	−0.011	−0.009	—	
5. 是否独生子女	−0.080	0.048	0.059	0.004	—

注：$*P<0.05$，$**P<0.01$，$***P<0.001$，下同。

（二）干预后各变量组间差异比较

采取单因素方差分析,对三组被试的人际关系敏感及敌对后测数据进行检验,结果见表3。该后测结果显示,经过八次围绕人际关系开展的团体辅导干预后,实验组的学生的人际关系敏感程度和敌对水平均低于参与其他两种活动的学生,且具有统计学差异。

表3　三组被试人际关系敏感及敌对的后测差异(M±SD)

变　量	实验组后测 (n＝12)	控制组后测 (n＝12)	对照组后测 (n＝12)	F	事　后　检　验
人际关系敏感	25.70±2.78	27.95±2.34	27.36±3.93	5.395**	实验组＜对照组, 实验组＜控制组
敌对	16.21±6.19	18.76±6.39	19.00±4.84	4.172**	实验组＜对照组, 实验组＜控制组

（三）实验组干预前后各变量组内差异比较

为确定团体辅导对人际关系干预的有效性,分别对三组被试在人际关系敏感、敌对的前后测的两次数据进行独立样本t检验。通过表4的数据可知,实验组的人际关系敏感和敌对后测数据显著降低,而控制组和对照组学生的前后测结果均没有明显差异。

表4　实验组被试在各变量的前后测差异(M±SD)

组　别	变　量	前　测	后　测	t	df
实验组 (n＝12)	人际关系敏感	27.16±4.74	25.70±2.78	4.577***	11
	敌对	18.38±2.66	16.21±6.19	4.087**	11
控制组 (n＝12)	人际关系敏感	27.54±5.67	26.95±2.34	0.368	11
	敌对	18.76±3.34	19.66±6.39	0.679	11
对照组 (n＝12)	人际关系敏感	26.93±5.04	26.26±3.93	0.381	11
	敌对	19.59±4.67	19.30±4.84	0.305	11

三、讨论

本研究以在校大学生为主要对象,发现人际关系敏感和敌对之间存在正相关关系,基于人际关系为目的的团体心理辅导干预研究表示,团体心理辅导对降低大学生人际敏感有明显效果,这与以往研究结果一致[10-11]。而且能有效缓解大学生的敌对水平。究其原因,本研究将从以下几方面对团体辅导的有效性进行解释。

首先,团体辅导需要依托于团体中的良好人际关系来进行,因此在团体辅导中,首要完成的任务就是在团体成员中建立起良好的人际氛围,使成员在参与团体辅导过程中沉浸体验支持人际环境中,体验人际交往的积极作用[12]。同时这种来自团体的正面人际影响,也可以降低大学生在人际交往过程中的负面感受,缓解敌对的出现。

其次,本次团体辅导主要是针对人际关系敏感进行的,因此在团体辅导方式设计中,我们对人际交往中人际认识、沟通、合作、人际情绪处理等重要因子进行具有针对性项目设计,并予以干预实施。干预结果也印证了本次方案的有效性。以往关于大学生人际关系的训练的研究也有结果显示:这类训练不仅可以改善被试的人际关系水平,同时也可以提高大学生的心理健康水平[13]。

最后,团体辅导过程中,学生通过团体中的社会学习发展出良好的人际交往技能,且在团体过程中习得的这些适应性技能是可以迁移至团体外的[14],因此这就有助于提高大学生处理人际矛盾和负面情绪的能力,降低人际交往中的压力感受,也就进一步缓解了大学生的敌对水平。

对于控制组和对照组而言,虽然这两组的被试的测量数据在实验前后并无显著差异,但就具体数据,人际关系敏感有数值上的降低,这可能与学生进入大学后参与部分学生社团活动,学校开展心理素质教育课程等原因有关[15]。

尽管本研究取得一定的积极效果,但是也存在一定不足。特别是在研究过程中,仅通过横断研究数据确定了研究效果,但并未对三组被试进行长期的追踪测量,因此无法确定该团体心理辅导方案效果的可持续性。另外,对于整个大学生群体而言,在一期团体辅导中能够接受干预的学生还是少数,因此后期还需恰当运用团体辅导朋辈指导者的力量,使团体辅导方案能够得到推广,使更多学生受益。

参考文献:

[1] 傅燕艳,唐寒梅,陈小龙,等.偏执敌对与负性生活事件对大学生非自杀性自伤的影响及其交互作用[J].中国学校卫生,2017,38(11):1731-1734.

[2] 陈春玉.大学生敌对人群对箱庭攻击场面的注意偏向及箱庭干预效果研究[D].漳州师范学院,2011.

[3] 欧琪雯,朱玮玮.人际关系敏感与心理资本:领悟社会支持中介作用和生活压力事件的调节作用[J].校园心理,2022,20(5):394-397.

[4] 樊富珉,何瑾.《团体心理辅导》[J].江苏教育,2016,(40):77.

[5] 钱梦婷,睢鹏娇,蔡蠹,等.认知行为团体辅导对高强迫特质大学生认知控制的影响[J].中国学校卫生,2022,43(4):548-552.

[6] 毕玉芳.写意曼陀罗绘画团体辅导对大学生社交焦虑干预效果[J].中国健康心理学杂志,2022,30(5):744-749.

［7］ 余亭蓉,唐立.萨提亚团体辅导对离异家庭大学生自尊及心理弹性的影响［J］.中国健康心理学杂志,2017,25(11)：1721－1726.

［8］ 陈昌惠.症状自评量表(Symptom Checklist 90,SCL－90)［J］.中国心理卫生杂志,1999,(增刊)：31－35.

［9］ 唐秋萍,程灶火,袁爱华,邓云龙.SCL－90在中国的应用与分析［J］.中国临床心理学杂志,1999,(1)：19－23.

［10］ 张运生.团体训练克服大学生人际敏感效果评价［J］.中国学校卫生,2010,18(2)：466－467.

［11］ 张兰君,郑亚绒.大学生人际关系敏感的心理与运动干预［J］.中国心理卫生杂志,2004,18(5)：314－315.

［12］ Hans Henrik Jensen,Erik L. Mortensen,Martin Lotz. SCL－90－R Symptom Profiles and Outcome of Short-Term Psychodynamic Group Therapy［Z］. ISRN Psychiatry,2013.

［13］ 尹佳骏,宗杨.积极心理团体辅导对大学新生心理健康影响的效果研究［J］.心理学通讯,2020,(3)：170－175.

［14］ 陆希,刘梅红,王美峰,等.积极心理团体辅导对专科护士学员焦虑情绪、心理弹性和幸福感的效果［J］.中国临床研究,2022,35(10)：1467－1471.

［15］ 杨春燕,徐芳芳,张秋梅.团体心理辅导对临床医学专业大学新生人际敏感的干预研究［J］.中国高等医学教育,2016,(4)：11－13.

体验式团体心理辅导对高职大学生
人际交往效能感的干预效果研究

吕泊怡　赵智军　任林林　见晨阳

陕西铁路工程职业技术学院

【摘要】目的：了解团体心理辅导对陕西某高职院校大学生人际交往效能感水平的干预效果。方法：采用干预组和对照组前后测以及干预后 2 个月追踪测试的实验设计，对 101 名（干预组 52 名，对照组 49 名）高职院校大学生进行团体辅导心理干预和测试。结果：① 高职院校大学生中，有人际困扰的学生人数占被测试人数的 44.55%（45/101），轻度人际困扰学生占被测试人数的 35.64%（36/101），严重人际困扰学生占被试人数的 6.9%（7/101），人际交往效能感得分为 90.22±9.614，处于中等水平。② 干预前后测试中，对照组人际交往效能感差异无统计学意义（$\bar{x}\pm s_{前测}$=87.62±10.971，$\bar{x}\pm s_{后测}$=89.32±8.847，t=0.827，p>0.05），干预组人际交往效能感显著提高，差异有统计学意义（$\bar{x}\pm s_{前测}$=90.15±11.396，$\bar{x}\pm s_{后测}$=109.89±10.620，t=8.688，p<0.01）；③ 干预组和对照组在干预前后人际交往效能感得分差异有统计学意义（$\bar{x}\pm s_{干预组}$=8.25±1.724，$x\pm s_{对照组}$=4.57±1.748，t=10.280，p<0.01）；④ 干预组人际交往效能感后测试得分和 2 个月后的追踪测试得分差异无统计学意义（$\bar{x}\pm s_{后测}$=109.89±10.620，$\bar{x}\pm s_{追测}$=110.17±10.437，t=0.129，p>0.05）；结论：团体心理辅导可以有效提升陕西某高职院校大学生人际交往效能感，且效果持久，不易反弹。

【关键词】陕西某高职院校大学生；人际交往效能感；人际关系综合诊断；团体心理辅导

根据马斯洛需要层次理论，个体均有追求不同层次的需要，大学期间更多的表现为对友谊与情感交流的需要，大学生正处于依赖性向独立性的转变时期，他们情感丰富，渴望被接纳、被关爱，长期的渴望使个体情感耗竭，身体能量消耗增加，容易出现自我意识低下、情感退缩、自我认知低效能等一系列问题[1]。

人际交往效能感是自我效能感概念在社会交往领域的拓展。人际交往效能感是指在不同的人际交往中,个体对运用自身交往技能达到社交预期的自信程度和主观判断,人际交往效能感高的个体,对自己的人际交往过程信心饱满,遇到困难主动迎难而上,寻找解决问题的方法;人际交往效能感低的个体,对自己的交往过程信心不足,人际交往中畏葸不前,拘谨不安,遇到困扰多以回避、退缩等行为面对。人际交往效能感包括交往能力、交往策略和交往动力效能感三个方面,人际交往能力效能感包括人际自我、人际表达和人际理解等能力的效能感;人际交往策略效能感包括尊重、坦诚、沟通等能力的效能感;人际交往动力效能感包括主动性与坚持性等能力的效能感[2]。

国内外学者从不同的视角开展了人际交往团体心理干预研究。国外主要从病理心理学、临床心理学等角度进行治疗性干预,国内主要从发展性心理辅导角度进行团体干预。Eldar 等对社交焦虑成年人进行干预,研究发现,通过注意偏向训练干预可有效缓解成年人社交焦虑现象[3];国内团体心理辅导技术发展较晚,其中黄慧兰等通过对比团体人际心理干预与团体认知行为干预对社交焦虑的干预效果,结果发现:团体人际心理干预与团体认知行为干预均能有效缓解社交焦虑水平,人际心理干预可作为治疗社交焦虑的一个重要手段[4]。临床心理学专家指出,心理干预可有效减少个体的不良适应,促进个体认知能力和积极性的发展。本研究以陕西某高职院校大学生人际交往效能感水平为例,运用团体心理辅导方式进行干预,为高职院校大学生的教育教学实践提供理论支持。

一、对象与方法

(一)对象

在陕西某高职院校面向全校招募人际交往工作坊成员,全校共有 126 名学生报名参加,实验前对所有报名同学进行逐一约谈,在遵循自愿参与的基础上,确定本次实验对象共 52 名,其中男生 37 名,女生 14 名,以此成立干预组,同时以另一全校性公共选修课"音乐赏析"班级 49 名同学作为对照组,其中男生 32 名,女生 17 名,该两门课程内容无交叉,学生无重复。

(二)方法

1. 人际关系综合诊断量表

采用郑日昌等编制的《人际关系综合诊断量表》,共有 28 道题[5]。每项答案只有"是""否"选项,选"是"计 1 分,答"否"计 0 分,总分为 28 项题目之和。总分 0～8 分为无人际关系困扰,9～14 分为轻度困扰,15～28 分为严重困扰,其中超过 20 分为明显人际关系障碍。量表反映人际关系的四方面:交谈、交际与交友、待人接物、异性交往。本研究中该量表的 a 系数为 0.825。

2. 青少年人际交往效能感量表

采用刘逊编制的《青少年人际交往自我效能感量表》,测量大学生人际交往效能感[6]。该问卷共有 36 道题,其中测谎题 4 道,引导题 3 道,共分为交往能力效能感、交往策略效能感与交往动我效能感 3 个因子。采用 5 级计分,得分越高,表明个体人际交往效能感越好。该量表内部一致性系数为 0.837,各维度 α 系数在 0.758~0.825之间。

（三）团体干预设计

1. 团体干预设计

本实验采用干预组和对照组前、后以及追踪测试的实验设计,对于干预组进行每周 1 次,每次 50 分钟,为期 9 次的团体心理辅导干预,对照组进行正常的教学活动。团体心理辅导结束后,采用"人际关系综合诊断量表""青少年人际交往效能感量表"分别对干预组和对照组进行后测,结合学生"学生自我评价报告""同伴相互评价报告"以及"团体活动效果评估量表"进行量化和质化的综合评估,检验团体心理干预的有效性。在干预研究结束 2 个月后,对干预组学生进行追踪测试,检验团体心理辅导效果的持续性和稳定性[7-9]。

2. 团体干预的主要内容

本团体辅导方案的设计基于自我效能感理论和人际交往效能感理论,主要从"表达自我、把控情绪、锻炼能力、学习策略、激发动力"等方面展开,整个团体活动分为相知相识、替代学习、培养情绪、提高效能、回顾展望等部分[10-13],见表 1。

表 1　团体心理干预（干预组）活动方案

活动目的	活动内容	理论基础
破冰,团队建立	开心抱团、舞动同心、心语心愿	
重拾交往快乐,分享失败经验	智力拼图、我的 T 台秀、寻宝奇兵	以往成功与否的经验
分享人际苦与乐,观察模仿他人成功的人际经验	雨点变奏曲、人际取经台、秘密大会串	替代性经验
训练成员敏锐的观察力,正确识别他人情绪	心情涂鸦、情绪温度计、情绪对对碰	培养积极情绪体验、人际交往能力效能感
克服社交恐惧,学会表达和控制自己的不良情绪	风中劲草、人际心事书信、人际情景剧	培养积极情绪体验、人际交往能力效能感
掌握尊重、倾听、换位思考等人际沟通技巧	倾听的力量、《用角色换位电视反省》、我说你画	人际交往策略效能感
认识肢体语言重要性,学会适时的表达自我	我说你剪、人体"拷贝"、肢体语言密码	人际交往策略效能感
发展受欢迎的人格特质,勇敢面对人际冲突	优点大轰炸、手解千千结、《不怕不怕》	人际交往动力效能感
处理分离愁绪,升华告别	手舞足蹈、缘来就是你、祝福语接力	

（四）统计学分析

本研究采用软件 SPSS17.0 对数据进行统计学分析,计量资料符合正态性的使用 表示,不符合正态性的使用中位数(四分位数间距)表示,干预组和对照组前测数据采 用独立样本 t 检验,干预组与对照组干预即时后测采用配对样本 t 检验,干预组和对 照组辅导前后得分差值比较采用独立样本 t 检验,干预组干预延时后测采用配对样 本 t 检验。检验水准 $\alpha = 0.05$。

二、结果

（一）干预组与对照组干预前的测试结果

采用独立样本 t 检验,对干预组与对照组成员在人际交往效能感和人际关系综 合得分上是否存在差异进行显著性检验。

结果发现,干预组与对照组在人际交往效能感以及交往能力自我效能感、交往策 略自我效能感、交往动力自我效能感 3 个维度上差异均无统计学意义(均 $P > 0.05$); 在人际综合关系以及交谈困扰、交友困扰、待人接物困扰、异性交往困扰 4 个维度上 差异均无统计学意义(均 $P > 0.05$)。说明干预组与对照组属于同质群体,可为团体 效果验证提供依据,见表 2。

表 2　陕西某高职院校干预组与对照组干预前的测试结果($\bar{x} \pm s$)

维　度	干预组($n = 47$)	对照组($n = 47$)	t 值	P
人际关系综合诊断	13.69 ± 3.763	13.58 ± 3.441	0.148	> 0.05
人际交友困扰	3.77 ± 1.264	3.55 ± 1.298	0.832	> 0.05
人际交谈困扰	2.98 ± 1.651	3.12 ± 1.334	0.452	> 0.05
异性交往困扰	3.26 ± 1.452	3.09 ± 1.766	0.510	> 0.05
待人接物困扰	4.07 ± 1.284	3.79 ± 1.302	1.050	> 0.05
人际交往效能感	91.85 ± 11.618	88.59 ± 10.884	1.404	> 0.05
交往策略效能感	18.95 ± 2.846	18.42 ± 2.322	0.989	> 0.05
交往能力效能感	44.78 ± 6.613	42.98 ± 8.286	1.164	> 0.05
交往动力效能感	26.48 ± 3.633	26.28 ± 4.015	0.253	> 0.05

（二）干预组与对照组干预后的测试结果

为了检验干预效果,对干预组和对照组的人际交往效能感和人际关系综合前、后 测得分分别进行配对样本 t 检验,见表 3。

结果发现,干预组的人际交往效能感、人际关系综合得分差异均有统计学意义(均 $P < 0.01$),除人际关系综合中的人际交谈困扰外,干预组在后测的人际综合关系和人际 交往效能感各维度上均有统计学意义(均 $P < 0.05$),对照组的人际交往效能感、人际关

系综合及其各因子得分均无统计学意义（均 $P>0.05$），说明未经过团体心理干预的对照组大学生其人际交往效能感、人际关系综合得分差异无统计学意义（均 $P>0.05$）。

表3　陕西某高职院校干预组与对照组干预后的测试结果（$\bar{x}\pm s$）

维　度	干预组（$n=47$）		t 值	P	对照组（$n=47$）		t 值	P
	前　测	后　测			前　测	后　测		
人际关系综合诊断	13.57 ± 3.676	11.74 ± 3.145	2.593	<0.01	13.49 ± 3.361	13.81 ± 3.487	0.453	>0.05
人际交友困扰	3.32 ± 1.253	3.19 ± 1.056	0.544	<0.05	3.43 ± 1.298	3.49 ± 1.159	0.236	>0.05
人际交谈困扰	2.70 ± 1.587	2.52 ± 1.353	0.592	>0.05	3.00 ± 1.319	2.94 ± 1.647	0.195	>0.05
异性交往困扰	3.30 ± 1.334	2.62 ± 1.344	2.462	<0.01	3.04 ± 1.817	3.02 ± 1.525	0.058	>0.05
待人接物困扰	4.26 ± 1.188	3.62 ± 1.134	2.672	<0.01	4.02 ± 1.294	4.36 ± 1.169	1.337	>0.05
人际交往效能感	90.15 ± 11.396	109.89 ± 10.620	8.688	<0.01	87.62 ± 10.971	89.32 ± 8.847	0.827	>0.05
交往策略效能感	19.21 ± 2.978	21.89 ± 2.003	5.119	<0.01	18.30 ± 2.216	19.06 ± 3.110	1.364	>0.05
交往能力效能感	44.62 ± 6.523	54.34 ± 6.745	7.102	<0.01	43.02 ± 8.396	43.49 ± 7.027	0.294	>0.05
交往动力效能感	26.32 ± 3.521	33.66 ± 4.119	9.286	<0.01	26.30 ± 3.994	26.77 ± 4.150	3.011	>0.05

（三）干预组和对照组在团体辅导前后得分差值

采用独立样本 t 检验对干预组和对照组在干预前后人际交往效能感、人际关系综合得分增量上的差值（$\bar{x}\pm s_{\text{干预组}}=8.25\pm1.724，2.58\pm1.145$；$\bar{x}\pm s_{\text{对照组}}=4.57\pm1.748，1.05\pm2.126$）进行比较，发现二者之间的得分差异有统计学意义（$t=2.359$，$P=0.002$；$t=2.336$，$P=0.002$），说明团体干预对于干预组大学生人际交往效能感的干预有效，见表4。

表4　陕西某高职院校干预组与对照组干预前后的差值（$\bar{x}\pm s$）

差值（后测－前测）	干预组（$n=47$）	对照组（$n=47$）	t 值	P
人际关系综合诊断	2.58 ± 1.145	1.05 ± 2.126	4.205	<0.01
人际交友困扰	0.79 ± 0.611	0.56 ± 0.274	2.355	<0.05
人际交谈困扰	0.66 ± 0.526	0.46 ± 0.348	2.174	<0.01
异性交往困扰	0.59 ± 0.731	0.89 ± 0.571	2.217	<0.01
待人接物困扰	0.53 ± 0.172	0.32 ± 0.364	3.576	<0.05
人际交往效能感	8.25 ± 1.724	4.57 ± 1.748	10.280	<0.01
交往策略效能感	0.84 ± 0.542	0.59 ± 0.871	1.671	<0.01
交往能力效能感	1.71 ± 0.426	0.63 ± 1.082	6.367	<0.01
交往动力效能感	0.64 ± 0.667	0.14 ± 0.884	3.095	<0.01

（四）干预组干预即时后测与延时后测的测试结果

对表3中干预组人际交往效能感、人际关系综合得分和2月后的追踪测试得分进行重复测量的配对样本 t 检验，见表5。

表5　陕西某高职院校干预组即时后测与延时后的测试结果（$\bar{x}\pm s$）

维　度	后测（$n=47$）	追测（$n=47$）	t 值	P
人际关系综合诊断	11.74 ± 3.145	12.09 ± 3.229	0.584	>0.05
人际交友困扰	3.19 ± 1.056	3.06 ± 1.083	0.589	>0.05
人际交谈困扰	2.32 ± 1.353	2.43 ± 1.426	0.384	>0.05
异性交往困扰	2.62 ± 1.344	2.61 ± 1.299	0.037	>0.05
待人接物困扰	3.62 ± 1.134	3.60 ± 1.141	0.085	>0.05
人际交往效能感	109.89 ± 10.620	110.17 ± 10.437	0.129	>0.05
人际交往策略效能感	21.89 ± 2.003	21.21 ± 1.928	1.677	>0.05
人际交往能力效能感	54.34 ± 6.745	55.06 ± 6.489	0.527	>0.05
人际交往动力效能感	33.66 ± 4.119	33.40 ± 4.142	0.305	>0.05

结果发现，两次测试干预组人际交往效能感、人际关系综合得分差异均无统计学意义（均 $P>0.05$）以及各因子得分差异均无统计学意义（均 $P>0.05$）。即团体心理辅导干预的实验效果在2个月后仍持续存在。

三、讨论

通过干预组与对照组干预即时后测差异检验、前后差值比较分析发现，干预组被试的人际交往效能感和人际关系综合得分在即时后测中均显著高于控制组，说明团体心理辅导干预对高职院校大学生人际交往效能感的提升具有明显的影响。本研究与前人的研究结果基本一致，张黎等研究表明，团体辅导对于改善大学新生宿舍人际关系具有明显的效果[7]；陈子祥等研究表明，运用团体辅导改善大学生人际关系是有效的[14]。即团体心理辅导是提高或改善高职院校大学生人际交往效能感的有效途径之一。对照组人际交往效能感和人际关系综合得分前后无显著变化，表明高职院校大学生人际交往效能感相对稳定。延时后测结果显示干预实验效果显著，即随着时间的推移，团体干预效果正在逐渐内化为个人技能，团体辅导对于改善高职院校大学生人际交往效能感具有明显的适用性和有效性[15]。

本实验中，团辅方案设计围绕社会学习理论和人际交往效能感展开，具有一定的理论基础和针对性[16]；本次实验着重改善个人交往认知模式和动力意识，即个体对于实现人际交往的主观信心和自我意愿，通过引导学生从"表达自我、把控情绪、锻炼能力、学习策略、激发动力"等方面开展积极的自我对话，巩固人际交往中成功的情感体验;通过行为和情感训练提升对人际交往中信心的感知,本方案充分考虑团体学生发展规律,设置寄情于乐、寄学于乐的活动方式,如交往模式、情景模拟、角色扮演体验等,增加团体成员的交往自信心。对干预组和控制组进行延时后测,分析结果显示干预实验效果显著,即随着时间的推移,团体干预效果正在逐渐内化为个人技能,这对改善和提高高职院校大学生人际交往信心和友谊满意度具有重要的意义。延时后测的结果充分表明,团体辅导对于改善高职院校大学生人际交往效能感具有明显的适用性和有效性[17]。

在高职院校教育教学中,不仅要关注学生平时在学习与生活上面临的困境与压力,而且还要努力提高他们的素质和能力,注重培养他们积极的内部心理资源,激发他们内在的心理潜能,培养自信心,开展积极的自我对话,采取成熟的态度和认知模式应对学业与生活的挑战、各种困境和压力,巩固人际交往中成功的情感体验,增强人际交往效能感,将来更好的服务高职行业。

参考文献:

[1] 胡春红,王强,等.萨提亚模式团体心理干预对大学生人际关系的提升作用[J].中国健康心理学杂志,2020,28(5):767-771.

[2] 谢晶,张厚粲.大学生人际交往效能感的理论构念与测量[J].中国临床心理学杂志,2009,17(3):330-332.

[3] Eldar S, Apter A, Lotan D, et al. Attention bias modification treatment for pediatric anxiety disorders: a randomized controlled trial[J]. Am J Psychiat, 2012,(2):213-230.

[4] 黄慧兰,刘新民.团体人际心理干预与团体认知行为干预对社交焦虑的疗效[J].中国心理卫生杂志,2011,25(5):324-327.

[5] 郑日昌.大学生心理诊断[M].济南:山东教育出版社,1999:234-235.

[6] 刘逊.青少年人际交往自我效能感及其影响因素研究[D].重庆:西南大学,2004:33-76.

[7] 张黎,李亮,袁小钧,等.大学新生宿舍人际关系团体辅导效果分析[J].中国学生卫生,2018,39(7):1095-1097.

[8] 茆登华.篮球运动与团体心理辅导对大学生人际交往能力干预效果[J].中国学校卫生,2017,38(7):1088-1091.

[9] 蔡玲丽,宋茜,赵春鱼.大学生人际关系自我效能感状况及其辅导策略[J].思想理论教育,2011,(5):73-78.

[10] 吕泊怡.初中生友谊满意度发展现状及干预研究——以西安市某中学初中生为例[D].西安:陕西师范大学,2017:5-28.

[11] Kapikiran Ş. Loneliness and life satisfaction in Turkish early adolescents: The mediating role of self-esteem and social support[J]. Soc Indic Res, 2013,(2):617-632.

[12] 樊富珉.团体咨询的理论与实践[M].北京:清华大学出版社,1996:1-6.

[13] Quinlan DM, Swain N, et al. How 'other people matter' in a classroom-based strengths intervention: Exploring interpersonal strategies and classroom outcomes[J]. J Posit Psychol, 2015,(1):77-89.

［14］陈子祥,王雪,赵雄宇.团体辅导对改善大学生人际关系的效果评价［J］.吉林省教育学院学报,
　　　2018,(1)：170－172.

［15］Starrcr CR,Zurbriggenel.Sandra Bem's gender schema theory after 34 years：a review of its reach and
　　　impact［J］. Sex Roles,2016,76(9－10)：566－578.

［16］朱海妍,刘丽琼,钟宇.团体沙盘游戏与心理辅导对大学生人际交往能力的干预效果比较［J］.中国
　　　学校卫生,2015,36(7)：1041－1044.

［17］于蓝,邵云,韩继阳,等.成长性团体治疗改善大学生人际交往能力的效果［J］.中国医科大学学报,
　　　2019,48(2)：140－143.

一人一故事剧场参与经历对剧团成员心理特质的影响研究[①]

刘　晓　石宇宁　赵山霞

四川工商职业技术学院

【摘要】目的：探索一人一故事剧场项目参与经历对大学生人际信任、心理边界及共情能力的影响程度与影响路径。方法：选取 40 名大学生参与一人一故事剧场研究项目，实验组与对照组各 20 人，研究工具为《人际信任量表》《心理边界量表（简版）》和《基本共情量表》，对结果进行配对样本 Wilcoxon 检验、独立样本 Mann-Whitney 检验以及中介效应检验。研究表明，参与一人一故事剧场的经历可以防止大学生群体人际信任程度显著下降；大学生的认知共情越强烈，心理边界越清晰，这一倾向越不利于在心理上将他人纳入自身群体认同范畴，会降低人际信任程度。结论：在之后的训练中需加强共情能力的培养，柔化其心理边界，从而增强表演者对故事讲述者和在场观众的人际信任。

【关键词】一人一故事剧场；人际信任；心理边界；基本共情

一人一故事剧场（Playback Theater）亦称"回放剧场"或"重演剧场"，由美国学者乔纳森·福克斯（Jonathan Fox）及其同事在心理剧的启发下于 1975 年创立[1]。学校和居民社区是其主要应用场景，以心理课程教学方法（如班会课和普通心理健康课堂）、心理干预手段（缓解学生学业问题、提升教师胜任力、特定背景下的支持性社群）、社区营造途径以及社区养老辅助方式作为主要应用途径[2-4]。整体而言，我国大陆地区对一人一故事剧场的研究仍处于初级阶段，研究方法多为文献梳理和经验总结，采取个案研究法的论文仅有 1 篇[5]。

已有研究显示[6]，人际信任是个体心理边界和共情能力的重要影响因素之一，对情感的感受性更强、认知方式更开放易变的个体在与环境互动的过程中将产生更多卷入行为，也许预示着心理边界更薄的个体，其共情能力也更强。一人一故事

---

① 本研究系"四川省教育厅四川高校心理健康教育培训基地研究课题（2021SXJP031）"研究成果。

剧场的重要设置之一是在演出的全过程创设使人放松并感到安全的氛围，所有产生的疗愈性效果均建立在演员对讲述者的故事和情感经历共情的基础上，这对演员的共情能力和心理边界的弹性都提出了一定的要求。因此，探究一人一故事剧场的训练和演出经历对剧团成员的人际信任、心理边界和共情能力产生影响的程度及其内在心理机制便成为提升参演者表演能力与心理健康水平的实证研究切入点。

一、过程与方法

（一）研究对象

本研究于 2021 年 10 月至次年 6 月通过招募对一人一故事剧场感兴趣的高职大学生作为实验组被试，请每位实验组被试邀请一位与自己相似的朋友作为对照组被试，所有被试均知情后同意参与本研究。实际收集配对问卷 25 对，共 50 份，保留有效问卷 20 对，共 40 份，有效回收率为 80%。实验组男性 9 人，女性 11 人；对照组男性 7 人，女性 13 人。

（二）研究工具

1. 人际信任量表（ITS）

人际信任量表（ITS）由罗特尔（Rotter）编制[7]，共 3 个维度、25 个项目，分为政治信任、父辈信任和陌生人信任，测量被试在不同社会情境下对不同社会角色的信任程度。该量表在本研究中的 Cronbach's $\alpha = 0.791$，符合数据分析要求。

2. 心理边界量表（简版）

简版心理边界量表由昆曾杜尔夫（Kunzendurf）等学者编制，本研究选取了肖筱[6]的中文修订版。该量表为单维量表，共 18 个项目，采用 1 至 5 级计分法，最后算出总分。该量表在本研究中的 Cronbach's $\alpha = 0.691$，符合数据分析要求。

3. 基本共情量表

该量表由乔利夫（Jolliffe）编制，李晨枫等学者修订为中文版[8]。量表包含 2 个维度，即情感共情和认知共情，共有 16 个项目，采用 1 至 5 级计分法，最后算出总分。该量表在本研究中的 Cronbach's $\alpha = 0.797$，符合数据分析要求。

二、研究结果与讨论

（一）研究结果

1. 人际信任、心理边界与基本共情的被试内前—后测差异分析

考虑到本研究样本量较低（$N < 30$），不能假设数据呈正态分布，因而采用配对样本 Wilcoxon 方法检验被试内前后测差异，探究参与一人一故事剧场训练和演出经历是否对被试的人际信任、心理边界、基本共情等三项心理特质产生显著影响。

表 1　实验组人际信任、心理边界与基本共情的配对样本 Wilcoxon 检验（$N=20$）

	人际信任 （前—后）	政治信任 （前—后）	父辈信任 （前—后）	陌生人信任 （前—后）	基本共情 （前—后）	情感共情 （前—后）	认知共情 （前—后）	心理边界 （前—后）
Z	-1.016^c	-1.392^c	-0.180^b	-1.191^c	-0.256^b	-0.360^b	-0.071^c	-1.260^b
渐进显著性（双尾）	0.310	0.164	0.857	0.234	0.798	0.719	0.943	0.208

a. Wilcoxon 符号等级检验。b. 根据正等级。c. 根据负等级。

由表 1 可知，实验组被试的前—后测差异均不显著。表明参与一人一故事剧场训练和演出经历对被试以上三项心理特质无显著影响。

表 2　对照组人际信任、心理边界与基本共情的配对样本 Wilcoxon 检验（$N=20$）

	人际信任 （前—后）	政治信任 （前—后）	父辈信任 （前—后）	陌生人信任 （前—后）	基本共情 （前—后）	情感共情 （前—后）	认知共情 （前—后）	心理边界 （前—后）
Z	-2.37^d	-1.36^d	-2.21^d	-2.33^d	-0.78^c	-0.69^c	-1.45^c	0.00^b
渐进显著性（双尾）	0.018^*	0.175	0.027^*	0.02^*	0.436	0.491	0.147	1.000

a. Wilcoxon 符号等级检验。b. 根据正等级。c. 根据负等级。

由表 2 可知，对照组被试的后测数据在人际信任总分（$Z=-2.07$，$P<0.05$）、父辈信任维度分（$Z=-2.21$，$P<0.05$）以及陌生人信任维度分（$Z=-2.33$，$P<0.05$）等方面均显著低于前测。表明随着对大学生活的适应，没有参与一人一故事剧场训练和演出的学生的人际信任程度显著降低。

2. 人际信任、心理边界与基本共情的被试间差异分析

采用独立样本 Mann-Whitney 方法检验被试间前—后测差异，探究被试在人际信任、心理边界、基本共情等三项心理特质方面的变化是否主要归因于参与一人一故事剧场的训练和演出经历。

表 3　前测人际信任、心理边界与基本共情的独立样本 Mann-Whitney 检验（$N=20$）

	人际 信任	政治 信任	父辈 信任	陌生人 信任	基本 共情	情感 共情	认知 共情	心理 边界
Mann-Whitney U	80	77.5	64	114.5	120	122	116.5	123
Wilcoxon W	251	248	235.5	285.5	225	227	221.5	228
Z	-1.75	-1.86	-2.36	-0.44	-0.23	-0.15	-0.36	-0.11
渐进显著性（双尾）	0.08	0.06	0.02	0.66	0.82	0.88	0.72	0.91

a. 分组变量：是否为无镜剧团成员。

表 4　后测人际信任、心理边界与基本共情的独立样本 Mann-Whitney 检验（N＝20）

	人际 信任	政治 信任	父辈 信任	陌生人 信任	基本 共情	情感 共情	认知 共情	心理边 界总分
Mann-Whitney U	80	94.5	77	77	100	85	96	77.5
Wilcoxon W	135	325.5	132	132	155	140	327	132.5
Z	−1.06	−0.45	−1.20	−1.19	−0.21	−0.85	−0.39	−1.17
渐进显著性（双尾）	0.29	0.66	0.23	0.23	0.83	0.40	0.70	0.24

a. 分组变量：是否为无镜剧团成员。

参照表 2 与表 3 可知，从前测结果来看，对照组父辈信任维度分显著高于实验组（$Z=-2.36$，$P<0.05$），其他差异不显著，从后测结果来看，两组数据均无显著差异。表明除参与本项目的经历之外，被试上述三项心理特质产生变化可能还有其他重要影响因素。同时，参与本项目有助于维持人际信任水平不显著下降。

3. 心理边界在基本共情和父辈信任间的中介效应分析

将基本共情总分作为自变量、心理边界总分作为中介变量、父辈信任维度分和陌生人信任维度分代入 Process3.4 程序的模型 4 中进行中介模型检验，发现当陌生人信任维度分作为自变量时，直接效应、中介效应以及总效应均不显著，当父辈信任维度分作为自变量时，直接效应和总效应均不显著，但中介效应显著。前后两段中介路径均达到显著水平，该模型的中介效应为 $a*b=-0.144$，表明实验组被试在接受一人一故事剧场的训练和演出后，其基本共情正向预测心理边界，心理边界负向预测父辈信任，

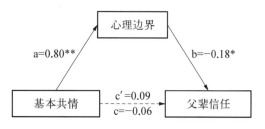

图 1　心理边界在基本共情和父辈信任间的中介效应检验（实验组后测数据）

心理边界在基本共情和父辈信任之间起到完全中介作用。结果见图 1。

（二）讨论

1. 参与一人一故事剧场经历是一项保护因素

被试内和被试间差异分析显示，相比于对照组，实验组被试的人际信任水平并未显著下降，因而一人一故事剧场的参与经历可被视为维持人际信任不显著下降的保护因素。这也许与参与一人一故事剧场对表演成员的核心要求有关，即表演者需要进入故事讲述者的内在世界，这就要求演员首先需要信任讲述者，其次需要不断提升自身共情能力[9,2]。

2. 参与一人一故事剧场大学生的心理边界在其基本共情与父辈信任间起完全中介作用

心理边界具有个体差异性，主要体现在不同个体的认知能力和认知倾向方面，同

时也受环境因素的影响,对自身认知倾向越了解的个体,其心理边界可能越清晰[10]。本研究的实验组被试虽然接受了近 10 个月的一人一故事剧场训练,但每周两次、每次一小时左右的训练仍然无法使被试群体拥有与专业助人者一致的共情能力,更多地强化了被试群体识别并理解他人情绪情感的能力(即认知共情能力),但体验与他人相似的情绪情感的能力(即情绪共情能力)并未明显提升,因而表现出认知共情能力越强,被试的心理边界越清晰的结果。这一结果提醒研究者,在之后的训练中需加强对一人一故事剧场表演者情感共情能力的培养。

社会认同理论认为,个体通过社会分类、社会比较以及积极区分等手段调整自身心理边界,得出自己是否属于某一群体的主观判断。若判断结果为"是",则个体对内的心理边界更柔化、对群体内成员更倾向于保持信任与友善,反之则保持警惕。本研究中实验组被试的受训和参演经历较少涉及社会与政治议题,主要聚焦于故事讲述者的情绪、想法与行为,在表演时强调"共创",其前提是表演者和故事讲述者在心理上被纳入同一群体范畴,因而实验组被试的心理边界显著负向预测其陌生人信任水平,但无法显著预测其政治信任水平。同时,训练师作为被试群体理论知识和实践技能的传授者,受到被试群体尊敬、信任,在心理上将训练师纳入同一群体的范畴;如一个成员所说,老师对我们要求很高,挺严的,但收获很大,心底里还是挺喜欢她,因而实验组被试的心理边界显著负向预测其父辈信任水平。

三、研究结论

（1）参与一人一故事剧场的经历作为一种维持和保护因素可以防止大学生群体人际信任程度显著下降。

（2）参与一人一故事剧场训练过程中,大学生的认知共情越强烈,心理边界越清晰,但这一倾向不利于在心理上将他人纳入自身群体认同的范畴,会降低人际信任程度。

（3）在之后的训练中需加强对一人一故事剧场表演者情感共情能力的培养,柔化其心理边界,从而增强表演者对故事讲述者和在场观众的人际信任。

四、不足与展望

在之后的研究中需扩大样本量、提升问卷有效率,防止被试流失对研究结果的影响。将研究方法由前—后测试改为前—中—后测试,追踪和记录一人一故事剧场参与经历对大学生心理特质的影响。在研究结果分析中纳入其他相关影响因素,进行分析,例如参与项目的时间、大学生从大一至大二的心态变化对其心理特质的影响等。

参考文献:

[1] 萨拉斯(Salas. J).即兴真实人生[M].屠彬,译.华中科技大学出版社,2017,14-15.

［2］张群智.创新心理课堂：一人一故事元素和学生人生故事的浸入［J］.华夏教师,2020,(4)：82.

［3］李慧.一人一故事：校园心理健康教育的有效方法［J］.课程教育研究,2017,(12)：225－226.

［4］黎燕.不同团体心理辅导形式在心理课堂中的运用［J］.中小学心理健康教育,2019,(8)：24－26.

［5］夏颖新.“一人一故事剧场”课程对小学学业不良学生心理调适的个案研究［J］.新课程(上),2016,(8)：8－9.

［6］肖筱.个体心理边界与梦体验的关系研究［D］.电子科技大学,2020.

［7］戴晓阳.常用心理评估量表手册［M］.人民军医出版社,2010.

［8］韩静.父母情感温暖、共情与儿童攻击性行为的关系［D］.青岛大学,2020.

［9］贾红分.应用戏剧在高校戏剧类课程中的运用探析［J］.当代戏剧,2018,(4)：65－67.

［10］白晓君.心理边界的理论问题研究［C］. Proceedings of International Conference on Engineering and Business Management(EBM2010).美国科研出版社.2010,1282－1285.

专题
三

心理健康教育课程建设研究

对标学生核心素养培养的融合式教学实践
——以大学生心理健康全覆盖核心通识课程为例^①

雷 霖 李 媛

电子科技大学

【摘要】为了探索新时代高校心理健康的教育教学模式,我们围绕大学生心理健康通识课程,进行了融合式的教学实践,形成了包含目标设计融合、生态环境融合和内容过程融合的教学模式。我们通过构建"以学生学习为中心的"教学设计,整合多平台的教学资源,达到了学生学习效果的有效提升。这一模式为融合式教学的理论和应用提供了有力证据和操作范式。

【关键词】融合式教学;核心素养;大学生心理健康课程

融合式教学是当前新兴的教学模式,随着新冠疫情的影响,国内外很多学校纷纷开始研发并运用融合式教学。为充分发挥心理育人的重要作用,围绕学生核心素养的培养,科学促进学生心理素质的提升^[1],我校自 2004 年面向全校学生开设心理健康课程以来,构建起面向大学生核心素养培养的心理健康教育课程体系。其中的核心通识课程"心理健康与创新能力"成为整个课程体系的重点和基础,在新时代信息化背景下,建设并形成大学生心理健康全覆盖的融合式课程。

一、融合式教学探索

融合式教学基于混合式教学而提出,但二者又存在不同。2019 年《教育部关于一流本科课程建设的实施意见》指出,线上线下混合式一流课程主要指基于大规模在线开放课程(MOOC)、专属在线课程(SPOC)或其他在线课程,运用适当的数字化教学工具,结合本校实际对校内课程进行改造,安排 20%~50% 的教学实践实施学生线上自主学习,与线下面授有机结合开展翻转课堂、混合式教学。而关于融合式教学,国内外学者提出了不同的看法,目前大致分为两种不同的观点:一种观点认为融合式教学是混合式教学的升级版,既有混合式教学的优势又进一步解决混合式教学流于

① 基金项目:四川省教育厅高校心理健康教育研究重点课题 2020SXJP002。

表面和形式化的问题；一种观点认为融合式教学是指传统课堂与在线教育以同步形式展开（而不是混合式的线上教学远距离异步于线下教学），更强调传统课堂与在线教育的深度交织。第一种观点重点提出了融合式教学设计的三个要点：① 目标分类，系统设计；② 关注线上，及时反馈；③ 过程绩效，监控促学[2]。第二种观点突出了融合式教学的灵活性、互动性和多元性特点[3]。

本课程综合了学者们的研究结果，秉承立德树人、以学生为中心的教学理念，对标大学生核心素养的培养，形成了本土化的融合式教学模式。这一教学模式包含三大方面的要点，分别是：目标设计融合、生态环境融合和内容过程融合。

二、融合式教学模式

（一）目标设计融合

1. 以分层理念构建课程的基础与个性化层次

打造国家精品在线课程，奠定课程的基础性层次。以教育学、发展心理学、积极心理学等前沿科研成果为依据，打造了"心理健康与创新能力"的国家精品在线开放课程，并基于此进行整体性、系统化设计[4]，有机分布在线上与线下、专业教师与实践课教师、课内与课外中[5]。搭建起能够激发学生学习并有效输入的学习支架，达到课程全覆盖、奠定学生基本心理素养的效果。

开发学生的最近发展区，形成课程的个性化层次。探索出适合大学生成长的"心成长"PEACE模型（主动—探索—觉察—改变—提升），融合进课程环节中，激发每个学生学习的最近发展区，搭建了学生乐学、内化知识能力的教学支架[6]，达到学生个性化心理素质养成的目的。

2. 以分类理念组织课程体系，促进学生浸润式成长

按课程目标与特色分类为：知识普及类、技能训练类、心理体验类。不同类别匹配学生在成长过程中的多样需求：知识类促进心理健康常识储备，技能类促进现实生活适应力，体验类促进内在品质发展。

课程体系以"浸润学生、助力成长，内化品质、自主发展"为宗旨，三类之间互相融合、交互作用，搭建起训练能力和行为塑造的教学支架。让学生在学习中既体验到新领域新种类的好奇，也收获到迁移知识融会贯通的效果。实现了教学从"知识技能"到"过程方法"，再到"态度、情感、价值观"，最终到达"素质素养"的培养。

（二）生态环境融合

1. 构建多学科协同育人队伍

结合多学科背景，聚合师资力量。在教学团队建设上，吸纳不同背景的专业课教师、辅导员、专业技术人员，组建了一支七八十人、覆盖全校所有学科的核心通识课程教学队伍；将多学科协同运用到课程建设和学生培养中。

创设教师素养培养机制。以教师素养提升为重点工作，采用"督导＋教师"的培

养机制,以标准化课程打磨、优秀教师讲课示范,促进课程的高阶化;结合"大组研讨＋小组辅导"的培训模式,组织多轮教学比赛和试讲,提升教师团队的整体素质。

2. 建设贴近学生的载体平台

研发掌上平台"话心",全覆盖运用雨课堂,活用生命教育基地。开发出贴近工科学生的话心 APP,目前校内用户量超过 4 万,覆盖率达 98%,实现对课程的反馈收集与大数据分析。每年面向 5 000 多名学生采用雨课堂工具全覆盖授课,统一进行后台数据发布与分析,为教师之间、师生之间、学生之间的信息打通提供有力支持[7]。基于校内打造的三生教育基地(逾 10 000 m²)和五感花园(500 m²),采用自然与心理的交互体验,以"视、触、嗅、味、听"五感,开辟了一条生动鲜活、感悟生命、养成素质的课程实践路径。以三大平台为主的多平台融合联动,为教学提供先进化科学化及时性的教育资源。

3. 打造多元化支持性的发展环境

改革评价体系,完成素质培养从"结果性"向"多元化"转变。进行自主学习、小组合作学习的多形式过程管理,采取小组学习成果与个人学习成果的科学评估方式,使得核心素养的培养能够有效地落地实施。

(三)内容过程融合

1. 融合学生需求和发展目标确定教学内容

构建了"8＋8＋1"的课程内容体系,分别为线上课程 8 个主题:绪论、自我与人格、情绪健康与管理、人际关系与人际交往、家庭关系与心理健康、恋爱与性心理(上)(下)、学习与发展、危机与生命意义;线下课堂 8 个主题:绪论、心理健康的识别与维护、自我发展与适应、情绪理解与管理、人际关系的建立与发展、培养爱的能力、学习发展与时间管理、危机与发现生命的意义;1 个贯穿始终的创新实践项目:小组心理情景剧视频制作与展演。

2. 综合运用教学方法和进行教学环节实施

综合各类教学手段与方式。采用线上线下教学、案例教学、体验活动、行为训练、心理情景剧等教育教学手段,充分发挥学校电子信息化的学科优势,分别在课前引导、课中互动、课后不断线三个阶段进行融合。

课前有引导:课前以慕课平台、成电学堂平台发布课程视频资源,建立课程 QQ 群促进学生线上学习,发布课程信息,师生相互交流。

课中有互动:课中使用微助教、雨课堂教学信息工具,让课堂互动多维化、趣味化、信息化,促进学生成为课堂主体。

课后不断线:课后通过"心理 IN 成电"微信公众号以及自主研发 APP"话心",及时发布学习资源和课堂反馈报告,提升课堂影响力。

综合多种信息化手段给学生提供立体化的心理健康教育资源与正向反馈,极大提升了学生的课程参与度和获得感。

落实教学过程的各个环节。采用"析"+"讲"+"练"+"省"的教学过程框架,帮助学生进行知识理解、技能运用和心理品质内化。

析:根据平台的学生信息反馈,分析修正课堂的教学重点与难点。

讲:根据反馈的重点与难点,师生共同研讨,强调理论积淀。

练:通过心理素质养成工程的各类项目,促进学生迁移、运用课堂知识技能。

省:采用焦点式小组讨论,反思性作业等形式,让学生进一步对所学内容进行整合式思考和理解,促进积极心理品质的养成

三、特色与效果

本课程以核心必修课形式实现大学生心理健康教育全覆盖的文件要求,将西方教育中擅长的个性、创造性与东方教育中擅长的知识性结合起来,构建具有"三动"(主动、互动、能动)和"三性"(知识性、个性、创造性)的有效课堂。

在教学内容的设计上充分利用融合式教学的知识与实践相互结合的优势,以多种信息化工具平台的运用,不仅打通多资源平台,更形成一批自主创造的心理资源,包括心理案例、调查报告以及心理情景剧视频库等,提高学生素质培养的自助性和持久性,持续发挥课程影响力和辐射作用。

从数据来看,通过融合设计与教学过程,学生的学习成绩得到有效提升。本课程的线上资源在中国大学 MOOC 平台累计总评分 4.8 分。线下课程中课程全校 78 个班级获 4 星及以上评价班级达到 98% 以上。

课程问卷调查显示:学生线上/线下的兴趣度和参与度均高于 4.2 分(满分 5 分),课程总体满意度高达 4.49 分(满分 5 分)。

总体来看,在当前信息化数字化背景下,在高校心理健康普及课程中推进融合式教学是一条符合时代发展、科学有效的路径。本研究通过大学生心理健康核心通识课程的教学实践,提炼了融合式教学的理论支撑,验证了融合式教学的实践效果。

参考文献:

[1]江光荣,赵春晓,韦辉,等.心理健康素养:内涵,测量与新概念框架[J].心理科学,2020,(1):7.

[2]沈欣忆,苑大勇,陈晖.从"混合"走向"融合":融合式教学的设计与实践[J].现代教育技术,2022,32(4):10.

[3]汪潇潇,郭双双.清华大学线上线下融合式教学实践与启示[J].现代教育技术,2022,32(4):7.

[4]范慧玲,徐志远.生态系统论视域下的青少年心理健康治理[J].学校党建与思想教育,2020,(6):3.

[5]赵丽.论后现代课程观下高校"生态圈"课堂教学模式构建[J].黑龙江高教研究,2016,(7):5.

[6]雷玉菊,周宗奎,田媛.网络学习环境下学习者的动机信念对学习投入的影响[J].中国电化教育,2017,(2):7.

[7]杨玉宝,谢亮.具身认知:网络学习空间建设与应用的新视角[J].中国电化教育,2018,(2):7.

"321"线上线下混合式大学生心理健康教育课程探析

吴 爽 陈 阳 曲慧东

东北大学

【摘要】随着互联网＋时代的到来,线上线下混合式教学作为一种新的教学模式,在我国大学生心理健康教育课程中发挥着不可替代的作用。打造互联网＋背景下的"321"线上线下混合式心理健康教育教学模式:"课前＋课中＋课后"3个教学环节相衔接、"线上理论教学＋线下体验教学"2种教学模式相结合、"以学生为中心"1条教学主线贯穿始终,符合我国大学生心理发展的特点,符合新时代背景下心理健康教育工作的基本要求,能够进一步提高大学生心理健康素质,推动心理健康教育工作有效开展。

【关键词】心理健康教育;"321"线上线下;混合式教学

2021年7月,教育部办公厅印发《关于加强学生心理健康管理工作的通知》明确指出,要加强源头管理,全方位提升学生心理健康素养,加强心理健康课程建设。心理健康教育是提高大学生心理素质、促进身心健康和谐发展的教育,是高校人才培养体系的重要组成部分,也是高校思想政治工作的重要内容。在互联网＋时代背景下,融合双轨教学,打造"321"线上线下混合式教学模式,适应新时代大学生的心理特点,符合新时代大学生心理健康教育的基本规律,进一步提升和促进大学生心理健康水平,提高大学生心理健康教育工作的质量。

一、"321"线上线下混合式教学模式的内涵

大学生心理健康教育课程是面向各高校本科生开设的公共必选课,在"金课"引领下,打造互联网＋时代背景下的"321"线上线下混合式教学模式,能够进一步提高心理健康教育教学的实效性。"321"线上线下混合式教学模式为:3个教学环节,即"课前＋课中＋课后"相衔接;2种教学模式,即"线上理论教学＋线下体验教学"相结合;1条教学主线,即"以学生为中心"贯穿始终。基于"321"线上线下混合式教学模式,形成了如图1所示的心理健康教育课程线上线下混合式教学实施模型。

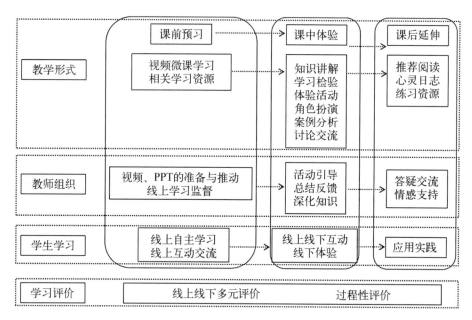

图1 心理健康教育课程线上线下混合式教学实施模型

（一）大班教学，实现多维交叉互动

从理论层面，课程需要实现知识传授；从实践层面，课程需要进行体验活动。"321"线上线下混合式教学打破了传统的单一互动模式，教师通过发送公告、视频等，实现课前、课中和课后与学生之间的多维交叉互动。教师在课堂中呈现"自我优势大盘点"等问题，学生在手机上通过弹幕、投稿的形式回答，实现大班教学人人发言，内向的学生也能得到积极关注，增进师生间、生生间的多向互动。

（二）体验教学，突破时间空间限制

大学生心理健康教育课程采用体验式教学，有助于学生知识内化及提高学习兴趣，但占用时间过长，难以在有限学时里完成系统化教学内容。在课前，教师发送"自我意识""恋爱心理"等理论知识视频或资料，学生进行学习；在课上，教师通过主客观题检验学生理论知识学习情况，开展案例分析、小组讨论、角色扮演等形式丰富的体验活动，使学生内化理论知识；在课后，学生通过生活实践，将心理学调适方法运用于实际中。

（三）过程评价，降低多元评价难度

过程性评价成绩模块较多，统计烦琐，容易影响多元评价的效果。教师通过"雨课堂"记录课程所有学生的数据，如授课前发送视频的观看次数和时间；授课中学生扫码签到进入课堂的时间、弹幕的次数和内容；授课后学生完成作业情况。教师在线上设置选择题等的答案，使学生提交后及时得到答案和解析反馈。教师根据线上数据对学生进行课前、课中、课后的过程性评价，同时获得教学效果的反馈，从而因材施教。

通过上述教学模型,在教学内容上,教师注重知识的科学性和完整性,注重知识之间的逻辑性,凸显和挖掘内容的高阶性、创新性、挑战度与思政元素,使学生对知识有良好的把握;在教学方法上,教师提倡在做中学、学中教,利用多媒体教学手段、课内案例分析、课外实践及网络资源自主学习等多元化教学方式,促进学生相互合作、相互讨论、相互学习,让学生在教学活动中体验、感悟与总结所学知识;在价值引领上,突出聚焦立德树人根本任务;在评价方式上,突出过程性与多元化评价。同时,教师在教学中运用知识讲授、案例分析、角色扮演、心理游戏、团体训练等方法,使大学生达到三个层面的心理健康教育教学目标:在认知目标上,了解心理学相关理论和基本概念,明确心理健康的标准及意义,了解心理发展特征及异常表现,掌握自我调适的基本知识,做到对自己客观评价、积极认识、自我接纳,遇到心理问题时能够自助与互助,明晰适合自己并适应社会的生活状态;在情感目标上,觉察自我,了解自身情绪特征,发展健康积极的情绪情感,养成高尚的道德感、较强的理智性、正确的价值观,练就乐观、平和、愉悦、容纳的心境;在技能目标上,掌握自我探索技能,练习并整合心理调适技能及心理发展技能,提升适应新环境、压力管理、人际沟通、表达爱与经营爱的能力等。

二、"321"线上线下混合式教学模式的设计

（一）理论教学与体验教学相结合

借助"雨课堂",教师在课前将理论知识的视频或 PPT,发送到教学平台供学生课前预习。课中进行角色扮演、案例分析等体验活动,用头脑风暴等方式让学生进行分享交流,调动学生参与的积极性、主动性,深化理论知识,将知识融入生活,提高实践能力。如果仅仅是学习,不在生活中实践,无法达到真正吸收所学知识的目的,因此在课后,学生持续练习基于正念理论的"迷你静心练习"、基于积极心理学原理的"三件好事练习"、基于表达性艺术治疗的"涂鸦日记"等,进行知识内化,引导学生将知识转化到解决实际生活问题情境中去。

（二）移动终端与课堂教学相结合

互联网引发了新一轮的行业变革,在这样的时代背景下,将互联网＋与教育教学结合起来,为教育教学注入新的活力,为学生创造生动灵活的教学情境,使课程更具有吸引力,学生由被动学习转化为主动参与。"321"线上线下混合式教学通过手机微信端实现课堂管理与课堂教学相结合,在探讨"大学生自我意识"这一主题时,通过"雨课堂"发布探讨自我的课上活动:"乔韩窗口""天生我才""遗失的世界"等,引导学生看到自己的独特性,启发学生更全面地认识自己,澄清自己的价值观,学会珍惜自己所拥有的资源,探索未知的自己,创造无限的潜能。运用这些信息化技术进行线上线下混合式教学,既节省课堂时间,丰富课程形式,还打破课堂教学的时空限制,有助于课堂管理,进一步提高心理健康教育的实效性。

（三）过程评价与多元评价相结合

"321"线上线下混合式教学注重过程性评价,对学生的课堂参与程度和表现、课内课后作业完成情况、学生理解和掌握基础知识情况、课后内化实践效果等,实现实时评价和动态过程评价。教师通过生生互评,充分发挥学生评价主体的作用,使评价结果更加客观真实,激发学生课堂参与的积极性,实现评价主体多元化。通过过程评价与多元评价主体相结合的方式,打破单一的教学评价模式,促进学生主体的和谐全面发展。

三、"321"线上线下混合式教学模式的创新和突破

相较于单一的线下教学方式,线上线下混合式教学涵盖心理知识传授、心理体验活动及心理调适技能训练等多个维度,是集知识、体验、实践于一体的综合课程,有效促进大学生心理成长与幸福体验。

（一）线上有资源,实现对知识的理解

教师利用"雨课堂"在课前发布丰富多彩、形式多样的视频资源,使学生能够更快更好地接受枯燥的理论知识,提前学习相关内容,把学生的学习由浅入深,引向深度学习。在课后,教师将静心冥想、正念身体扫描等音频传至线上,所有资源都在学生的手机端保存,学生随时随地将知识运用于生活,进行适时的自我觉察与调节。

（二）线下有活动,促进对知识的内化

教师通过"情绪表演""微信对话"等活动,让学生运用自身的多感官进行全方位感知情绪,在轻松愉悦的氛围中,更好地了解情绪的外部表现形式,包括面部表情、声音表情和动作表情,让学生系统地学习、掌握情绪的特点、作用与影响。通过线下课堂中的案例分析、情境表演等体验活动,学生更深刻地内化心理健康知识,增加学生课堂参与感,充分提高学生的学习动机和学习效率。

（三）过程有评价,提高对知识的反馈

在"321"线上线下混合式教学中,教师通过"雨课堂"发送对理论知识学习检验的客观题,学生作答后,教师和学生都及时看到作答情况,既对学生的学习过程实现动态评价,使学生及时获得反馈信息,也可以使教师及时了解学生学习效果,进而充分考虑学生需要,精心调整教学计划,适应学生发展趋势,促进学生身心健康成长。

"321"线上线下混合式教学,提高了学生对学习的积极性,增强了学生的主动参与性,也更好地对心理健康教育进行理论和实践的有机结合,扩展了课堂教学的同时提升了学生的心理素质状况。"321"线上线下混合式心理健康教学模式的实施,也体现了科学技术应用到现代教育中的优势,符合当代信息化教育新观点。

四、"321"线上线下混合式教学模式的效果

"321"线上线下混合式教学将理论教学部分设置为线上网络课程自学,学生课前

有一定基础知识储备,线下课堂的体验教学就更为深入有效,再加之课后线上的知识拓展,更好地帮助学生提升自我效能感、希望、乐观与韧性,充分发挥大学生在积极心理品质培养过程中的主体作用,促进体验式教学的开展。

（一）提高学生的学习能力

真正的教育不是给学生知识,而是教会学生自己寻求知识。"321"线上线下混合式教学模式,使学生课前在线上自学网络课程,带着问题参与线下课堂教学,课后又可根据自身需求选择拓展知识,更多注重个人参与、体验和感受,学生有了更多的参与,在学习中体验到改变,提高了学生的自主学习意识,发展自主学习和解决问题的能力。同时,网络教学平台给师生提供了一个更为广泛的交流环境,师生间可以随时回答问题、探讨话题、发表观点,真正让学生在教师的知识和情感陪伴下成为学习的主体。

（二）提升学生的学习兴趣

"321"线上线下混合式教学方式改变了传统教学中单一枯燥的知识传输方式,提供了更为丰富的教学手段,如微课自学、随机点名、在线投票、线上话题讨论,让厌倦了传统单一形式教学的学生们耳目一新,提高了学生课堂参与的热情,再加之心理健康教育课程独特的体验式教学方式的加入,如体验活动、情景模拟等,增加了学生在课堂中的参与度与互动性,提高了课程学习的兴趣。

（三）提高课程的教学效果

从学生角度看,"321"线上线下混合式教学模式可以使学生在课后利用线上资源更好地掌握心理调适技巧、提升心理调适能力,让大学生心理健康教育课程变成了灵动的有效互动课,使课堂主体性得到有效提升,对于学生的身心健康发展具有积极的作用。从教师角度看,"321"线上线下混合式教学,提升了教师对于课堂的驾驭度,课程吸引力有较大提升,使自己能更客观地掌握自己的课堂教学效果,为其不断调整课程教学提供了重要依据。

总之,"321"线上线下混合式教学模式延伸了单一课堂教学的时间与空间,促进学生自主学习,提高学生分析、解决问题的能力,有效弥补了传统心理健康教育课程的不足,并且顺应时代发展需求,提高了心理健康教育的教学质量,促进学生心理健康发展。

五、总结

综上所述,在当前互联网＋背景下,高校应当改革原有的心理健康教育教学模式,利用互联网来增强心理健康教育的时效性,创新心理健康教育工作方法。课程教学是心理健康教育的主渠道,心理健康教育教师仍需坚持以"学以致用"为原则,不断更新教学内容,建立具有自身特色的体系结构,通过课堂教学,使学生学会观察、分析、理解身心发展规律,建立科学的心理发展观;探索具有先进性和互动性的教学形式,注重激发学生的学习兴趣和潜能;提高对教师、对学生的要求,针对知识、情感和技能的考核均具有一定的挑战度;深度挖掘课程思政元素,注重学生的价值塑造、人格养成、能力培养和知识探究,使心理健康教育课程成为特色鲜明、结构完整、影响广泛的课程模块,进一步完善高校心理健康教育教学机制,深化课程育人建设,践行心理育人使命。

参考文献:

［1］李春青.大学生心理健康教育线上线下混合教学模式探究[J].黑龙江教师发展学院学报,2021,40(10)：45－47.

［2］李珏,艾煜.基于雨课堂线上教学平台的混合教学模式探索——以"大学生心理健康教育"课程为例[J].北京印刷学院学报,2020,28(11)：133－135＋151.

［3］房宏驰,王惠.互联网＋环境下的线上线下结合心理健康教育模式设计[J].中国多媒体与网络教学学报(中旬刊),2019,(3)：1－2.

大学生生命教育路径探析

冯明懿　冉俐雯

西南交通大学

【摘要】生命教育是为了使人树立正确的生死观、生涯观,善待和尊重生命,明确生命意义,活出生命的精彩。当前大学生生命教育的现状及困境主要是学校、家庭、社会等教育主体的生命教育意识不足、缺乏协同与联合,大学生的生命责任意识淡漠、生命理想信念模糊。大学生的生命教育路径需要大学生发挥主观能动性,高校完善生命教育理念、丰富生命教育途径、加强教师队伍建设,家庭营造良好氛围和重视家庭教育,政府、媒体等社会各方支持形成合力。

【关键词】大学生;生命教育;路径探析

教育的本质是生命教育[1],育人就是培育人的生命成长,使人尊重生命和促进人的生命发展。然而,被称为象牙塔的大学校园中近年来却频发学生自伤、自杀和仇杀等伤害自己或他人生命的极端暴力事件,反映了大学生心理健康问题增多和人文关怀缺失。此外,"躺平"已经成为一种青年亚文化现象,大学生群体在生活中存在逃避现实困难的倾向[2],暴露出大学生对生命缺乏信念感和意义感。因此,大学生生命教育亟待重视和改进,从而促使大学生善待生命,在有限的生命中活出精彩人生。

一、生命教育的基本内涵

生命教育贯穿人的一生,在人的不同成长阶段有着不同的内容和作用,教育内容和方式是多元的。关于生命教育的基本内涵,我国尚未有统一的定论,目前大致包含以下方面:在生命属性上,包括自然生命教育、精神生命教育、社会生命教育等[3];在生命认知上,包括科学认识生命、正确对待生命、明确生命意义和价值等[4];在生命教育内容上,包括生存教育、灾难教育、死亡教育、生涯教育等[5]。结合已有研究成果,可以将生命教育看作帮助学生树立正确的生死观、生涯观,善待和尊重生命,明确生命意义,活出生命的精彩。

二、大学生生命教育的现状及困境

生命教育是促进大学生珍爱生命、尊重生命、找到生命意义和生活信念的重要教育内容。从教育主体和教育客体的角度来看,当前大学生生命教育的现状具有缺失性、零散性、表面性[6],体现在学校、家庭、社会等教育主体的生命教育意识不强、缺乏协同与联合等,以及大学生本身生命责任意识淡漠和生命理想信念模糊。

（一）教育主体方面

1. 生命教育意识不足

高校的生命教育理念滞后,往往在学生的生命已然遭受伤害之际才进行珍爱生命、尊重生命的思想政治教育或心理健康教育,未能把生命教育前置,甚至没有开设过生命教育课程或主题教育活动。学校、家庭、社会等教育主体为了培养建设社会和经济发展的有用之才,侧重于培养大学生的文化知识、业务技能。片面追求科学理性和功利主义的教育倾向[6]使得学校、家庭和社会相当强调学习科学文化知识,忽略了以人为本的人文关怀,缺乏对生命教育的重视。在高校发生的血淋淋的伤人、自伤、自杀以及杀人等极端事件则是学生生命意识淡漠的表现,这离不开学校、家庭、社会等教育主体的责任缺失。因此,各教育主体需要将如何认识生死、如何对待生命等相关生命理念、方法纳入大学生教育范畴。

2. 缺乏协同与联合

大学生生命教育通常局限于高校内部,高校未能与大学生家庭、社会产生合力。就家庭方面来说,大学生父母存在两种错误取向[6],一是将大学生的生命教育完全交给学校,抱有"甩手掌柜"的心态,不关心子女个人成长和心理健康;二是过度关注子女的内心活动和人生轨迹,反而阻碍了子女追寻生命价值和意义。就社会方面来说,一是缺乏政府的政策宣传来促进大学生生命教育开展,没有提供充足的生命教育的人财物支持[7];二是新闻媒体中出现关乎生命威胁的社会事件时,缺乏对生命的人文关怀和责任道德;三是一些社会不公现象[6],如通过造假、走后门等不正当竞争手段获取成功的现象,使得大学生开始扭曲或迷失生命意义和人生价值。高校、家庭、社会的教育效果都影响着大学生对生命的认识乃至生活方式。

（二）大学生方面

1. 生命责任意识淡漠

生命责任意识要求大学生珍惜并尊重自己和他人的生命,能够做到对生命负责,不随意践踏生命,不对自己和他人的生命造成伤害[8]。现今大学生成长在市场经济和互联网时代背景之下,大学生的社会责任感遭受功利化倾向和虚拟社交方式的冲击[7],导致一些大学生忽略他人的利益,不惜伤害他人的生命来处理人际冲突、情感纠葛等问题。例如,近年来引人注目的马加爵杀人案、复旦投毒案等极端事件,体现出部分大学生即便接受了科学文化知识的高等教育,却漠视生命,缺乏对生命的尊重,生命责任意识淡漠的现状。

2. 生命理想信念模糊

进入大学阶段,大学生不再受到严格的家庭管束,大学生的自主支配的空间得以增加。一方面,部分大学生沉湎于吃喝玩乐,片面地满足自己的物质需求,忽略了充实和丰满自己的精神世界,对生活的意义感和信念感不足[8]。另一方面,大学生普遍接受的是关于科学理性文化知识的教育,因此缺乏对生命的认识和思考,特别是忽略了对死亡的正视和对生命意义的追寻[9],往往对生死问题无所适从,对生命产生空虚感,生命理想信念模糊。

三、大学生生命教育的构建路径

大学生生命教育是一项需要高校、家庭、社会等教育主体和作为教育客体的大学生共同发力的系统工程。大学生生命教育不仅要利用好大学生主观能动性的作用,还要高校、家庭、社会共同重视大学生生命教育,摒弃功利化的教育倾向,树立以人为本的教育理念,发挥好不同教育主体的优势作用,联合起来为大学生生命教育提供多样化支持,从而构建多方位和立体化的生命教育路径,如图1所示。

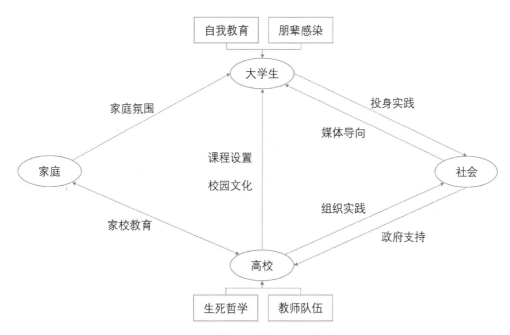

图1 大学生生命教育的构建路径

(一)发挥大学生主观能动性

大学生的生命教育离不开大学生群体本身的主动参与,可以通过大学生自我教育和朋辈教育的互动方式进行。一方面,自我教育就是大学生不断与他人产生互动,在与他人互动的过程中突破自我,完成自身的转化。生命的成长就是在自我与他人相遇的过程中充斥着各种事物,在遇到的各种事物中抓住生命成长的契机和动力[6]。大学生可以在学习生活中加强对生命的认知,有意识地思考生死观、提高生命责任意识和追求生命价值感。另一方面,大学生朋辈群体具有相似性、邻近性,因而朋辈榜样对大学生具有亲切性。因此,在大学生自我教育的同时,朋辈教育的可靠引导也尤为重要。在大学生群体中,可以选出对生活生命富有健康心态和生命价值观的学生,发挥朋辈群体的优势,为大学生开展宣讲、讨论等互动活动,感染同辈大学生[6],促进大学生加强对生命生活的积极认知,鼓励大学生积极参与自强、助人等生命成长实践,将生命价值观外化为行动。朋辈生命教育体系在近年逐渐发展为"互助—自助—共进",让大学生自我教育和朋辈教育的资源和力量加以整合[6],是大学生课外生命教育的有效补充路径。

（二）高校加强生命教育理念、途径和队伍建设

高校是开展大学生生命教育的重要教育主体。首先,在生命教育的理念方面,高校要摒弃功利主义的教育倾向,怀着以人为本的理念,积极关注大学生的生命成长,真正做到育人育才,而不是把大学生的培养当作制造工业化社会的工作机器或生产燃料。一方面,高校可以参考和比较中国传统文化和西方文化的生命哲学,例如西方有尼采的道德价值学说、狄尔泰的"自身思义"、萨特的存在主义等,我国儒家有"贵生重孝""舍身取义"的思想,道家有"轻物重生"的境界[10]。另一方面,要加强死亡教育,促进大学生对生和死的体悟。由于我国传统观念忌讳谈论死亡,我国的死亡教育尚有缺失,导致大学生在内的许多国人未能正视死亡[11]。因此,高校应当加强探讨生命教育与死亡教育的目标、内容[10],因地制宜选择合适的实施方法,在死亡教育中教会学生关爱和尊重自己与他人的生命,寻找生命的意义。其次,在生命教育的途径方面,高校应该提高生命教育在大学生课程体系中的数量和比重[12],可以采用微课等线上线下相结合的方式加入生命教育,并且主动与家庭、政府和公共部门构建校内外协作关系,共同开展大学生生命教育工作,鼓励大学生参加朋辈宣讲、助人实践活动。最后,高校要加强教师队伍建设,设立负责生命教育的专职工作小组,真正建设好富有人文关怀的学校文化,使得辅导员、心理老师和教学老师等都能关注大学生的心理健康和生命成长。

（三）重视家庭教育和营造良好家庭氛围

大学生虽然已经离开家庭、进入大学校园,但是大学生的生命价值观和生命成长和家庭教育密切相关。一般来说,与父母家人的亲情是人一生中最初的感情,家庭关怀是大学生生命教育的重要一环,有利于大学生的情感从朴素的亲情发展出与他人的友情,从而再升华至社会责任感、生命关怀等高尚的社会情感和人类同情心[6]。一方面,要让家庭对大学生的心理健康和生命教育引起重视,摒弃放任无为的家庭教育思想,与学校的生命教育产生合力,共同践行以人为本的生命关怀,帮助子女形成积极向上的心理健康状态。另一方面,家庭需要营造和谐的氛围,让家庭生命教育良性

发展,关爱子女的生命成长,促进大学生树立正确的生命价值观并积极投入生活。

（四）社会各方支持形成合力

社会环境相较于学校环境和家庭环境更加复杂与广阔,可以在大学生生命教育的发挥更加现实和立体的作用。首先,对于高校生命教育的平台搭建,政府应提供相应的政策宣传,支持生命教育的人财物等社会保障。其次,政府部门和新闻网络媒体要摒弃功利主义的倾向,在社会事件和新闻报道中表达和体现对生命的尊重和关怀。最后,各类公共部门,如医疗、消防和公安部门[12],可以进入高校,结合现实案例为大学生进行宣讲和渗透教育;高校与社区、养老院、福利院进行合作,鼓励大学生参与多样实践活动,观照现实,让大学生在实践中进一步认识衰老、死亡、生命关怀等生命命题,使其珍惜和尊重生命,思考生命意义,在有限的生命中追寻生命价值。

参考文献：

[1] 顾明远.教育的本质是生命教育[J].教育与教学研究,2020,34(11)：1 - 2.

[2] 侯振中."躺平"亚文化的生成及反思[J].人民论坛,2021,(35)：123 - 125.

[3] 冯建军.生命教育论纲[J].湖南师范大学教育科学学报,2004,(5)：5 - 12.

[4] 赵迎华.新时期大学生生命教育的内容、现状及策略探析[J].思想理论教育导刊,2014,(9)：
136 - 138.

[5] 董新良,张盼盼.疫情背景下的生命教育：理念、内容与实施途径[J].山西师大学报(社会科学版),
2021,48(1)：106 - 111.

[6] 褚惠萍,庄蕾.论大学生生命教育四元模式[J].黑龙江高教研究,2015,(11)：125 - 128.

[7] 王涛.新时代大学生生命教育的责任伦理建构[J].吉首大学学报(社会科学版),2022,43(04)：
90 - 95.

[8] 李巧巧.大学生心理健康教育与生命教育融合的实现途径研究[J].高教探索,2015,(2)：121 - 124.

[9] 李丹,徐晓滢,李正云.大学生生命认知和生命价值取向的发展特点[J].心理科学,2011,34(6)：
1360 - 1366.

[10] 梅萍,张建芳.我国大学生生命价值观教育研究特色述评[J].思想理论教育,2014,(11)：78 - 82.

[11] 贾萧竹.浅谈大学生生命教育的有效实施[J].当代教育科学,2015,(1)：59 - 61.

[12] 孟鑫慈.大学生生命教育研究[D].大连：辽宁师范大学,2022.

网络叙事团体辅导课的实施效果

许丽伟　孙洪波

东北石油大学

【摘要】 为缓解大学生在居家生活和校园隔离生活中产生焦虑、恐惧、不安等情绪,结合多年团体心理辅导的实践经验,探索以叙事心理治疗理论为基础,开展网络团体心理辅导,形成了一套网络团体辅导指导方案。依据此方案又开展了相关实践研究,并在网络团体辅导课程中进行应用,通过量表和问卷调查研究团体辅导的实际效果,最终发现进行网络团体辅导课程教学可以有效缓解学生的焦虑、抑郁、恐惧等情绪,团体辅导前和团体辅导后的实验班在焦虑和抑郁得分方面有统计学意义。

【关键词】 叙事心理治疗;网络团体心理辅导;大学生

受公共卫生事件的影响,高校心理健康教育课程都改为线上进行教学,在此影响下,如何开展团体辅导,成为每一位心理健康工作者面临的新课题。为了尽量使同学们能在网络空间内畅所欲言,在课程组的全体教师的共同策划和研究下,最终形成了一套网络团体心理辅导指导方案,并在课程中实施,为了验证网络团体辅导课程的实施效果,本研究进行了网络团体辅导的量化研究和质性评估。

一、理论背景

(一)叙事网络团体辅导设计的理论基础:叙事心理治疗理论

叙事心理治疗的叙事就是讲故事,就是按照时间顺序组织发生的事件,叙事是为了告诉某人发生什么事的一系列口头、符号或行为的序列。[1]叙事心理治疗是后现代建构主义心理治疗中的一种,从家庭治疗中发展而来。与现代主义相比,后现代主义或建构主义突出人类在知识建构中的参与性。[2]叙事心理治疗就是咨询者通过倾听当事人"问题"故事,找出问题之外的生活故事,引导来访者重构积极故事,以唤起当事人发生改变的内在力量的过程。在网络团体心理辅导中,运用叙事理念,让学生在讲焦虑、恐惧、嫉妒等故事的过程中,引导学生重新认识生活事件带给人的心理反应,发现生命力量,感恩他人,进而重构积极的生命故事。

（二）叙事网络团体辅导的方案

本团体辅导方案主要围绕大学生的常见的情绪困扰，将叙事治疗的问话技术融入了团体辅导的活动中。鼓励成员述说曾经经历的或正在经历的生命故事，引导成员发现自己潜在的积极的应对方式与积极资源，增强对未来生命的积极行动力。具体网络团体辅导方案见表1。

表1　5项团体辅导的主题及主要活动内容

单元	主题	主要活动内容
一	面对无常，珍惜当下	1. 热身活动：介绍自己的名字和当下最想说的话 2. 头脑风暴：① 你从什么时候开始关注世事无常的？你看到了什么？你听到了什么？ ② 这件事情对你有什么影响？你的反应或感受如何？ ③ 你做了什么？ ④ 结束后，你都有什么规划？
二	成为我自己	1. 热身活动：用三个词描述自己 2. 头脑风暴：① 你从什么时候开始关注自己的？如：身高、体重、相貌、学业、观点等；② 听到有亲人去世，这件事对你有什么影响？你有什么反应或感受？ ③ 你做了什么？ ④ 今后，你都有什么规划？
三	拥抱恐惧勇担重任	1. 热身活动：介绍名字的由来 2. 头脑风暴：① 你从什么时候开始关注恐惧这件事的？害怕什么？ ② 讲述一件自己很勇敢决定做的事？这些事对你有什么影响？ ③ 你做了什么？ ④ 今后，你还打算怎样做？
四	觉察嫉妒向阳成长	1. 热身活动：介绍自己长相中最好看的地方 2. 头脑风暴：① 你从什么时候开始关注嫉妒这种情况的？你什么时候遭到别人的嫉妒？ ② 讲述一件因遭到抨击，反而更好了，看见了新的"风景"的事情，这件事情对你有什么影响？你有什么反应或感受？ ③ 你做了什么？ ④ 你还打算怎样做？
五	遇见四年后的自己	1. 热身活动：介绍一下你高中时自己？ 2. 头脑风暴：① 高中期间我的"五个最"（最自豪的事，最感动的事，最遗憾的事，最想感谢的人，大学期间最想做的事）。② 冥想：《遇见四年后的自己》。③ 学生总结分享——谈收获

二、对象和方法

（一）研究对象

考虑到课题组教师所在的是一所综合性大学，课程组随机选择了理科教学班级1个，文科教学班级1个。共计229名学生参与了团体辅导的实验研究。

（二）研究方法

本课题采用问卷调查法、数据统计分析法相结合，进行网络团体心理辅导的效果评估，采用SPSS16.0软件包进行数据的处理和对比分析。本研究为准实验设计，考察网络团体辅导课辅导对学生抑郁和焦虑情绪的干预。自变量为网络团体辅导课的干预,因变量为学生在各量表的前后测得分,具体实施是在第一次上网络团体辅导课之前进行前测,在 5 次团体结束后进行再测。再测时添加了自编的《团体满意度问卷》进行评估。

（三）研究工具

（1）抑郁自评量表（SDS）[3]：Zung 于 1965 年编制的用于衡量抑郁状态的轻重程度的自评工具。此量表是美国教育卫生部推荐用于精神药理学研究的量表之一,具有良好的信度和效度。该量表含有 20 个项目,按 1～4 级评分。抑郁严重度指数范围在 0.25 至 1.0 之间,指数越高,抑郁程度越重。

（2）焦虑自评量表（SAS）[4]：Zung 于 1971 年编制的一种评定病人焦虑主观症状的临床测量工作,主要应用于精神病临床、心理咨询及群众心理健康状况的调查。该量表包含 20 个项目,按 1～4 级评分,用于评定病人焦虑的主观感受及其在治疗中的变化。

（3）自编的《团体满意度问卷》。问卷内容包含团体凝聚力、团体信任度、团体安全度、团体活动满意度等 9 个问题,旨在考查网络团体辅导带给学生的实际效果,更加详细地了解整个网络团体辅导的过程带给学生的成长与变化。

三、结果

为了验证参加网络团体辅导课的实践效果,课题组随机抽取了两个自然班为调查对象,在参加前和参加后进行了抑郁自评量表和焦虑自评量表的测量,具体研究结果与分析如下：

（一）焦虑与抑郁前测、后测差异

网络团体辅导课程方案在实施前,通过心海危机干预软件系统向 2 个实验班分发了两个量表,即抑郁自评量表和焦虑自评量表。在网络团体辅导课程结束之后再次向 2 个实验班分发量表,最终通过 SPSS16.0 进行数据统计分析,结果见表 2：

表 2 焦虑自评量表、抑郁自评量表前后测总分比较$(\bar{X} \pm S)(n=229)$

量　　表	团体辅导前	团体辅导后	t	p
焦虑自评量表	42.31 ± 9.58	38.64 ± 8.59	3.203	0.002**
抑郁自评量表	39.30 ± 8.68	36.56 ± 8.01	2.467	0.015*

注： * 表示 $p<0.05$, ** 表示 $p<0.01$ 。

配对样本 t 检验发现,5 个项目单元的网络团体辅导之后,学生的焦虑、抑郁量表得分较团体辅导前是下降的,即焦虑和抑郁程度有所减轻。

（二）网络团体心理辅导效果评估

《团体满意度问卷》提前录入问卷星,学生用手机参与完成。为了方便更加直观

进行数据分析,我们把主干题目统计在一个表格中,具体数据见表3:

表3 团体满意度问卷

题 目 选 项	非常满意	比较满意	一般	比较不满意	非常不满意
团体目标达成度	76.42%	20.52%	2.18%	0.44%	0.44%
团体的氛围	77.73%	20.96%	1.31%	0.00%	0.00%
团体凝聚力	72.93%	24.89%	2.18%	0.00%	0.00%
团体信任度	77.73%	19.65%	2.62%	0.00%	0.00%
团体安全度	72.93%	25.76%	1.31%	0.00%	0.00%
团体中自我的投入度	71.62%	27.07%	1.31%	0.00%	0.00%
团体活动过程满意度	76.42%	22.71%	0.87%	0.00%	0.00%
教师带领团体的满意度	80.35%	18.78%	0.87%	0.00%	0.00%
通过团体辅导活动,自我的变化	67.25%	28.82%	3.93%	0.00%	0.00%
团体效果整体满意度	75.55%	24.02%	0.44%	0.00%	0.00%

根据本次问卷调查结果,整体上看,学生对网络团体辅导的满意度比较好,没有人选择"比较不满意"和"非常不满意"。

四、讨论

(1)量化结果说明五个单元的网络团体辅导有效缓解了学生焦虑、抑郁等不良情绪。能取得这样的效果原因有两点:一方面是由于网络团体方案的叙事心理治疗理念,比较看重人们的经历的故事,并让人们用语言进行讲述,在讲述的过程中寻找例外。所以叙事心理治疗理念下的网络团体辅导让学生们有机会述说和表达自己的情绪情感,从而获得有效的宣泄途径。另一方面是由于网络团体辅导,学生上课的积极性和主动性会较强,网络团体辅导课的课堂效果会比较好。此外,为了使网络团体辅导课更加高效运行,每个单元的网络团体辅导课之前一周都会进行相关的体验式培训,其目的是让教师们带着体验与感受更加自信地带领新的团体。

(2)网络团体辅导方案的效果评估。为了验证网络团体辅导方案的效果,调查问卷主要从学生对团体辅导的整个过程的感受去调查,结果显示72.93%~77.73%的学生对团体目标达成度、团体的氛围、团体凝聚力、团体信任度、团体安全感等方面非常满意,由此可以看出,绝大多数学生对网络团体辅导课的课程方案设计还是满意的,认为实现了课程方案设计里的团体的目标。

网络团体辅导的主体受益者,学生的个人收获评估结果。让学生觉察他在团体中自我的投入度和自我变化的满意度,有70%左右的同学表示对自己的投入度和自我变化非常满意。学生参与网络团体辅导课,对学生的自我心理的成长是非常有益的。

　　团体辅导过程和满意度评估。从团体的活动过程的满意度结果看,有 75.55%~80.35%的同学表示非常满意团体辅导过程,尤其是对教师带领过程非常满意,这说明学生在网络团体辅导过程中,看到了带领老师们的辛苦付出,也感觉到正因为老师们的带领才让他们有机会对某一情绪或事件进行觉察和反思。尤其是小组工作的方式,让更多的人能在一个空间里可以深入地沟通和交流,这一机会更多的是带领老师们进行搭建和创造的。

五、结论

　　经过五个单元的网络团体辅导之后,学生的焦虑、抑郁程度有所减轻。从实践效果质性评估来看,无论是学生对网络团体辅导满意度的评价还是教师评估,都看到了比较好的效果。通过网络团体辅导课让同学们发现每个人都是自己生命的专家,每个人的生活故事都是不同的,但都在积极用自身资源和力量去应对,"以己为镜"地重新在自己的生命故事中找到积极资源,将有利于同学们应对目前所面临困境的影响。

参考文献：

[1] 李明.叙事心理治疗[M].北京：商务印书馆,2016,22-23.

[2] 李明.叙事心理治疗[M].北京：商务印书馆,2016,7-9.

[3] 汪向东,王希林,马弘.心理卫生评定量表手册[M].中国心理卫生杂志,1993,173-174.

[4] 汪向东,王希林,马弘.心理卫生评定量表手册[M].中国心理卫生杂志,1993,209-211.

大学生心理健康教育课程融合生涯发展的建设思路与方法

任博华

东北财经大学

【摘要】相较《高等学校学生心理健康教育指导纲要》的要求,大学生心理健康教育课程建设存在不足,表现为课程目标与定位跟时代发展结合不够紧密,课程内容与教学方法僵固滞后,学生心理健康水平亟待提升,以及师资队伍的专业化程度不高等问题。面对上述困境,生涯发展视角会为课程建设带来启发与策略。生涯发展的内外部资源协同观、动态观、权变观,以及对学生成长阶段与实际需求的关注等特质,对促动课程目标与定位紧跟新时代对高校人才培养的需要,丰富教学内容、丰厚学生的心理资本等颇有助益,而生涯教育教师与心理健康教育教师在专业、技能等方面的相近性,从长期看可以扩充课程专职教师队伍,短期内可以分担部分教学任务,助力心理健康专业教师更好地推动课程建设高效有序地发展。

【关键词】心理教育;课程建设;生涯发展

2018年7月,中共教育部党组印发了《高等学校学生心理健康教育指导纲要》(以下简称《纲要》)。《纲要》的出台,对高校如何充分发挥课堂主渠道的地位与功能提出了新的要求。因此,将《纲要》的精神落实、落地、做深、做细,必然要求进一步提升大学生心理健康教育课程建设的成果。

生涯发展在高校更多被应用于职业规划与就业指导中。但其理论、技能对于学生的影响并不局限在职业选择方面,其与发展心理学、社会心理学、认知心理学有着更近、更深的渊源。所以,生涯发展的理念及方法开始被心理教育、咨询与辅导领域的专业人士关注与应用。

生涯发展视角下,大学生经历从青少年向成年人的转变。在我国,绝大多数的大学生都可能面临亲人分离、入学适应、自我管理、学业压力、社交关系建立、恋爱与性、个人发展与定向、职业选择与定位等诸多方面的成长问题。这些"问题"既是大学生必须要面临和解决的现实发展议题,也是大学生心理健康、人格完善的重要经历。在生涯发展的语境与视域下,大学生需要在应对自己学业、生活的具体问题中,逐步唤醒自己的生命意识、生涯意识,懂得个体与他人的关系,理解个人与社会发展的关系,将个体的努力与成果融入国家的发展中,成长为自尊自信、理性平和、积极向上、学有所成、爱国敬业的人。从育人目标看,其与心理健康教育是一致的,而且生涯发展教育所具有的现实性、动态性、权变性等特质,有助于心理健康教育课程在目标、宗旨、内容等方面紧跟时代发展的需要、紧贴学生成长的需要。因此,借鉴与融入生涯发展的理念与方法,可以更加有效地推进心理健康教育课程的建设。

一、大学生心理健康教育课程建设的现实需要

（一）课程建设的目标与定位要紧跟新时代的发展

2011年5月教育部办公厅印发的《普通高等学校学生心理健康教育课程教学基本要求》,从知识、技能和自我认知三个层面规定了课程目标。根据《纲要》的指导思想,心理健康教育课程应当"引导学生正确认识义和利、群和己、成和败、得和失,培育学生自尊自信、理性平和、积极向上的健康心态,促进学生心理健康素质与思想道德素质、科学文化素质协调发展"。课程建设要以习近平新时代中国特色社会主义高等教育理论为指导,以全人教育为理念,将大学生个人心理活动和国家发展与社会运行相联结,养成学生客观、辩证、全面地思考与处理个人与他人、与社会关系的心理素质,帮助学生掌握心理保健与危机预防的知识与技能,培养学生乐观、向上的心理品质[2]。

（二）课程建设的宗旨要普遍提高大学生心理健康水平

近年,大学生心理问题的数量不断增加。有学者以某高校2020级大学生心理健康测试为分析对象,SCL-90测试数据显示,有27.44%的2020级大学生存在心理异常问题,9.93%的2020级大学生存在中重度心理问题[3]。

多方面因素导致高比例心理问题学生的出现,其中急速的社会变革对社会成员造成巨大的心理冲击是重要原因[4]。2020年初至今的全球新冠疫情,使越来越多的大学生除了要应对现代社会的高目标、强竞争、快节奏对个体心理造成的压力外,还要应对更多的不确定性影响,他们的焦虑情绪在上升,个体的心理健康水平、安全感和幸福感、自我认同感及价值感也出现不同程度的下降。

社会各方对大学生群体心理健康不乐观的状况高度关注与重视,国家对高校的心理健康教育提出了新的要求,强调课堂教学要发挥普遍提高大学生心理健康水平的主渠道功能。

（三）课程的设置要更合理,内容与形式要更丰富

大学生心理健康教育课程的内容、性质与对象存在多质化的特点,授课对象往往是不同年级、不同专业、不同心理背景的大学生,他们存有不同的心理需求,也会要求心理健康教育课程提供不同的内容体系、不同的呈现方式[4]。

为了更好地满足学生对心理健康知识、技能等学习的需要,提升心理健康教育课程的效果,未来大学生心理健康课程建设需要着力关注与解决课程设置的合理性以及课程内容与形式丰富化的问题。

（四）课程的师资队伍要更加专业化

按照《纲要》规定,大学生心理健康教育课程是需要面向所有大学生开展教学活动。课程的教学范围广、工作量大、任务重。对心理健康教育课程理想的师资条件应当是不仅需要具备扎实的心理健康理论知识、丰富的教学设计与组织经验,而且还要能够结合学生实际情况,为学生心理健康提供个性化的心理咨询服务,并能将具有典型性、代表性的咨询问题融入课堂教学中,教学生懂得如何结合自身的情况,运用知识与方法,化解学业、情感、人际与生活中的困扰[5]。

二、融合生涯发展的课程建设思路与方法

（一）课程建设思路

生涯发展的内涵在于促进个体内外兼修,以实现个体内外部资源平衡与能力多元、有序发展的双轮驱动效应。

借鉴生涯发展视角,要想实现内外兼修的良好成果,心理健康教育课程的建设思路就要既注重内,又关注外;既要让学生了解心理健康的生物与人格基础,又要让学生理解心理健康的社会与文化基础;既要帮助学生掌握应对大学阶段入学适应、学业社团、人际交往、情感与恋爱方面的技能与方法,也要帮助学生获得面对未来就业、生活、婚姻、亲子等方面自我成长的能力与修养;既要学会面对压力时的情绪调节策略,又要领悟追求人生价值与幸福时的意义;既要关照好自己的身心健康,也要能够照顾到他人的状况,特别是当遇到危机时的支持与求助。

（二）课程建设方法

具体而言,生涯发展视角下,大学生心理健康教育课程的建设可以采取以下四个方法:

（1）以生涯发展推升课程思政的成效。确立心理健康教育课程目标时,用生涯发展视角,实时反映课程思政的要求;设计课程主题与内容时,用生涯发展的视角,实时跟踪与吸纳课程思政所需的视野与素材。

（2）以生涯发展丰盈课程目标、丰富教学内容。生涯发展视角下,心理健康教育课程的目标与内容应当反映出外部世界变化对自我认知、社会认知的影响,帮助学生理解与消减变化带来的不适感,通过调整自己的身心去拥抱变化、应对变化,在变化中创造,在变化中发展。

生涯发展视角下,知识经济时代,组织生存的外部环境发生了巨大变化。要求现在的大学生、即未来的雇员们不仅需要在短时间内适应组织内部的运行规则,更需要适应组织内外部不同的岗位与角色。心理健康课程的内容应从实际出发,将新时代

发展的主题、元素融入课程设计与教学活动中，通过教育教学、团体辅导、互动体验等形式，激发大学生的能动性，唤醒学生们的发展自觉性，关注心理健康、心理资本在个人发展、服务社会、奉献国家中的重要作用。

生涯发展的权变理念会增强心理健康教育课程教学活动的弹性，教师可以在教学中澄清和重构学生的期待，包括对自我的期待、对职业世界的期待、对课程的期待、对问题解决的期待等，鼓励学生生长出更多的面对复杂世界的力量，鼓励他们在当下的生活中寻找意义，在不确定的环境中找到意义感和自我的身份认同。

（3）以生涯发展丰厚学生的心理资本。心理资本主要体现在自我效能、乐观、希望和韧性四个维度，研究表明，心理资本在大学生学业成绩和就业能力等方面具有积极的推动作用[6]。

高校心理健康教育的目标分为初、中、高三级，其中高级目标是帮助学生培养良好个性以及塑造良好心理品质，属于发展型[7]。生涯发展的理念正好契合高级目标。

生涯发展视角的主线在于帮助大学生通过自我探索、环境探索，在学业规划与行动的基础上连接职业规划与方案，以促进大学生的成就动机[8]，提高学习与工作效率，获得个人成长与事业成功。心理健康教育课程中，关于学习、发展等主题，可以引入生涯规划教育。生涯规划教育是学生在教师的指导下达成生涯目标规划的过程，在这个过程中，通过自我评估、环境分析、规划生涯的目标、制定行动的方案、评估与反馈，帮助学生达成生涯目标，同时也会培养与提升学生自我效能、乐观、希望和韧性等心理要素[9]。

以心理健康教育为基础，将大学生最为关注的就业问题纳入学生培养的核心位置，在全面育人导向下，面对当前就业形势，帮助大学生更好适应与满足社会与职业需求，积极诠释严谨细致的工作品质、坚定坚韧的信念和忠于工作的工匠精神，能够进一步丰厚大学生的心理资本，助力其在未来的人生中，既能更好地实现个人价值，也能乐群奋进、奉献社会。

（4）以生涯发展提高师资队伍的专业化水平。心理健康教育课程的师资队伍建设，要强调五种能力并举：一要有授课能力；二要有个体咨询与团体咨询能力；三要有一定的学术研究能力；四要有一定的组织能力；五要有一定的行政工作能力[10]。

在高校的教师队伍中，从事心理咨询和职业生涯教育的教师已经发现心理健康与职业生涯发展之间存在交互性[6]。从事生涯教育教学的专业教师，在知识储备、咨询与辅导技术以及专业状态等方面都与心理健康教师的要求接近，可以作为重点考虑与培育的对象，促使其转型成为心理健康教师或参与心理健康教育教学工作。一方面，鼓励生涯教育教师参加专业心理学科培训与督导，补充专业知识、提升专业技能；另一方面，通过联合授课、分工协作的方法，将心理健康教育课程中有关自我认知、学业规划、人际交往等部分交由生涯教育教学的老师负责，既能发挥其所长，又可减轻心理健康教育专职教师的授课负担。

参考文献：

［1］俞国良,赵凤青,罗晓路.心理健康教育：高等学校学生的认知与评价［J］.黑龙江高教研究,2017,
  （9）：109－112.

［2］王余娟.大学生心理健康课堂教学质量研究评述与行动研究探索［J］.创新创业理论研究与实践,
  2021,（21）：124－126.

［3］隋京欣,杨智国."00后"大学生心理健康教育对策研究——以某高校2020级大学生心理健康测试
  为分析视角［J］.辽宁师范大学学报(社会科学版),2021,（11）：111－120.

［4］李忠艳,雒文虎,胡菊华.大学生心理健康教育课程建设的困境及突破［J］.黑龙江高教研究,2021,
  （12）：145－149.

［5］梁圆圆,周惠玉.课程思政视角下大学生心理健康教育研究［J］.教育教学论坛,2021,（44）：
  170－173.

［6］鹿丰玲,王常柱.心理资本视域下的大学生职业生涯规划教育［J］.中国成人教育,2016,（16）：
  63－66.

［7］杨海,谢丹.浅析大学生心理健康隐性课程的优化路径［J］.学校党建与思想教育,2018,（3）：
  75－77.

［8］武光路.生涯规划团体辅导对大学生成就动机的影响［J］.辽宁师范大学学报(社会科学版),
  2016,（5）：41－44.

［9］王华,缴润凯.大学生职业生涯管理能力问卷的编制及信效度检验［J］.心理与行为研究,2017,（6）：
  793－798.

［10］李焰,杨振斌.我国高校心理健康教育的特色［J］.中国高等教育,2020,（8）：18－20.

基于腾讯会议和学习通平台的大学生心理健康教育课程线上教学探索与实践

封　静　陈　静　张　婕

湖北经济学院法商学院

【摘要】目的：探究如何有效结合腾讯会议及学习通这两大平台的优点和特色，探索线上教学实践。方法：基于两大平台，从课前准备、课中设计和课后拓展及答疑、创新教学活动等角度出发，设计线上教学方案，探索线上心理健康教育课程新模式。结果：利用线上形式开展大学生心理健康教育课程具有可实施性。结论：线上教学实践的探索和深化能够为应对特殊或突发情况无法开展线下教学的情况提供有力保障，对于大力推进心理健康教育课混合式教学改革起到了至关重要的作用。

【关键词】线上教学；心理健康教育课程；探索与实践

教育教学是"五位一体"心理健康教育工作格局中的重要组成部分。我校自大学生心理健康教育课程开课至今，充分发挥课堂教学在心理健康教育工作中的主渠道作用，每学期面向大一新生全覆盖开设课程，任课教师均为心理学专业背景教师，有着多年心理学理论和实践经验积累。课程注重理论与体验教学相结合，集知识传授、心理体验与行为训练为一体，旨在提升大学生心理健康素养，促进其维护心理健康、预防和应对心理疾病整体水平的一门必修课程。

2020～2022年，针对疫情对高校的正常开学和课堂教学造成的影响，教育部发布重要指导意见，要求各高校"积极开展线上授课和线上学习等在线教学活动"[1]。在"互联网＋"及信息化时代快速发展的背景下，教育教学模式也在不断发生变化，线上教学不仅仅是应对疫情的特殊举措，也是新时期"互联网＋教育"教学改革的重要内容[2]。本文以湖北经济学院法商学院大学生心理健康教育必修课程为例，希望通过此文可以探讨线上心理健康教育教学的新方法和新思路。

一、基于腾讯会议和学习通的线上教学实践

在线下教学环境中，教师能够面对面和学生进行交流，师生、生生之间可以进行

有效分组、设计更多现场互动、心理活动和讨论等。而线上教学应充分考虑其课程需要满足知识讲授、教学互动、心理体验等为一体的特性，在此基础上设计与开展教学。我校根据疫情期间线上教学的经验和总体反馈，设计总结出线上教学方案，从课前、课中、课后全方位进行规划[3]（见表1）。

表 1　线上教学方案规划

教学过程	教学平台	教 师 活 动	学 生 活 动
课前	学习通＋腾讯会议	课程研讨；腾讯会议直播准备；学习通教学资源库建设、组建并管理班级、发布"课前预习"资源	熟悉学习平台功能、在线视频任务点或其他资源课前预习
课中	学习通＋腾讯会议	腾讯会议直播授课、师生互动、投票、分组讨论；学习通设置签到等	观看直播、签到、分组讨论、师生/生生互动、参与其他课堂活动
课后	学习通＋腾讯会议＋QQ群	学习通布置课后作业、发布测试、教学统计；QQ群答疑、分享课后学习资源；腾讯会议导出名单	完成课后作业、课后拓展学习、QQ群师生互动、线上测试

（一）"1＋1＋1"心理健康教育课线上教学平台选取

（1）1个在线应用平台。即采用"学习通"平台，使用其优质而丰富的资源，并且可利用签到、主题讨论、抢答、通知等功能。学习通也可一键链接"腾讯会议"，学生可通过学习通的消息推送直接收到教师发来的直播邀请，真正实现学习通＋腾讯会议功能。

（2）1个线上直播平台。即腾讯会议平台，利用腾讯会议进行线上授课，方便教师管理，可以实现实时互动、开启视频、进行投票、分组或一键静音等功能。

（3）1个信息交流平台。即组建班级QQ群，利用QQ群进行即时交流和课后答疑解惑。实现师生互动、生生互动，为教师和班级同学搭建课后交流互动平台[4]。

（二）心理健康课前准备

我校大学生心理健康教育课程包括心理与心理健康、人的发展和学习、人际交往与人际关系、恋爱心理、异常心理、心理求助与助人等内容。结合线上教学，可在课前做如下准备：

1. 课程教学研讨

每学期正式开课前，所有授课教师进行集体课程研讨，促进教师在思维碰撞中提升课程的建构能力。注重教学专题设计及教案研磨，从课程目标、教学目标、教学内容框架、教学语言、教学时间把控、情绪感染力等方面进行深入研讨，为上好一堂心理健康课做好充足准备。

2. 教学资源库建设

利用"新建课程"功能，教师可以选择视频、文档等上传；也可从超星资源，例如专题、课程资源库中引用，并可根据课程实际情况对心理健康教育课进行章节内容编辑。

3. 线上直播教学平台准备

心理健康教育线上教学直播采用"腾讯会议"进行，教师可提前"预定会议"，选择预定周期性会议，这样每次课即可采用固定的会议号、固定的时间，提高教学整体效率。

4. 利用学习通进行"初步学习"

课前预习是学习过程的重要环节之一，线上教学可引用课程资源库内容作为学生课前预习的资料，布置课前预习任务让学生完成"任务点"，教师通过"统计"功能了解学生的预习情况及班级总体学习数据。我校线上教学实践中，教师上传每一章相关教学资源让学生进行课前预习，教师可检查学生学习进度，设置定时发放，让学生在规定时间内学习。

（三）心理健康课中实施

1. 学习通平台课堂活动

在课堂教学中，首先，利用学习通的签到功能实现课堂签到，便于教师进行班级考勤管理，老师们可以依据自身教学设计选择签到方式及签到时间，签到可留存记录便于教师后期查看。其次，根据教学内容和教学环节设计，可适时使用其抢答、选人、投票、计时器等功能。

2. 腾讯会议直播授课

为了增加课堂互动的即时性，授课过程采用腾讯会议进行直播教学。首先，学生可从手机、平板、电脑端登录，教师在授课过程中，可要求学生开启摄像头，增加课堂现实感。其次，针对学生课前初步预习，教师将在课上进行统一答疑。再次，课前5分钟进行"点歌互动"，让学生点歌，教师进行播放共享，提前活跃课堂气氛。紧接着，进行分组讨论，以"心理求助与助人"这一章为例，分享并讨论："当面临心理困扰的时候，自己愿意或不愿意求助的原因"，利用腾讯会议创建讨论组，分组可由教师手动分配也可系统自动分配，教师可参与到各个小组的讨论中进行观摩指导，引发学生积极思考，当讨论结束时，班级同学将返回会议室继续进行接下来的学习。当学生需要进行提问或回答问题，可利用"举手"开启语音进行回答。

（四）心理健康课后拓展

1. 课后作业

课后作业，是检验教学成果和学生学习效果的有效手段。学生可利用学习通完成作业并提交。在"心理求助与助人"这一章中，可设置问题情境课后作业，例如："假如你接受了一次全面的体检，医生告诉你患上了不熟悉的疾病，你会有什么反应？如果医生说你患上了心理疾病，你会有什么反应？请对比两种情境的反应"[5]。通过本章课后作业，帮助学生巩固学习内容，理解和反思自身对心理疾病的态度和感受。

2. 课后拓展

我校使用《大学生心理健康素养》作为教材,配套包括延伸阅读、专栏、自我反思等二维码学习资源,学生可进行课后自主拓展学习。除此之外,教师将利用班级教学QQ群分享与所授章节内容相关的教学视频或网页链接等,方便学生在课后进行学习和知识延伸。例如,在"心理求助与助人"这一章内容中,课下给学生分享应对日常心理困扰的视频链接及心理自助阅读专栏、助人书籍。

针对学生课上没有完全理解的知识点或疑惑,教师开放答疑通道,利用课后固定时间在 QQ 群内收集学生问题统一答疑,学生也可在群内分享讨论,帮助学生拓展思路、开阔视野[6]。

3. 教学评价

教学评价是促进教师教学行为改进、提升教师教学效率的重要手段之一[7],也是教学活动不可缺少的一个基本环节。为了促进心理健康教育课程发展,促进和支持教师教学发展,检验教学效果,诊断教学问题,教师在课后设置学生评价,并充分利用好同行评价和督导评价,为授课教师提供一个科学了解自身教学状态的窗口。

(五)心理健康线上测试

学习通为线上测试提供了便利的平台,线下教学可在教室实现考试,而线上教学中教师需充分发挥信息化平台功能,教师可利用学习通平台自行组卷,选定班级,设置考卷发放和考试截止时间,考试结束后,学生的试卷也可以采用 word 或 pdf 格式导出,供教师批改和存档。

腾讯会议可以应对大部分线上教学需求,而学习通在发放通知、作业、讨论、签到等方面效果良好。"腾讯会议 + 学习通"模式线上教学,是直播互动 + 多功能资源平台的有效结合。

二、总结

本文的大学生心理健康教育课程线上教学探索与实践,从课前、课中、课后出发,做到课前预习的"初步学习",直播教学和研讨的"深度学习",知识补充和拓展的"自主学习"[2]。但通过本次研究,我们也发现心理健康教育课线上教学也会存在局限性,例如无法有效开展更多的小组团体互动游戏,教学互动因网络等可能会存在延迟或网络不稳定、互动体验感不足等情况,这对于师生来说都是不小的挑战。本研究针对线上教学实践的探索,期待能够打造更智慧、更规范的心理健康教育课程线上教学体系,努力实现大学生心理健康教育课程线上教学标准化、特色化建设的深化,实现课程育人的新突破。

参考文献:

［1］中华人民共和国教育部.教育部应对新型冠状病毒感染肺炎疫情工作领导小组办公室关于在疫情

防控期间做好普通高等学校在线教学组织与管理工作的指导意见[EB/OL].http://www.moe.gov.cn/srcsite/A08/s7056/202002/t20200205_418138.html.

［2］王叶梅.线上教学的辩证法——《大学生心理健康教育》课程线上教学分享[J].大众心理学,2020,335(7)：19-20.

［3］王海涛."直播+慕课"：疫情下大学生心理健康教育线上教学可行性分析[J].中国教育信息化,2020,472(13)：47-49.

［4］王春艳,黄晓丽,林秀芳.应急性线上教学实践探索——以四川大学《老年医学》课程为例[J].软件导刊,2020,19(8)：251-254.

［5］江光荣.大学生心理健康素养[M].长沙：湖南师范大学出版社,2020,325-326.

［6］安丽平,王伟,安然,等.基于学习通平台的生物化学线上教学模式的探索与实践[J].生命的化学,2021,41(1)：149-155.

［7］李旭芝,龙佳.我国高校课堂教学评价方式与路径重构[J].上海教育评估研究,2021,10(5)：69-74.

大学生心理健康课程思政
教学方案设计与实施

陈 倩 高弘毅 盖广顺
青岛理工大学

【摘要】本文针对课程思政教学中的痛点,将立德树人的根本任务落实到大学生心理健康课程的教学之中,向学生传授诚实守信、待人友善的行为准则和爱国奉献的理想信念。在整合学生特点与教学痛点的前提下,梳理课程知识点和思政点的教学内容,结合教学主题,深挖思政元素,使其有机地融入教学当中,实现润物细无声的教育效果。本文从课程思政建设整体设计、课程思政教学实践、课程思政改革成效与思考三个方面,探讨了课程思政与大学生心理健康教育课程的有机融合,以期对心理健康教育课程改革起到借鉴作用。

【关键词】大学生心理健康;课程思政;教育

心理育人是新时代高校思想政治教育工作的重要育人要素,是人才培养体系的重要组成部分。[1]大学生心理健康是高校开设的必修课,是一门公共基础课。培养目标是让大学生了解心理健康的标准,提高心理健康体验,培养自我认知能力、情绪调节能力和人际交往能力,帮助学生树立正确的世界观、人生观和价值观,促进学生成为具有发展潜力的完整的人。因此,高校开设大学生心理健康课程具有必要性和可行性。在新时代,要突出大学生心理健康教育的主体责任、彰显大学生心理健康教育的价值。本研究选取大学生心理健康课程作为案例进行分析,从课程思政建设的整体设计出发,在课程思政教学实践以及课程思政教学改革成效与思考几个方面加以说明,在此基础上,提出了构建和实施基于思想政治课的大学生心理健康教学模式的建议。大学生心理健康思想政治体系是对大学生课程思想政治教育的有效探索,可供其他高校在课程思想政治建设中借鉴,从而使课堂教学取得实效。

一、课程思政建设整体设计

（一）心理健康课程思政整体设计理念

深入贯彻以人为本的教育理念,本校设计并开发了一套全新的心理健康教育课程思政建设体系,贯彻落实我校"百折不挠、刚毅厚重、勇承重载"的教学宗旨,坚持"立德树人"的中心环节,将思想政治工作渗透于教育教学的始终,全程实现全过程、全方位育人。

（二）课程思政建设的核心内容

首先是以课程思政为主线。基于本课程知识点中包含的思想政治元素,将基本逻辑、行为准则、社会主义核心价值观以及实现中华民族伟大复兴的理想和责任以分层、有计划、潜移默化的方式融入教学。从教学内容与方法等方面进行优化调整,增强思政化课程的吸引力、感染力。在重视教学设计的同时,选取"心理健康基本知识、自我意识、学业心理、人际交往、恋爱心理、情绪管理、珍爱生命"七大主题,整合课程思想政治要素,构建科学合理的课程思政教学体系。坚持以"学生为中心,产出导向,持续改进"为教学理念,提升学生的积极参与、学之会用的学习体验。课程思政建设中的核心之一就是教师团队能力的发展。教师要牢牢把握"专业不减量,育人提质量",培养传道、授业、解惑、创新的思想,深入开展教学研究与交流。

二、课程思政教学实践

（一）课程思政建设模式

课程思政建设贯彻落实"全过程育人"的思想,把育人贯穿于课堂教学"上课之前、上课期间、下课之后"的全过程,将培养学生健康的心理作为主体,在潜移默化中融入思政教育,严格遵循"专业不减量,育人提质量"原则,从而达到"盐溶于水,精致育人"。

（二）将思政建设纳入教学

在教学目标的基础上,引导课程思想政治教育,关注学生个体,在健康思想的指导下整合课程思想政治教学。课程思政教育是一种新的育人模式,其核心要义是将思想政治教育渗透到知识、经验、活动过程中,让课程承载思政,思政寓于课程,让课程与思想政治理论课同向同行,形成协同效应。[2]课程教学贯彻落实"立德树人、以人为本"的教学任务,将人格培养与"心理精神"升华融为一体,促进学生个人价值与社会价值的统一。教学理念指引下的课程思政的渗透,即在自我决定视域之下,增强学生的自我负责意识、提升学生自我决定的能力、给予学生自我完善的希望。在心理学的视角下,完成对自身成长历程的回溯以及对生命内涵的洞悉,引导学生实现人生的价值。依托教学方法,强化课程思政。在课前,设置讨论话题,通过网络查询相关资料,理解课堂主题,推送相关思政话题的视频和文章等。课中,结合案例开展实践活动,让学生自主反思,培养学习兴趣,引导学生积极主动地表达情境分析。教师对于课程内容进行深度挖掘,引导学生处理情绪问题。教师通过情感共享、小组分享讨论等多种形式培养学生的自我认知、信息处理和心理调节能力,将能力培养和思政教育落实到学生的实际学习和生活中,详见表1。课后,老师帮助学生解惑,疏导心理,讨论社会热点,帮助学生解决心理问题,树立积极平和的心态,获得更多的知识和经验,在日常生活中带来潜移默化的积极影响,形成正确的价值观,实现"润物细无声"。

表 1　大学生心理健康教学与课程思政元素汇总表

课程思政元素	"大学生心理健康教育"的教学内容	授课形式与教学方法
引入"国民健康"政策,了解《健康中国行动(2019—2030 年)》政策	心理健康基本知识	教师理论讲授、呈现案例
用习近平新时代中国特色社会主义思想铸魂育人,引导学生坚定"四个自信",厚植爱国主义情怀	发现自我,实现自我	教师理论讲授、话题分享、冥想
引入孔子关于教育思想的论述,通过《学记》《劝学》体悟传统教育思想,对比传统文化"六艺"夯实学业本领。引导学生增强对党的创新理论的政治认同、思想认同、情感认同	学会学习,为成才奠基	学习小组合作汇报、话题分享
引入"贵、和、乐、群"理念,自觉把小我融入大我,深入挖掘传统文化中的思想精华和道德精髓,引导学生深刻理解中华优秀传统文化中"守诚信、讲仁爱、尚和合、求大同"的思想精华	人际关系让亲情友情更久远	学习小组人际交往情景剧表演、体悟发言
引入《颜氏家训》《曾国藩家训》等,构筑廉洁齐家的家庭家教家风	恋爱生活让爱情婚姻更美满	传统文化中榜样家庭故事案例展示,讲述"我的家教家风故事"
引入中国传统哲学中"尊重自然""节欲虚心""仁爱忠恕"生活哲学,缓解负面情绪,积极应对生活压力	调适情绪,应对压力	生活应激心理测验、团体压力缓释训练
引入史蒂芬·霍金等身残志坚的案例,引发学生们思考活着的意义,再引申到价值观的塑造问题	适应社会,珍爱生命	视频案例分享

三、课程思政改革成效与思考

（一）课程思政改革成效

通过课程思政改革实施,学科效果和育人效果明显,既提高了学生的心理健康水平,使学生的心理素质得到加强,又有助于培养学生的社会主义核心价值观,促进学生的思想政治素质的发展。学生能够获得自我探索的能力,心理调适及心理发展的技巧,能在各种情况下进行有效的自我调节与控制。例如,环境适应、压力管理、沟通技能、问题解决、自我管理、人际交往技能等；学会了如何感受他人，具备社会责任感和同理心。通过有意识和无意识的沟通，完成了从消极心理到积极心理的转化和从心理到精神的升华；培养树立了崇高的理念，以当代英雄伟人为榜样，认识到个人价值和社会价值的统一性。

主要涉及以下几个方面：

第一，心理健康教育课程思政教学更加尊重学生的独特性和个性，关注学生的个人感受与个人体验。心理健康教育课程思政化将心理学与思想政治教育融于一体，不仅具有学科特性，还兼具实践性的特征。这种教学特点使得课程富有人文关怀，更具人性化，更富人情味，"四个自信"、社会主义核心价值观等思政元素都在此基础上被巧妙地融入其中，学生也就会更容易、更愿意接受。

第二，心理健康教育课程往往采取学生喜闻乐见的教育方式、生动活泼的教学方法和教学手段，比如角色扮演、活动体验、案例教学、视频赏析等课堂教学方法和调研、情景剧表演、社会观察等社会实践作业，这些教学方法融科学性知识性、趣味性和思想性于一体，增强了思政教育的生命力和感染力，能更好地提升学生的思想道德品质。

第三，心理健康教育课程的教学内容和学生的现实生活紧密结合，如将与心理专题相关的社会热点、事件、案例等进行剖析，让学生表达自己的见解时带入价值取向和道德观点，后由教师点评和引导，从而润物细无声地让学生对社会主义核心价值观等思政内容产生认同感。这一回归生活的课程属性，使同学们能更好地理解、接受教师所传递的知识与观念，更好地理解和实现人生价值。

（二）思考

从教学内容上，本校积极探索大学生心理健康课程内容中的德育内涵，寻找与社会主义核心价值观、家国情怀、国际视野、创新思维、学术修养等相关要素的"契合点"，以一种"润物细无声"的方式有效传达了正确的价值追求、理想和信念，以及对家庭和国家的感情。就教学方法而言，针对"00后"学生思维活跃、获取信息能力强、不喜欢说教等特点，深入研究学生的学习方法和思维习惯，改革教学方法，开展案例教学、讨论教学、项目学习等，采用情景模拟教学和其他方法，使学生能够积极参与课堂教学活动，在情境中学习，在实践中学习，通过讨论和分析进行学习，鼓励学生内化所学、所感和所理解的内容。同时，加强互联网资源的利用，充分发挥其信息收集和分析能力，使学生在与教师的互动中接受熏陶，实现知识传授和价值引导的双重作用。

同时，改变以智力因素为主导的教学评价体系，强调非智力因素的评定标准，尤其对大学生心理健康课程的发展性评价和描述性评价标准进行研究，注重对学生学习过程和收获的考核。此外，评价结果主要运用于改进教师教学和引导学生发展。

教师道德修养水平也是决定大学生心理健康课程成败的关键因素，直接影响教育教学水平和质量。一方面，应积极参与学校组织的师德师风培训和"大学生心理健康"教育教学改革专项培训。另一方面,应利用业余时间自学先进思想文化、中华优秀传统文化、党的有关理论和政策,增强"道德意识",提高"道德能力",并在课程教学中积极学习和思考,提高自身修养。

参考文献:

［1］张丽,丁德智.深化课程思政全课堂育人模式研究[J].学校党建与思想教育,2022,(22):51-53.

［2］马喜亭,冯蓉.建强高校心理育人队伍扎实推进"三全育人".中国高教,2022,(10),19-21.

［3］习近平在全国高校思想政治工作会议上强调:把思想政治工作贯穿教育教学全过程,开创我国高等教育事业发展新局面[N].人民日报,2016-12-09(1).

［4］白彩梅,王树明."课程思政"视域下高校心理教育责任的转变[J].陕西师范大学学报(哲学社会科学版),2021,50(2):170-176.

［5］中共中央国务院印发《关于加强和改进新形势下高校思想政治工作的意见》[N].人民日报,2017-2-28(1).

［6］鄢显俊.教育实验:探索思想政治教育"三大规律"[J].中国高等教育,2017,(17):7-9.

［7］宋剑."知人者智"——现代智力理论视域中高校思政课智育功能的多重向度[J].学术论坛,2011,34(10):200-203.

［8］肖沿,朱海东.学校心理健康教育与心理咨询创新研究[J].中国教育学刊,2022,(1):147-149.

［9］李永鑫,陈珅.素养:学校心理健康教育的基点[J].河南大学学报(社会科学版)2022,62(3).

［10］姚利民.高校思政课教学质量的现状与提升策略[J].大学教育科学,2019,(5):20-21,122.

走出心力提升之路

——探索大学生心理健康教育创新模式①

肖 熠

深圳北理莫斯科大学

【摘要】目的：结合深度学习理论和体验式教学模式，探索大学生心理健康教育的创新模式。方法：本人将36课时的大学生心理健康教育课程分为四个层层递进的教学模块，并融入主题活动项目，分四学期授课。结果：课程创新促进了学生的自我反思和实践，且得到了学生好评。结论：此模式打破了以往以教师为主导的心理健康教育模式，为未来教研提供了经验和研究方向。

【关键词】心理健康教育；深度学习；体验式教学；课程改革

根据《普通高等学校学生心理健康教育课程教学基本要求》[1]，"高校学生心理健康教育课程是集知识传授、心理体验与行为训练为一体的公共课程。课程旨在使学生明确心理健康的标准及意义，增强自我心理保健意识和心理危机预防意识，掌握并应用心理健康知识，培养自我认知能力、人际沟通能力、自我调节能力，切实提高心理素质，促进学生全面发展"。与专业知识或技能的教学不一样，心理健康教育致力于塑造学生的积极心理品质。为了实现这一教学目标，本人结合相关理论，对大学生心理健康教育进行了一次创新探索。

一、深度学习理论与体验式学习模式

（一）深度学习理论

根据 McAuliffe 的文献综述[2]，深度学习（deep learning）是指融入意义、包含批判性分析、联结过往知识及反对纯粹知识记忆的学习。深度学习不仅能使学习者达到理解知识的效果，还让他们能够长期存储相关信息，在不熟悉的情境下使用相关信息并解决实际问题。与之相对，表层学习（surface learning）则指被动接受知识，记忆孤

---

① 项目名称：深圳北理莫斯科大学出站留深博士后科研基金支持项目。

立的事实且学习内容对学习者欠缺意义的学习[3]。

深度学习对大学生心理健康教育至关重要。首先,该课程的性质决定了我们要促进深度学习。学生们需要通过课堂学习心理健康知识,结合自身经历进行分析和反思,逐步塑造个人的积极心理品质。例如,我们在讲授"适应是成功的基石"一课时,要引导学生结合初入大学的经历,探讨他们所遇到的学习、生活等方面的独特挑战,分析他们的应对方式,联结他们过往的应对经验,从而提升学生的适应能力,缓解他们因适应不良引发的各类心理问题。学习过程必然包含着学生融入个人理解和意义、批判性分析和联结过往知识。其次,我们需要通过心理健康教育的课堂教学,培养学生将心理知识联系生活实际的思维模式。现实生活要求学生们在充满不确定性的社会环境中,依据有限的信息进行抉择和判断。深度学习强调学生将所学知识融会贯通至学习和生活的日常,而非与他们的现实生活割裂。研究显示,以深度学习为导向的课程教学取得了良好的教学效果。学生们得以真正投身于知识学习中,而非被动地接受知识[4,5]。

（二）体验式学习模式

Kolb 提出的体验式学习模式（Experiential Learning Model)[6]是达成深度学习的一种有效途径。这一模式认为,学习共分为四个循环阶段,即实际体验（concrete experience)、反思性观察（observational reflection)、抽象概念化（abstract conceptualization)和主动实践（active experience)。一般来说,学生从沉浸至实际体验阶段开始,例如观看视频、新闻和案例等资料,以及参与文化融合活动。随后,学生进入了反思性观察阶段。在这一阶段,老师鼓励学生们去观察并反思他们的体验。学生们通过课堂讨论、日记和反思性文字的方式,进一步地推动他们的反思过程。在抽象概念化阶段,学生们通过归纳法找到规律。

体验式学习模式对教学实践具有重要指导意义。传统的"灌输式"的学习模式认为,知识是预先固有存在的,通过教师传递给学习者完成学习;与之相对,体验式学习采用了构建主义的视角,认为社会知识是由学习者结合自身经验创造的,学生通过实际体验完成学习。

二、深度学习理论和体验式学习模式视角下的心理健康教育课程创新

根据深度学习理论和体验式学习模式,本人对华南地区某高校 2020 级大学生心理健康教育课程进行了改革创新。

（一）总体设置:归纳主题模块,层层递进教学

根据学生在校期间的成长历程,本人将 36 课时的课程划分为四个层层递进的教学模块,分四个学期讲授（各学期学分配置:10,10,8,8）。这种设置是为了融入学习循环的理念,引导学生们有意识地不断提升对心理健康的认识。通过放缓学生的学习进度,促使他们进行更深入的个人体验和反思。

（二）教学形式：实践引导教学，打破课堂边界

为强化同学们达成每一个成长层次的里程碑意识，本人在每一个模块加入了互动体验的内容——"挑战计划"。学生们课下完成"挑战计划"，以周记的形式记录并提交他们的挑战情况。在教学期间，我们向学生一一发送周记反馈，形成良性互动。在期末课上，心理教师总结学生周记，借用同伴们的实例，鼓励学生们积极应对挑战，并帮助他们为下一学期的课程做准备。针对每一学期的教学和挑战计划内容，本人还特别设计了期末论文，综合考查学生的个人成长，鼓励他们持续实践所学心理健康知识。这样做，我们以课程任务的形式，将实际体验、反思性观察、抽象概念化和主动实践融入了学生的日常生活。

第一学期：健康生活挑战

请根据你的实际情况，设定你本学期的健康行动计划，该计划可包括作息、饮食、运动、卫生和社交（请确保你参与的活动安全、合法、健康）。根据你设定的健康行动计划，请完成每天 0.5 小时（每周 3.5 小时）的健康活动。例如，你可以选择每天散步30 分钟。你也可以每月设定不同主题的健康行动，并在当月完成每天 0.5 小时（每周3.5 小时）的健康活动。例如，你可以在 10 月份每天散步 30 分钟，11 月份每天做拉伸30 分钟，12 月份每天进行 30 分钟的冥想训练。

第二学期：自我管理挑战

请根据你的实际情况，确定一项你非常希望改变的不良习惯（如习惯性熬夜），并设定你本学期的自我管理挑战计划。该计划可包括目标、阶段化目标、可能遇到问题、应对策略和可获得的社会支持（请确保你参与的活动安全、合法、健康）。例如，你的目标是戒除习惯性熬夜。你的阶段化目标可以是在第一个阶段达成每周有 2 天晚上 11 点前睡觉，第二阶段达成每周有 4 天晚上 11 点前睡觉，第三阶段达成每周有 6天及以上晚上 11 点前睡觉。

第三学期：自我突破挑战

请根据你的实际情况，确定一个你非常希望了解但知之甚少的群体，这个群体和你在语言文化、社会经济地位或身体健康状况等方面存在较大的差异（如留学生、留守儿童、自闭症人士等）。请在接触这个群体前，通过网络搜索等形式对这个群体进行初步了解，形成具有可操作性的接触该群体的计划，并征得对方同意。请与该群体进行至少一次接触（如参与集体活动或一对一访谈；请确保你的活动安全、合法、健康）。请通过周记，记录你这项活动的体验。（该活动设计借鉴了宾夕法尼亚州立大学 CNED507 多元文化咨询课程的相关资料）

第四学期：生命意义挑战

请根据你的时间安排，完成阅读维克多·弗兰克尔所著的《活出生命的意义》，并思考以下问题：

（1）本书中你印象最深刻、最受触动的一段话是什么？这段话为什么让你印象深

刻、受触动？请结合个人经历进行思考。

（2）维克多·弗兰克尔认为"生命最终意味着承担与接受所有挑战，完成自己应该完成的任务这一巨大责任"。你是否认同？为什么？

（3）你认为生命的意义是什么？你将如何实现生命的意义？

（三）课程效果：深度自我反思，实践所学经验

本人的心理课教学创新，得到了学生的欢迎。2021 年秋季学期，本校 2021 级及 2020 级学生对大学生心理健康教育课程评分分别为 94.79 及 96.34。

三、经验探讨及未来教研方向

此次大学生心理健康教育课程创新，我们主要获得了三个方面的经验：

首先，我们将课程本身转化为了一段学习旅程、一种成长体验，受益于此，我们有效地加强了学习效果。我们督促同学们以"挑战者"的身份完成我们设置的任务，逐步达成各个里程碑。我们力图使课程成为学生生活的一部分，使学生真正拥有知识，而非把知识局限于课堂中。以往的心理健康教育体验式教学，多注重加入体验性的活动，例如小组作业、实践活动等，但仍旧未突破课程和学生生活的隔阂。

其次，我们在设计课程时紧密贴合了学生实际。一是课程的任务量。我们根据学生的实际情况，缩减了每学期的课堂教学时间，将更多的实践时间归还给了学生，让他们通过实践学习。二是课程的内容。我们依据《普通高等学校学生心理健康教育课程教学基本要求》和学生反馈设计了课程选题，并进行了主题划分。我们高度重视教学内容的实用性，以期同学们能够学以致用。结合学生在校期间的成长历程，我们还将各主题的教学内容安排至四个学期。在挑战计划的设计上，我们也紧密结合了各学期的教学主题。三是师生互动。在时间上，我们通过延长教学的学期数，增加了心理教师对学生成长的追踪观察。在形式上，我们开拓了周记这一渠道，以课程任务的形式，提供给了学生私密的倾诉机会。写作疗法是一种被广泛应用的心理干预方式[7]。我们的学生通过撰写周记深入反思了自己的经历，也潜移默化地宣泄和化解了不良情绪。通过开展这些活动，我们进一步将心理健康自我保健融入学生生活。

最后，我们需要进一步调动学生的参与积极性。我们可以通过加入心理咨询体验、校际交流活动等丰富多彩的元素，充实我们的心理健康教育课程，吸引同学们更加深入地参与。

未来的大学生心理健康教研，可从三个方面做进一步的拓展。一是对整体教学方式和思维的创新。以往的教学实践，往往通过安排活动课、小组任务的方式来增加课程的体验性，这仍是一种以教师为主体，引导学生的教学方式和思维。虽然我们这一次的探索已经初步打破了课堂和学生生活的隔阂，赋予学生更多的主体性，但仍是以教师引导为主。我们可以进一步地鼓励学生重新拥有课堂和知识，不断根据他们的个人发展需要，创新他们的学习体验。二是对学生的学习开展过程性评估。这次

教学实践中,我们使用了周记追踪学生的学习进展和课程反馈。这些文本资料给予了我们很好的工作建议,并且成为我们教学的鲜活素材。在未来的心理健康教研工作中,我们可以进一步创新过程性评估的方式,并将其融入学生的整体成长档案,开展纵向研究。此外,我们可推广过程性评估工具,为高校心理健康教育工作者提供工作助力。三是对结课后学生的成长进行追踪。积极心理品质的培养是一个长期的、复杂的过程,健康人格的塑造是一项贯穿生命历程的挑战。每个人都在通过新的人生经历不断更新个人认识和知识储备,不断完善自我。未来可以对学生开展长程的追踪,进一步地探索心理健康教育课程的作用机制,为心理健康教育实践提供指导意见。

参考文献:

[1] 教育部办公厅.《普通高等学校学生心理健康教育课程教学基本要求》.(2011-6-14)

[2] McAuliffe G J & Erikson K. Handbook of counselor preparation[M]. Sage:United Kingdom,London,2011.

[3] Craik F I M & Tulving E. Depth of processing and the retention of words in episodic memory[J]. Journal of Experimental Psychology:General,1975,104.

[4] Filius,R M,de Kleijn R A,Uijl S G,Prins F J,van Rijen H V,& Grobbee D E. Audio peer feedback to promote deep learning in online education[J]. Journal of Computer Assisted Learning,2019,35(5).

[5] Millis B J. Using cooperative structures to promote deep learning[J]. Journal on Excellence in College Teaching,2014,25(3-4).

[6] Kolb D A. Experiential learning:Experience as the source of learning and development[M]. Englewood Cliffs,NJ:Prentice Hall,1984.

[7] 刘斌志,郑先令.个案社会工作服务中的写作疗法:理论框架与程序指引[J].四川理工学院学报(社会科学版),2019,34(2).

生命意义感提升法在高职院校殡葬专业学生生命教育中的应用

汤志豪

北京社会管理职业学院

【摘要】近年来高职学生心理健康状况多发,究其原因可能是缺乏生命意义感。殡葬专业作为高职教育中的新兴领域、推动国家绿色殡葬改革的重要基础,提升其专业素养是题中应有之义。而其中生命意义感相关的生命教育对殡葬专业高职学生来说至关重要。因此本文主要介绍积极心理学取向、基于多个心理学理论的生命意义感提升法在殡葬专业高职学生中的应用。

【关键词】高职生;殡葬专业;生命意义感提升法;心理健康教育实践

近年来大量研究者开始深入了解高职学生的心理健康情况,研究结果发现高职学生的心理健康状况总体良好,与普通大学生相似[1]。但是现实中,很多高职学生反映觉得自己生活很茫然、无聊、空虚,不知道自己整日到底在干什么、应该干什么,更重要的是甚至自伤、自杀性事件多发[2-4]。例如一项元分析显示我国大学生非自杀性自杀检出率为 16.60%[5],但是高职院校学生的检出率在 18.7%[6]。

高等职业院校的大学生,处在情绪不稳定的年龄段,又是本科录取中的落榜者,在社会竞争日益增强,就业压力不断增大的现实面前,不少学生看不到自己的生命价值,对自己的前途没有信心。继而表现出生活热情丧失、空虚、无聊、生活无目的、觉得自己无价值、无意义、无助、被动。换句话说,高职学生生命意义感的缺失导致他们更容易出现自伤、自杀行为。

一、生命意义感的概念及作用

生命意义感是个体对于生命意义、人生目的等相关问题的体验、探索和感知。Steger 等人认为生命意义感是人们在多大程度上理解或看到生命中的意义,伴随着他们觉得自己有一个目标、使命或总体目标的程度[7]。"理解"是"人的高阶生命模式",这些高阶模式包括个人对关于自我、重要他人信息以及个人对他人和世界的看法;而"目的"是人们渴望在其生命周期中实现的愿望,是个人身份的主导主体,导致个人日常生活中反复行为模式。

生命意义感对个体来说具有重要作用,它能引发积极应对方式,会推动个体采用问题导向而非情绪导向的方式应对情况,引导个体根据环境不断进行认知重构,从而利用最合适的行为应对[8,9]。提高生命意义感能够带来人际、学业等的正向改变,因为生命意义会调动内在动机、自我效能感等内在资源,促进人际关系和组织认同感,产生相应的正向行为,从而改善人际关系,提高工作成效[10]。

二、提高生命意义感在殡葬专业中的重要性

殡葬是处理死者的活动,通过对逝者的追思缅怀来传承美好的德行与精神,更是启迪教育生者如何面对思维、如何面对生命的活动[11]。殡葬从业者不仅要完成丧葬事宜、提供哀伤抚慰服务,还肩负着向广大公众进行生死教育的责任[11,12],因此殡葬专业教育的重心放在"以生命教育为内涵的素质教育"。从这个角度来看殡葬专业高职生的生命意义感教育尤为重要。只有提高其自身的生命意义感,才有可能更好地发挥其专业人才作用。

根据前人的研究,生命教育的领域可以分为以下三个方面:自然性生命教育(了解生命特征、珍爱生命、安全防范、死亡体验等)、社会性生命教育(人际交往、情绪管理、生活方式、心理健康)以及精神性生命教育(自我实现、生命意义感、价值感、人生超越)[13]。

北京社会管理职业学院是一所民政部下属的高等职业院校,是我国开办殡葬高等职业教育的四所院校之一,也是唯一一所即将开展本科层次殡葬教育的院校。由于自然性生命教育和社会性生命教育在我院殡葬相关专业的课程以及心理健康课程中已有设置[11],本研究将着重探讨殡葬专业高职学生的精神性生命教育,尤其是生命意义感方面的内容。试图通过课程设计提高学生的生命意义感的。

三、生命意义感提高的理论基础

基于Steger等人提出的生命意义感概念,本干预方法采用积极心理学取向,结合目标自我一致理论以及社会认知理论[14,15],计划从"理解"和"目的"两个角度出发,试图帮助殡葬专业学生提高生命意义感;首先建立强大的自我了解,即对自我、世界的理解;其次建立并实现自我一致目标(self-concordant goal)。

目标自我一致过程是该干预法的中心目标。指个人所设定的目标与自己的内在兴趣、价值观的整合程度,这些内在的价值观、兴趣就是"自我"的有机组成部分[16]。目标自我一致的程度较高,表明了个体所设定的目标来源于自我的兴趣、价值观、爱好或是他对目标本身发自内心的认同等,个体是为"自我"所驱动的,具有较强的自主性动机;而如果目标自我一致的程度较低,则表明个体所设定的目标更多来源于外界

的压力或自己的负性情绪而非"自我",具有较强的控制性动机。人们能够通过追求自我一致性目标来培养他们的目的感。

社会认知理论认为人的自我效能感、目标相关的环境支持等有利于目标设立和目标取得进展[15]。基于这一理论,本干预方法会要求学生列下若干的目标,并确定达成目标必要的技能、支持以及其他资源。同时,也让他们写下达成目标的潜在阻碍。

四、生命意义感提高法的具体应用流程

本次干预可以分成四个模块:① 介绍;② 自我了解;③ 目标自我一致过程;④ 总结。

表 1 干 预 内 容

	模块一	模块二		模块三		模块四
主题	介绍	自我了解		自我一致目标实现		总结
时间	第一周	第二周	第三周	第四周	第五周	第六周
主要活动	1. 生命意义感提高法理论及背景介绍 2. 目的访谈	1. 价值实践优势问卷填写及结果展示 2. 意义感照片分享、描述	1. 专业及职业的寻找和定位 2. 写下个人目标任务	1. 五步骤目标训练 2. 自我效能感提升	1. 查看和评估自己的目标 2. 改进实现目标	1. 查看和评估自己的目标 2. 进行最后的演讲 3. 调整个人目标任务

模块一(第一周)这部分包括对当前干预方法的介绍以及目的访谈。老师让同学们想象如果有个人要采访他们,并引导他们回答这些半结构化的问题。该半结构化访谈清单包括一系列引导学生高效思考自己毕生目标的问题。这种半结构化的访谈改编自青少年目的研究访谈记录(Youth Purpose Study Interview Protocol)[17]。该记录能够引出青少年生活中最重要的一些事情并涵盖他们短期和长期的人生目标、希望、梦想、价值和职业追求以及他们想要成为什么样的人[18]。在访谈过后,让学生作答价值实践优势问卷,并在第二周干预前拍摄 10～15 张能给他们带来意义感的照片。

在干预开始前就让学生确定 6 个目标,并让学生自我评价目标的进展。同时询问他们对生命意义感的态度。例如,你对过上有意义的生活有多感兴趣?你对让自己的生活更有意义有多感兴趣?你有多大的信心让自己的生活变得有意义?学生通过李克特 5 点量表进行评分(1 表示一点也没有,5 表示非常感兴趣/有信心),并让没有信心的学生简短回答"是什么阻碍你过上有意义的生活?"

模块二(第二周、第三周)主要聚焦于提升自我了解。

第二周:根据价值实践优势问卷(Values in Action Inventory of Strengths, VIA-IS)[19],要求他们依次列出 5 个最佳的性格优点,然后让他们通过具体的例子描述在

日常生活中如何使用这些优点。最后,让学生展示拍摄的照片,并按重要性排序,而后描述这些照片中的内容如何让他们感到生活有意义。这是一种新形式的练习,源自自我认同和自尊研究,能让练习者通过选择或记录最能代表他们的静态图像从而理解自己[20]。

第三周:学生按照提示语写下关于对专业和未来职业的看法,并完成职业规划引导。职业规划引导包括一系列职业自我评估(人格、兴趣、技能、价值观等)并要求学生描述:① 他们如何使用这一职业规划引导;② 他们发现自己什么方面和专业/职业相关。接下来,会呈现几个关于专业和职业选择的问题。例如,殡葬专业的必修课和选修课的主要要求是什么? 毕业需要多少学分? 殡葬专业是否需要实践学习或是实地调研? 如果学生了解上述问题,则要求他们描述更多和专业相关的内容,比如他们为什么选择目前的专业,他们对于自己的选择感觉如何,他们还需要做什么才能更好地学习这个专业。接下来会结合就业课程,教授学生如何将专业与未来的职业选择相联系。

然后,要求学生简要回答下列问题:从什么方面来说你的专业对你来说是有意义的? 什么会让你未来的职业对你来说有意义? 从什么方面来说你的职业可能对社会有益? 而后要求学生谈一谈谁的职业生涯对自己有启发(例如,这个人在他的职业生涯中做了什么让你会选择他来谈;是否有人让你觉得他有一个很有意思、很有意义的职业?)

最后,要求学生考虑目前已经做了什么来创造一个简单的目标任务。

模块三(第四周、第五周)将自我了解整合进实现目标中。

第四周:分为五个步骤创造自我一致性目标和行动计划[21]。

(1)头脑风暴出 12 个目标,要求学生列出 10 个至少持续到本学期结束或者下个学期的目标。这里的目标指的是我们想到、计划、执行并有时(并非总是)能完成的项目。

(2)更好的目标。介绍目标设定的 SMART 模型(S = specific,M = measurable,A = attainable,R = realistic,T = timely)以及追求目标的四个原因(因为别人想让你做,因为环境迫使你做,因为没有达成目标你会感到羞耻、愧疚或者焦虑,因为你真的很确定想要这个目标,因为这个目标会带你给愉快)。

(3)应用你学到的内容。要求学生基于 SMART 模型等知识对先前头脑风暴确定的目标进行评价。

(4)确定 6 个最终的目标。要求学生根据自评结果认真选出 6 个他们想要至少维持到本学期末的目标。列出选择这 6 个目标的原因,并根据强弱进行排序。最后让学生思考达成每个目标会对他们的生活或者其他人的生活有什么特定的影响。

(5)规划目标。要求学生列出实现目标的具体计划。首先,制定一个在日常生活中可行的、实际的目标。其次,将每个目标拆分成子目标并制定具体的策略。接着,整理目标相关的支持、资源和机能。最后,思考达成目标的外部与内部阻碍。细化目标实现的路径有利于提高对目标可行性的知觉,从而增强自身的动力。

第五周:要求学生评估每个目标完成的进度,并回答下列问题:① 如果你取得进展,请简述什么帮助了你;② 如果你没有取得进展,请简述过程中出现了哪些阻碍。

接下来提升每个学生实现目标的自我效能感:① 列举 1～2 件生活中具有挑战的事情以及是如何克服这些挑战的。② 列举 3 个关于消极自我谈话和积极自我谈话的例子。自我谈话即自我内部发生的对话,最早见于认知行为治疗领域,旨在改变个体的想法,以及对事情的解释和行为。在本干预中,消极的自我谈话指的是事情发生后对事件的消极情绪和认知,而积极的自我谈话指的是事情发生后对事件的积极情绪和认知,例如"太开心啦""我很努力所以取得了这样的成就"[22]。③ 写下 3 个进入大学以来自己值得被赞赏的地方。并针对消极自我谈话中的认知部分进行重新的解释,找到其他归因的方法。

最后在指导语"现在让我们回忆下身边哪个人认为我是最聪明、最有智慧的,试想如果他看到了我的这些计划会提出什么建议呢"下引导学生思考并完善自己的行动计划。

模块四(第六周)整合目的和理解两个维度。鼓励学生分享整合六周来获得的关于自我和世界的认识。观看兰迪·波许《最后的演讲:真正实现你的童年梦想》,让学生们明白"最后的演讲"应该是怎么样的。然后让学生们想象如果自己马上要去世了,你有什么想要告诉别人的,以及当你回顾这一生,什么是你最想传达给他们的。最后,根据六周以来的情况,让学生调整在第二周时设定的目标任务。

参考文献:

[1] 刘艳芝,宾映初.健康中国视域下中国高职新生心理健康状况的元分析[J].中国卫生产业,2019,16(20):179-181+184.

[2] 辛莘.高职与本科院校大学生自杀意念及影响因素的比较研究[D].合肥:安徽医科大学,2010.

[3] 甘东,赵必华.194 名高职院校学生自杀态度调查[J].中国校医,2010,24(2):132-134.

[4] 陈春蓉,钟晓妮,邓宇.重庆市高职院校大学生非自杀性自我伤害行为现状及影响因素分析[J].卫生职业教育,2021,39(16):147-148.

[5] 中国大学生非自杀性自伤检出率的 Meta 分析[J].中国学校卫生,2016,37(6):4.

[6] 余慧,余亮.高职医学生非自杀性自伤行为与述情障碍,心理弹性的相关性[J].沈阳医学院学报,2019,21(5):5.

[7] Steger M F, Oishi S, Kashdan T B. Meaning in life across the life span: Levels and correlates of meaning in life from emerging adulthood to older adulthood[J]. The journal of positive psychology, 2009, 4(1): 43-52.

[8] Farhall J, Gehrke M. Coping with hallucinations: Exploring stress and coping framework[J]. British Journal of Clinical Psychology, 1997, 36(2): 259-261.

［9］　Park C L，Folkman S. Meaning in the context of stress and coping［J］. Review of general psychology，1997，1(2)：115－144.

［10］　Rosso B D，Dekas K H，Wrzesniewski A. On the meaning of work：A theoretical integration and review［J］. Research in organizational behavior，2010，30：91－127.

［11］　王治军.殡葬教育与生命教育［J］.社会福利(理论版)，2015(11)：43－46.

［12］　钮则诚.殡葬生命教育［J］.中华礼仪，2006(15)：1－5.

［13］　孙卫华，许庆豫.生命教育研究进展述评［J］.中国教育学刊，2017，3：72－78.

［14］　Sheldon K M，Elliot A J. Goal striving，need satisfaction，and longitudinal well-being：the self-concordance model［J］. Journal of personality and social psychology，1999，76(3)：482.

［15］　Bandura A. Self-efficacy mechanism in human agency［J］. American psychologist，1982，37(2)：122.

［16］　Sheldon K M. Becoming oneself：The central role of self-concordant goal selection［J］. Personality and Social Psychology Review，2014，18(4)：349－365.

［17］　Damon W. The path to purpose：Helping our children find their calling in life［M］. Simon and Schuster，2008.

［18］　Yeager D S，Bundick M J. The role of purposeful work goals in promoting meaning in life and in schoolwork during adolescence［J］. Journal of Adolescent Research，2009，24(4)：423－452.

［19］　Park N，Peterson C，Seligman M E. Strengths of character and well-being［J］. Journal of social and Clinical Psychology，2004，23(5)：603－619.

［20］　Noland C M. Auto-photography as research practice：identity and self-esteem research［J］. Journal of research Practice，2006，2(1)：M1.

［21］　Sheldon K M，Kasser T，Smith K，et al. Personal goals and psychological growth：Testing an intervention to enhance goal attainment and personality integration［J］. Journal of personality，2002，70(1)：5－31.

［22］　Tod D，Hardy J，Oliver E. Effects of self-talk：A systematic review［J］. Journal of Sport and Exercise Psychology，2011，33(5)：666－687.

专题四

大学生心理健康状况与素质发展研究

新时代大学生生命价值目标影响
自杀意念的拐点探索[①]

胡　月[1]　李晓溪[2]　杨泽垠[1]　郑非非[1]　樊富珉[3]

1 大连理工大学　2 大连外国语大学　3 北京师范大学

【摘要】目的：探讨新时代大学生生命价值目标对于自杀意念影响的拐点。方法：选取 2 377 名大学生，采用自编大学生生命价值目标问卷、自杀意念量表（SIOSS）进行测量。结果：相关分析发现，自杀意念与生命价值目标总分、社会价值目标、精神价值目标呈显著负相关（$r = -0.13 \sim -0.27$），与物质价值目标呈显著正相关（$r = 0.17$）。回归分析发现，大学生生命价值目标对于自杀意念的影响呈二次曲线，具有拐点（$x_{目标} = 83.5$，$y_{自杀意念} = 7.74$）。物质价值目标、精神价值目标对自杀意念的影响呈线性，社会价值目标对自杀意念的影响呈二次曲线，具有拐点（$x_{社会} = 36.64$，$y_{自杀意念} = 5.44$）。结论：大学生生命价值目标对于自杀意念的影响存在拐点，在大学生生命价值观教育中要引导大学生树立合理的生命价值目标。

【关键词】大学生；生命价值目标；自杀意念；拐点

自杀是一个极为严重的公共卫生问题，个体在自杀尝试产生前一定会伴随着自杀意念，虽然自杀意念不一定会导致自杀行为，但它是自杀行为的必然阶段和预测因素[1]。如今，一些大学生缺乏理想信念、人生目标和生活动力，另一些大学生设立了不切实际的过高目标，抗挫能力不足，容易有轻生的想法。大学生生命价值目标是指大学生在生命值得与否的观念系统上，于生命活动中想要达到的境界或目的[2]。不同的生命价值目标内容会产生不同的功效，以往研究发现，较之成就取向、物质取向以及寻求社会认可取向，亲社会取向的生命价值目标与大学生对伦理道德的认同、心理幸福感和个人成长关系更为紧密[3]。以往研究更多关注积极方面，对负面心理现象（如，自杀意念）的影响研究较少[4-6]。大学时期是人的价值观形成的关键时期，新时代大学生的生命价值目标呈现多样化趋势[7]，多样化的生命价值目标对于自杀意

① 基金项目：国家社会科学基金一般自选项目（18BSH131），2022 年大连理工大学基本科研业务费项目（DUT22RW401）。

念的影响也是多样性的，很可能存在拐点。综上所述，本研究运用定性与定量相结合的方法，探求大学生生命价值目标影响自杀意念的拐点，探究其生成原因和机制，深入认识大学生生命价值目标影响自杀意念的内在规律，从而为高校科学有效地干预大学生自杀现象提供理论参考依据和现实途径。

一、对象与方法

（一）对象

采用分层随机抽样的方法从全国 7 大地理区各抽取 2 所双一流大学和 2 所普通大学，每所大学抽取 80 名大学生，共 2 520 人。本研究采用问卷星进行调查。被试知情同意后，需在规定时间内填写问卷，通过被试 IP 地址确保答卷的真实性。剔除无效问卷及自杀意念量表中掩饰因子大于 4 的问卷，最终收回有效问卷 2 377 份（回收率 94.3%）。其中男生 1 112 人，女生 1 265 人，涵盖理工、文法、经管、农商等专业门类。

（二）工具

1. 大学生生命价值目标问卷

本研究采用自编大学生生命价值目标问卷进行调查。问卷共 18 题，分为物质、社会和精神生命价值目标 3 个维度，结构效度良好（$c^2/df = 1.499$，IFI $= 0.936$，TLI $= 0.922$，CFI $= 0.934$，RMSEA $= 0.062$，SRMR $= 0.078\ 2$）。问卷采用 1（作为最不重要的原则加以拒绝）～7（作为最重要的原则加以接受）7 点计分，分数越高代表大学生的生命价值目标追求越高。问卷的 Cronbach α 系数为 0.89，分半信度为 0.87，两周后的重测信度为 0.86。

2. 自杀意念自评量表（Self-rating Idea of Suicide Scale，SIOSS）

量表由夏朝云等人编制[8]，共包括 26 题，4 个维度，分别是绝望、乐观、睡眠和掩饰，量表得分越高表示自杀意念越强烈，总分大于 12 分是有自杀意念的划界点。量表的 Cronbach α 系数为 0.79，重测信度为 0.86，具有一定的实测效度。

（三）统计方法

采用 SPSS18.0 进行统计分析。

二、结果

（一）生命价值目标与自杀意念的描述统计及相关分析

大学生生命价值目标与自杀意念的描述统计量和相关系数见表 1，大学生生命价值目标得分频次见图 1。除物质生命价值目标和精神生命价值目标无显著相关之外，其他变量之间均显著相关。

表1　主要研究变量的均值、标准差及相关系数($n = 2\ 377$)

变　　量	M	SD	1	2	3	4	5
1. 生命价值目标总分	84.50	11.84	—				
2. 物质生命价值目标	13.61	3.86	0.46**	—			
3. 社会生命价值目标	29.39	5.03	0.90**	0.31**	—		
4. 精神生命价值目标	41.50	6.53	0.82**	− 0.01	0.68**	—	
5. 自杀意念	6.25	4.57	− 0.15**	0.17**	− 0.13**	− 0.27**	—

注：** $p < 0.01$。

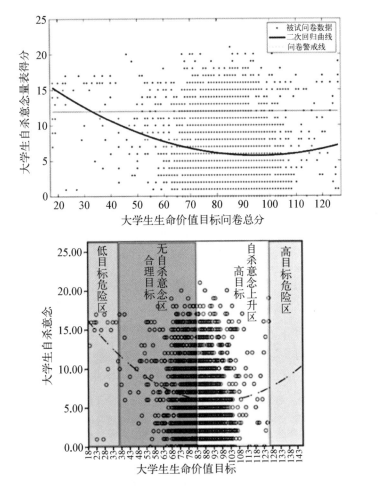

图1　大学生生命价值目标得分频次及对自杀意念预测曲线

（二）生命价值目标与自杀意念关系的拐点

以大学生生命价值目标为自变量，自杀意念为因变量考察大学生生命价值目标对自杀意念的预测作用，发现大学生生命价值目标总分对自杀意念的影响呈二次函数曲线(见表2),非标准化数据公式为 $y_{自杀意念} = 0.002x^2_{目标} - 0.334x_{目标} + 21.681$。图 1可以看出该曲线是开口向上的正 U 形曲线,最低点($x_{目标} = 83.5$,$y_{自杀意念} = 7.74$)即为拐点,大学生生命价值目标得分低于 83.5 时,自杀意念逐渐降低,大学生生命价值目标得分高于 83.5 时,自杀意念开始有上升趋势。自杀意念处于临界值 $y_{自杀意念} = 12$时,大学生生命价值目标的得分为 $x_{目标} = 37.33$。据此,可以将大学生生命价值目标划分为低目标危险区、合理目标无自杀意念区、高目标自杀意念上升区和高目标危险区,如图1所示。

表2 大学生生命价值目标对自杀意念的二次曲线回归($n = 2\,377$)

自变量	因变量(自杀意念)				
	B	β	R	δR^2	F
生命价值目标	−0.334	−0.865***	0.199	0.040	48.836***
生命价值目标²	0.002	0.727***			
截距	21.681***				

注: *** $p < 0.001$。

(三)物质、社会、精神生命价值目标对自杀意念的预测

以三类生命价值目标为自变量,自杀意念为因变量进行回归分析。结果(见表3)发现,物质和精神生命价值目标对自杀意念的影响呈线性($y_{自杀意念} = 0.195x_{物质} + 3.596$;$y_{自杀意念} = -0.187x_{精神} + 14.032$)。物质生命价值目标的上升会导致自杀意念上升,精神生命价值目标的上升会导致自杀意念持续下降。精神生命价值目标取最小值 8 时,有明确自杀意念。社会生命价值目标对自杀意念的影响呈二次曲线($y_{自杀意念} = 0.007x^2_{社会} - 0.513x_{社会} + 14.836$),具有拐点($x_{社会} = 36.64$,$y_{自杀意念} = 5.44$)。社会生命价值目标取最小值 6 时,有明确自杀意念。随着社会生命价值目标的提升自杀意念消失并逐渐下降,达到 36.64 时,自杀意念最低,此阶段为合理目标无自杀意念区。社会生命价值目标超过 36.64 时,自杀意念有上升趋势,此阶段为高目标自杀意念上升区。三类生命价值目标对自杀意念的预测如图2、图3所示。

表3 大学生生命价值目标与自杀意念的回归分析($n = 2\,377$)

自变量	因变量(自杀意念)				
	B	β	R	δR^2	F
物质生命价值目标	0.200	0.170	0.170	0.027	66.389***
截距	3.600				
社会生命价值目标	−0.513	−0.565***	0.154	0.024	28.780***

自 变 量	因变量（自杀意念）				
	B	β	R	δR^2	F
社会生命价值目标²	0.007	0.441***			
截距	14.836***				
精神生命价值目标	−0.187	−0.268	0.268	0.072	183.798***
截距	14.032				

注：*** $p < 0.001$。

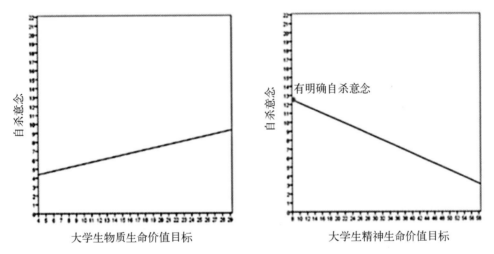

图 2　大学生物质和精神生命价值目标对自杀意念预测图

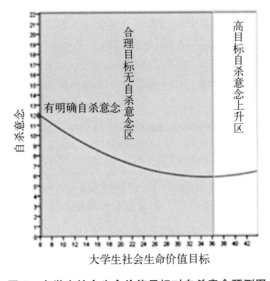

图 3　大学生社会生命价值目标对自杀意念预测图

三、讨论

本研究发现新时代大学生生命价值目标影响自杀意念存在拐点,即,在一定区间内自杀意念会随着大学生生命价值目标的上升而下降,但超过这一区间自杀意念会有上升趋势。目标设定理论认为,目标本身具有激励作用,但目标过多、过难,很可能会降低动机,影响个体情绪状态,导致失败[9,10]。因此,大学生需要及时调整目标期待,不宜设定过多、过难的目标。过多的目标会带来不确定感,从而引发焦虑情绪,导致自杀意念的产生[11];过难的目标会使人产生无力感,进而导致效能感下降,处于无动机状态,容易引发自杀意念[12]。

为详细探讨自杀意念拐点的来源,本研究分析了三类生命价值目标对自杀意念的影响,结果发现社会生命价值目标对自杀意念存在拐点。此拐点的形成可能与自我控制点外移有关。自我控制点理论认为[13],内控者认为结果取决于自己的努力程度,相信自己能够对事情的发展与结果进行控制。外控者认为结果是外部力量造成的,相信命运与机遇,倾向于放弃对自己生活的责任。社会生命价值目标过高使个体过度注重他人评价,将人生目标的达成交到他人手上,让自己处于受外部控制的状态,易产生焦虑和挫败感,导致产生自杀意念。

基于本研究,提示教育者在干预大学生危机事件时应重视生命价值目标干预,可以通过加强大学生理想信念、生命价值意义干预可缓解和降低大学生自杀意念,还要注意引导学生面对现实、接纳自己,树立正确合理的生命价值目标。

参考文献:

［1］徐慧兰,肖水源,冯姗姗,等.中南大学大学生自杀意念及其危险因素研究[J].中华流行病学杂志,2004,(4):288-291.

［2］胡月.大学生生命价值观对自杀意念的影响[D].大连理工大学,2015.

［3］Hill P L, Burrow A L, Brandenberger J W, et al. Collegiate purpose orientations and well-being in early and middle adulthood[J]. Journal of Applied Developmental Psychology, 2010,(2):173-179.

［4］李艳兰.有无自杀意念大学生防御方式比较[J].中华行为医学与脑科学杂志,2010,(8):754-755.

［5］陈艺华.大学新生生命意义感、自杀意念与心理健康[J].泉州师范学院学报,2012,(3):45-49.

［6］李学林,周泽南.基于价值失范的大学生自杀现象探讨[J].西南石油大学学报(社会科学版),2011,(5):32-36.

［7］王彤,黄希庭.心理学视角下的人生目标[J].心理科学进展,2018,(4):731-743.

［8］夏朝云,王东波,吴素琴,等.自杀意念自评量表的初步制定[J].临床精神医学杂志,2002,(2):100-102.

［9］赵国瑞.目标设置的研究现状[J].吉林省教育学院学报,2016,(2):165-167.

［10］陆润豪,吴茜,彭晓雪,等.小学高年级学生自尊与自杀意念的关系:社交焦虑与学习价值怀疑感的中介作用[J].心理技术与应用,2018,(7):406-414.

［11］唐芳.大学生自杀行为影响因素及其交互网络模型研究［D］.山东大学,2015.

［12］王军,孙敏敏,孙秀山.目标设置在高山滑雪运动教学中的运用［J］.哈尔滨体育学院学报,2008,(3)：15－16.

［13］刘余良.国外控制点理论的某些研究［J］.心理科学通讯,1990,(1)：57－58.

研究生阈下抑郁影响因素的实证研究[①]

邓丽芳　　王姝怡　　孙馨林

北京航空航天大学

【摘要】目的：本研究以生态系统理论为基础，探讨研究生阈下抑郁的影响因素。方法：首先通过文献梳理等方式，构建了研究生阈下抑郁的影响因素框架；再结合文献分析、访谈、专家评定和内容分析初步形成了影响因素问卷；基于预研究对问卷修改和完善后，对 517 名研究生被试进行正式施测，分析了阈下抑郁的现状和各影响因素的预测作用。结果：本研究中研究生阈下抑郁的比例为 60.74%；生态环境各系统中，微系统对研究生的影响程度最大；时序系统中，现阶段的风险因素对研究生的影响作用最大；且各风险因素对抑郁的影响阶段和持续时间不同，有的仅在抑郁前期发生影响，有的影响发生在抑郁后期，有的则是持续影响。

【关键词】研究生；阈下抑郁；生态系统理论

　　研究生群体的心理健康一直备受关注。研究发现，我国研究生心理健康状况不容乐观，抑郁问题尤为突出[1,2]。以往许多研究中的"抑郁问题"并不等同于临床上的抑郁障碍，研究者们将不符合抑郁障碍诊断标准、但个体已经出现了临床症状的类型定义为"阈下抑郁"[3]。近年来阈下抑郁的发现比例较高[4]，阈下抑郁的个体在认知、行为功能等方面会有一系列反应，同时他们患重性抑郁障碍的风险也比较高[5,6]，因此，阈下抑郁已成为重要的公共卫生问题。许多研究生群体的抑郁情绪具有周期长、隐匿性强等特点，长期处于"阈下抑郁"的研究生可能会发展为更严重的抑郁障碍[7-9]，因此亟需针对研究生的阈下抑郁进行研究。

　　有研究者认为几乎所有抑郁障碍患者最初都经历了阈下抑郁[3]，阈下抑郁的表现大多为抑郁障碍的前驱症状[10]，因此阈下抑郁的影响因素可能会和抑郁的影响因素类似。以往研究对于研究生抑郁的影响因素进行了探讨，发现家庭因素、校园因素都影响着研究生的抑郁[11,12]。这些环境因素的影响可以用布朗芬布伦纳提出的生态

---

①　基金项目：北京市自然科学基金面上项目（资助编号 7202101）。

系统理论进行解释,该理论认为环境是人们进行互动的地方,个体的生态环境包含微系统、中系统、外系统和宏系统[13],系统间的要素相互影响,共同作用于个体发展。时序系统是该理论的第五个系统,代表着一种演变,即个体的互动模式会随着时间的推移发生改变,例如随着个体年龄的增长,个体会与小学老师、中学老师、大学任课老师和研究生导师等不同老师进行互动。因此,本文将从纵向"时序视角"和横向"生态环境视角"两个角度探索影响研究生阈下抑郁的因素。

一、对象和方法

（一）研究对象

预测试面向研究生群体发放问卷 302 份,有效数据 300 份,其中男生 105 人,女生 195 人,被试平均年龄 23.87 岁（$SD = 1.787$）；正式测试发放问卷 545 份,有效数据 517 份,有效率为 94.86％。被试的平均年龄为 24.19 岁（$SD = 1.82$）,男性 242 人,占比 46.8％；硕士研究生 439 人,占比 84.70％。

（二）研究方法

1. 研究生阈下抑郁影响因素问卷的编制

以"3×4"［时序（过去、现在、未来）×生态环境（微系统、中系统、外系统、宏系统）］的研究生阈下抑郁影响因素框架为总体结构编制题目。通过文献回顾和访谈初步形成问卷,并邀请心理学领域专家对问卷进行评价,对问卷题目反复修改后得到 82 道题。首先需要选择该事件发生情况,若无发生则记为"0"；若有发生则继续询问对该事件的感受,从"有发生,无影响"到"有发生,极重影响"分别计 1～5 分。

为进一步考察问卷结构的合理性和题目的适宜度,用预测试数据对问卷进行项目区分度、因素分析、题总相关分析和内部一致性分析后,删除 14 道题目,最终问卷包含 68 道题。问卷内部一致性信度为 0.908。

2. 正式施测的测量工具

（1）研究生阈下抑郁影响因素问卷。正式施测中风险因素题目的内部一致性信度为 0.899；过去、现在和未来三个时序系统的一致性信度依次为 0.866、0.778 和 0.719,各时序系统验证性因素分析拟合指标良好。

（2）抑郁量表。采用 PHQ‐9 抑郁量表测量个体的抑郁水平,共有 9 个项目,采用 4 点评分,0 代表"从不",1 代表"有时",2 代表"经常",3 代表"总是"。总分越高表示抑郁水平越高。本研究中量表内部一致性信度为 0.861。Liao 等人[14]使用"PHQ‐9 总分≥5,且排除病史"划分阈下抑郁的标准,已在中国本土研究中具有良好应用,本研究也采用此划分方式。

（三）统计分析

本研究采用 SPSS25.0 进行描述性统计、相关分析、回归分析等分析,使用 Amos23.0 进行结构方程模型分析。

二、研究结果

（一）研究生阈下抑郁现状

本研究中抑郁量表均分为 6.79（$SD = 4.43$），得分在 0～4 之间的人有 32.7%；5～9 分的人有 45.8%；10～14 分的人有 15.5%；15～19 分的人有 5.0%；20 分以上的人有 1.0%。根据阈下抑郁划分标准，本研究中健康组、阈下抑郁组和抑郁组被试分别为 169、314 和 34 人，阈下抑郁发现率为 60.74%，体现出对阈下抑郁展开研究的重要性。

（二）各风险因素对研究生阈下抑郁的预测作用

将来自生态环境系统中的各因素得分与抑郁得分进行相关分析，结果发现各生态环境系统的风险因素得分与抑郁得分呈显著正相关（$p < 0.01$），说明个体无论在哪个生态系统中接触到风险，都可能导致抑郁，且受到的风险越多个体抑郁水平越高，其中微系统与抑郁得分相关程度最高（$r = 0.43$）；各时序系统的风险因素得分与抑郁得分呈显著正相关（$p < 0.01$），意味着个体受到任何时间段的风险都可导致抑郁，且累积风险因素越多，抑郁水平越高，其中现在系统与抑郁得分相关程度最高（$r = 0.41$）。

以时序系统为潜变量，各时序系统中的生态环境系统为观测变量，构建时序系统下各因素对抑郁影响的综合模型，分析结果显示模型拟合指标良好，且优于各生态环境系统单独模型的拟合指标（$CMIN/DF = 3.437$，$GFI = 0.906$，$CFI = 0.893$，$RMSEA = 0.069$），说明了将时间和环境综合起来分析的必要性，验证了生态系统理论的基本观点。

（三）不同风险因素影响的差异

将问卷中每道题目视为一个风险因素，对风险因素得分在"健康组""阈下抑郁组"和"抑郁组"进行差异检验。结果显示，一些因素仅在"健康组"和"阈下抑郁组"间存在差异，本研究将此类风险因素称为阈下抑郁的"前期影响因素"；将仅在"阈下抑郁组"和"抑郁组"间存在差异的因素称为"后期影响因素"；三组之间均存在显著差异的因素称为"持续影响因素"。

在三类因素中，"前期影响因素"体现了该类风险因素在阈下抑郁的产生中发挥着独特作用，共发现 40 个，如早期"与同伴发生矛盾""遭遇师生冲突"等，研究生期间"受到同伴间恶性竞争的伤害""遇到导学冲突"，与未来相关的"对未来婚育感到焦虑"和"对自己未来就业感到焦虑"等；"后期影响因素"会在抑郁情绪的加剧和心理状态的恶化中产生影响，共发现 5 个，分别为：早期"遭受同伴言语欺负""受同伴孤立"、研究生阶段"遭受家庭财产损失""与同伴发生矛盾"和"遭受恋人/配偶情感伤害"；"持续影响因素"体现出该类风险因素在抑郁障碍发展进程中持续存在的影响，共发现 7 个，分别为：早期"遭遇父母婚姻冲突""遭受父母忽视""遭受同伴身体欺负""与同伴发生矛盾""受到同伴抑郁、焦虑等情绪问题的影响""和其他家庭成员间的冲突"

和研究生阶段"科研圈竞争压力大"。

三、讨论与结论

本研究发现：① 研究生中阈下抑郁发现率为 60.74%；② 在生态环境的各系统中，微系统对研究生的影响程度最大；③ 在各时序系统中，现阶段时间系统对研究生的抑郁水平影响最大；④ 不同风险因素对抑郁的影响作用分别体现在前期、后期或持续影响。

本研究发现童年期的创伤经历是研究生阈下抑郁的重要影响因素之一，这提示我们需要对存在早期创伤经历的研究生给予适当了解和关注；此外研究生现阶段的学业和科研压力、对未来婚育、就业等的焦虑等对研究生的阈下抑郁都具有重要影响，是引发研究生抑郁情绪的重要影响因素，这提示高校教育工作者和相关部门，研究生抑郁障碍的预防还需多方合力，根据研究生不同阶段的关注点和现实需要，将心理干预和现实帮扶活动等相结合。

参考文献：

［1］马喜亭，李卫华.研究生心理健康状况与生活压力调查研究［J］.中国特殊教育，2011，(4)：91－96.

［2］傅小兰，张侃，陈雪峰，等.心理健康蓝皮书：中国国民心理健康发展报告（2019—2020）［M］.北京：社会科学文献出版社，2021，229－248.

［3］Bertha E A, Balßzs J. Subthreshold depression in adolescence：a systematic review［J］. European Child & Adolescent Psychiatry, 2013，22：589－602.

［4］Macab C, Vmac D, F L J-M a C D E. Subthreshold depression in adolescence：Gender differences in prevalence, clinical features, and associated factors［J］. Journal of Affective Disorders, 2020，272：269－276.

［5］Sun Z, Wang Z, Xu L, et al. Characteristics of Cognitive Deficit in Amnestic Mild Cognitive Impairment with Subthreshold Depression［J］. Journal of Geriatric Psychiatry and Neurology, 2019，32（6）：344－353.

［6］张金鹏，李雪，谭曦，等.喜情绪诱导调节阈下抑郁人群情绪认知损伤的事件相关电位技术研究［J］.中国全科医学，2019，(35)：4312－4317.

［7］Balázs J, Miklósi M, Keresztény Á, et al. Adolescent subthreshold-depression and anxiety：psychopathology, functional impairment and increased suicide risk［J］. Journal of Child Psychology & Psychiatry, 2013，(6)：670－677.

［8］Ho C S, Jin A, Nyunt M, et al. Mortality rates in major and subthreshold depression：10-year follow-up of a Singaporean population cohort of older adults［J］. Postgraduate Medicine, 2016，(7)：642－647.

［9］Pim, Cuijpers, Nicole, et al. Differential mortality rates in major and subthreshold depression：meta-analysis of studies that measured both［J］. British Journal of Psychiatry the Journal of Mental Science, 2013，(1)：22－27.

［10］白铁娟,秦璐,董建秀,蒋苗苗,王丹,李宇婷,王建辉.基于微信直播的正念训练对经皮冠状动脉介入治疗术后患者阈下抑郁症状的影响［J］.中华护理杂志,2022,57(11)：1304－1309.

［11］杨秀兰,陈发俊,杨善发,等.研究生社会阶层背景与抑郁、焦虑问题的相关性分析——基于12所高等院校的实证调查［J］.学位与研究生教育,2014,(8)：47－53.

［12］Liu C，Wang L，Qi R，et al. Prevalence and associated factors of depression and anxiety among doctoral students：the mediating effect of mentoring relationships on the association between research self-efficacy and depression/anxiety［J］. Psychology research and behavior management，2019，12：195－208.

［13］Bronfenbrenner U，Evans G W. Developmental science in the 21st century：Emerging questions，theoretical models，research designs and empirical findings［J］. Social development，2000，9（1）：115－125.

［14］Liao Y H，Fan B F，Zhang H M，et al. The impact of COVID-19 on subthreshold depressive symptoms：a longitudinal study［J］. Epidemiology and Psychiatric Sciences，2021，30：1－29.

大学生网瘾与心理健康、人际交往关系研究[①②]

刘　欣

西北工业大学

【摘要】目的：了解新时期大学生网络成瘾的基本特点及其对个体心理健康水平与人际交往状况的影响。方法：采用中文网络成瘾量表（CIAS）、症状自评量表（SCL－90）和人际关系综合诊断量表（IRS）进行调查。结果：成瘾组和成瘾倾向组的 SCL－90 总分均显著高于未成瘾组；成瘾倾向组的 IRS 量表得分及各因子分均显著高于未成瘾组。网络成瘾对心理健康的影响以两种方式实现：直接影响和间接影响。结论：网络成瘾会对个体心理健康水平与人际交往状况产生极大影响。

【关键词】大学生；网络成瘾；心理健康；人际交往

网络成瘾（Internet Addiction Disease，简称 IAD），又称病理性网络使用（Pathological Internet Use，PIU），是指在没有明显成瘾物质情况下的上网行为冲动失控[1]，表现为由于过度上网，导致社会和心理的适应行为损害[2,3]。Davis（2001）认为，影响病理性互联网使用的核心因素是"非适应性认知"，个体对世界的非适应性认知认为网络给了他一切，现实则一无是处[4]。此外，在现实生活中人们的某种行为可能受到其他人的反应或社会规范的抑制，而在网络世界，人们可以与人分享内心最深处的感情，提出最激烈的主张。再次，对于青少年而言，网络可以提供一种更为安全且不易为人所察觉的方式来了解性。网络成瘾者具有独特的人格特征，严重的网络痴迷甚至会降低人的社会功能，出现退缩性的人格变化。

综上所述，网络成瘾危害极大，已引起了国内外学者的广泛关注。本研究希望通过调查与分析寻找病因，探索矫正网瘾，培养学生良好网络使用习惯与健全人格的教育方法。

---

① 项目名称：西北工业大学 2020 年度学生思想政治工作研究课题"积极心理学视角下的研究生心理健康促进模式研究"（课题编号：2020XSY09）。

② 项目名称：西北工业大学 2022 年高等教育研究基金（国际化人才培养专项）项目"后疫情时代来华留学生学习力提升策略研究"（课题编号：GJGZMS202208）。

一、对象与方法

（一）研究对象

本研究选取西安地区 5 所高校在校本科生进行问卷调查，共发放问卷 2 000 份，回收 1586 份有效问卷，问卷回收率为 79.3％。其中男生 917 人，女生 625 人，性别缺失 44 人，平均年龄 20.75 岁。

（二）研究工具

本研究选取中文网络成瘾量表（CIAS）、症状自评量表（SCL‐90）、人际关系综合诊断量表。这三个量表均经过大量研究证明具有良好的信效度，并且分数越高，分别表明沉迷于网络的程度就越严重、心理健康状况越差、在同朋友相处上的行为困扰更严重[5-8]。

（三）统计软件

本研究数据使用 SPSS25.0 统计软件中的 One-Sample t test、One-way ANOVA 和 Bivariat 等程序进行统计分析。

二、结果

（一）网络成瘾状况分析

对中文网络成瘾量表来说，总分及分量表分数介于 Mean＋1SD 之间范围者，可视为一般性，大于 Mean＋1SD 可视为轻度成瘾倾向，大于 Mean＋2SD 可视为高危险群[9]。本研究结果显示，该量表得分平均数为 48.83，标准差为 12.453，因此，CIAS 量表分数大于 61.283 可视为轻度网络成瘾倾向，大于 73.736 可视为重度成瘾倾向，为了研究方便，将这些学生分别称为成瘾组、网络成瘾倾向组、未成瘾组。具体结果见表 1。

表 1　网络成瘾状况分组

分　　组	N	Mean	SD
未成瘾组	1 357	45.60	10.032
成瘾倾向组	199	65.79	3.293
成瘾组	30	82.60	7.356
总计	1 586	48.83	12.453

（二）心理健康状况分析

对症状自评量表进行分析，网络成瘾各组得分均与临界分值有显著差异，未成瘾组得分显著低于临界值，而成瘾倾向组与成瘾组则显著高于临界值，具体结果见表 2。

表明,网络成瘾对个体的心理健康具有极大的负面影响。

表 2　心理健康水平的网络成瘾分组比较

分　　组	$M \pm SD$	t	P
未成瘾组	51.21 ± 44.348	-15.606	0.000^{***}
成瘾倾向组	99.45 ± 64.053	6.486	0.000^{***}
成瘾组	113.27 ± 79.998	2.962	0.006^{**}

注：＊＊＊表示在 0.001 水平显著(2 - tailed)；＊＊表示在 0.01 水平显著(2 - tailed)。

进一步分析显示,SCL - 90 量表总分三组比较差异显著($F = 107.077, P >$ 0.001),未成瘾组得分显著低于成瘾倾向组与成瘾组,而成瘾倾向组与成瘾组差异则不显著。

（三）人际交往状况分析

对人际关系综合诊断量表的分析表明,总分及各分量表在三组上的差异均显著,具体见表 3 所示。

表 3　人际交往状况的网络成瘾分组比较

分　　组	未成瘾组	成瘾倾向组	成瘾组	F	P
总分	8.90 ± 7.913	12.09 ± 7.918	11.53 ± 7.459	15.323	0.000^{***}
交谈行为	2.47 ± 2.248	3.28 ± 2.249	3.23 ± 2.329	12.527	0.000^{***}
交际交友	2.69 ± 2.343	3.36 ± 2.199	2.93 ± 2.212	7.222	0.001^{**}
待人接物	1.51 ± 2.100	2.32 ± 2.395	2.53 ± 1.961	15.166	0.000^{***}
异性交往	2.23 ± 2.385	3.14 ± 2.473	2.83 ± 2.086	13.082	0.000^{***}

注：＊＊＊表示在 0.001 水平显著(2 - tailed)；＊＊表示在 0.01 水平显著(2 - tailed)。

其中,在总量表、交谈行为分量表、交际交友分量表和异性交往分量表上,未成瘾组得分显著低于成瘾倾向组;在待人接物分量表上,未成瘾组得分显著低于成瘾倾向组和成瘾组;成瘾倾向组与成瘾组在总量表与各分量表上的得分均无显著差异。

（四）网络成瘾与心理健康、人际交往状况的关系分析

对中文网络成瘾量表、症状自评量表和人际关系综合诊断量表得分的相关分析发现,三个变量在 0.01 水平两两具有显著相关,具体见表 4 所示。

表 4　三量表相关分析

r	网络成瘾	心理健康	人际交往
网络成瘾	1	—	—
心理健康	0.376**	1	—
人际交往	0.180**	0.359**	1

注：** 表示在 0.01 水平显著(2 - tailed)。

根据前人理论与实践研究，建立结构方程模型，运用 AMOS 软件进行分析，结果如图 1。

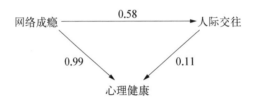

图 1　网络成瘾与心理健康、人际交往关系路径图

上述模型的拟合优度指标见表 5。

表 5　模型的拟合优度指标

指标	χ^2/df	GFI	AGFI	RMSEA	NFI	RFI	IFI	TLI	CFI	PGFI
指标值	4.461	0.946	0.918	0.067	0.971	0.962	0.978	0.970	0.978	0.622

本模型的 χ^2/df 值为 4.461，介于 1～5（较宽松的标准）之间，表示模型总体适配尚可。此外，应参考其他适配度指标。Hau 等人推荐使用 CFI、NNFI(TLI)等指数[10]。GFI 和 AGFI 属于绝对拟合指数，而 CFI、NFI、TLI 为增值吻合指数，另外的一些指标，如 RFI、IFI、PGFI 等也是常用指标。以上指标，除 PGFI 的临界值为 0.5 外，其他指标的临界值均为 0.9，即大于 0.9（PGFI＞0.5）就可以认为模型路径图与实际数据有良好的适配度[11]。RMSEA 指标为渐进残差均方和平方根，当其值在 0.05 与 0.08 之间时表示模型良好，有合理适配[29]。因此，以上指标表明，本模型总体适配良好。

结构方程模型结果显示，网络成瘾对心理健康的影响以两种方式实现：直接影响（路径系数为 0.99）和间接影响。间接影响以人际交往为中介变量（路径系数为 0.58），进而影响心理健康水平（路径系数为 0.11）。

三、讨论

对网络成瘾倾向与心理健康的关系研究发现，网络成瘾与心理健康相关显著。

在症状自评量表上，未成瘾组得分显著低于临界值，而成瘾倾向组与成瘾组则显著高于临界值，未成瘾组得分显著低于成瘾倾向组与成瘾组。表明网络成瘾倾向显著影响个体的心理健康水平，这与大量已有研究结果相同[12-14]。而成瘾倾向组与成瘾组差异不显著则预示，网络使用的轻微过度也可影响到个体心理健康水平。

对网络成瘾倾向与人际交往的关系研究发现，网络成瘾与人际交往相关显著。在人际关系综合诊断量表总量表及其他各分量表上，未成瘾组得分显著低于成瘾倾向组。统计结果表明，网络成瘾倾向对于个体人际交往确实有很大影响，但这种影响对于成瘾初期或倾向期的个体更为明显。这可能是因为在成瘾初期，个体在网络世界中突然寻找到满足自身需要的方式，而这一需要在现实生活的人际交往中常常得不到满足，因此，个体很可能更多的沉迷于网络而忽略了正常的社会交往。当然，也有学者认为沉迷于网络者往往也是现实生活中的人际能力低下者，因此目前对于这二者关系的争论也很多。

同时，结构方程模型分析发现，网络成瘾对心理健康的影响以两种方式实现：直接影响和间接影响。间接影响以人际交往为中介变量，进而影响心理健康水平。这一发现提示教育者可以从人际交往能力入手对网络成瘾者进行矫正。

四、结论与建议

首先，本研究结果显示，网络使用的轻微过度或成瘾初期就已经影响到了个体的心理健康水平与人际交往水平。因此，在大学生网络使用教育当中不仅要关注已成瘾者，更要通过各种渠道了解心理健康与人际交往水平下降的轻度成瘾者，从而在成瘾初期就对症下药，尽早使成瘾者的网络使用行为、心理健康与人际交往恢复正常水平。

其次，网络成瘾表面看来是一种行为问题，心理教师可以使用代币制和厌恶疗法，或通过控制上网时间、改变网络使用行为、矫正认知、调整动机等手段矫正青年学生网络成瘾问题。但同时，本研究也发现网瘾对于个体心理的危害不仅仅表现在行为层面，更表现在人际交往与心理健康等系统层面。因此除过对单一个体进行行为治疗外，运用家庭疗法和团体治疗对个体的家庭与交往系统进行有效干预也是极为必要的。

其一，回归家庭系统对网瘾进行的矫治，能够有效帮助因家庭关系不良而通过依赖网络以逃避家庭的个体，帮助他们培养良好家庭互动方式并形成良好家庭关系，获得家庭支持，进而使得成瘾者感受到真实生活的意义，从而逐步脱离对互联网的依赖。

其二，对于青年学生而言，其同伴团体在个体心理成长方面也具有极其显著的作用，因此对网络成瘾者辅以团体治疗也是具有极大意义的。通过团体内的人际关系交互作用，运用团体动力和适当的心理咨询技术，协助个体认识自我，调整改善与他人的关系,学习新的交往方式与交往态度,获得新的社会支持。有相同问题的青少年们在一起,同伴间的相互支持远比成人的支持效果好,通过团体成员间的互动,使学生注意到自己的能力,增强自信心和安全感,也有助于行为的改变得到长期的坚持和巩固。

参考文献:

[1] 吴宏新,乔冬冬,宋朝晖.心理干预改善网络成瘾患者症状的对照研究[J].精神医学杂志,2013,(2):134-137.

[2] Young K S. Internet addiction:the emergence of a new clinical disorder[J]. Cyber Psychology and Behavior,1996(3):237-244.

[3] 宋爱芬,史学武,梁蓉.网络成瘾干预的研究现状、问题及展望[J].昌吉学院学报,2007,(1):45-50.

[4] 刘援朝.网络成瘾及其心理矫正[J].社会心理科学,2006,(2):59-62.

[5] Young K S & Rodgers R C. Internet Addiction:Personality traits with its development[J]. Paper presented at the annual meeting of the Eastern Psychological Association,Chicago,IL. 1997.

[6] Morahan-Martin J & Schumacher P. Incidence and correlates of pathological internet use among college students[J]. Computer in Human Behavior,2000,(16):13-29.

[7] Young K S. Internet Addiction:Symptoms,Evaluation,and Treatment[J]. Innovations in Clinical Practice:A Source Book. Sara-sota,Fl:Pergaman Press,1999,(17):19-31.

[8] Kim J U. The Effect of a R/T Group Counseling Program on the Internet Addiction Level and Self-Esteem of Internet Addiction University Students[J]. International Journal of Reality Therapy,2008,(2):4-12.

[9] 林静茹.网路迷航记——高中学生网络成瘾行为之现状分析(以左营高中为例)[J].学生辅导,2003,(5):68-88.

[10] 侯杰泰,钟财文,林文莺.结构方程式之吻合概念及常用指数之比较[J].教育研究学报(香港),1998,(11):73-81.

[11] 吴明隆.结构方程模型——AMOS的操作与应用[J]. 重庆:重庆大学出版社,2009,41,52,44,53.

[12] 高士乘,曾凡梅,陈飞.高职院校大学生网络成瘾的现状及影响因素研究[J].怀化学院学报,2022(2):116-119.

[13] 弋秋蓉.高职学生网络成瘾与入学时心理健康的相关研究[J].黑龙江科学,2022,(3):6-10.

[14] 杨晓峰.大学生网络使用、网络成瘾和心理健康的关系研究[D].内蒙古:内蒙古师范大学,2006.

大学生性心理健康现状调查与核心关切议题探究

——以某综合型大学为例

汪国琴　陈　进

上海交通大学

【摘要】本研究选取上海市某综合性大学本科生为研究对象,采用问卷调查法和访谈法,探究大学生的性心理健康水平和性心理发展现状。研究发现:本研究中的大学生性心理健康问卷总均分 3.83 ± 0.37,高于相关研究,其中选修过性与健康课的同学性健康总均分为 3.92 ± 0.30,没有选课的同学性健康总均分为 3.74 ± 0.42,说明此类课程对于提升大学生性心理健康是有帮助的。此外,性价值得分高于性适应和性认知。说明大学生的性价值观相对健康稳定,具有相对稳定的性观念和性态度,但性知识还是略显不足,在性适应方面也有待提升。

【关键词】大学生;性心理;心理健康;调查问卷;访谈

大学阶段,相对宽松的校园氛围、旺盛分泌的荷尔蒙、日趋成熟的身体、网络环境下丰富多元的性刺激、相对频繁的对外交流等诸多因素,引发大学生们对性的强烈好奇与探索。特别"00后"的大学生,从小接触网络,属于网络原住民,他们一方面从小就接触西方的"开放""自由"思潮,另一方面还是会受到东方传统文化中"克制""保守"观念的影响,种种看上去颇为矛盾冲突的观念都在不同程度上影响着"00后"大学生们的价值观和行为。特别在性这个领域,互联网的匿名性让人们可以无所顾忌地谈论线下生活中还相对有些回避的性话题,互联网成为人们性话题的宣泄口,性也成为互联网活动以及互联网利益中的关键一环。

伴随互联网的高速发展,性在今天的大学校园已经不再是一个讳莫如深的话题,某高校最近5年个体咨询来访问题类型的统计中,"情感与性"这一议题的来访量连续多年高居榜首。在诸多见诸报端的大学生恶性伤害案件中,因情感与性的纠纷而导致的案例也占了相当比例,有研究显示当前大学校园里感染艾滋病、性病的问题日趋严重,且大学生对性健康教育的需求与生殖健康服务存在较大的差距。大学生的性心理健康是一个需要引起重视的话题。

本研究选取"00后"的大学本科生进行调研和网上访谈，以期了解大学生们当下性心理发展的现实状况和他们关切的重点话题，为高校开展性心理健康教育提供参考。

一、对象与方法

（一）对象

采用方便抽样法进行现场问卷调研，由授课教师在课堂上组织同学们现场扫码填写问卷星网络调查问卷，时间跨度为 2021～2022 年度，3 个"性与健康"选课班级、2 个"大学生心理健康"选课班级，5 个教学班，共回收 312 份问卷，去除测谎题回答不一致的答卷，共获得 277 份有效数据。其中，男生 183 例（66.1%），女生 94 例（33.9%）；低年级大一大二 168 例（60.6%）高年级 109 例（39.4%）；工科、理科、文科、医科、商科、艺术等占比分别为 54.9%、22%、9%、2.2%、10.8%、1.1%；未婚有稳定伴侣的占 18.8，未婚有伴侣但不稳定的占 9.7%，单身的占 71.5%。城市生源占 67.9%，城镇占 23.8%，农村占 8.3%；独生子女占 70.8%，非独生子女占 29.2%；原生家庭和睦的占 41.2%，偶尔摩擦但稳定的占 44.4%，常有矛盾关系一般的占 10.5%，矛盾突出关系恶劣的占 4%；异性恋占 79.8%、同性恋占 3.2%，双性恋占 10.5%，不确定性取向的占 6.5%；50.2% 为"性与健康"课学员，49.8% 不是；安全型依恋占 56.3%、回避型占 22%、焦虑矛盾型占 21.7%；

（二）研究方法

本研究采用《青春期性心理健康量表》进行。该量表由骆一等于 2006 年编制，共计 46 个条目，包括性认知分量表（9 条目）、性价值观分量表（9 条目）、性适应分量表（20 条目）3 个分量表和 1 个测谎维度（8 条目）。

其中性认知是大学生对性生理和性问题的认识和感知，该分量表包括生理知识因子（5 条目）和性知识因子（4 条目）这 2 个因子；性价值观指的是大学生对性的观念和态度，该分量表包括性观念因子（5 条目）和性态度因子（4 条目）这 2 个因子；性适应则体现在大学生在面对或处理性问题时表现出的社会适应、性控制力和自身适应方面，该分量表包括社会适应因子（9 条目）、性控制力因子（6 条目）和自身适应（5 条目）这 3 个因子。

该量表采用 Likert 5 点评分方法，从"1 = 完全不符合"到"5 = 完全符合"。量表得分越高表示性心理健康程度越高。总量表的 Cronbach α 系数为 0.82，重测信度系数为 0.86，分半信度系数为 0.76；3 个分量表及因子的 Cronbach α 系数在 0.53～0.78 之间，均表现良好。

（三）统计方法

从问卷星导出 EXCEL 表格，并导入 SPSS25.0 软件进行统计分析。对被试基本信息和青春期性心理健康量表得分进行描述性统计，并对是否为"性与健康"课选修学生，以及受试学生的性别、年级、家庭氛围等因素进行独立样本 t 检验。

二、结果

（一）受试大学生性心理健康得分情况

该综合性大学本科生的性心理健康总量表均分 3.83 ± 0.37，3 个分量表的得分分别为：性价值观分量表 4.07 ± 0.48（其中性观念因子的平均分为 4.33 ± 0.66，性态度因子的得分为 3.73 ± 0.69）；性认知分量表得分为 3.78 ± 0.60（其中生理知识因子得分为 4.04 ± 0.59，性知识因子得分为 3.45 ± 0.71）；性适应分量表得分为 3.75 ± 0.42（其中社会适应因子得分为 3.84 ± 0.50，性控制因子得分为 3.44 ± 0.52，自身适应因子得分为 3.95 ± 0.66）。对三个分量表进行配对样本 t 检验，发现学生在性价值观分量表上的得分明显高于性适应分量表（$t = 11.297$，$P < 0.01$）和性认知分量表（$t = 7.197$，$P < 0.01$），大学生在价值观上的观念更趋成熟。

对各分量表内部的各因子进行比较发现，大学生在各分量表内部不同因子之间的得分均有着显著的差异。大学生对性的认知中，对性生理的认知得分显著高于性知识的得分（$t = 20.56$，$P < 0.01$）；性价值观中性观念的得分显著高于性态度的得分（$t = 10.56$，$P < 0.01$）；在性适应分量表中，三个因子之间的得分也存在着显著差异，自身适应因子得分显著高于社会适应因子得分（$t = 2.784$，$P < 0.01$）和性控制因子得分（$t = 11.4$，$P < 0.01$），同时性适应因子得分也显著高于性控制因子得分（$t = 12.147$，$P < 0.01$）。这反映出大学生对性生理的认知程度比性心理的认知程度高，学生对于性病、避孕、性骚扰等知识的认知程度还略显不够；学生对性有关的观念的看法要比对性问题的态度更成熟，大学生对性有关的一些观念基本都认同和掌握，但在实际对恋爱的态度等的认识上还有待加强；在性适应上，大学生在自身适应方面表现较好，即对自己性别角色的认同度较高，对于道德、性冲动等在社会生活上也能较好地适应，相对而言，在性冲动的控制方面则略显欠缺。

（二）不同性别学生性心理健康程度比较

男生和女生在性认知和性价值观上存在着显著差异，在性适应分量表和性心理健康总分上没有显著差异。

男生（3.83 ± 0.58）的性认知得分显著高于女生（3.67 ± 0.62）（$t = 2.23$，$P < 0.05$）。在性认知的两个因子上，两性在性知识的得分上并没有显著差异，但在性生理的认知上，男生（4.10 ± 0.57）的得分显著高于女生（3.92 ± 0.59）（$t = 2.52$，$P < 0.05$），这与我们日常的观察和其他研究的结论是一致的，男生会更主动地了解性生理方面的知识，对性生理的认知更全面。

在性价值观的得分上，男生（4.01 ± 0.50）的得分显著低于女生（4.17 ± 0.43）（$t = 2.51$，$P < 0.05$）。两性在性价值观的得分差异主要体现在性态度上，男生（3.64 $\pm$

0.69)的性态度得分显著低于女生(3.90±0.65)($t=2.97$，$P<0.01$)，两性在性观念的适应上并无显著的差别。

尽管在性适应分量表上，两性的得分并未显示出显著的性别差异，但在具体的因子上，两性在性控制因子和自身适应因子上均表现出了显著的差异。男生在性控制因子上的得分(3.39±0.51)显著低于女生(3.54±0.52)($t=2.19$，$P<0.05$)，在自身适应因子上男生(4.05±0.59)的得分显著高于女生(3.76±0.75)($t=3.58$，$P<0.01$)。说明男生在性控制方面的水平不及女生，但多能够自洽，在自身性适应方面反而优于女生。

（三）不同年级学生性心理健康程度比较

大四学生在性心理健康总体水平和三个分量表的得分上均显著高于大一。($P<0.01$)。在性认知上，不同年级之间存在着组间差异。这提示随着年级（年龄）的增长，大学生的性心理健康水平也在提升和发展。

（四）不同专业学生性心理健康程度比较

在性认知上，商科的学生显著低于工科($P<0.01$)。商科在生理因子上的得分显著低于文科、理科、工科和医学类学科，在性知识因子上也显著低于工科学生。

在性价值观分量表上，不同学科之间未显示出显著的差异。但在性观念上，商科的得分显著低于工科和文科，在性态度得分上，理科显著高于工科。

在性适应分量表上，商科的学生显著低于工科的学生。这主要体现在社会适应因子和自身适应因子上，商科的得分均显著低于工科(P均小于0.05)。

在性控制上，艺术学科的得分显著低于工科、理科、文科和医科（均在0.05水平上显著）。

因商科、艺术类的样本量较小，这一结论还待日后进一步检验。

（五）不同依恋类型学生的性心理健康状况

单因素方差分析显示，不同依恋类型的学生在性心理健康总分($F=6.96$，$P<0.01$)、性适应性分量表($F=8.664$，$P<0.01$)以及性价值观分量表($F=4.083$，$P<0.01$)上存在组间差异，在性认知分量表得分上，不同依恋类型的学生不存在组间差异。

安全型依恋(3.86±0.40)的学生在性适应上的得分明显高于回避型依恋(3.65±0.33)和焦虑矛盾型依恋(3.6025±0.46)。

性态度上焦虑矛盾型依恋的得分明显低于安全型依恋和回避型依恋。

社会适应性上的安全性依恋显著高于焦虑矛盾型依恋。

性控制因子上安全型依恋的得分显著高于焦虑矛盾型依恋。

自身适应因子上安全性依恋明显高于回避型依恋和焦虑矛盾型依恋。回避型依恋和焦虑矛盾型依恋之间在自身适应因子上没有显著性差异。

安全性依恋在性价值观上的得分明显高于焦虑矛盾型依恋。

性心理健康总分上安全性依恋的得分明显高于回避型依恋和焦虑矛盾型依恋。

总体而言,安全型依恋风格的个体在性心理健康方面总体水平较高,在性适应和性控制方面表现较好。

此外,不同情感状况的学生在性知识上存在显著差异。未婚且有稳定伴侣的受试在性知识上的得分显著高于未婚有伴侣但不稳定和单身的受试,存在组间差异;来自城市、城镇和农村不同生源地的受试在性价值观和性观念上存在组间差异。而是否与父母同住、是否单独租房住、是否住集体宿舍等不同住宿方式的受试在性心理健康各维度上无组间差异。

三、讨论

本次调查,大学生性心理健康问卷总均分 3.83 ± 0.37 高于相关研究,其中选修过"性与健康"课的同学性健康总均分为 3.92 ± 0.30、没有选课的同学性健康总均分为 3.74 ± 0.42,说明此类课程对于提升大学生性心理健康是有帮助的。

本研究与其他研究有相似之处,各维度中,性价值高于性适应和性认知。说明大学生的性价值观相对健康稳定,具有相对稳定的性观念和性态度,但性知识还是略显不足,在性适应方面也有待提升。

此外,本研究还通过课程微信群开展了多次互动讨论,涉及当代大学生核心关切的诸多议题,他们对这些议题有自己深入的思考、多元的表达,具有鲜明的时代特征。例如:① 如何看待大学生性行为? 谈恋爱一定要有性生活吗? 无性恋爱可以维持吗? ② 当代单身年轻人如何在不想进入恋爱关系时合理地解决生理需求? 约炮行为是否合理? 你可以接受吗? 你认为性与爱可以分离吗? ③ 何为和谐的性行为? 性行为在生理、心理、社会学意义上的和谐该如何定义? ④ 当今社会,面对性骚扰事件我们应该怎样做? 你认为设置女士专用车厢、曝光性骚扰者等是处理这类事件的较好手段吗? 整体而言,隔离以及大范围地曝光所有疑似的性骚扰事件会有助于减少性骚扰事件,还是会挑起两性对立? ⑤ 你怎么看待 SM,这种行为是否健康? 如何正确引导与释放特殊性癖好? 这些话题从同学中征集而来,又引发了同学们很多讨论和思考。我们发现,同学们的价值观呈现出多元包容的特点,能相对理性地看待自己的性与爱,也对社会少数群体表现出包容与接纳,对于两性平权有普遍共识,更愿意选择负责任的性行为,对性骚扰说 NO。大家可以在网络上自由友好地讨论性相关的话题,他们获取性知识的主要来源,网络也占据首位。但需要引起重视的是,大学生在网上搜寻相关知识和信息时,往往容易被鱼龙混杂的色情信息所吸引。在本研究中,过去 12 个月里,有 79.1% 的同学看过色情书籍和音像制品,男女生之间没有显著的差异。

综合以往的研究,我们发现需要加强运用互联网思维和资源来开展性心理健康教育,要为青年学生提供健康的性心理知识和产品,加强对互联网色情的打击和管理力度。同时,"性与健康"这一类的课程教育、朋辈讨论与引导,是帮助青年大学生获取性知识、澄清性价值观、增强性适应能力从而提升总体性心理健康水平的重要渠道。

致谢:感谢"性与健康"课程负责人陈斌教授、王鸿祥老师的支持,感谢"性与健康"和"大学生心理健康"课修课同学参与访谈与调研,坦率贡献观点。

参考文献:

［1］张娜,潘绥铭.互联网与性:一个值得重视的研究领域[J].河北学刊,2014,(2):90－93.

［2］李锡,罗雪梅,唐晨,乐韵文,谭金秋,李小芳.湘西地区高校大学生性心理健康状况及其影响因素[J].中国校医,2021,(9):641－645.

［3］王心亮.大学生性心理健康研究述评[J].甘肃高师学报,2020,(6):61－65.

［4］骆一,郑涌.青春期性心理健康的初步研究[J].心理科学,2006,(3):661－664.

［5］周楠,林其羿.我国大学生生殖健康需求的现状与启示[J].中国性科学,2019,(3):143－146.

大学本科新生对心理健康服务的
理解与需求调查①

王　旭　杨笑蕾　郭亭君　史光远

清华大学

【摘要】本研究采用问卷调查的形式,对某大学共 148 名大学新生的心理健康状态、对心理健康服务的理解与需求进行调查。结果发现大学生对心理咨询有准确和综合的理解,但是需求利用程度较低,需要进一步的宣传工作进行推广。

【关键词】心理健康服务;大学生;需求

近年来,心理健康逐渐受到重视,国家、教育主管部门也为高校心理健康服务的项目、开展方式做出要求与规定。大学生如何理解学校的心理健康服务,对于服务项目、开展方式是否了解,成为值得关注的问题。

杨宏飞与刘佳[1]的调查表明,大多数学生认为高校有必要提供心理健康服务。人际关系问题是大学生最主要的希望接受服务的主题。蒋重清等人[2]的调查结果表明,63.5％的学生愿意去心理咨询;近八成的学生认为可以把心理咨询当作解决日常心理困扰的手段,而两成多的则认为是“心里有病”才去。

本研究采用改编的大学生心理健康服务理解与需求问卷,试图通过调查,了解当今大学生对高校心理健康服务的理解和需求,帮助高校心理服务工作的开展,提高大学生的心理健康状况。

一、对象与方法

（一）对象

问卷发放对象为某大学本科新生,共回收问卷 148 份,其中男生 104 名,占总人数的 70.3％,女生 41 名,占总人数的 27.7％,未填写性别者 3 名,占总人数的 2.0％。来访者的年龄范围在 16～18 岁之间,平均年龄 18.31 岁。

---

① 项目编号:清华大学学生工作研究项目 THXSGZ2019 - ZC - 17。

在所有调查对象中,103 人从未接触过心理咨询服务,占总人数的 69.6％,45 人至少接受过一次校内或是校外机构的心理咨询服务(包括校内的新生访谈),占总人数的 30.4％。

（二）方法

采用改编自同行的《大学生心理健康服务理解与需求问卷》,调查如下四个方面的内容：① 对心理咨询功能的认识；② 对寻求咨询行为的认识；③ 对心理健康服务的利用程度；④ 对学校心理咨询服务的需求。

（三）结果

1. 对心理咨询功能的认识

在对心理咨询功能的认识部分,主要考察了调查对象对心理咨询的主要作用、心理问题、心理咨询的性质等方面的看法。

调查对象对于心理咨询的主要作用和性质的认识,结果见表 1。

表 1　大学生对心理咨询的主要作用和性质的认识($n=148$)

你认为心理咨询主要的作用是什么	选择率	你认为心理咨询就是	选择率
了解自我,探索自我	63.5％	就像平时的聊天	40.1％
倾诉和分享	62.8％	倾诉与聆听	31.3％
听取建议	41.9％	让人更了解自己,从而有利于自己找出解决困境的办法	18.4％
进行心理诊断和评估	35.1％		
解决实际问题	34.5％	学生提出问题,老师给出建议和解决方法	7.5％
进行行为矫治	14.9％		
开药	0.7％	一对一的授课	2.7％

对于心理问题的看法,79.0％的调查对象认同外人是可以帮助的,比如倾诉和建议,但最终是要靠自己来解决,11.5％的调查对象认同如果对自己影响较大,是需要求助于专业的心理帮助的,6.8％的调查对象认同这属于个人问题,外人无法真正提供帮助,而 2.7％的调查对象认同这只是小问题,忍耐一下就可以过去,无需麻烦别人。

2. 对寻求咨询行为的认识

在对寻求咨询行为的认识部分,主要考察了调查对象对寻求咨询行为的看法、阻碍自身寻求咨询的因素,和对心理咨询的期望等方面的看法,结果见表 2、表 3、表 4。

3. 对心理健康服务的利用程度

对于校内心理咨询服务的预约方式,19.0％的调查对象(大一新生)表示知道,35.2％的调查对象表示不太确定,45.7％的调查对象表示不知道。大学生对心理健康服务的使用情况见表 5。

表2　大学生对寻求心理咨询的看法($n=148$)

	如果你得知某位同学正在进行心理咨询,你内心对这名同学的真实看法是(选择率)	如果你正在进行心理咨询,你认为周围同学得知此事后对此真实看法是(选择率)
很有可能有严重的心理问题	3.4%	9.5%
也许存在某种心理问题,但并不会很严重	20.3%	36.5%
只是想找个人倾诉一下,没什么大不了	28.4%	21.6%
努力对自己进行塑造和完善,值得肯定	41.9%	12.8%
个人的事情,与他人无关	3.4%	15.5%
缺失回答	2.7%	4.1%

表3　阻碍大学生寻求心理咨询的因素($n=148$)

如果你遇到了心理上的烦恼,但最终没有来到学校的心理咨询室寻求帮助 你认为最可能的主要原因是:	选择率
没有时间	70.9%
对心理咨询的效果持怀疑态度	37.8%
害怕暴露自己的内心	35.8%
不知道求助心理咨询的渠道	20.3%
担心会因此遭到他人歧视	17.6%
对心理咨询师缺少信任	12.8%
对学校心理咨询机构缺少信任	10.8%
老师或家长不支持	2.0%
其他:认为总会过去、觉得麻烦、觉得自己能够克服	6.0%

表4　大学生对心理咨询的预期效果($n=148$)

如果你选择尝试心理咨询,你期望它具有哪些效果:	选择率
帮助我梳理思绪,更清晰地认识自己的问题	78.4%
让我可以更好地接纳自己	54.7%
让我可以摆脱不良的行为模式	37.5%
让我获得直接的建议和方法	23.6%
让我的性格可以发生改变	7.4%

续 表

如果你选择尝试心理咨询,你期望它具有哪些效果:	选择率
让我可以洞悉周围人的心理	7.4%
让我可以获得某种特殊能力,比如更聪明或是更专注	5.4%
让我变成一个完美的人	3.4%
让我的情绪立刻得到改善	8.8%
让我的人际关系变得更好	8.8%
让我变成一个永远快乐的人	2.0%
让我可以彻底忘记过去不开心的事情	0.7%

表5 大学生对心理健康服务的使用情况($n=141$)

遇到心理烦恼时的求助对象	选择率	了解校内心理咨询和健康教育方面信息的渠道	选择率
自己尝试解决	52.11%	通过宣传手册	34.04%
朋友	33.80%	通过心理学课程或讲座	30.50%
父母	9.15%	通过老师或是同学介绍	19.86%
可以信赖的老师	2.11%	通过某些心理协会或是组织的活动	8.51%
亲戚	1.41%	通过网络	4.26%
学校的心理中心	1.41%	通过其他途径	2.84%
社会上的心理机构	0.0%		
心理热线	0.0%		

4. 学校心理咨询服务的需求

大学生需要的心理咨询服务内容、感兴趣的心理服务形式、校外心理咨询使用情况、校外心理咨询相比于校内服务的优势,见表6、表7、表8。

表6 大学生对心理咨询服务的需求

需要的咨询与辅导内容	选择率	感兴趣的心理服务形式	选择率
人际交往技巧的咨询与辅导	55.4%	面对面咨询	79.1%
情绪调节技巧方面的咨询与辅导	55.4%	心理电影赏析	40.5%
学业及相关问题的咨询与辅导	41.9%	网络在线咨询	17.6%
性格完善方面的咨询与辅导	34.5%	团体小组	17.6%
个人职业和未来规划的咨询与辅导	30.4%	心理健康讲座	14.9%

续 表

需要的咨询与辅导内容	选择率	感兴趣的心理服务形式	选择率
心理障碍的诊断和治疗	18.2%	心理健康课程	14.2%
恋爱情感方面的咨询与辅导	17.6%	心理热线	11.5%
家庭问题的咨询与辅导	2.7%	心理健康宣传手册	3.4%
既往创伤事件的咨询与辅导	1.4%	其他_____	0.7%
其他	0.7%		

表 7　大学生对校外心理咨询服务的使用情况

校外的心理咨询服务使用次数	选择率	校外的心理咨询服务使用场所	选择率
没有	94.8%	其他学校的心理咨询机构	42.9%
只有过一次	3.7%	医院中的精神科	14.3%
两到五次	0.7%	医院中的心理科	28.6%
五次以上	0.7%	社会上私人执业的心理咨询机构	14.3%

表 8　校外心理咨询相比于校内的优势

校外心理咨询相比于校内的优势	选择率
咨询师的专业性更强	50.0%
咨询时间的选择更灵活多样	26.4%
咨询机构的保密性更好	25.7%
可以避免被熟人看到	25.7%
在咨询时长和次数上更充足	10.8%
服务态度更好	4.1%
收费更低廉	3.4%
可以开药	2.0%

二、讨论

调查结果显示,多数大学生能够较为实际、正确地看待心理咨询服务与心理问题,意识到心理咨询的重要性,并把心理咨询当作解决心理问题的重要手段。

对于心理咨询的主要作用,大学生认为主要是了解自我和探索自我、倾诉和分享、听取建议,并且认为心理咨询应该与平时聊天一样,能够有地方倾诉和聆听。大学生认为心理问题是外人可以帮助的,比如倾诉和建议,但最终是要靠自己来解决。

从中可以看出大学生对心理咨询主要作用和性质的认知较为符合实际。

对于别人去寻求心理咨询,大多数大学生持有一种较为积极的看法,认为这是对自己进行塑造和完善的一种努力,值得肯定。而如果是自己去寻求心理咨询,大多数大学生觉得周围同学会觉得自己也许存在某种心理问题,但是并不会很严重。与对他人较为积极的看法相比,二者的分歧体现出大学生对接受心理咨询的畏难心理。

大部分学生自己遇到心理问题时未能求助于心理咨询,或问题出现很长时间后才去寻求帮助,其原因主要有:第一,没有时间;第二,对心理咨询的效果持怀疑态度;第三,害怕暴露自己的内心。一方面,大学生的日常生活被学业、社团、实践所填满,无暇抽身进行心理咨询。另一方面,由于学生对心理咨询效果存在怀疑,对学校心理中心、心理咨询师缺少信任,害怕暴露自己的内心,这也是阻碍大学生寻求心理咨询的因素。

对于心理咨询的预期效果,多数大学生认为是帮助自己梳理思绪、更清晰地认识自己的问题,更好地接纳自己。而那些较为不合理、不现实的预期诸如让自己变成一个完美的人、可以洞悉周围人的心理、情绪问题得到改善,则较少有人选择。从中也可以看出大学生对心理咨询较为实际和全面的认识。

对于心理健康服务的利用程度,多数来访者在遇到心理烦恼时会尝试自己解决,而较少想到心理中心,平时对心理方面活动的参与和关注程度也较低。可见大学生对心理健康服务的认知、利用程度并不高。

而在心理咨询服务的需求方面,人际交往技巧、情绪调节技巧、学业相关问题和性格完善是较为受重视的几个方面,并且较多大学生倾向于面对面咨询或网络咨询的方式,比较特别的是,一定数量的同学也提到希望借助心理电影赏析来接受心理服务。

总体而言,大学生对心理咨询行业有着较为正确和实际的看法,相比于十多年前的调查结果[2],无论是在心理咨询的性质、服务对象,还是在收费设置等方面,大学生都能较为全面地看待,体现出近年来高校心理健康普及工作的成效。

但是大学生对心理咨询的利用程度较低,遇到困难时较少会考虑寻求心理帮助,也存在一定的恐惧心理。一方面心理咨询行业尚存在不完善的地方,也有待进一步推广普及,大学生对心理咨询的熟悉程度较低。而另一方面,中国文化中有着"家丑不可外扬"的说法,向他人诉说内心的弱点是中国文化不甚提倡的,传统文化也影响了大学生对心理咨询的参与程度。

本研究提示,心理咨询与治疗行业已开始深入人心,大学生对心理咨询有着一定程度的了解,但同时,进一步的宣传和普及工作也需要跟进。

参考文献:

[1] 杨宏飞,刘佳.875名大学生对心理咨询的认知调查[J].学校心理卫生,2005,19(9),618-620.

[2] 蒋重清,李敏,孟爽.大学新生对心理咨询的态度[J].中国健康心理学杂志,2006,14(5):517-519.

沉浸体验：VR技术应用于高校积极心理健康教育的路径研究①

——基于北京航空航天大学的探索与尝试

冯　蓉　吴悦悦　朱丽娜

北京航空航天大学

【摘要】基于积极心理学构建高校心理健康教育体系，在激发大学生积极主动的生活态度、提升积极情绪、培养积极心理品质等方面具有重要作用。VR技术与积极心理教育有机结合，可以通过搭建虚拟环境，设计虚拟活动，提高学生参与心理教育的主动性，增强积极体验和正向情绪，进而提高积极心理教育的效果。这种模式丰富了大学生心理健康教育内容，其应用前景将越来越广阔。

【关键词】虚拟现实技术；心理健康教育；大学生

　　积极心理学产生于20世纪末的美国，该领域强调对个体生活中积极因素的研究，以人的主观幸福感为核心[1]。积极心理学的研究视角和先进理论为高校体验式心理健康教育提供了理论指导和新思路。近十年来，虚拟现实技术作为一种科技手段在人类心理健康与治疗领域有着广泛而深入的应用，其沉浸性、交互性、想象性的特征也为高校运用VR技术进行创新型的沉浸体验式心理健康教育提供了新途径。

一、高校积极心理健康教育的呈现方式

　　目前国际上最著名的学校环境下的积极教育案例是马丁·塞利格曼教授及其他积极心理学家以澳洲的 Geelong Grammar School（GGS）中学为试点推行的积极心理教育。积极心理学被列入了该学校学生的常规课表，该校的教职工都参加了积极教育的培训，并且将所学应用到教学和个人生活之中[2]。宾夕法尼亚大学的心理韧性项目（Penn Resilience Program，PRP）在美国多所高校中都有应用。PRP采用课堂训

---

① 项目基金：教育部产学合作协同育人项目基于新工科人才培养的沉浸式智能谈心系统研究，项目编号 202102080003。

练的方式,每周两小时,共 8 周。研究者发现在训练结束 6 个月之后,和没有参加训练的学生相比,参加训练的学生具有显著较少的抑郁和焦虑症状和显著较强的幸福感[3]。得益于上述探索的启发,我国高校心理健康教育工作可以通过积极心理训练项目和体验式实践教学活动,提升大学生心理健康素质。

一是增设积极心理健康教育课程。传统的心理健康教育关注的是学生的心理问题和障碍,对于没有明显心理问题的普通学生关注较少。而积极心理学注重研究人的积极方面、发掘人们的潜在美德和力量,目的是让每个学生都能创造幸福、分享快乐、保持生命的最佳状态,从而提高心理韧性和心理健康水平。可将积极心理教育列入高校学生的选修课中,或者定期举办积极心理学沙龙等活动,使学生对积极心理学有系统认识,主动体验关注自己的积极情绪和品质。

二是开展体验式心理教育实践活动。可针对教学目标和学生身心特点创设特定的环境或情景,并引导学生在特定情境中体验活动项目,接受个人潜力的激发和团队凝聚力的挑战,充分调动情绪、情感来增加大学生的积极体验,并将活动中的认知、思维、积极体验迁移到生活去。高校可以采取心理论坛、心理情景剧、心理拓展训练等积极的实践教学方式,让大学生在具体的现实的活动中体验更多的积极情绪。

三是虚拟现实技术提供沉浸体验式的心理健康促进训练。将积极心理教育的优势和虚拟现实技术的优势结合起来,使学生在沉浸的观感中获得积极情绪的体验。这种训练模式中,学生能够在体验过程中充分发挥自主性、积极性和创造性。比如通过某些虚拟场景来提升学生的正向情绪,通过模拟特定的社交场景帮助学生克服社交恐惧等。

二、利用 VR 开展积极心理健康教育的实现路径

基于 VR 的积极心理学实践活动可以根据学生的心理需求,设计特定的目标情景,以帮助学生增强正向体验、提高压力调节能力、训练人际交往能力等,进而提升自信心,培养积极人格。以北京航空航天大学为例,我们设计了 VR 积极心理体验模块系统,如表 1。

表 1　VR 积极心理体验模块系统

VR 领导力提升模块	公共演讲训练
	考试模拟训练
	工作面试训练
	会议发言训练

续　表

VR自我认知模块	职业兴趣体验
	归因方式调整
VR人际促进模块	人际交往技巧
VR身心放松模块	呼吸放松
	音乐放松
	肌肉渐进式放松
VR情绪管理模块	正念冥想
	呐喊宣泄
	空椅技术
VR潜能开发模块	色词挑战训练
	记忆宫殿训练

（一）VR领导力提升模块

VR领导力提升模块通过公共演讲、考试模拟、工作面试训练等来实现。学生置身于虚拟的演讲环境中，通过反复训练提升学生的自我效能感，形成较高的成就动机，形成更积极的人格特质。VR考试模拟训练通过模拟考试环境重现考试氛围，通过调控考试人数、场景内人员的言行来调节考试的紧张度，锤炼学生的心理素质。VR工作面试训练和VR会议发言训练主要针对不敢说话，无法融入群体，有一定社交障碍的学生和社会人士，经过系统练习，帮助学生流畅且自信地与人交流，克服汇报工作或发言时的紧张焦虑情绪，提升临场问题解决能力。

（二）VR自我认知模块

VR自我认知模块通过生涯兴趣体验和归因方式调整来实现。生涯兴趣体验是基于霍兰德职业兴趣理论进行研发的，该内容能够帮助学生认识自己的职业兴趣并体验不同的工作进而确定自己未来的职业规划，通过全景视频的方式让测试者在沉浸式的逼真场景中了解各种职业。VR归因测评与调整模块通过展示日常生活中各种归因产生的不同影响，引导学生形成正向积极的归因思维，帮助自己维持健康的心理状态。

（三）VR人际促进模块

VR人际交往技巧利用虚拟现实技术将真实的沟通场景通过全景视频呈现给学生。该产品模拟了沟通良好、沟通不畅、人际冲突等多种问题类型的场景，学生可在多种场景中亲身体验各种沟通技巧带来的影响，场景中的引导语会对全景视频中的现象和其中使用的沟通技巧进行讲解,使学生学习理论知识并在实际案例中掌握多种沟通技巧。

（四）VR 身心放松模块

VR 冥想放松基于正念、呼吸、音乐、催眠等各种疗法研发出 VR 放松系统,引导学生放松,弱化内心的矛盾与提防阻抗,力求以舒适坦然的心态去直视问题解决矛盾,消除不良情绪。VR 音乐放松以音乐疗法为基础,运用音乐特有的生理、心理效应,结合虚拟现实沉浸式体验,在虚拟空间中设计音乐的交互式体验治疗。VR 正念冥想采用虚拟现实技术创设沉浸式环境,配以专业的正念训练引导,实现正念环境、正念语音引导一体化。

（五）VR 情绪管理模块

VR 情绪管理通过正念冥想、呐喊宣泄、空椅技术来实现。正念冥想通过设计场景雪地、海边和瑜伽室让用户置身于特定的练习场景,学生跟随语音指导进行放松技术练习,达到身体和情绪的平静和谐统一。VR 正念课程为学生提供抗干扰、平静化、可带入的场景,使学生不依赖于外物监督便可做到自如地进入禅定状态。VR 呐喊宣泄通过变声、回声、游戏等多个主题引导学生将不良情绪形象化表达,并通过指导语和视觉的变化引导学生逐步抽离自己的不良情绪。

（六）VR 潜能开发模块

VR 色词挑战训练设计了一个相对不受干扰的沉浸式空间环境,利用不同颜色的行星运动加上字形、字色和字音等元素来训练学生的注意力。VR 色词挑战训练分为字形测试和字色测试两个模块,同时加入相对运动、行星颜色和字音来实现干扰,在规定的时间下测试记录学生的准确率及反应时间,并对不同的测试结果做解读分析训练,学生可通过联想、推理、演绎、空间感等多渠道完成再次确认任务,并不拘泥于固定的情节,充分发挥个人创意,从而达到快速记忆、长久保持的效果。

三、结语

积极心理健康教育重视提升学生正向情绪体验,在体验中培育学生积极心理品质,发挥自身潜能和优势,提升学生幸福感是心理健康教育的目标。将虚拟现实技术应用到积极心理教育中,可以拓展心理健康教育的实践体验形式,提高积极心理教育的效率和效果,促进高校积极心理教育工作的发展。

（一）增强正向体验

增强正向心理体验是 VR 在积极心理学应用的一个主要方面。增强正向体验主要是通过积极的情绪诱导来实现。传统课堂上情绪诱导的方法主要是将图像、音乐、短片等呈现在屏幕中,这种平面、动态的信息传递方式,虽然能够吸引学生的眼球,但还是不能够让学生有更深刻的情感体验,因为看到的、听到的都是间接信息,并不是学生直接体验接触到的事物。亲身经历的体验更有助于学生理解自己的感受,借助

VR 技术将十分容易实现这种直接的情感体验。虚拟现实可以将学生带入到无法亲身经历的情景中，给予他们最直观的感受、最逼真的体验，通过和舒适环境的互动引发正向情绪。

（二）干预消极情绪

消极的情绪分为很多种。VR 可以用于缓解某些消极情绪，比如紧张、压力过大等。通过为学生提供可以互动的虚拟环境，由学生自行选择使自己最为放松的环境设置。可以植入某些模拟的社交场景，比如演讲、面试等，帮助学生克服面对这些场景的消极情绪。研究表明通过虚拟现实技术为社恐者模拟公众演讲的环境[4]和为恐高者模拟高度环境[5]都会带来与现实差别很小的心理体验。另一方面也可以设计虚拟环境用于学生发泄内心的消极情绪，缓解和消除因各种原因造成的负面心情[6]。

（三）促进人际交往

利用虚拟现实技术，让学生在虚拟环境中训练他们的沟通表达能力。例如，学生可以根据自己所需要的训练任务情景，选择特定的虚拟社交环境，并与其中的虚拟人物进行对话训练。这一模式的优势在于给学生提供了一个自由并且安全的私密空间，减少在现实情境下的胆怯、畏惧感，更利于促进个体积极主动地进行训练。同时，学生也可以在训练后回顾交流过程，发现沟通技巧上的不足，并在下一次训练时进行改善，切实地提高人际沟通能力，从而提高自信，提升心理韧性。

未来，沉浸体验式交互会继续发展成为积极心理促进的核心途径。虚拟现实技术的发展将会提供更加丰富的临场体验，并与眼动追踪、面部表情识别、情绪计算等技术结合，为学生提供更加形象逼真的虚拟环境和更多丰富有趣的能力训练场景，让学生作为一个真正主动、积极的体验者，感受并发掘自身潜能，提升积极心理品质。

参考文献：

[1] Seligman M E P & Csikszentmihalyi M. Positive psychology. An introduction[M]. The American psychologist, 2000, 55(1): 5-14.

[2] Seligman M E P, Ernst R M, Gillham J, et al. Positive education: Positive psychology and classroom interventions[J]. Oxford review of education, 2009, 35(3): 293-311.

[3] Seligman M E P, Schulman P, Tryon A M. Group prevention of depression and anxiety symptoms[J]. Behaviour research and therapy, 2007, 45(6): 1111-1126.

[4] Emmelkamp P M G, Bruynzeel M, Drost L, et al. Virtual reality treatment in acrophobia: a comparison with exposure in vivo[J]. CyberPsychology & Behavior, 2001, 4(3): 335-339.

[5] Slater M, Pertaub D P, Steed A. Public speaking in virtual reality: Facing an audience of avatars[J]. IEEE Computer Graphics and Applications, 1999, 19(2): 6-9.

[6] 倪斌. 虚拟现实技术与 VR 设备在心理干预治疗中的应用[J]. 计算机产品与流通, 2018, (2): 168-169.

北京市三所高校新生的心境障碍问卷筛查[①]

吴　菲[1]　何　锐[2]　徐　佳[3]
1 清华大学医院　2 北京市海淀区心理康复医院
3 北京大学第六医院

【摘要】目的：在新生中筛查可能患双相情感障碍的学生并探讨其分布特征。方法：采用中文版心境障碍问卷（MDQ—C）和自编的基本情况调查表对北京三所高校 5 290 名大学新生以整群抽样法进行测评。结果 回收有效问卷 5 064 份，MDQ 阳性率 3.38%（171/5 064）；父母感情良好的学生MDQ 阳性率较低（$\chi^2 = 11.32$，$p = 0.023$）；三所高校中录取分数线最高的大学（A 校）MDQ 阳性率高于另外两所大学（$\chi^2 = 18.74$，$p = 0.000$）；A 校学生中，男生 MDQ 阳性率高于女生（$\chi^2 = 4.91$，$p = 0.027$）。结论：夫妻关系和睦可能是子女免于罹患双相情感障碍的保护性因素；三所高校中录取分数线最高的大学学生双相情感障碍患病率可能较高。

【关键词】大学生；双相障碍；心境障碍问卷；筛查

　　心境障碍患者是自杀的高危人群，其中双相抑郁患者较单相抑郁具有更高的自杀风险[1,2]。发生在高校的自杀事件，不仅伤及个人和家庭，还会造成负面的社会影响，因此高校学生双相情感障碍的患病情况值得重视。据不完全统计，某高校校医院精神科门诊 2016 年全年接诊的符合 ICD - 10 诊断标准的双相障碍学生患者，占全体学生 1.48%，与国内一些地区的流调结果差异很大。如：双相情感障碍时点患病率在广西壮族自治区 15 岁以上居民中为 0.016%[3]，在广州地区 15 岁以上人群中为0.28%[4]，在潍坊市 18 岁以上人群中为 0.45%[5]，在湖南 15 岁以上居民中为0.10%[6]，在雅安 15 岁以上人群中为 0.25%[7]。说明以社区居民为调查对象得到的患病率不能代表大学生群体，因此有必要专门对这一人群进行患病率调查。本研究于 2016 年 9 月至 10 月对北京市三所高校的大一新生进行了初步筛查，现将结果报告如下。

① 基金项目：海淀区精神卫生特色服务项目（041500010 20165550200）。

一、对象与方法

（一）对象

北京市三所高校（A校、B校和C校）的2016级大一新生，共计5 290人。三所高校每年在同一地区的录取分数线差距较大，A校最高（属国内一流大学），C校最低（属高职院校）。

（二）方法

（1）抽样方法：采取整群抽样法，借新生集中听大讲座的机会，宣读统一的指导语并发放和收取问卷，分别在三所高校进行现场的调查测评。

（2）调查方法：① 中文版心境障碍问卷（Mood Disorder Questionnaire，MDQ）[8,9]。该问卷分3部分，第一部分以"你是否有段时间与平时不一样，并且有下列表现？"为前提，询问13道反映躁狂/轻躁狂症状的是否题；第二部分询问以上症状是否同时发生；第三部分询问以上症状对日常生活的影响，列出四个选项：无影响、轻微影响、中度影响及严重影响[10]。MDQ反映的是被试既往有无躁狂症状且影响到日常生活，而不一定是当时的状态，在患者病程的不同阶段测评时结果受影响不大[8]。② 自编的基本信息问卷。内容包括：性别、年龄、籍贯、民族、高考科别、高考分数、父母婚姻关系、是否独生子女。

（3）MDQ筛查阳性划分标准[11]：第一部分：≥7个问题回答"是"，即MDQ分≥7，且第二部分回答"是"，且第三部分选答"中度影响"或"严重影响"。

（4）采用SPSS17.0软件，对数据进行描述统计、方差分析和卡方检验。

二、结果

（一）基本情况

被调查者年龄18.53±1.67岁，其他人口学资料见表1。

表1　被调查者一般人口学特征分布

		A校 （2 736）	B校 （1 358）	C校 （970）	合计 （5 064）
性别	男	1 821	292	682	2 795
	女	891	579	288	1 758
	未填	24	487	0	511
高考科别	文科	570	107	219	896
	理科	2 143	1 098	734	3 975
	未填	23	153	17	193
民族	汉族	2 435	773	897	4 105
	少数民族	266	87	73	426

续 表

		A校 （2 736）	B校 （1 358）	C校 （970）	合计 （5 064）
民族	留学生	11	0	0	11
	未填	24	498	0	522
独生子女	是	2 083	939	584	3 606
	否	650	411	385	1 446
	未填	3	8	1	12
父母感情	良好	2 352	1 137	776	4 265
	一般	193	94	86	373
	较差	173	72	104	349
	未填	18	55	4	77

（二）MDQ 筛查总体情况

回收问卷 5 290 份，MDQ 有效问卷 5 064 份，Cronbach's Alpha 系数为 0.735。MDQ 阳性人数总共 171 人，占 3.38％。三所高校新生平均年龄差异无统计学意义（$F = 1.37$，$p > 0.05$）；A校与C校的文理科新生比例差异（$\chi^2 = 1.62$，$p > 0.05$）及男女生比例差异（$\chi^2 = 3.28$，$p > 0.05$）无统计学意义（B校的问卷因高考科别和性别项漏填较多，未纳入此两项比较）。

（三）MDQ 阳性率比较

卡方检验显示，在 5 064 份 MDQ 有效问卷中，三所高校中录取分数线最高的 A校 MDQ 阳性率（120/2 736）高于另外两所大学（$\chi^2 = 18.74$，$p < 0.001$）；父母感情良好的新生 MDQ 阳性率（131/4 265）较低（$\chi^2 = 11.32$，$p = 0.023$）。

在 A校 2 736 名新生中，男生阳性率高于女生（$\chi^2 = 4.91$，$p = 0.027$），文、理科新生阳性率差异无统计学意义（$\chi^2 = 4.29$，$p = 0.117$），汉族阳性率与少数民族差异无统计学意义（$\chi^2 = 7.33$，$p = 0.062$），独生子女与非独生子女阳性率差异无统计学意义（$\chi^2 = 0.10$，$p = 0.749$），见表 2。

表 2 A校不同性别、民族、文理科别的新生 MDQ 阳性率比较（$n = 2 736$）

特 征		阳性人数	阴性人数	χ^2	p
性别 （未填 24）	男	91	1 730	4.91	0.027
	女	28	863		
高考科别	文科	16	544	4.29	0.117
	理科	103	2 040		
	未填	1	22		

续　表

特　征		阳性人数	阴性人数	χ^2	p
民族	汉族	99	2 336	7.33	0.062
	少数民族	20	246		
	留学生	0	11		
	未填	1	23		
独生子女 （未填 3）	是	90	1 993	0.10	0.749
	否	30	620		

三、讨论

MDQ 在美国精神科门诊患者中用于筛查双相障碍时,筛查的敏感性和特异性分别为 0.73、0.90,国内的多项研究得出了相似的结果[12],表明 MDQ 具有中等程度的灵敏度和相当高的特异度[13],同时发现 MDQ 以 7 分划界会漏掉约一半的双相Ⅱ型患者;若以 5 分划界,则可使敏感性增高,对双相Ⅱ型也表现出良好的识别率[13]。Hirschfeld 用 MDQ 对美国普通人群进行筛查时(以 7 分划界),敏感性更低,仅 0.28,但特异性达到 0.97,MDQ 仍然被认为是社区筛查双相障碍的有用工具[14]且具有简便省时的特点[10]。

目前国内关于 MDQ 应用的文献,筛查的对象均为就诊的患者,而本研究筛查的对象是普通人群,以文献推荐的 7 分作为划界分,可能存在敏感度不高、漏掉潜在患者的问题,筛出的阳性学生,则是双相情感障碍的高发人群。

本研究结果显示,父母感情良好的新生中 MDQ 阳性率较低,提示关系和睦的夫妻所养育的子女罹患双相情感障碍的风险较低。可能的原因在于:父母感情良好是父母心理健康状况相对良好的佐证,而父母心理健康从遗传和环境角度均可成为子女免于罹患精神障碍的保护性因素。

三所高校中录取分数线最高的 A 校新生较其他两所高校新生的 MDQ 阳性率高,表明 A 校新生双相障碍患病率可能较高,这与本研究的预期相符。预期源于 A 校校医院精神科门诊双相障碍学生患者的较高数据,也源于某些非学术作品诸如《躁狂抑郁多才俊》[15]所提示的现象。

人们往往将名校学生罹患精神障碍归咎于强烈的竞争压力,但本研究发现,入校不久的新生在尚未充分体验压力的情况下已经表现出双相情感障碍的高患病率倾向,提示此病的病因探讨应更多地关注环境压力因素以外的其他原因如生物学因素。

A 校新生具有高学业成就的特点,其智力因素是否与 MDQ 高阳性率相关,高学业成就者是否确实具有较高的双相障碍患病率,迄今的学术文献未见对相关问题提供答案。本研究发现 A 校新生 MDQ 阳性率较高,尚不能得出其双相障碍患病率较高的结论,因为 MDQ 只是筛查工具而非诊断工具,筛出的阳性者必须按诊断标准进行复核评估才能确诊是否患病。

本研究存在不足之处:所收集的数据距今已有 6 年,且未对 MDQ 阳性学生进行复核诊断,无以与文献报告的患病率数据进行比较。未来需要进一步的研究去完善研究结论。

参考文献:

[1] 叶凯文,张深山.伴精神病性症状单相与双相抑郁障碍临床特征分析[J].临床心身疾病杂志,2014,(4):43-46.

[2] 徐贵云,唐牟尼,党亚梅,等.双相抑郁障碍的临床特征研究进展(上)[J].中国神经精神疾病杂志,2008,(11):697-699.

[3] 马贞玉,冯启明,陈强,等.广西壮族自治区城乡居民心境障碍流行病学调查[J].中国公共卫生,2012,(12):1565-1568.

[4] 赵振环,黄悦勤,李洁,等.广州地区常住人口精神障碍的患病率调查[J].中国神经精神疾病杂志,2009,(9):530-534.

[5] 葛茂宏,高伟博,董兰,等.潍坊市 18 岁及以上人群精神障碍流行病学调查[J].中国神经精神疾病杂志,2018,(10):589-593.

[6] 李茂生,邬志美,李小松,等.湖南省≥15 岁居民双相情感障碍流行病学调查[J].中国公共卫生,2018,(8):1065-1069.

[7] 郑在江,高茹,张炳智,等.雅安市精神障碍流行病学调查严重精神障碍流行病学分析[J].精神医学杂志,2021,(2):136-139.

[8] 杨海晨,廖春平,苑成梅,等.中文版心境障碍问卷在双相Ⅰ型障碍中的应用[J].临床精神医学杂志,2009,(1):19-21.

[9] 杨海晨,苑成梅,刘铁榜,等.中文版心境障碍问卷的效度与信度[J].中华精神科杂志,2010,(4):217-220.

[10] 李晓虹.双相障碍早期识别的诊断和评估工具的开发与应用[J].四川精神卫生,2016,(1):1-5.

[11] Hirschfeld R M A, Williams J B W, Spitzer R L, et al. Development and validation of a screening instrument for bipolar spectrum disorder: the Mood Disorder Questionnaire[J]. American Journal of Psychiatry, 2000, 157(11): 1873-1875.

[12] 黄永进,邢婧睿,刘盈,等.应用心境障碍问卷从门诊抑郁发作病人中筛查双相抑郁障碍[J].中国老年学杂志,2012,(6):1169-1170.

[13] 曹岚,苑成梅,李则挚,等.中文版心境障碍问卷在心境障碍患者中的应用[J].上海交通大学学报(医学版),2011,(11):1509-1512.

[14] Hirschfeld R M A, Holzer C, Calabrese J R, et al. Validity of the mood disorder questionnaire: A general population study. The American Journal of Psychiatry, 2003,(1):178-180.

[15] 朱立安·李布,D. 杰布罗·赫士曼.躁狂抑郁多才俊[M].郭永茂译.上海:上海三联书店,2007.

大学生的主观幸福感与抑郁、焦虑情绪调查[①]

朱婷飞[1, 2]　陈树林[2]
1 上海交通大学　2 浙江大学

【摘要】目的：调查大学生群体中抑郁情绪和焦虑情绪的现状，探究抑郁情绪和焦虑情绪与主观幸福感之间的关系。方法：采用贝克抑郁量表第2版、贝克焦虑量表和生活满意度量表对 553 名在校大学生进行测评。结果：回收有效问卷 522 份，其中达到抑郁划界分的学生占 29.31%（其中轻度 13.22%，中度 9.77%，重度 6.32%）；达到焦虑划界分的学生占 35.25%（其中轻度 22.99%，中度 8.81%，重度 3.45%）；不同程度的抑郁情绪和焦虑情绪占比中不存在显著性别差异（抑郁情绪：$\chi^2 = 4.33$，$p = 0.232$；焦虑情绪：$\chi^2 = 5.33$，$p = 0.149$）；抑郁情绪和主观幸福感之间存在显著负相关（$r = -0.60$，$p < 0.001$），焦虑情绪和主观幸福感之间存在显著负相关（$r = -0.32$，$p < 0.001$）；抑郁情绪（$\beta = -0.58$，$p < 0.001$）和焦虑情绪（$\beta = -0.29$，$p < 0.001$）均能显著负向预测主观幸福感。结论：大学生群体中常见的抑郁情绪和焦虑情绪能显著负向预测主观幸福感，抑郁情绪与主观幸福感的紧密联系需要进一步探究。

【关键词】大学生；抑郁情绪；焦虑情绪；主观幸福感

　　抑郁情绪和焦虑情绪对大学生来说并不陌生，它们常常并存且相互影响，对大学生的身心健康造成一定影响。中国家庭追踪调查（CFPS）的数据显示，在中国 18 岁及以上的成年人当中，抑郁的发生率较高（其中 23.4% 的人有抑郁症状，4.6% 的人患有抑郁症）[1]。一项针对 915 名成人的调查发现，其中有焦虑情绪并达到划界分的人占到了 12.13%[2]。研究数据显示，我国大学生抑郁症患病率在 15%～40%，明显高于一般人群的 5%～6%，且抑郁发病率呈逐年升高的趋势[3]。在开学 18 个月以后，那些在入学时抑郁和焦虑情绪都处于阈值以下的学生中，有 9% 的人超过了抑郁障碍

---

①　项目名称：上海交通大学思政创新发展研究课题《心理育人理论框架与实践路径研究》，项目编号：DFY-LL-2021032。

的阈值,有20%的人超过了焦虑障碍的阈值[4]。

近年来大学生心理健康问题备受关注,高校以往更多关注学生心理疾病的救治问题,一方面受众面较窄,另一方面由于污名化、病耻感等原因,一些遇到心理问题的学生求助意愿不强。而积极心理学在关注人的心理问题与疾病的同时,更强调研究人性的优点与价值[5]。其中主观幸福感是积极心理学研究的重要主题。主观幸福感是评价者个人对其生活质量的整体评估,是反映某一社会中个体生活质量的重要心理学参数[6],具有主观性、整体性、相对稳定性等特点[7]。其中,整体性指的是主观幸福感是一种综合评价,包括积极情感、消极情感、对生活的满意感这三个维度[7]。由于目前普遍存在的高压现状在短时间内难以改变,这让研究者开始好奇当下社会背景之下学生的主观幸福感和抑郁/焦虑情绪之间的关系。

本次研究的目的是调查大学生群体中抑郁情绪和焦虑情绪的现状,探究抑郁情绪和焦虑情绪与主观幸福感之间的关系。这为了解大学生群体的心理健康现状,为后续制定预防措施来帮助大学生改善心理健康、提高主观幸福感、预防更严重的精神疾病具有一定意义。

一、研究方法

(一)研究对象

本研究最终共招募553名被试,所有被试需符合以下的入组标准:① 目前为在校大学生;② 有独立阅读和交流的能力。剔除数据缺失或数据异常的受试者($N = 31$)后,因此最后接受调查并纳入分析的被试数量为522人。

(二)研究流程

本研究通过以下途径进行被试的招募:在公开的社交网站发布被试招募的海报,个体可通过扫描海报上的二维码进入在线问卷填写,每位参加者可获得一定数额的被试费。在线问卷通过"问卷星"网站进行设置。为检测被试填写问卷的准确性以及提高数据的可用性,本研究在问卷中设置了一道注意检测题,用以筛选有效数据。

(三)测量工具

1. 人口学信息

人口学信息的采集采用自编的问卷,内容包括年龄、性别、教育程度等。

2. 贝克抑郁量表第2版(Beck Depression Inventory-Ⅱ,BDI-Ⅱ)

贝克抑郁量表第2版是一个21条目的量表,按照症状严重程度采用0~3级评分,是目前应用最广泛的抑郁症状自评量表之一,可适用于评估各种疾病人群和普通人群的抑郁症状。1961年,贝克编制了该量表的第1版(BDI-Ⅰ)[8],其中文版在国内得到了广泛使用[9]。根据DSM-Ⅳ抑郁症诊断标准,1996年贝克等人对BDI-Ⅰ进行了修订,推出贝克抑郁量表第 2 版(BDI-Ⅱ)[10]。21 个条目的评分总和即为量表总分,总分 0 至 13 分为无抑郁,14 至 19 分为轻度抑郁,20 至 28 分为中度抑郁,29 至 63 分为重度抑郁。王振对其进行了中文版的修订,发现贝克抑郁量表第 2 版中文版具有良好的信度与效度,BDI-Ⅱ中文版的 Cronbach α 系数为 0.94[11]。本研究中的 BDI 量表的 Cronbach α 系数为 0.93。

3. 贝克焦虑量表(Beck Anxiety Inventory,BAI)

贝克焦虑问卷(BAI)量表由 Aaron T. Beck 编制[12],该量表含有 21 个项目,采用李克特 4 级量表评分法,按照症状严重程度采用 1~4 级评分,每个题目的得分为 0~3 分,总分由所有题目得分相加,范围为 0~63 分,总分越高表示受试者焦虑程度越严重。指南建议评分标准:0~9,正常或无焦虑;10~18,轻度至中度焦虑;19~29,中度至重度焦虑;30~63,严重的焦虑[13]。该量表在中国人群中有良好的信效度[14],全量表(Cronbach α)系数为 0.95[15]。本研究中的 BAI 量表的 Cronbach α 系数为 0.91。

4. 生活满意度量表

生活满意度是指个人对生活经历质量的认知评价,是个体对自己生活质量的主观体验,它是衡量一个人生活质量的综合性心理指标[16]。Diener 等人编制的生活满意度量表是测量生活满意度有效而可靠的工具[17]。国内外有很多研究者通过该量表来测量人们的主观幸福感[18]。该量表包含 5 个条目,每个题目有 7 个判断等级,从"非常不符合"到"非常符合"分别用数字 1~7 表示。该量表在中国人群中有良好的信效度,Cronbach α 系数为 0.78[19]。本研究中的生活满意度量表的 Cronbach α 系数为 0.86。

(四)数据统计

运用 SPSS20.0 统计软件,进行描述性统计、卡方检验、相关分析、回归分析。

二、研究结果

(一)基本人口学信息

522 名被试中,女性 352 人,占总人数的 67.43%,男性 170 人,占总人数的 32.57%。本研究的被试年龄在 17~24 岁之间($M = 19.71$,$SD = 1.49$)。

(二)不同程度的抑郁情绪和焦虑情绪分布及性别差异

根据前人研究标准,我们将得分分成不同的等级,由表 1 可见,有抑郁情绪并且程度为轻度及以上的群体,占总人数的 29.31%,有焦虑情绪并且程度为轻度及以上的群体,占总人数的 35.25%。不同程度的抑郁情绪和焦虑情绪占比中不存在显著性别差异(抑郁情绪:$\chi^2 = 4.33$,$p = 0.232$;焦虑情绪:$\chi^2 = 5.33$,$p = 0.149$)。

表1 不同程度抑郁情绪和焦虑情绪的分布及性别差异($N=522$)

| 程度 | | 全体($N=522$) | | 男性($N=170$) | | 女性($N=352$) | | χ^2 | p |
		总数	%	总数	%	总数	%		
抑郁情绪	无	369	70.69%	125	73.53%	244	69.32%	4.33	0.232
	轻	69	13.22%	17	10.00%	52	14.77%		
	中	51	9.77%	20	11.76%	31	8.81%		
	重	33	6.32%	8	4.71%	25	7.10%		
焦虑情绪	无	338	64.75%	116	68.24%	222	63.07%	5.33	0.149
	轻	120	22.99%	40	23.53%	80	22.73%		
	中	46	8.81%	8	4.71%	38	10.80%		
	重	18	3.45%	6	3.53%	12	3.41%		

（三）抑郁情绪和焦虑情绪与主观幸福感的相关分析

表2中呈现了抑郁情绪和焦虑情绪与主观幸福感的相关系数。可以看到,抑郁情绪和焦虑情绪、抑郁情绪和主观幸福感、焦虑情绪和主观幸福感的相关系数达到显著水平,抑郁情绪和主观幸福感之间存在显著的负相关关系($r=-0.60$, $p<0.001$),焦虑情绪和主观幸福感之间存在显著的负相关关系($r=-0.32$, $p<0.001$)。

表2 焦虑情绪和抑郁情绪与主观幸福感的相关分析

	抑 郁 情 绪	焦 虑 情 绪
焦虑情绪	0.59***	
主观幸福感	-0.60***	-0.32***

注：*** $p<0.001$。

（四）焦虑情绪和抑郁情绪预测主观幸福感的回归分析

根据以上分析的结果,研究者将抑郁情绪和焦虑情绪分别作为预测变量,将年龄以及性别因素作为协变量,主观幸福感作为因变量建立回归模型,结果如表3所示。可以看到,抑郁情绪($\beta=-0.58$, $p<0.001$)和焦虑情绪($\beta=-0.29$, $p<0.001$)均能显著负向预测主观幸福感,而且相比于焦虑情绪,抑郁情绪可以解释更多的变异。

表 3　预测主观幸福感的线性回归模型

	变量	标准化系数	非标准化系数	标准误差	t	p_1	F	p_2	调整 R 方
模型 1	抑郁情绪	-0.58	-0.17	0.01	-15.98	0.000	97.97	0.000	0.36
	性别	-0.04	-0.27	0.22	-1.22	0.221			
	年龄	-0.05	-0.10	0.07	-1.40	0.163			
	截距		16.74	1.39	12.05	0.000			
模型 2	焦虑情绪	-0.29	-0.11	0.02	-7.08	0.000	26.14	0.000	0.13
	性别	-0.06	-0.35	0.26	-1.33	0.184			
	年龄	-0.15	-0.30	0.08	-3.56	0.000			
	截距		19.93	1.60	12.46	0.000			

三、讨论

本研究发现,抑郁情绪和焦虑情绪在大学生群体中十分常见。和前人的研究一致,达到焦虑和抑郁诊断划界分的人群的比例并不低,在大学生群体中检出抑郁和焦虑的比例仍然值得我们注意。前人研究表明,中国成年人中 23.4% 的人有抑郁症状,4.6% 的人患有抑郁症[1],本研究中使用的评估工具 BDI 的检测率更高,达到抑郁划界分的有 29.31%(其中轻度 13.22%,中度 9.77%,重度 6.32%)。相比于胡安妮等人调查结果中焦虑情绪达到划界分的占比 12.13%[2],本研究使用 BAI 作为评估工具时的检出率更高,达到焦虑划界分的有 35.25%(其中轻度 22.99%,中度 8.81%,重度 3.45%)。当今社会大家耳熟能详的"内卷"等情况,无一不在彰显社会竞争的激烈和人们增长的负面情绪。研究结果再一次告诉我们关注大学生群体的精神健康的重要性。及时的干预可以预防更加严重的精神障碍的发生,减少发展成严重抑郁障碍/焦虑障碍后给家庭、社会造成严重负担的潜在风险。以抑郁为例,2008 年世卫组织将严重抑郁症列为全球疾病负担的第三大原因,并预测到 2030 年该疾病将排在第一位,目前的趋势在逐渐验证这个预测。2018 年《柳叶刀》杂志发表了一篇抑郁相关的综述,其中提及成人面对的应激性生活事件,包括疾病、经济困难、就业、婚姻状态等因素,和抑郁症之间的关联稳健[20]。日益增长的社会压力可能将催化这个转变的过程,提早预防和及时干预十分重要。

抑郁和焦虑情绪可以显著负向预测主观幸福感。主观幸福感是衡量个体和社会生活质量的重要综合性指标[21],指个体对自己的生活质量和情绪感受做出的总体评价[22]。前人的研究显示,压力会直接降低个体的幸福感[23]。Kinderman 等人则认为,主观幸福感和焦虑与抑郁与反刍思维、社会支持之间存在着相互影响的复杂关系[24]。一方面,抑郁和焦虑情绪预测主观幸福感的机制需要进一步研究,另一方面,主观幸福感作为综合评价的整体指标,会受到负面情绪的显著影响,因此,为提升主观幸福感,寻找干预方法缓解抑郁、焦虑等负面情绪是必要的。

相比于抑郁情绪,焦虑情绪解释预测主观幸福感的程度有限,抑郁情绪更能显著负向预测主观幸福感。顾媛媛、罗跃嘉等人基于 Kahnema 提出的评价系统模型探讨了主观幸福感的神经机制,学者认为良性和恶性事件会分别引起幸福感的提高和降低,但这种影响作用会随时间的推移而减弱,即产生习惯化,也称适应效应[25]。近年来,相比于抑郁情绪,焦虑情绪似乎更容易被大众理解和接受,同时也伴随更少的病耻感。病耻感代表了社会对某些特殊人群的负面认识从而形成歧视和隔离,也表示特殊人群因为自身的负面标记而存在羞耻感或是遭受他人的污名化[26]。Busby Grant J.等人探究比较了对抑郁症和焦虑症的病耻感,结果发现大学生对于抑郁症的感知病耻感均值高于对于焦虑症的感知病耻感均值,对于抑郁症的自我病耻感均值高于对于焦虑症的自我病耻感均值[27]。学生们在教育体系内拼搏多年,在各类考核考试的训练下,可能逐渐适应了焦虑情绪,基于适应效应,焦虑情绪对主观幸福感的影响相对降低,从而较小程度预测了主观幸福感。

参考文献:

［1］赵晓航,阮航清.中国成年人抑郁症状的社会经济梯度研究——基于"中国家庭追踪调查"2014 年和 2016 年数据[J].北京社会科学,2019,(8):34 - 47.

［2］胡安妮,薛源,张萍,等.成年人孝道、焦虑现状及影响焦虑因素的研究[J].中国实用护理杂志,2018,34(25):1937 - 41.

［3］宋艳,贾存显,周英智.大学生抑郁现状及影响因素研究进展[J].心理月刊,2020,(18):243 - 6.

［4］Andrews B, Wilding J M. The relation of depression and anxiety to life-stress and achievement in students[J]. Br J Psychol, 2004, 95(Pt 4): 509 - 21.

［5］崔丽娟,张高产.积极心理学研究综述——心理学研究的一个新思潮[J].心理科学,2005,(2):4.

［6］张雯,郑日昌.大学生主观幸福感及其影响因素[J].中国心理卫生杂志,2004,(1):3.

［7］段建华.主观幸福感概述[J].心理科学进展,1996,(1):46 - 51.

［8］Aaron T. Beck. An Inventory for Measuring Depression[J]. Arch Gen Psychiatry, 1961, (6): 561 - 571.

［9］张雨新,王燕,钱铭怡.Beck 抑郁量表的信度和效度[J].中国心理卫生杂志,1990,(4):22 - 6 + 50.

［10］At B, Ra S. Manual for the Beck Depression Inventory [Z]. San Antonio, TX: Psychological Corporation, 1996.

［11］王振,苑成梅,黄佳,等.贝克抑郁量表第 2 版中文版在抑郁症患者中的信效度[J].中国心理卫生杂志,2011,(6):476 - 480.

［12］Beck A, Steer R, Steer R A. Manual for the Beck Anxiety Inventory[J]. 2013.

［13］薛鹏飞,崔志明,XUE,等.术前心理评估量表的应用[J].中华临床医师杂志(电子版),2017,(11):38 - 41.

［14］王磊.贝克焦虑量表(BAI)在研究生中的信效度研究［D］,东北大学.

［15］郑健荣,黄炽荣,黄洁晶,等.贝克焦虑量表的心理测量学特性、常模分数及因子结构的研究［J］.中国临床心理学杂志,2002,(1)：4－6.

［16］周厚余,周莲英.城市居民生活满意感与心理健康的相关研究［J］.中国健康心理学杂志,2008,(7)：806－8.

［17］Diener E,Suh E M,Lucas R E,et al. Subjective Well-Being：Three Decades of Progress［J］. Psychological Bulletin,1999,125(2)：276－302.

［18］邱林 郑.主观幸福感的结构及其与人格特质的关系［J］.应用心理学,(4)：330－5.

［19］熊承清,许远理.生活满意度量表中文版在民众中使用的信度和效度［J］.中国健康心理学杂志,2009,(8)：948－949.

［20］Malhi G S,Mann J J. Depression［J］. Lancet,2018,392(10161)：2299－312.

［21］宋广文,何云凤,丁琳,等.有留守经历的中学生心理健康、心理弹性与主观幸福感的关系［J］.中国特殊教育,2013,(2)：87－91.

［22］Diener E,Heintzelman S J,Kushlev K,et al. Findings all psychologists should know from the new science on subjective well-being［J］. Canadian Psychology,2017.

［23］Karlsen E,Dybdahl R,Vitters J. The possible benefits of difficulty：How stress can increase and decrease subjective well-being［J］. Scandinavian Journal of Psychology,2006,47(5).

［24］Kinderman P,Tai S,Pontin E,et al. Causal and mediating factors for anxiety, depression and well-being［J］. British Journal of Psychiatry,2015,206(6)：456－460.

［25］顾媛媛,罗跃嘉.主观幸福感的脑机制［J］.心理科学进展,2009,(5)：957－963.

［26］沈瑜君,王立伟.精神疾病病耻感的相关研究进展［J］.上海精神医学,2010,(2)：5.

［27］Busby Grant J,Bruce C P,Batterham P J. Predictors of personal, perceived and self-stigma towards anxiety and depression［J］. Epidemiology and psychiatric sciences,2016,25(3)：247－254.

大学生童年创伤与自杀风险：
应激和睡眠的中介作用

吴冉 朱虹

华东师范大学

【摘要】本研究考察应激（童年创伤、应激感受）、睡眠对自杀的作用机制，为自杀干预提供实证依据与教育对策。780名本专科生、硕博研究生参与了网络调查，包括：自杀意念量表、自杀行为问卷修订版、应激感受问卷、童年期创伤问卷、匹兹堡睡眠指数问卷。结果发现童年情感虐待可以经由应激感受、睡眠、自杀意念形成6条中介效应路径对自杀行为发挥作用。提示童年情感虐待对个体自杀行为的重要影响，并可利用应激感受、睡眠的可改变性干预早年具有情感虐待经历的个体，降低自杀风险。

【关键词】童年创伤；自杀；应激；睡眠；结构方程模型

应激和睡眠障碍均为自杀的风险因素，它们具有易改变性，有较多临床研究和科学的干预手段，且较自杀问题本身禁忌性低。研究表明包括早年逆境、慢性应激、急性创伤后应激等在内的应激反应均可能诱发自杀行为[3]，而睡眠障碍可能使自杀风险提高 $1.95 \sim 2.95$ 倍[4]，睡眠不足和睡眠满意度低等问题均可以正向预测自杀意念、自杀未遂等问题[5]。应激也是睡眠障碍的诱发因素，高应激反应、急性应激等均可能造成失眠、睡眠时相障碍等睡眠问题[6]。另外，自杀、应激和睡眠在 HPA 轴功能、多胺应激反应系统等神经生理特征，以及基因、表观遗传修饰等遗传学方面具有关联的生理机制[7]。探索自杀、应激和睡眠障碍的关系有助于了解应激和睡眠对自杀的作用路径，从而利用应激和睡眠易改变性，干预应激反应和睡眠问题，以降低自杀意念和自杀风险。

因此，本研究将考察大学生的自杀、应激和睡眠间的复杂关系，通过构建结构方程模型，探索由童年创伤经历、应激感受、睡眠质量至自杀意念和自杀行为的作用路径。利用可改变的自杀风险因素——应激和睡眠，寻找自杀预防和干预的可行路径，为自杀预防和干预提供实证依据和教育对策。

一、研究方法

（一）研究对象

采用方便抽样的方式对全国 18～30 岁本专科生、硕博研究生进行网络问卷调查。2018 年 4 月至 2018 年 5 月间共回收问卷 806 份，其中符合年龄要求等条件的有效问卷共 780 份（有效回收率 96.8％）。被试平均年龄为 20.58 ± 2.57，其中男生 214 人（27.4％），女生 566 人（72.6％）。所有被试自愿、匿名参与调查，在调查前获得知情同意信息。

（二）研究工具

1. 自杀意念量表

该量表由美国心理学家贝克（Beck）于 1979 年编制[8]，用于评估成人和青少年的自杀意念，适用于精神障碍患者和健康人的自杀意念评估[9]。该问卷共包含 19 个条目，涉及包括主动或被动死亡的意念，自杀意念持续的时间或频率，对自己自杀企图的控制感等。每个条目 0～2 分（无意念—强意念）三级评分，总分范围为 0～38 分。该问卷具有较高的内部一致性系数（0.85）[10]。

2. 自杀行为问卷修订版

该量表由 Osman 等人于 2001 年编制，适用于评估成人和青少年的自杀行为，可同时用于精神障碍患者或健康人的自杀行为评估[11]。该问卷共 4 个题目，包括是否有过自杀意念或尝试，过去一年自杀意念与尝试的频率，对自杀意念或行为的自我报告等。每个问卷条目的评分方式不同，总分范围为 3～18 分，可作为自杀风险的评估指标。

3. 应激感受问卷

该量表由 Cohen 等人于 1983 年编制，利用对生活不可预测、控制和超负荷的感受，测量被试感受到的压力及其情况[12]。该问卷包含 10 个条目，每个条目 0～4 分五级评分，总分范围为 0～40 分。总分越高表示压力感受越强。该量表被证明具有良好的信效度，内部一致性信度 Cronbach's alpha = 0.78[12]。

4. 童年期创伤问卷

CTQ-SF 由 Bernstein 等人编制[13]。共 28 个自评条目。量表的每个条目采用五级评分，总分范围为 25～125 分。包含 5 个维度：情感虐待、躯体虐待、性虐待、情感忽视和躯体忽视，每个分量表包含 5 个条目，维度分范围为 5～25 分[14]。该量表被证明具有良好的信效度，Cronbach's alpha = 0.79[15]。

5. 匹兹堡睡眠指数问卷

该问卷由 Buysse 等人于 1989 年编制，测量近一个月的睡眠质量、睡眠障碍等情况。该量表为自评量表，共 19 个条目，包含睡眠质量、入睡延迟、睡眠持续时间、睡眠效率、睡眠障碍、催眠药物使用、日间功能等 7 个维度，各维度分相加则为 PSQI 总分，各维度间内部一致性信度较好，Cronbach's alpha = 0.83[16]。

（三）数据分析

由专业研究人员录入问卷数据，并通过自查、抽查、交叉比对等确保录入的准确性。采用 SPSS23.0 和 Amos24 对数据进行统计分析，双侧差异检验显著性水平设为 $P<0.05$。

本研究考察自杀风险、应激和睡眠之间的关系，对自杀意念、自杀行为、童年创伤、应激和睡眠相关变量拟合结构方程模型，包括构建理论模型，检验共同方法偏差，对模型进行验证性因素分析及中介效应检验。采用最大似然估计（ML，Maximum Likelihood）进行模型运算，采用结构方程建模中常见的 χ^2/df、RMSEA、CFI、NFI 等指标对模型拟合程度进行检验。模型适配良好的标准为：$1<\chi^2/df<3$（样本较大时 5 左右可接受），$RMSEA<0.05$（$0.05\leqslant RMSEA<0.08$ 表示适配合理，可接受），$CFI>0.9$，$NFI>0.9$。

二、研究结果

（一）大学生自杀意念与行为、应激与睡眠的相关分析

对大学生自杀意念、自杀行为、应激感受、童年创伤和睡眠各维度等多个变量进行 Pearson 相关分析。结果表明，两两变量间均具有显著的相关关系。其中自杀行为与自杀意念强相关，自杀意念与情感虐待、童年创伤总分中等相关，与应激感受、身体虐待、睡眠质量、睡眠药物使用、日间功能和睡眠总分弱相关。自杀行为与情感虐待中等相关，与除性虐待外的童年创伤得分、睡眠相关。

（二）结构方程模型建立

1. 构建理论假设模型一

根据文献综述中自杀与应激、睡眠的关系，构建假设模型一，如图1。

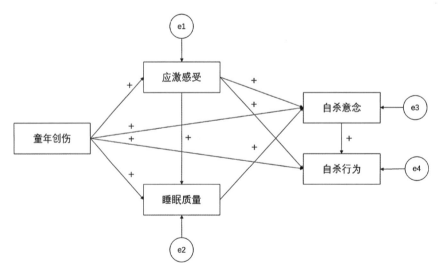

图 1 假 设 模 型 一

（1）共同方法偏差检验。采用 Harman 单因素检验法，检验数据的共同方法偏差。全部 5 个项目单因子验证性因素分析结果显示本方法对共同方法偏差的控制有限。因此，如有其他假设模型，优先采用其他共同方法偏差控制良好的模型。

（2）结构方程模型测量。验证性因素分析结果见图 2，结果显示模型拟合合理（$\chi^2 = 5.37$，$df = 1$，$\chi^2/df = 5.37$，$RMSEA = 0.08$，$CFI = 1.00$，$NFI = 1.00$），分层回归结果发现，该模型中所有路径系数均显著，其中童年创伤→应激感受路径 $\beta = 0.04$，$P = 0.014$，童年创伤→自杀行为路径 $\beta = 0.02$，$P = 0.003$，其余路径系数 $P < 0.001$（童年创伤→睡眠 $\beta = 0.06$；童年创伤→自杀意念 $\beta = 0.19$；应激感受→睡眠 $\beta = 0.20$；睡眠→自杀意念 $\beta = 0.27$；自杀意念→自杀行为 $\beta = 0.40$；应激→自杀意念 $\beta = 0.13$；应激→自杀行为 $\beta = 0.07$）。修正指数建议增加睡眠→自杀行为路径，修订后模型将成为饱和模型，因此该模型可接受，但无法达到良好拟合。

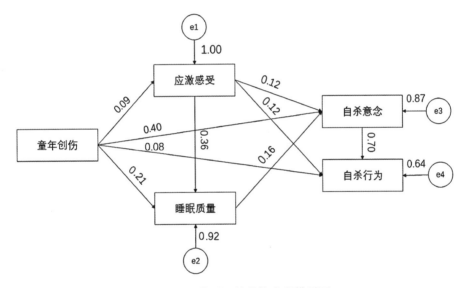

图 2　假设模型一的结构方程模型图

2. 构建理论假设模型二

参考相关关系结果，童年创伤各维度与应激感受等变量的相关关系有差异，因此分别考察童年创伤 5 个维度与其他因子的关系。构建假设模型二，如图 3。

（1）共同方法偏差检验。首先采用 Harman 单因素检验法检验共同方法偏差。全部 9 个项目单因子验证性因素分析结果显示：单因子模型拟合不佳（$\chi^2 = 871.37$，$df = 27$，$\chi^2/df = 32.27$，$RMSEA = 0.20$，$CFI = 0.65$，$NFI = 0.64$），说明本研究的共同方法偏差得到了良好的控制。

（2）结构方程模型测量与修正。验证性因素分析结果发现，模型拟合不良（$\chi^2 = 1267.20$，$df = 18$，$\chi^2/df = 70.40$，$RMSEA = 0.30$，$CFI = 0.48$，$NFI = 0.48$）。

删除模型中不合理的路径，并按照修正指数修改模型。修订后，验证性因素分析

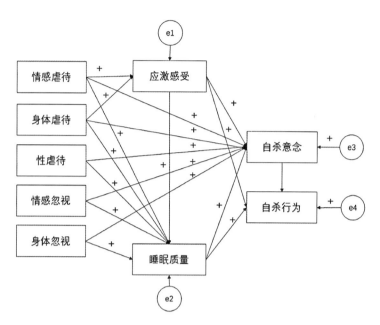

图 3　假 设 模 型 二

结果见图 4,该模型拟合良好($\chi^2 = 1.52$,$df = 1$,$\chi^2/df = 1.52$,$RMSEA = 0.03$,$CFI = 1.00$,$NFI = 1.00$)。分层回归检验结果发现,该模型中所有路径系数均显著,其中睡眠→自杀行为路径 $\beta = 0.06$,$P = 0.014$,应激感受→自杀行为路径 $\beta = 0.04$,$P = 0.002$,其余路径系数 $P < 0.001$。因此接受该模型。

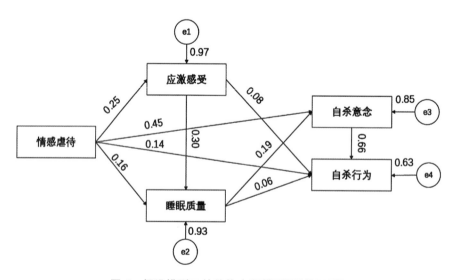

图 4　假设模型二的结构方程模型图(修正后)

（3）中介效应检验。采用偏差校正的 Bootstrap 方法检验应激感受、睡眠、自杀意念在童年情感虐待和自杀行为间的中介效应。假设中介效应模型如下:

模型 1：情感虐待—应激感受—睡眠—自杀意念—自杀行为

模型 2：情感虐待—应激感受—睡眠—自杀行为

模型 3：情感虐待—应激感受—自杀行为

模型 4：情感虐待—睡眠—自杀意念—自杀行为

模型 5：情感虐待—睡眠—自杀行为

模型 6：情感虐待—自杀意念—自杀行为

结果显示，以上中介效应模型均显著（见表1）。由情感虐待到自杀意念的总效应为 49.5％，中介效应发挥的作用占总效应的 73.7％，其中通过应激感受和睡眠发挥作用的效应占 17.8％。

表 1 睡眠、应激感受、自杀意念在情感虐待和自杀行为之间中介效应的 Bootstrap 分析

路 径	标准化中介效应估计	95％置信区间	
		下 限	上 限
模型 1	$0.25 \times 0.30 \times 0.19 \times 0.66 = 0.01$	0.003 0	0.022
模型 2	$0.25 \times 0.30 \times 0.06 = 0.005$	0.000 3	0.013
模型 3	$0.25 \times 0.08 = 0.02$	0.006 0	0.040
模型 4	$0.16 \times 0.19 \times 0.66 = 0.02$	0.005 0	0.045
模型 5	$0.16 \times 0.06 = 0.01$	0.001 0	0.026
模型 6	$0.45 \times 0.66 = 0.30$	0.218 0	0.382

以偏差校正的 Bootstrap 方法检验应激感受、睡眠在童年情感虐待和自杀意念间的中介效应。假设的中介效应模型如下：

模型 1：情感虐待—应激感受—睡眠—自杀意念

模型 2：情感虐待—睡眠—自杀意念

在原始数据中（$n = 780$）选择 3 000 个 Bootstrap 样本进行间接效应检验。各模型间接路径的估计值和中介效应 95％的置信区间见表 2。如 95％置信区间不包括 0，则中介效应显著。

表 2 睡眠、应激感受在情感虐待和自杀意念之间中介效应的 Bootstrap 分析

路 径	标准化中介效应估计	95％置信区间	
		下 限	上 限
模型 1	$0.25 \times 0.30 \times 0.19 = 0.01$	0.005	0.031
模型 2	$0.16 \times 0.19 = 0.03$	0.009	0.063

结果显示,以上中介效应模型均显著。由情感虐待到自杀行为的总效应为49.0%,中介效应发挥的作用占总效应的8.2%。

三、讨论

本研究探讨大学生自杀意念与行为、应激和睡眠之间的关系,通过构建结构方程模型图探讨由童年情感虐待经应激感受和睡眠对自杀意念和自杀行为的预测,并探讨睡眠和应激感受在童年创伤和自杀间的中介作用。

研究发现自杀意念和自杀行为与童年创伤、应激感受和睡眠质量的总分及各维度均呈显著正相关,即童年创伤、较强的应激感受和睡眠问题均可能是自杀意念和自杀行为的风险因素。通过构建结构方程模型发现,童年情感虐待可以通过多条中介效应路径对自杀行为发挥作用,且中介效应占总效应的73.7%。但其中情感虐待—自杀意念—自杀行为路径占总中介效应的82.2%。因此,睡眠和应激感受对自杀行为具有预测作用,但效应为17.8%,而自杀意念对具有情感虐待经历的个体出现自杀行为具有非常重要的预测作用。

在忽略童年创伤的情况下,当下的应激感受经由睡眠对自杀的作用模型拟合不良,因此猜测,应激感受可能不会独立诱发自杀意念或自杀行为,但当个体经历童年情感虐待时,这些创伤经历可以直接预测或通过应激感受预测自杀行为。童年创伤对个体往往有长远的影响,而应激感受描述一段时间内的状态,可能通过应对、宣泄、寻求支持等方式缓解[17],较多童年创伤经历可能与低自尊等因素有关,可能更易引发自杀意念和行为[18]。

在自杀、应激、睡眠的关系构架中,仅童年情感虐待进入模型,即童年情感虐待相对其他童年创伤经历更可能通过应激和睡眠对自杀发挥作用。童年创伤对自杀的预测作用已得到较多验证,以往研究表明具有童年创伤经验的个体具有较强的自杀意念[19]。有研究分别探讨不同的童年创伤经历对自杀的影响。Raleva等人对1 277名大学生的研究发现,情感虐待和身体虐待经历可能使大学生自杀未遂的情况增加2~3倍,而情感虐待经历仅使自杀未遂增加0.06倍[20]。也有研究表明童年创伤经历可能与成年后的睡眠问题有关[21]。但几乎没有研究考察童年情感虐待等童年创伤在自杀、应激、睡眠三者的复杂关系中的作用。本研究更明确了童年情感虐待经由应激和睡眠对自杀行为产生影响的作用机制。

综上,本研究表明应激感受和睡眠可以作为自杀预防和干预的靶点,引导童年具有情感虐待经历的学生通过调节应激感受、改善睡眠以降低自杀风险,如在高校中引导学生调节应激感受,调节情绪,积极应对应激事件;对高校学生进行适当的睡眠健康教育,改善睡眠卫生习惯,提高睡眠质量,对睡眠问题较严重的同学提供睡眠干预等方法。同时提示我们,不同的童年创伤经历对自杀可能有不同的作用及作用路径,需要更多研究进行探索,为有针对性地预防、干预创伤个体的自杀行为提供依据。

参考文献：

［ 1 ］ World Health Organization（WHO）. Suicide data［J］. http：//www. who. int/mental_health/prevention/ suicide/suicideprevent/en/，2015.

［ 2 ］ World Health Organization. Preventing suicide：a global imperative［J］. Geneva：World Health Organization（WHO），2014.

［ 3 ］ Feng, J.；Li, S.；Chen H. Impacts of Stress, Self-Efficacy, and Optimism on Suicide Ideation Among Rehabilitation Patients with Acute Pesticide Poisoning［J］. PLoS One, 2015, 10（2）：e0118011.

［ 4 ］ Pigeon, W.R.；Pinquart, M.；Conner K. Meta-Analysis of Sleep Disturbance and Suicidal Thoughts and Behaviors.［J］. Journal of Clinical Psychiatry, 2012, 73（9）：e1160 − e1167.

［ 5 ］ Im Y, Oh W O, Suk M. Risk Factors for Suicide Ideation Among Adolescents：Five-Year National Data Analysis［J］. Archives of Psychiatric Nursing, Elsevier Inc., 2017, 31（3）：282 − 286.

［ 6 ］ Otsuka, Y.；Kaneita, Y.；Itani, O.；Nakagome, S.；Jike, M.；Ohida T. Relationship Between Stress Coping and Sleep Disorders Among the General Japanese Population：A Nationwide Representative Survey［J］. Sleep Medicine, 2017, 37：38 − 45.

［ 7 ］ 吴冉,朱虹,王玥,蒋春雷.应激与自杀、睡眠障碍的关系［J］.生理科学进展,2019,（3）：161 − 166.

［ 8 ］ Beck, A. T.；Kovacs, M.；Weissman A. Assessment of Suicidal Intention：The Scale for Suicide Ideation［J］. Journal of Consulting and Clinical Psychology, 1979, 47（2）：343 − 352.

［ 9 ］ Bruce M L, Have Ten T R, Reynolds C F, et al. Reducing Suicidal Ideation and Depressive Symptoms in Depressed Older Primary Care Patients［J］. Jama, 2004, 291（9）：1081 − 1091.

［10］ Zhang J, Brown G K. Psychometric properties of the Scale for Suicide Ideation in China［J］. Archives of Suicide Research, 2007, 11（2）：203 − 210.

［11］ Osman, A.；Bagge, C.L.；Gutierrez, P.M.；Konick, L.C.；Kopper, B.A.；BARRIOS F X. The Suicidal Behaviors Questionnaire-Revised（SBQ-R）：Validation with Clinical and Nonclinical Samples ［J］. Assessment, 2001, 8（4）：443 − 454.

［12］ Cohen S, Kamarck T, Mermelstein R. A global measure of perceived stress.［J］. Journal of Health and Social Behavior, 1983, 24（4）：385 − 396.

［13］ Bernstein, D.；Fink, L.；Bernstein D. Childhood Trauma Questionnaire：A Retrospective Self-Report-Manual［M］. The Psychological Corporation：TX, 1998.

［14］ Bernstein, D.P.；Stein, J.A.；Newcomb, M.D.；Walker, E.；Pogge, D.；Ahluvalia, T.；Stokes, J.；Handelsman, L.；Medrano, M.；Desmond D, et al. Development and Validation of a Brief Screening Version of the Childhood Trauma Questionnaire［J］. Child Abuse & Neglect, 2003, 27（2）：169 − 190.

［15］ Zhang, M.；Han, J.；Shi, J.；Ding, H.；Wang, K.；Kang, C.；Gong J. Personality Traits as Possible Mediators in the Relationship between Childhood Trauma and Depressive Symptoms in Chinese Adolescents.［J］. Journal of Psychiatric Research, Elsevier, 2018, 103（May）：150 − 155.

［16］ Buysse D J, Reynolds C F, Monk T H, et al. The Pittsburgh Sleep Quality Index：A new instrument for psychiatric practice and research［J］. Psychiatry Research, 1989, 28（2）：193 − 213.

［17］ Jensen A. Percieved work stress and distress in nursing students during clinical training：The role of coping processes and social support［J］. Dissertations & Theses-Gradworks, 2007, 26（2）：127 − 134.

［18］ Nierop Van M, Os Van J, Gunther. N, et al. Does social defeat mediate the association between childhood trauma and psychosis? Evidence from the NEMESIS-2 Study [J]. Acta Psychiatrica Scandinavica, 2014, 129(6): 467 - 476.

[19] Khosravani, V.; Kamali, Z.; Jamaati Ardakani, R.; Samimi Ardestani M. The Relation of Childhood Trauma to Suicide Ideation in Patients Suffering from Obsessive-Compulsive Disorder with Lifetime Suicide Attempts[J]. Psychiatry Research, 2017, 255: 139.

[20] Raleva M, Peshevska D J, Filov I, et al. Childhood abuse, household dysfunction and the risk of attempting suicide in a national sample of secondary school and university students.[J]. Macedonian Journal of Medical Sciences, 2014, 7(2): 381 - 385.

[21] Bader, K.; SchäFer, V.; Schenkel, M.; Nissen, L.; Schwander J. Adverse Childhood Experiences Associated with Sleep in Primary Insomnia[J]. Journal of Sleep Research, 2010, 16(3): 285 - 296.

自我概念清晰性在负性情境中
对生命意义感的影响

聂晗颖

武汉大学

【摘要】探讨自我概念清晰性与生命意义感的关系,考察在负性情境下,自我概念清晰性对个体意义感的影响和作用。采用实验操纵的形式,被试选取 71 名大学生,随机分为实验组(41 名)和控制组(30 名)。要求被试完成前测问卷(自我概念清晰性、关系需要满足、情绪和生命意义感),接受两组不同的实验处理(实验组被试需要回忆经历过的关系破裂情境),完成后测问卷(情绪、生命意义感)。对两组数据的统计分析结果表明,以后测的寻求意义感作为因变量,自我概念清晰性与组别的交互作用显著。即经历关系破裂情境后,高自我概念清晰性个体相比低自我概念清晰性的个体,寻求意义感的水平更高。自我概念清晰性可以帮助个体在面对负性应激事件时更多地寻求意义。

【关键词】自我概念清晰性;生命意义感;拥有意义感;寻求意义感;基本心理需要满足

生命意义感(meaning in life,MIL)通常被定义为拥有强烈的生活目的的感觉,追寻个人的有价值的目标,或者拥有能够指引自己行动的清晰的价值系统(Ryff,1998)。这一概念源于一个哲学问题——人类为何存在?而这一概念在心理学领域的出现则是因为 Frankl(1984)在 *Man's searching for meaning* 一书中提出了"自我超越的生命意义"。随着心理学理论发展,不同心理学取向的研究者对于生命意义感的重点也有所不同。Heine(2006)等人认为生命意义感包括生命的目的、道德信念的相关观念。Steger(2009)将生命意义感定义为人们理解自己的生活以及认为生活重要性的程度,以及人们认为自己在多大程度上拥有生活的目的。他提出了生命意义感包括两个部分:拥有意义感和寻求意义感。拥有意义感更加强调"拥有"的结果,指的是个体在多大程度上认为活得有意义;而寻求意义感则更加强调"寻求"的过程,指的是个体在多大程度上积极地追寻意义。

自我概念清晰性（Self-Concept Clarity，SCC）是自我概念的结构特征，由 Campbell（1996）提出，是指个体的自我概念的内容（如个体觉察到的自我特征）能够被个体清晰确定、体会到内在的一致性和时间上稳定性的程度。无论是横断研究或是纵向研究，自我概念清晰性都可以预测抑郁症状（Campbell et al.，1996；Trapnell & Campbell，1999；Schwartz，2011）。本研究尝试探讨个体自我概念清晰性对个体生命意义感的影响。

本研究采用实验研究的方式考察负性情境下个体自我概念清晰性对生命意义感的影响作用。本研究提出以下假设：自我概念清晰性可以在个体面临负性应激事件时起到保护作用；面临负性应激事件后，高自我概念清晰性的个体相比低清晰性的个体，意义感有更积极的变化。

一、对象与方法

（一）被试

本研究基于方便取样的原则，采用高校论坛招募及课堂招募的形式招募被试，共招募到 71 名大学生被试进行实验。被试多为不同专业、不同年级的大学生。

在实验之前告知被试："本实验与自我认识和生活的意义有关，包括一个问卷填写任务和一个写作任务，实验过程中你可以随时退出，实验结束你将收到 10 元报酬。"所有被试均自愿参与并完成实验。其中男生 30 人，女生 41 人，平均年龄为 22.00 岁（$SD = 2.71$）。被试被随机分到实验组或控制组，其中实验组 41 人（男 15 人，女 26 人），控制组 30 人（男 15 人，女 15 人）。

（二）研究工具

1. 自我概念清晰性量表（Self-Concept Clarity Scale，SCCS）

由 Campbell（1996）编制，包含 12 道条目，原问卷采用五点评分，从"非常不同意"到"非常同意"。本研究采用双翻程序对英文版量表进行本土化操作，先由两名心理学研究生进行英译中，再由一名英语系学生进行回译，确定中文版量表。该量表采用 7 点计分，从"完全不符合"到"完全符合"。本研究中该量表的验证性因素分析（$N = 118$）的结果为：$\chi^2 = 71.57$，$df = 54$，$\chi^2/df = 1.325$，CFI = 0.97，NNFI = 0.97，GFI = 0.91，RMSEA = 0.053，模型拟合良好；内部一致性信度为 0.85，重测信度为 0.76（$N = 118$，间隔 2 个月）。

2. 基本心理需要满足量表（Balanced measure of psychological needs（BMPN）scale）

由 Sheldon（2012）编制，包含 18 条目，3 个分量表，分别为能力需求满足、关系需求满足和自主需求满足，各含 6 条目。本研究同样采用双翻程序对量表进行本土化。本研究使用关系需求满足分量表。量表采用 7 点计分，从"完全不符合"到"完全符合"。本研究中该量表验证性因素分析（$N = 118$）的结果为：$\chi^2 = 139.18$，$df = 74$，

$\chi^2/df = 1.880$，CFI = 0.89，NNFI = 0.86，GFI = 0.85，RMSEA = 0.087，模型拟合良好；内部一致性信度为 0.76，重测信度为 0.72（$N = 118$，间隔 2 个月）。

3. 生命意义感问卷（Meaning in Life Questionnaire，MLQ）

由 Steger & Frazier（2006）编制，共 10 个条目，7 点评分。该量表包括两维度，分别为拥有意义感（the presence of meaning，MLQ-P）和寻求意义感（the search for meaning，MLQ-S）。本研究采用的是刘思斯、甘怡群（2010）的修订版，采用 7 点计分，其中一题因为载荷低且出现双载荷，故将其删除，最终保留 9 条项目。拥有意义感维度包括 5 个条目，寻求意义感维度包括 4 个条目。本研究中该量表的内部一致性信度为 0.76，其中寻求意义分量表的内部一致性信度为 0.87；拥有意义分量表的内部一致性信度为 0.86。重测信度均为 0.71（$N = 118$，间隔 2 个月）。

4. 正性负性情绪量表（Positive Affect and Negative Affect Scale，PANAS）

由 Watson 等（1988）编制，由 20 个形容词组成，包含了积极情绪和消极情绪两个维度，5 点计分。本研究采用黄丽等（2003）的中文修订版量表。本研究中该量表的内部一致性信度为 0.93，其中积极情绪分量表的内部一致性信度为 0.95；消极情绪分量表的内部一致性信度为 0.91。

（三）研究程序

① 前测问卷：自我概念清晰性、关系需求满足、情绪（time1）、生命意义感（time1）。被试进入实验室后，首先需要完成以上问卷的填写任务。

② 实验处理（随机分组）：观看 3 分钟录像及回忆写作任务。

实验组：首先观看录像（电影《失恋 33 天》中女主角分手后追车片段，共持续 3 分 17 秒），接下来要求被试回忆并在纸上记录印象深刻的一次亲密关系破裂（恋人/亲密友人）。

控制组：首先观看录像（新闻联播开会片段，共持续 3 分 20 秒），接下来要求被试回忆并在纸上记录前一天做了哪些事情。

两组的写作任务指导语分别如下：

实验组：

"我们的生命中，一定拥有很多非常熟悉、亲近的人，因为他们的存在使我们的生命更加有意义，但我们却也不可避免地会面对各种分离……恋人分手，友人绝交。

请用一些时间回忆你之前经历过的某次印象深刻的关系破裂的情境（例如与好友闹翻、与恋人分手……。），并将你回忆的内容写在下面的空白处。你写的具体内容将会得到严格保密，绝对不会外泄。所以请放心地写吧……"

控制组：

"请用一些时间回忆你昨天做过的事情（例如去了哪里，吃了什么……），并将你回忆的内容写在下面的空白处。你写的具体内容将会得到严格保密，绝对不会外泄。所以请放心地写吧……"

③ 操作检验：针对一条目"请评价你回忆到关系破裂情境的难易程度"进行1～7评分，从"非常困难"到"非常容易"。

④ 后测问卷：情绪（time2）、生命意义感（time2）。完成写作任务及操作检验后，要求被试进行最后一部分的问卷填写。即可完成全部实验。

利用SPSS18.0进行独立样本 t 检验、重复测量方差分析及多层回归分析。

二、结果与分析

（一）两组操作检验差异分析

对实验组和控制组操作检验1条目的结果进行独立样本 t 检验，结果发现实验组（ $M = 5.43$ ， $SD = 1.57$ ）与控制组（ $M = 2.43$ ， $SD = 1.99$ ）差异显著。 $t(68) = 7.029$ ， $p < 0.001$ 。

结果表明实验组经过任务操作后可以较为顺利地回忆起关系破裂情境，即表明操作成功。

（二）两组前测变量差异分析

对实验组和控制组前测变量（自我概念清晰性、关系需要满足、情绪、生命意义感）进行独立样本 t 检验，结果见表1。

表1　实验组和控制组前测变量差异检验

变　　量	实验组（41）	控制组（30）	t	p
自我概念清晰性	55.02	52.57	0.91	0.37
关系需要满足	25.02	27.30	−1.39	0.17
积极情绪1	24.56	25.20	−0.32	0.75
消极情绪1	13.54	12.03	1.20	0.23
拥有意义感1	23.71	25.20	−1.12	0.27
寻求意义感1	20.26	20.23	0.02	0.98

结果表明，实验组和控制组前测变量均无显著差异。即可表明实验组和控制组在参与实验操作之前没有显著差异。

（三）两组重复测量方差分析

针对两组的前后测变量（积极情绪和消极情绪），进行重复测量方差分析，自变量为组间变量（实验组和控制组）和组内变量（前测和后测），控制变量包括性别和年龄，因变量为积极情绪和消极情绪。分析结果显示：以积极情绪为因变量时，时间的主效应不显著， $F(1, 67) = 0.68$ ， $p = 0.41$ ；组别的主效应显著， $F(1, 67) = 7.56$ ， $p < 0.01$ ， $\eta^2 = 0.10$ ；时间与组别的交互效应显著， $F(1, 67) = 42.21$ ， $p < 0.001$ ， $\eta^2 = 0.39$ ，见图1；以消极情绪为因变量时，时间的主效应不显著， $F(1, 67) = 0.55$ ， $p =$

0.46;组别的主效应显著,$F(1, 67) = 5.67$,$p = 0.02$,$\eta^2 = 0.08$;时间与组别的交互效应显著,$F(1, 67) = 10.01$,$p < 0.01$,$\eta^2 = 0.13$。结果见图2。

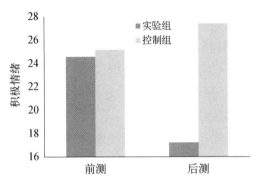

图1 前后测与组别的交互作用图
（因变量为积极情绪）

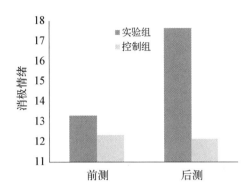

图2 前后测与组别的交互作用图
（因变量为消极情绪）

结果表明,实验组经过实验操作(看录像及写自身经历)后,积极情绪下降,消极情绪升高,而控制组的积极情绪和消极情绪均无显著变化,前后测与组别的交互作用显著。

（四）自我概念清晰性与组别的交互作用多层回归分析

以时间点2的寻求意义感作为因变量,第一层放入时间点1的寻求意义感,控制变量(性别、年龄、关系需要满足);第二层放入组别和自我概念清晰性;第三层放入组别与自我概念清晰性的交互项,进行多层回归分析,结果见表2。

表2 寻求意义感的多层回归分析

	第一层			第二层			第三层		
	B	β	t	B	β	t	B	β	t
性别	-0.19	-0.03	-0.33	-0.19	-0.03	-0.33	-0.04	-0.01	-0.06
年龄	0.16	0.13	1.59	0.14	0.11	1.33	0.18	0.14	1.68
关系需要满足	0.01	0.01	0.16	-0.00	-0.01	-0.09	0.01	0.01	0.14
寻求意义 T1	0.69	0.78	9.75**	0.70	0.79	9.60**	0.72	0.81	10.16**
组别				0.07	0.01	0.12	0.06	0.01	0.11
自我概念				0.02	0.07	0.82	0.03	0.08	0.98
交互项							-0.65	-0.19	-2.40*
R^2		0.59			0.60			0.61	
R^2 Change		0.59**			0.00			0.034*	

注：* $p < 0.05$，** $p < 0.01$。

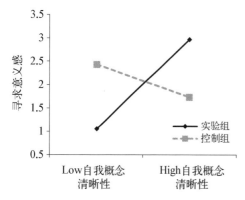

图 3　自我概念清晰性与组别的交互作用图

结果表明,以寻求意义感作为因变量,自我概念清晰性与组别的交互作用显著,进行简单斜率分析,结果见图 3。

控制组的结果表明,自我概念清晰性对寻求意义感回归不显著($p>0.1$),而实验组结果表明,经历关系破裂情境后,高自我概念清晰性个体更倾向于寻求意义($\beta = 0.212$,$p = 0.08$,边缘显著)。

以时间点 2 的拥有意义感作为因变量,第一层放入时间点 1 的拥有意义感,控制变量(性别、年龄、关系需要满足);第二层放入组别和自我概念清晰性;第三层放入组别与自我概念清晰性的交互项,进行多层回归分析,结果见表 3。

表 3　拥有意义感的多层回归分析

	第一层			第二层			第三层		
	B	β	t	B	β	t	B	β	t
性别	1.41	0.12	2.03	1.45	0.12	2.03	1.43	0.12	1.98
年龄	-0.26	-0.12	-2.16	-0.26	-0.12	-1.99	-0.26	-0.12	-1.98
关系需要满足	-0.01	-0.01	-0.24	-0.02	-0.02	-0.40	-0.02	-0.03	-0.41
拥有意义 T1	0.97	0.93	15.80**	0.96	0.92	14.67**	0.96	0.92	14.55**
组别				0.47	0.04	0.67	0.48	0.04	0.67
自我概念				0.01	0.02	0.32	0.01	0.02	0.31
交互项							0.06	0.01	0.18
R^2		0.79			0.80			0.80	
R^2 Change		0.79**			0.02			0.00	

注：* $p<0.05$，* * $p<0.01$。

回归分析结果表明,以拥有意义感作为因变量,自我概念清晰性与组别的交互作用不显著。

三、讨论

本研究试图通过实验操纵,考察经历过关系破裂情境后,自我概念清晰性不同的个体的生命意义感是否会有不同变化。本研究采取的实验操作从社会排斥范式中的回忆范式改编而来。回忆范式要求实验组的被试回忆一段自己与他人发生矛盾的经历,控制组被试则回忆自己前一天的活动。本研究要求被试在进行回忆和写作任务之前先看一段录像,意在更好地将被试带入相应的情境当中,帮助被试更顺利地回忆起自己的相关经历。在录像选择上,实验组被试观看的是电影《失恋 33 天》中女主角与前男友分手后追车的片段,与之后要求被试所回忆的自己经历的"亲密关系破裂"情境高度相关。为做到实验组和控制组的平衡,在控制组回忆并写作自己前一天的活动之前也需观看一段录像,即为《新闻联播》的同等长度片段。

为考察两组操作是否产生了不同的效果,对两组被试的前测变量(自我概念清晰性、关系需要满足、情绪和生命意义感)以及实验操作后的操作检验 1 条目结果进行独立样本 t 检验,结果表明,两组被试在前测的所有变量的差异均不显著($p > 0.1$),而操作检验 1 条目的差异显著($p < 0.01$),即两组被试通过不同实验操作后产生了不同的效果,操作成功。此外还对两组被试前测和后测的情绪变量进行了重复测量方差分析,结果发现在积极情绪和消极情绪作为因变量时,前后测与组别的交互作用均显著($p < 0.01$),即两组被试在经过不同的实验操作后,情绪变化产生了显著的分野。实验组被试的积极情绪显著降低,消极情绪显著增高。这一结果也可表明实验操作的成功。

本研究通过实验操纵结果表明,在关系破裂情境下,高低自我概念清晰性的个体会出现寻求意义感的不同变化。具体表现为:以拥有意义感作为因变量时,自我概念清晰性与组别交互作用不显著,而以寻求意义感作为因变量时,自我概念清晰性与组别交互作用显著。即,经历关系破裂情境后,高自我概念清晰性的个体相比低自我概念清晰性的个体更倾向于寻求意义。

这一研究结果表明寻求意义感在负性情境中的作用,同时也提醒研究者注意到生命意义感的两维度:拥有意义感和寻求意义感的关系。当人们试图理解自己和世界、了解自己在世界中的独特性,并且确定自己在生活中想要完成的目标时,能够体验到自己拥有意义感(Steger, 2008)。因此,人们会试图去拥有并且追寻意义。

综上所述,针对本研究结果中高低自我概念清晰性个体在负性情境后出现的寻求意义感水平的分野,借鉴前人研究可作出如下解释:对自己认识更加确信的个体,在面临负性刺激事件后,仍然具有自我的力量来试图整合负性事件的影响,能够寻求事件带给自己的意义。而对自己认识不够确信的个体,当面临负性刺激事件时,无法拥有足够的自我力量应对事件带来的影响,因此倾向于不去寻求事件的意义。

无论在理论上还是实践上,本研究对于生命意义感领域的研究均有一些贡献。理论意义方面:本研究采用实验操作的形式探究了自我概念清晰性在个体面临负性事件时对意义感的影响,进一步完善前人对于寻求意义感领域的研究,同时也明晰了在负性情境下自我概念清晰性对寻求意义感的作用,补充了前人对自我概念与寻求意义感关系的相关研究;实践意义方面:本研究通过实验研究探究了自我概念清晰性对于个体意义感的影响,即人们对于自我的确信程度能够有效预测人们面临负性情境可能产生的寻求意义感。这一结论能够帮助人们了解自我的力量以及探究自我的积极作用。

参考文献:

［1］ Baumeister R F. *Meanings of life*. New York：Guilford，1991.

［2］ Campbell J D，Trapnell P D，Heine S J，et al. Self-concept clarity：Measurement，personality correlates，and cultural boundaries［J］. *Journal of Personality and Social Psychology*，1996，70：141－156

［3］ Frankl V E. *Man's search for meaning*（3rd ed.）. New York：First Washington Square Press，1984.

［4］ Maddi S R. The search for meaning. In M. Page（Ed.），*Nebraska Symposium on Motivation*（pp. 137－186）. Lincoln，NE：University of Nebraska Press，1970.

［5］ Pickett C，Gardner W L，& Knowles M L. Getting a cue：The need to belong influences attention to subtle social cues［J］. *Personality and Social Psychology Bulletin*，2004，30，1095－1107.

［6］ Ryff，C D，& Singer B. The contours of positive human health［J］. *Psychological Inquiry*，1998，9，1－28.

［7］ Schwartz，Seth J. Daily dynamics of personal identity and self-concept clarity［J］. *European Journal of Personality*，2011，25（5），373－385.

［8］ Sheldon K M，& Hilpert J C. The balanced measure of psychological needs（BMPN）scale：An alternative domain general measure of need satisfaction［J］. *Motivation and Emotion*，2012，36（4），439－451.

［9］ Steger M F，Frazier P，Oishi S，& Kaler M. The meaning in life questionnaire：Assessing the presence of and search for meaning in life［J］. *Journal of Counseling Psychology*，2006，53（1），80.

［10］ Steger M F，Kashdan T B.，& Oishi S. Being good by doing good：Daily eudaimonic activity and well-being. *Journal of Research in Personality*，2008，42（1），22－42.

［11］ Steger M F. *Meaning in life*. S. J. Lopez，C. R. Snyder（Eds.），Oxford handbook of positive psychology，pp. 679－687. Oxford University Press，New York，NY，2009.

［12］ Watson D，Clark L A，Tellegen A. Development and Validation of Brief Measures of Positive and Negative Affect：The PANAS Scales. *Journal of Personality and Social Psychology*，1988，43：111－122.

抑郁症刻板印象对大学生精神健康
急救意愿的影响[①]

李 杰[1] 鞠 平[2]

1 武汉大学 2 中南民族大学

【摘要】目的：应用归因理论解释大学生对抑郁症的刻板印象如何影响其对抑郁同伴的精神健康急救（mental health first aid，MHFA）意愿，探讨情感和社交距离在其中的中介作用。方法：向356名大学生被试呈现典型抑郁症案例和案例识别问题，然后测量被试对案例人物的刻板印象（个人责任推断和危险性感知）、情绪反应和社交距离，接着测量被试在其关心的朋友出现类似案例表现时的MHFA意愿。结果：① 危险性感知主要通过三种间接效应对MHFA意愿产生影响，即愤怒的单独中介作用、社交距离的单独中介作用及二者的链式中介作用。② 个人责任推断主要通过三种间接效应对MHFA意愿产生影响，即愤怒的单独中介作用、同情的单独中介作用及愤怒和社交距离的链式中介作用。结论：对抑郁症的危险性感知程度较高的大学生具有更强的愤怒情绪，与抑郁同伴的预期社交距离更大，更不愿意对其采取MHFA行动；对抑郁症患者的个人责任推断程度较强的大学生具有更强的愤怒情绪，更不同情抑郁同伴，与抑郁同伴的预期社交距离更大，MHFA意愿更低。

【关键词】精神健康急救；抑郁；刻板印象；社交距离；情绪

大学生群体是抑郁症等心理障碍的高发群体。在陷入心理困扰时，除了隐瞒或回避，部分在校大学生可能会寻求外界帮助，其中多数人并不直接寻求专业人士帮助，而是首先向身边的朋友或家人求助[1-4]。同学是在校大学生的主要人际交往对象，来自身边同学的有效帮助可能帮助陷入心理困扰的大学生减少痛苦并获得早期专业干预。心理健康急救（mental health first aid，MHFA）即指"对身处心理障碍的人群或处于心理危机的当事人提供的帮助，急救应当持续至当事人获得相应的专业帮

① 项目名称：武汉大学自主科研项目（人文社会科学）（113－413000004），得到"中央高校基本科研业务费专项资金"资助。

助或者危机解除"。Jorm 等人应用德尔菲研究方法建立了一系列 MHFA 指南,确立了 MHFA 的行为准则:接触当事人,评估并协助危机干预,非批判性倾听,给予当事人支持及提供相关信息,鼓励当事人寻求合适的专业援助,鼓励当事人寻求其他支持,并认为 MHFA 意愿是 MHFA 行为发生的有效预测指标[5]。然而,公众对抑郁症患者的刻板印象极有可能阻碍 MHFA 行为意愿,其中以个人责任推断(Personal responsibility belief,PR)和危险性感知(Perceived dangerousness,PD)为多数研究关注的常见刻板印象[6-8]。本研究旨在采用归因理论解释二者如何影响 MHFA 意愿,为提升大学生对抑郁同伴的急救意愿提供可能的干预目标。

Corrigan[9]曾用归因理论解释刻板印象如何影响公众对心理疾病患者的一系列行为反应:当人们将心理疾病原因归因于个人可控时,会认为患者个人对其罹患心理疾病应当负更多责任,从而会有更多愤怒情绪,更少同情,导致歧视反应或回避行为。而危险性感知常常和稳定内向归因(品质不好或者有暴力倾向)相关。当人们将疾病归因于内向稳定因素,会认为患者可能伤害他人,这种危险性感知让人们恐惧,从而远离患者。这些污名化过程均会阻碍人们对心理疾病患者的帮助行为。Weiner[10-12]主张以归因—情感模型来解释助人行为过程,认为关于个人责任的信念是决定帮助行为的重要因素,而归因和行为之间的中介因素是愤怒和同情这两种情绪。

研究者对归因理论在不同文化或不同助人情境中的普适性存在争议。一项研究发现,在可控归因下,被试对抑郁患者的同情更少,更不愿意为患者提供工具性或情感性社会支持,支持 Weiner 的理论假说[13]。不过,巴西的一项研究显示,个人可控性归因可以预测借给同学笔记的助人行为,然而并不影响对当事人的同情情绪,即情绪在责任归因和帮助行为之间的中介作用不显。研究者认为这一结果可能是因为巴西集体主义文化的影响,因此研究者认为 Weiner 的归因—情感理论并不是普适性的,部分受到文化和助人情境的影响[14]。Rudolph 等人曾对应用 Weiner 理论的研究进行元分析,发现这一理论在多种文化背景中得到验证,不过在不同助人情境中,归因和行为变量的相关系数存在较大差异[15]。Corrigan 也认为,心理疾病相关归因过程和某种特定支持或帮助行为的关系有待进一步研究[9]。对抑郁大学生的精神健康急救行为涉及提供信息、鼓励专业求助等不同于一般社会支持的内容,这种特殊类型的帮助行为是否适用归因理论呢?

针对 MHFA 意愿的研究发现,如果调查对象认为抑郁是意志薄弱的表现(原因可控的个人责任推断)而非一种疾病(不可控),会倾向于回避抑郁同伴而不愿去实施 MHFA 行为[16,17],符合归因理论框架。更多证据提示,对心理疾病患者的期望社交距离(social distance,SD)能负向预测对心理疾病患者的 MHFA 意愿和行为[16,17]。许多研究证实危险性感知、个人责任推断与愤怒和恐惧情绪、社交距离正相关,而这些变量均与同情情绪负相关[6,18,19]。因而,对抑郁患者的负面认知(个人责任推断和危险性感知)极有可能通过情感反应(emotional reaction,ER)和社交距离影响 MHFA

意愿。而目前尚缺少个人责任推断、危险性感知以及情感因素影响 MHFA 意愿的直接证据。

综上所述,本研究提出假设:大学生对抑郁同学的危险性感知、个人责任推断和愤怒、恐惧情绪、社交距离正相关,与同情情绪和 MHFA 意愿负相关;情感反应和社交距离是对抑郁患者的刻板印象和 MHFA 意愿之间的中介因素;大学生对抑郁同学的危险性感知越高,越倾向于可控归因,则对抑郁同学的恐惧和愤怒情绪更强,预期社交距离更大,MHFA 意愿更低;反之,危险性感知越少,个人责任推断越少,就可能越同情抑郁的同学,预期社交距离越小,MHFA 意愿越强烈。

一、研究对象及方法

(一)研究对象

采用方便取样法选择某市在校大学生为调查对象,在图书馆、宿舍、教室等处询问学生,强调匿名性和保密原则,获得口头同意后发放问卷,问卷回收后赠予小礼品作为感谢。共发放问卷 400 份,回收 386 份,其中有效问卷 356 份。其中男性 153 人,女性 203 人;心理学专业 122 人,医学专业 48 人,文科专业 68 人,理工科专业 118 人。所调查的学生年龄分布在 17～27 岁之间,平均年龄为 20.2 岁。

(二)测量工具

1. 典型抑郁症案例

"A 同学,20 岁,好几个星期一直感觉异常悲哀和痛苦。他(她)总是感到很累,晚上很难入睡;不想吃东西,而且体重下降了;无法集中精力学习,并且拖延做任何决定,对他(她)来说,每天的学习任务显得太多了。"

该案例符合 DSM-Ⅳ 的重症抑郁症诊断标准,并且由两位临床工作者确认诊断。案例呈现之后询问被试"你认为 A 同学是否存在心理问题? 若有,是什么心理问题"。

2. 个人责任推断量表

本问卷来自 Corrigan 归因问卷[18]中个人责任推断题项,经过翻译和回译确定中文版本。共有三道题,每道题均采用 9 点计分,中间分为 5 分,分数越高,表示被试对抑郁患者的个人责任推断越强,越倾向于认为患者应该为自己的情况负责任;分数越低,表示被试对抑郁患者的个人责任推断越弱(Cronbach's $\alpha = 0.670$)。

3. 危险性感知问卷

参考 Jorm 等[7]的综述设计了一个题项:"你认为在多大程度上,他(她)可能会伤害他人?"采用五点计分法,分数越高,表示被试认为抑郁症患者伤害他人的可能性越高,危险性感知越高。

4. 情感反应量表

该量表广泛用于国内外研究[2,19],测量被试对抑郁症患者的害怕、愤怒及同情情绪,采用五点计分法,分数越高,相应情绪反应程度越高。在本研究中,该量表具有良好的信度，Cronbach's α 系数为 0.856（恐惧）、0.770（愤怒）和 0.720（同情）。

5. 社交距离量表

为了贴合大学生同学关系的实际情境，采用 Adlaf 等人[20]的社交距离量表，经过翻译和回译确定中文版本。采用五点计分，分数越高，代表了被试对抑郁症患者的社交回避程度越高，被试越不愿意接近抑郁症患者（Cronbach's $\alpha = 0.76$）。

6. MHFA 意愿的测量

两位心理学博士根据 MHFA 急救指南[21]的六项行为准则，在前期文献[22-24]的基础上初步拟定 19 个题项，包括 5 个因子：在实际的帮助行为中，接触当事人、非批判性倾听通常是同时并行的，因此合为一个因子"接触与交流"，包括 4 个题项；其他四个行为准则分别对应四个因子：促成专业求助（3 个题项）、鼓励其他求助（3 个题项）、提供信息支持（4 个题项）以及危机干预（5 个题项）。采用四点计分法，总分越高，代表被试对抑郁症患者的 MHFA 意图越高。

（三）施测流程

施测量表由以上测量工具按顺序组合而成：首先向被试呈现典型抑郁症案例和案例识别问题，然后测量被试对案例人物的个人责任推断、危险性感知、情绪反应和社交距离，接着测量被试在其关心的朋友出现类似案例表现时的 MHFA 意愿。

（四）统计方法

通过探索性因子分析和验证因子分析确立 MHFA 量表最终项目，通过相关分析建立污名各维度和 MHFA 意愿的初步联系，进行回归分析确立进入结构方程的变量，验证结构方程模型并检验可能的中介效应。统计软件为 SPSS22.0 和 Amos17.0。

二、结果

采用 Harman 单因子检验共同方法偏差，将量表所有项目做探索性因子分析。结果表明特征值大于 1 的因子有 7 个，第一个因子所解释的变异量为 22.47%，小于 40% 的临界标准，说明本研究不存在共同方法偏差问题。

（一）MHFA 量表的信效度检验

将 356 份有效被试样本随机分为两部分：一部分样本用于探索性因素分析（$n = 178$），另一部分样本用于验证性因素分析（$n = 178$）。差异检验显示：两部分样本在性别、年龄、专业上面都没有显著差异。一部分样本经过项目分析，剔除与其他题项相关性不显著的题项（3 个）、同质性低于 0.40 的题项（1 项），探索性因子分析采用主因子分析，经斜交转轴法旋转，逐步剔除在两个或两个以上维度载荷值均高于 0.50 的题项（5 项），最后抽提出符合理论构念的 10 个题项的 3 因子结构："接触与交流"因子（包括 3 个原题项和原属于"鼓励其他支持"的一个题项）、"促成专业求助"（3 个题项）和"提供信息支持"（3 个题项）。

基于探索因子分析，对另一部分样本进行验证因子分析发现，3 个因子的标准化回归系数均大于 0.60。三因子模型拟合度良好：CMIN/DF = 1.89，GFI = 0.942，CFI = 0.968，NFI = 0.934，TLI = 0.954，RMSEA = 0.071。第一个因子"接触与交流"，Cronbach's α = 0.824；第二个因子"促成专业求助"，Cronbach's α = 0.853；第三个因子"提供信息支持"，Cronbach's α = 0.827；总量表的 Cronbach's α = 0.876。结果表明，MHFA 量表具有良好的信效度。

（二）MHFA 意愿和其他变量的相关与回归分析

MHFA 意愿与恐惧、愤怒和社会距离显著负相关，与同情呈显著正相关；社交距离与恐惧、愤怒正相关，与同情显著负相关，与危险性感知正相关；恐惧与愤怒、危险性感知正相关，愤怒与个人责任推断和危险性感知呈显著正相关，同情与个人责任推断显著负相关（见表 1）。使用 stepwise 回归分析，以援助意向总分为因变量，恐惧、愤怒、同情和社会距离总分为自变量，最终愤怒和同情、社会距离总分进入回归方程（见表 2）。

表 1　MHFA 意愿与其他变量的相关矩阵

	$\bar{x}(\pm s)$	MHFA 意愿	SD	恐惧	愤怒	同情	PD
MHFA 意愿	3.37 ± 0.50	1					
社会距离（SD）	2.05 ± 0.71	-0.255**	1				
恐惧	2.36 ± 0.87	-0.125*	0.513**	1			
愤怒	1.94 ± 0.65	-0.273**	0.344**	0.390**	1		
同情	3.59 ± 0.75	0.301**	-0.107*	0.008	-0.086	1	
危险性感知（PD）	2.86 ± 0.89	-0.067	0.184**	0.184**	0.160**	-0.028	1
个人责任推断（PR）	5.77 ± 1.19	-0.070	0.014	0.089	0.166**	-0.172**	0.030

注：n = 356；* P < 0.05，** P < 0.01。

表 2　同情、愤怒、社交距离对 MHFA 意愿的回归分析

	B		β		ΔR^2	
	Model1	Model2	Model1	Model2	Model1	Model2
性别	0.171**	0.170**	0.169**	0.168**	0.047**	0.064**
专业	-0.055**	-0.037	-0.139**	-0.093	0.017*	0.017*
同情		0.060**		0.270**		0.089**
社会距离		-0.029**		-0.162**		0.045**
愤怒		-0.031**		-0.160**		0.022**

注：n = 356；* P < 0.05，** P < 0.01。

（三）基于归因理论的结构方程和中介效应检验

首先，根据相关分析和回归分析的结果，在归因理论的基础上初步建立结构方程模型，然后用 AMOS 软件检测结构方程的拟合度。结果表明该模型拟合指标优良（$\chi^2/df = 1.732$，RMSEA $= 0.045$，TLI $= 0.930$，CFI $= 0.938$，GFI $= 0.905$）。

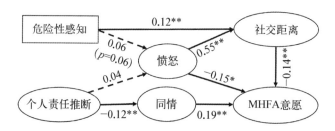

图 1 抑郁症刻板印象如何影响 MHFA 意愿的归因理论模型
（$n = 356$；$*P < 0.05$，$**P < 0.01$）

虽然危险性感知、个人责任推断与 MHFA 意愿之间不存在显著相关性，不过二者与愤怒、同情、社交距离这三个 MHFA 的直接预测因子之间存在显著相关性，因此采用非参数百分位 Bootstrap 法[25]，使用 SPSS24.0 中的 Process3.0 程序检验可能存在的中介效应，并控制性别和专业变量。

以危险性感知为自变量，MHFA 意愿为因变量，以愤怒或同情、社交距离作为中介变量，采用 PROCESS 模型 6 检验链式中介效应。结果显示，危险性感知主要通过三种间接效应对 MHFA 意愿产生影响，即愤怒的单独中介作用、社交距离的单独中介作用及愤怒—社交距离的链式中介作用（见表3）。

表 3 危险性感知对急救意愿的效应分析：愤怒和社交距离的中介作用

效应	路 径	效应量	*BootSE*	*BootLLCI*	*BootULCI*
直接	危险性感知—急救意愿	0.019 7	0.028 8	−0.037 0	0.076 4
间接	间接效应总和	−0.058 0	0.020 2	−0.100 9	−0.022 6
1	危险性感知—愤怒—急救意愿	−0.024 3	0.012 4	−0.051 6	−0.004 2
2	危险性感知—社交距离—急救意愿	−0.025 3	0.014 3	−0.058 2	−0.003 0
3	危险性感知—愤怒—社交距离—急救意愿	−0.008 4	0.004 0	−0.017 1	−0.001 5

以个人责任推断为自变量，MHFA 意愿为因变量，以愤怒或同情、社交距离作为中介变量，采用 PROCESS 模型 6 检验链式中介效应。个人责任推断主要通过三种间接效应对 MHFA 意愿产生影响，即愤怒的单独中介作用、愤怒和社交距离的链式中介作用（见表4）以及同情的单独中介作用（见表5）。

表4　个人责任推断对急救意愿的效应分析：愤怒及社交距离的中介作用

效应	路　　径	效应量	*BootSE*	*BootLLCI*	*BootULCI*
直接	个人责任推断—急救意愿	0.001 5	0.007 2	− 0.015 6	0.012 6
间接	间接效应总和	− 0.025 9	0.020 2	− 0.100 9	− 0.022 6
1	个人责任推断—愤怒—急救意愿	− 0.025 9	0.012 5	− 0.053 2	− 0.005 3
2	个人责任推断—社交距离—急救意愿	0.009 7	0.010 6	− 0.009 0	0.033 1
3	个人责任推断—愤怒—社交距离—急救意愿	− 0.009 7	0.004 9	− 0.020 5	− 0.001 5

表5　个人责任推断对急救意愿的效应分析：同情的中介作用

效应	路　　径	效应量	*BootSE*	*BootLLCI*	*BootULCI*
直接	个人责任推断—急救意愿	0.001 4	0.007 0	− 0.012 3	0.015 1
间接	间接效应总和	− 0.046 3	0.023 0	− 0.092 5	− 0.001 9
1	个人责任推断—同情—急救意愿	− 0.046 3	0.016 8	− 0.081 2	− 0.015 1
2	个人责任推断—社交距离—急救意愿	0.003 8	0.012 8	− 0.021 7	0.029 4
3	个人责任推断—同情—社交距离—急救意愿	− 0.003 8	0.002 8	− 0.010 4	0.000 5

三、讨论

　　本研究应用归因模型作为理论框架，考察了对抑郁个体的危险性感知和个人责任推断、情感反应（愤怒、恐惧和同情）以及社交距离如何影响对抑郁同伴的 MHFA 意愿。结果显示，依据归因理论建立的结构方程模型拟合良好。社交距离、同情和愤怒对 MHFA 意愿具有显著的直接效应，同情正向预测 MHFA 意愿，而愤怒和社交距离负向预测 MHFA 意愿。链式中介效应分析发现，危险性感知正向预测愤怒情绪和社交距离，通过愤怒和社交距离对急救意愿的间接效应显著。个人责任推断正向预测愤怒情绪，负向预测同情情绪，对急救意愿的间接效应显著。

　　这些结果提示，对抑郁同伴的社交回避是急救意愿的直接预测因子，也是危险性感知和个人责任推断影响 MHFA 意愿的重要中介因素。这一结果和既往多数研究一致[16,17,26-28]。既往研究通常向受访者呈现典型抑郁案例，继而询问受访者，"如果你关心的人出现类似情况，你会怎么做？"在结果统计时，由受过训练的研究者对受访者的回答进行标准化评分。本研究通过量表测查急救意愿，得到类似的结果：对抑郁同伴的预期社交距离越大，MHFA 意愿越低。因而减少对抑郁同伴的社交回避倾向会有助于提升 MHFA 意愿。

危险性感知正向预测愤怒情绪和社交距离，通过愤怒、社交距离以及愤怒至社交距离这三条路径影响 MHFA 意愿，间接效应显著。与危险性感知高度相关的恐惧情绪虽然和 MHFA 意愿相关性显著，然而并未进入回归方程，社交距离完全中介了恐惧情绪对 MHFA 意愿的影响。依据归因模型解释，对心理疾病患者越熟悉，感知到心理疾病的危险性越少，公众的恐惧和愤怒情绪越少，就会减少对心理疾病患者的社交回避。许多抗污名措施通过与心理疾病患者的直接接触或者观看患者访谈等视频资料，减少对危险性感知，从而达到减少恐惧和社交回避倾向。因此，针对危险性感知的抗污名措施可能是通过减少社交回避和愤怒情绪间接地对 MHFA 意愿的提升做出贡献。

个人责任推断正向预测愤怒情绪，同时通过愤怒、愤怒至社交距离这两条路径影响 MHFA 意愿，间接效应显著；个人责任推断负向预测同情情绪，通过同情对 MHFA 意愿的间接效应显著。曾有研究发现，精神分裂症患者的家人如果认为患者对自身状况负有更多责任，就会表现更多敌意[29]。Yap[30]也发现，如果年轻人认为抑郁是因为意志薄弱而不是一种疾病，持有这种责备态度的年轻人更不愿意帮助抑郁同伴，这一结论后续也得到其他研究证实[16,17]。本研究验证了同情与愤怒在个人责任推断和 MHFA 意愿之间的中介作用，与前期研究[13,31]一致支持了 Weiner 归因—情感模型跨文化跨情境的普适性，即关于个人责任的信念是决定帮助行为的重要因素，愤怒和同情这两种情绪则是其中的中介因素。亦有证据支持这一因果假设。最近一项研究发现，可控性情境下，被试对抑郁患者的愤怒情绪更高，同情情绪更少，更不愿意帮助患者，而且该过程并不受施助者和抑郁患者之间的人际关系调节[33]。而 Ruybal 和 Siegel 等人[32]考察了围产期抑郁当事人是否对现状负责的两个情境，发现在个人负责任（当事人未规律服用药物）的情况下，被试的同情情绪更少，更不愿意帮助当事人，而愤怒情绪在此过程中作用不显著。本研究结果中，MHFA 意愿与同情情绪相关度最高，回归系数最高，解释 MHFA 意愿的效果量也是最高，也提示同情情绪对于 MHFA 意愿的重要影响。

综上，同情和愤怒两种情绪是个人责任推断影响 MHFA 意愿的重要中介因素，其中，同情情绪尤为重要。危险性感知主要通过愤怒和社交距离间接影响 MHFA 意愿。值得注意的是，虽然结构方程结果验证了归因—情感模型，然而，二者和 MHFA 意愿的相关性均不显著，其中，危险性感知与同情也没有显著相关性。这提示我们，首先，针对危险性感知的抗污名措施并不必然提升 MHFA 意愿，需要针对性开发提升大学生 MHFA 意愿及行动的干预措施，以期促进大学生抑郁的早期干预和康复。通过干预降低大学生对抑郁同伴的个人负责任推断，可能有助于提升 MHFA 意愿；将重点放在增加同情情绪的举措上，也许是更具希望的方向。其次，除了责任归因，存在其他重要因素影响对抑郁患者的同情情绪和 MHFA 意愿，未来研究需要重点考虑影响可能与之相关的个人或环境变量，例如共情、利他倾向、人际关系等。

目前研究存在的局限性在于：首先，本研究采用自我报告的方式测量污名和MHFA意愿的相关性，也许会受到社会赞许性影响，未来研究可以考虑测量内隐态度；其次，变量间的因果关系建立在模型和数据分析的基础上，虽然具有统计学和前期文献的理论支持，但仍缺乏直接有力的实验证据，需要长期的追踪研究和设计实验研究，观察并比较不同责任归因情境下人们对心理疾病患者的情感反应和救助意愿以及实际的 MHFA 行为。

参考文献：

［1］ Gulliver A，Griffiths K M，Christensen H. Perceived barriers and facilitators to mental health help-seeking in young people：a systematic review. BMC Psychiatry, 2010，10：113-121.

［2］ 董虹媛.心理疾病污名对心理问题大学生心理求助行为的影响[J].华中农业大学硕士毕业论文,2015.

［3］ 詹启生，卢传赟.大学生对心理委员的非专业心理求助的研究[J].教育学术月刊,2019,7：78-84.

［4］ 梁丽婵，李欢欢.大学生应激性生活事件与自杀意念的关系：归因方式和心理求助的调节效应？[J].中国临床心理学杂志,2011,(5)：625-627.

［5］ Jorm A F，Ross A M. Guidelines for the public on how to provide mental health first aid：narrative review[J]. BJ Psych Open, 2018, 4(6)：427-440.

［6］ Corrigan P W，Rowan D，Green A，et al. Challenging two mental illness stigmas：personal responsibility and dangerousness[J]. Schizophrenia Bulletin, 2002，28(2)：293-309.

［7］ Jorm A F，Reavley N J，Ross A M, Belief in the dangerousness of people with mental disorders：A review[J]. Australian and New Zealand Journal of Psychiatry, 2012，46(11)：1029-1045.

［8］ Sowislo J F，Gonet-Wirz F，Borgwardt S，et al. Perceived Dangerousness as Related to psychiatric Symptoms and psychiatric Service Use — a Vignette Based Representative population Survey[J]. Scientific Reports, 2017，7：45716.

［9］ Corrigan P W. Mental health stigma as social attribution：Implications for research methods and attitude change[J]. Clinical Psychology-science and Practice, 2000，7(1)：48-67.

［10］ Weiner B，Perry R P，Magnusson J. An attributional analysis of reactions to stigmas[J]. Journal of Personality and Social Psychology, 1988,55(5)：738-748.

［11］ Weiner B. On sin versus sickness — a theory of perceived responsibility and social motivation[J]. American Psychologist, 1993，48(9)：957-965.

［12］ Weiner B. On the cross-cultural trail, searching for (non)-replication[J]. International Journal of Psychology, 2015，50：303-307.

［13］ Villalobos B T，Bridges A J. Testing an Attribution Model of Caregiving in a Latino Sample：The Roles of Familismo and the Caregiver-Care Recipient Relationship[J]. Journal of Transcultral Nursing, 2016，27(4)：322-332.

［14］ Pilati R，Ferreira M C，Porto J B，et al. Is Weiner's attribution-help model stable across cultures? [J]. A test in Brazilian subcultures. International Journal of Psychology, 2014，50：295-302.

［15］ Rudolph U，Roesch S，Greitemeyer T，et al. A meta-analytic review of help giving and aggression from an attributional perspective：Contributions to a general theory of motivation[J]. Cognition & Emotion，2004，18：815－848.

[16] Rossetto A，Anthony F J N J，Predictors of adults' helping intentions and behaviours towards a person with a mental illness A six-month follow-up study[J]. Psychiatry Research，2016，(240)：170－176.

[17] Amarasuriya S D，Reavley N J，Rossetto A，et al. Helping intentions of undergraduates towards their depressed peers：a cross-sectional study in Sri Lanka[J]. BMC Psychiatry，2017，17：40－53.

[18] Corrigan P，Markowitz F E，Watson A，et al. An attribution model of public discrimination towards persons with mental illness. Journal of Health and Social Behavior，2003，44(2)：162－179.

[19] Schomerus G，Matschinger H，Angermeyer M C. Continuum beliefs and stigmatizing attitudes towards persons with schizophrenia，depression and alcohol dependence[J]. Psychiatry Research，2013，209 (3)：665－669.

[20] Adlaf E M，Hamilton H A，Wu F，et al. Adolescent stigma towards drug addiction：Effects of age and drug use behaviour. ADDICTIVE BEHAVIORS，2009，34(4)：360－364.

[21] Colucci E，Kelly C M，Minas H，et al. Mental Health First Aid guidelines for helping a suicidal person：a Delphi consensus study in Japan[J]. International Journal of Mental Health Systems，2011，5：12－22.

[22] Mason R J，Hart L M，Rossetto A，et al. Quality and predictors of adolescents' first aid intentions and actions towards a peer with a mental health problem[J]. Psychiatry Research，2015，228(1)：31－38.

[23] Jorm A F，Ross A M，Colucci E. Cross-cultural generalizability of suicide first aid actions：an analysis of agreement across expert consensus studies from a range of countries and cultures[J]. BMC Psychiatry，2018，18：58－65.

[24] Colucci E，Kelly C，Minas H K，et al. Suicide First Aid Guidelines for Japan[J]. 2009：Melbourne：Centre for International Mental Health & ORYGEN Youth Health Research Centre，The University of Melbourne.

[25] 温忠麟，叶宝娟.中介效应分析：方法和模型发展[J].心理科学进展,2014,(5):731－745.

[26] Davies E B，Wardlaw J，Morriss R，et al. An experimental study exploring the impact of vignette gender on the quality of university students' mental health first aid for peers with symptoms of depression[J]. BMC Public Health，2016，16：187－188.

[27] Jorm A F，Nicholas A，Pirkis J，et al. Quality of assistance provided by members of the Australian public to a person at risk of suicide：associations with training experiences and sociodemographic factors in a national survey[J]. BMC Psychiatry，2019，19(1)：1－7.

[28] Yap M B H，Reavley N J，Jorm A F，Intentions and helpfulness beliefs about first aid responses for young people with mental disorders：Findings from two Australian national surveys of youth[J]. Journal of Affective Disorders，2012，136(3)：430－442.

[29] Barrowclough C，Ward J，Wearden A，et al. Expressed emotion and attributions in relatives of schizophrenia patients with and without substance misuse [J]. Social Psychiatry and Psychiatric Epidemiology，2005，40(11)：884－891.

[30] Yap M B H，Wright A，Jorm A F. First aid actions taken by young people for mental health problems in a close friend or family member：Findings from an Australian national survey of youth[J]. Psychiatry

Research, 2011, 188(1): 123 - 128.

[31] Siegel J T, Alvaro E M, Crano W D, et al. Increasing social support for depressed individuals[J]. Journal of Health Communication, 2012, 17: 713 - 732.

[32] Ruybal A L, Siegel J T. Increasing social support for women with postpartum depression: An application of attribution theory[J]. Stigma and Health, 2017, 2(2): 137 - 156.

[33] Muschetto T, Siegel J T. Attribution theory and support for individuals with depression: The impact of controllability, stability, and interpersonal relationship [J]. Stigma and Health, 2019, 4 (2), 126 - 135.

大学生应对方式与心理健康水平的关系：
希望感的中介作用

李永慧

华东理工大学

【摘要】目的：研究大学生应对方式及心理健康状况、希望感之间的相互关系。方法：采用《中国大学生心理健康量表》《大学生希望感测评量表》和《大学生简易应对方式量表》，对600名大学生的希望感、心理健康水平、应对方式进行施测，分析它们之间的影响关系模型。结果：大学生希望感与其心理健康状况存在显著负相关（$r=-0.432^{**}$）；大学生希望感与其积极应对方式呈显著正相关（$r=0.617^{**}$），与其消极应对方式呈显著负相关（$r=-0.585^{**}$）；大学生心理健康水平与其积极应对方式呈显著负相关（$r=-0.513^{**}$），与其消极应对方式呈显著正相关（$r=0.438^{**}$）。对不同心理健康水平被试的希望感得分和应对方式得分进行比较，高心理健康组希望感得分（5.2 ± 1.37）远高于低心理健康组得分（2.38 ± 0.92），且存在显著性差异。高心理健康组的积极应对方式得分（2.21 ± 0.55）远高于低心理健康组的积极应对方式得分（1.31 ± 0.42），消极应对方式得分（1.04 ± 0.43）远低于低心理健康组的消极应对方式得分（1.75 ± 0.37），并存在显著性差异。中介效应检验显示大学生心理健康状况不仅直接作用于大学生的应对方式，而且通过希望感间接作用于应对方式。结论：心理健康状况良好的大学生希望感较高，他们时常能够采取积极的应对方式。大学生心理健康水平直接影响其应对方式，而且通过希望感间接影响其应对方式。

【关键词】希望感；心理健康；应对方式；相关分析；中介作用

随着社会的发展和进步，来自社会各方面的压力使得人们对心理健康的关注越来越高。对于心理和思想尚未成熟的大学生群体，更容易产生思想困惑和心理问题。保持心理健康是大学生顺利完成学业，适应社会的基本需求。专家指出提高大学生心理健康水平取决于采取有效的健康指导和健康教育对策，但有效对策的提出依赖于对心理问题的准确判断和评价。关于大学生心理健康的评价标准，国内外学者都指出心理健康具备多层次性，应该从多视角，多方面综合评价。郑日昌等于 2005 年编制的《中国大学生心理健康量表》是症状筛选量表，侧重于从适应和状态的角度来筛查心理健康。[1]该量表对大学生心理健康水平进行测量主要集中在躯体化、抑郁、焦虑、强迫、偏执、精神病倾向、性心理、自卑、依赖、冲动，还包括人际关系维度上的退缩和攻击行为，共 12 个维度。该量表能准确区别大学生的心理状态和心理特质，注意适应与发展的结合。

Snyder 等人提出的希望理论认为，希望是"个体对自己能找到实现目标的有效途径的认知和信念（途径策略），以及个体能激发自己沿着设定目标方向行进的动机的认知和信念（动力意识）"。[2]大量的研究表明，希望是个体预防心理疾病和应对压力的重要心理资源。基于 Lazarus 的研究，大学生希望感与其心理健康状况存在显著正相关特性。[3]Schrank 的研究发现，高希望感患者能够积极寻求治疗，并能用更加乐观的态度去应对。[4]Moghimian 研究发现，当大学生面对压力源时，高希望感大学生能够更加灵活地应对问题，并能寻求更多方法途径来处理问题，较少产生不切实际的妄想和社会退缩以及自我批评。[5]Feldman 等人的研究发现希望能积极预测生活意义。[6]临床心理学家指出，希望可以缓解个体在遭受创伤和面对压力时受到的伤害。[7]同时，高希望感个体有更高的生活满意度，更低的焦虑和抑郁情绪。[8,9]通过希望干预增强大学生希望感可有效减少大学生的适应不良，促进大学生的认知能力、积极关系以及心理弹性。[10]应对方式是个体在应对过程中对事件认知评价后所形成的明确的应对活动，是个体适应环境并形成健康心理的重要诱因。[11,12]之前的研究已经证明个体的应对方式与心理健康之间有着密切的关系[13-15]，健康的心理状态有助于大学生采用积极的应对方式[16]。综合分析现有的科技文献，发现之前的心理健康研究多针对大学生心理健康与其应对方式二者的相关研究层面上，较少有对心理健康水平如何通过希望感影响应对方式的系统性研究。本研究旨在分析大学生心理健康水平是如何通过其希望感影响其应对方式，并建立大学生健康心理以希望感为中介作用影响大学生应对方式的链式模型，为培育大学生积极心理品质，提升大学生心理健康水平、改善大学生应对方式提供理论保证。

一、研究过程与方法

（一）研究对象

本研究采用分层随机抽样的方法，选取上海市 3 所高校，学校选择考虑文理类大学与理工类大学均衡，同时包含了 985 重点大学、211 大学和普通大学三个层次，调查对象选择大一到大三的在校学生，年龄介于 18～24 岁之间，共发放问卷 600 份，其中男生 300 人，女生 300 人。剔除部分无效问卷，回收有效问卷 525 份，回收有效率为87.5％。样本构成情况如表 1 所示。

表1　被试的人口学统计变量

被试人口学统计表											
年级	人数	性别	人数	专业	人数	兄妹情况	人数	户籍	人数	工作类型	人数
大一	155	男	265	文科	138	独生子女	355	省会	133	当过学生干部	299
大二	188			理科	78	兄妹2人	137	地市	203		
大三	182	女	260	工科	288	兄妹3人	33	乡镇	93	没当过学生干部	226
				艺体	21			农村	96		

（二）研究工具

本研究采用三个心理测量量表对大学生希望感、心理健康以及应对方式进行测量。第一部分采用郑日昌等于2005年编制的《中国大学生心理健康量表》，包含12个维度，每个维度分别有8个问题项，共96个问题项，再补充4个测谎题，完整问卷共包含100个问题项。采用Likert5点计分法，在题目正向计分的情况下，得分越高，心理健康水平越差。第二部分是自编《大学生希望感测评量表》[17]，该量表包含高校大学生关注的六个不同生活领域，每个生活领域都包含实现希望的方法途径和动力意识两个特征因子，与每个生活领域希望感有关的问题项有8个，其中4个与方法途径有关，4个与动力意识有关，完整量表共包含48个计分项，采用Likert7点计分法。量表的内部一致性信度Cronbach's α 系数 = 0.729，量表信效度较高。第三部分采用汉化改编的《大学生简易应对方式量表》[18]，该量表为自评量表，由20个问题组成，采用多级评分，其中积极应对分量表为1～12题，消极应对分量表为13～20题。采用4点计分法，"0"分为"不采取任何应对方式"，"1"分为"偶尔采取一些应对方式"，"2"分为"有时采取一些应对方式"，"3"分为"经常采取一些应对方式"。该问卷内部一致性检验全量表信度系数为0.84，积极应对量表信度系数为0.89，消极应对量表的系数为0.78，信效度良好。

（三）数据处理

所有数据采用统计软件SPSS V19.0进行录入和处理，统计分析方法主要包括均值比较分析、相关分析、分组对比检验和中介效应检验。

二、研究结果

（一）大学生希望感现状

调查发现，大学生希望感途径策略因子得分均值为3.92，而各因子得分从高到低的生活侧面依次为社交友谊、课程学习、职业发展、情感生活、家庭氛围、休闲娱乐。大学生综合希望感动力意识因子得分均值为3.95，而各因子得分从高到低的生活侧面依次为社交友谊、课程学习、职业发展、情感生活、家庭氛围、休闲娱乐。从统计学的标准来看大学生希望感状况处于中等水平，而希望途径策略得分总是低于动力意识得分，详细数据见表2。

表 2　大学生希望感总体得分状况表($n=525$)

大学生关注生活领域	途径策略得分	动力意识得分
社交友谊	4.12 ± 1.02	4.37 ± 1.12
课程学习	4.03 ± 0.98	4.07 ± 1.17
职业发展	3.97 ± 1.23	4.03 ± 1.06
情感生活	3.92 ± 1.12	4.01 ± 0.97
家庭氛围	3.73 ± 1.17	3.77 ± 1.19
休闲娱乐	3.73 ± 1.21	3.75 ± 1.14
大学生总体希望感	3.92 ± 0.74	3.95 ± 0.81

　　数据结果还显示：45.3%的被试处于"较低希望感"状态（即：大学生希望感两因素总得分值均值小于3.5），5.0%的被试处于"低希望感"状态（大学生希望感两因素总得分值均值小于等于2.5），39.7%的被试处于"较高希望感"状态（即：大学生希望感两因素总得分值均值大于4），10%的被试处于"高希望感"状态，大学生希望感两因素总得分值均值大于等于5）。

（二）大学生心理健康状况

　　调查发现，大学生心理健康状况总得分均值为2.27，大学生心理健康状况得分越高，心理健康状况越差。大学生心理健康状况在不同心理维度上的得分从高到低依次为强迫、焦虑、偏执、依赖、攻击、自卑、抑郁、冲动、退缩、躯体化、性心理和精神病倾向。从统计学的标准来看大学生心理健康状况处于中等偏上水平，详细数据见表3。

表 3　被试心理健康状况得分描述性统计结果($n=525$)

大学生心理健康维度	得 分 均 值	标 准 差
强迫	2.69	± 0.29
焦虑	2.68	± 0.29
偏执	2.61	± 0.31
依赖	2.59	± 0.27
攻击	2.51	± 0.35
自卑	2.50	± 0.34

续　表

大学生心理健康维度	得 分 均 值	标 准 差
抑郁	2.46	±0.27
冲动	2.46	±0.25
退缩	2.03	±0.23
躯体化	1.80	±0.17
性心理	1.53	±0.14
精神病倾向	1.40	±0.12
大学生总体心理健康	2.27	±0.11

（三）大学生应对方式现状

调查发现，大学生积极应对得分均值为 1.93，大学生消极应对得分均值为 1.19，从统计学的标准来看大学生的应对方式处于中等偏上水平，详细数据见表 4。

表 4　被试应对方式得分描述性统计结果($n=525$)

应 对 方 式	得 分 均 值	标 准 差
积极应对	1.93	±0.47
消极应对	1.19	±0.52

（四）大学生心理健康水平与其希望感、应对方式之间的相关分析

为探索大学生心理健康状况与其希望感、应对方式之间的相互关系，对大学生的心理健康水平、希望感和应对方式进行 Spearman 相关分析，结果显示，心理健康与其希望感两因子之间存在着显著的负相关，即大学生希望感越高，其心理健康得分越低，心理健康状况越好。心理健康与其积极应对方式之间存在显著负相关，心理健康与其消极应对方式之间存在显著正相关；希望感与其积极应对方式之间存在显著正相关，希望感与其消极应对方式之间存在显著负相关。详细数据见表 5。

表 5　大学生心理健康状况、大学生希望感与应对关系的相关分析($n=525$)

	M±SD	心理健康	希望感	积极应对方式	消极应对方式
心理健康	2.27±0.11	—			
希望感	3.94±0.74	−0.432**	—		
积极应对方式	1.93±0.47	−0.513*	0.617*	—	
消极应对方式	1.19±0.52	0.438**	−0.585**	−0.943**	—

注：$* P<0.05$，$** P<0.01$。

（五）高心理健康水平大学生与低心理健康水平大学生的希望感和应对关系对比分析

为更加明确界定大学生心理健康水平与其希望感和应对方式的相互关系，依据大学生心理健康量表测评得分，从最低分开始，按照心理健康水平得分由低到高选取5％作为"高心理健康水平大学生"共25名作为大学生"高心理健康"组，从最高分开始，按照心理健康水平得分由高到低选取5％的"低心理健康大学生"共25名作为大学生"低心理健康组"，进行大学生希望感和应对方式差异性 T 检验，检验结果如表6。

表6 大学生心理健康两组间希望感和应对关系对比（$\bar{X} \pm s$）

项　　目	高心理健康组（$N = 25$）	低心理健康组（$N = 25$）	T 值	P 值
希望感	5.2 ± 1.37	2.38 ± 0.92	3.874^{**}	0.007
积极应对	2.21 ± 0.55	1.31 ± 0.42	2.311^{*}	0.018
消极应对	1.04 ± 0.43	1.75 ± 0.37	-1.875^{*}	0.032

注：$**$ $P<0.01$；高心理健康组和低心理健康组在希望感上存在显著性差异。$*$ $P<0.05$；高心理健康组和低心理健康组在应对方式上（积极应对、消极应对）存在显著性差异。

通过比对选取的高心理健康组大学生和低心理健康组大学生的希望感得分，发现高心理健康组得分远高于低心理健康组得分，均值对比 T 检验 $P<0.01$，存在显著性差异，表明高心理健康组大学生希望感显著好于低心理健康组大学生。通过比对高心理健康组大学生和低心理健康组大学生的应对方式水平得分，发现心理健康组的积极应对方式得分远高于低心理健康组的积极应对方式得分，高心理健康组的消极应对方式得分远低于低心理健康组的消极应对方式得分，均值对比 T 检验 $P<0.05$，表明高心理健康组大学生应对方式显著好于低心理健康组大学生的应对方式。

（六）希望感在大学生心理健康与大学生应对方式之间的中介作用

为检验希望感是否在心理健康水平和应对方式之间起中介作用，采用中介效应检验系数乘积法中的不对称置信区间法的中介效应检验程序—偏差校正的百分位Bootstrap法进行数据分析，使用 Hayes 编制的 SPSS 宏 PROCESS，通过反复抽取5 000个 Bootstrap 样本估计中介效应的95％置信区间，在控制性别、年级、专业、户籍等人口学变量的条件下，进行中介效应检验。

回归分析结果表明，模型1中，心理健康水平能显著负向预测大学生的希望感，当心理健康水平和希望感同时进入回归分析时，心理健康水平和希望感都能显著预测大学生的积极应对方式。模型2中，当心理健康水平和希望感同时进入回归分析时，心理健康水平和希望感都能显著预测大学生的消极应对方式。详细数据见表7。

表 7　中介作用分析中的回归分析

	结果变量	预测变量	R	R²	β	Bootstrap 下限	Bootstrap 上限	t
模型 1	希望感	心理健康	0.432	0.417	-0.762	-0.772	-0.751	-96.189**
	积极应对	心理健康	0.513	0.502	-0.879	-0.883	-0.873	-229.467**
	消极应对	心理健康	0.409	0.167	0.621	0.522	0.721	73.897**
模型 2	积极应对	心理健康 X 希望感	0.654	0.587	-0.788 0.119	-0.847 0.043	-0.725 0.2	-38.2** 4.47**
模型 3	消极应对	心理健康 X 希望感	0.425	0.181	0.386 -0.308	0.18 -0.532	0.567 -0.058	3.66** -2.26**

注：** $P<0.01$；模型中各变量均采用均值带入回归方程。

研究结果还表明，希望感在心理健康和应对方式之间起着显著的中介作用，详细数据见表 8。

表 8　希望感在心理健康和应对方式之间的中介作用检验

路　　径	间接效应值	95% 的置信区间	中介效应量
心理健康—希望感—积极应对方式	0.090**	[-0.15，-0.03]	11%
心理健康—希望感—消极应对方式	0.235**	[0.043，0.41]	37.8%

注：** $P<0.01$；依照温忠麟等建议，中介效应的效果报告：中介效应/总效应[19]。

三、讨论

通过本研究结果可以看到，大学生普遍存在对自身发展的期望，当个人发展目标不能实现，大学生的希望感就会降低，对其心理健康状况造成一定的影响，同时也会影响到他们面临问题时的应对方式。

（一）被调查大学生希望特质得分属于中等偏上水平

当前社会竞争日益激烈，大学生要面临的问题越来越多，承受着来自各方面的压力，存在一定的焦虑和抑郁，从而影响他们的自信心和希望感。究其原因，大学生年龄通常在 18～24 岁之间，主要面临学习压力、职业发展、情感发展、社会适应等挑战。他们的普遍感受是缺乏支持、压力较大、社交圈较小、情感发展以及对未来的职业发展充满很多不确定性。低希望感大学生认为即使认真努力地学习，但还是容易产生缺少发展机会、很难达成目标的感受。因此，教育者在心理健康教育中应重视希望心理资本的开发，帮助大学生设定具体的目标、计划，生涯路径等，激发其动力，充分发挥希望感效能,促进大学生个体成长、学业成才以及心理健康发展。

（二）大学生心理健康状况与其希望感显著相关

大学生希望感与心理健康得分之间存在着显著的负相关,即大学生希望感越高,其心理健康水平越好。大学生缺少希望感体验,容易发生心理健康问题。希望感水平较低的大学生在强迫、焦虑、依赖、退缩与精神病倾向方面表现明显。基于积极心理学希望理论,如果个体时常处于低希望感体验中,容易导致心理压力,以至损害个体心理健康状况。在学习生活中,如果自己的发展目标总是不能达成,就容易导致焦虑、抑郁等负面情绪,引起神经系统和内分泌系统的紊乱并影响个体心理健康状况。Snyder 研究发现当个体希望感缺失,将会出现自信减少、激情消散、在实现目标的过程中人为设定障碍、抗压力和耐挫折感降低等表现。究其原因：首先,大量研究表明个体希望感是对抗和预防心理、生理病患的重要心理资本。希望感促使个体相信目前的困难一定可以改变,从而增强个体面对困境的勇气。他们多采用幽默积极的方式来处理生活中面临的困境或压力,对未来充满乐观,行为积极健康。[20]其次,希望感是个体适应环境的重要保护资源,希望感能缓解个体在遭受创伤和面对压力时可能受到的心理伤害。[21]高希望感个体具有更强的免疫系统、更好的适应和调节力,针对身体意外伤害和慢性疾病康复较快。高希望感个体能够积极面对和处理各种问题,因而他们的抑郁和焦虑水平较低,心理健康状况较好。[18]

（三）大学生应对方式与其希望感显著相关

大学生希望感水平与其积极的应对策略呈现显著的正相关特性,与消极的应对策略呈现显著的负相关特性。证明希望感越高的人,越能采取积极的应对策略,感受到的学习压力较小。依据 Snyder 希望理论,个体希望感与个体对自身资源的判断相关,希望途径因素是个体所掌握的解决问题的认知和行为策略,高希望感个体容易产生多途径策略,从而使个体容易感知到更多处理问题的方法,因此就能够采取积极的应对策略,对自身的应对充满信心。另一方面,希望感通过目标导向—利益认知评价影响个体的应对方式,个体希望感对个体在应对过程中的目标利益、应对环节以及应对结果具有显著的影响作用。国内学者陈洁、陈海贤对贫困大学生的希望感进行研究,结果表明个体的希望感通过对个体应对方式的影响促使个体的幸福感和情绪体验发生变化。[22]究其原因,希望具有"压力缓冲器功能",大学生在面对众多应激源、自身处于逆境、遭遇挫折、面对困难的情况下,高希望感个体能够激发更加积极正向的应对,降低个体的负面情绪。

（四）大学生心理健康状况与其应对方式显著相关

积极应对与心理问题呈负相关,消极应对与心理问题呈正相关。说明心理健康水平高的个体,多采用积极应对方式,低心理健康水平大学生,更易于采用消极应对方式。[18]。进一步分析表明,积极应对会加强大学生的心理健康水平,消极应对则会降低大学生的心理健康水平。教育者在心理健康教育实践中应加强指导和矫正大学生应对方式,提升大学生对应激事件的积极态度和应对策略,及时认知并消除消极的应对策略和方法,提高大学生心理健康水平。

（五）高心理健康水平大学生的希望感和应对方式与低心理健康大学生存在显著性差异

高心理健康水平大学生的希望感高于低心理健康水平大学生。高希望感大学生的应对方式相比低希望感大学生,对应激事件持积极态度,能够采用积极的应对策略和应对方式,低希望感大学生对发生的应激事件多持消极态度,一般采用比较消极的应对策略和应对方式。这与相关性的研究结果是一致的[20]。进一步分析表明,高希望感个体的心理健康状况比较良好,一般都能够积极应对发生的一些应激事件,从而获得更加积极的结果,进一步增强个体的希望感,优化个体的心理健康水平,形成一个正向积极的循环反馈。低希望感个体的心理健康状况较差,对发生的应激事件多采用消极的应对方式,收获的结果都不太理想,从而降低了个体的希望感,更加影响了个体的心理健康状况,形成一个负向消极的循环反馈。因此教育者在心理健康教育实践中要不断提升大学生的希望感,增强大学生对应激事件的积极态度和应对策略,提高大学生心理健康水平。

（六）大学生应对方式受到其心理健康状况的直接影响,也受到希望感的间接影响

本研究中,大学生心理健康状况不仅直接作用于大学生的应对方式,而且还通过希望感间接地作用于应对方式,高心理健康水平大学生能够产生更多的希望感,随着希望感的提升,大学生采取积极应对方式的能力也不断提高,这主要是因为大学生良好的心理健康状况容易形成积极的人格,希望感得到培养,解决问题的能力提高,大学生对在学校遇到的各种应激事件都能较好应对,因而采用积极应对方式的心理倾向也逐渐增强。

四、结论

总之,大学生希望感、心理健康状况与其积极、消极应对方式相互影响,大学生心理健康水平越好,其希望感越高,大学生面对应激事件更容易采取积极的应对方式。大学生心理健康状况越差,更容易采用消极应对方法。通过对样本组间的希望感得分和应对方式得分均值进行比较,高心理健康组希望感得分远高于低心理健康组得分,高心理健康组积极应对方式得分远高于低心理健康组的积极应对方式得分,高心理健康组消极应对方式得分远低于心理健康组的消极应对方式得分,而且 T 检验均存在显著性差异。通过分析希望感在心理健康和应对方式之间的中介作用,表明大学生心理健康状况不仅直接作用于其应对方式,而且还通过希望感间接的作用于应对方式。综上,心理健康状况良好的大学希望感高,且经常采用积极应对方式。

参考文献：

［1］郑日昌,邓丽芳,张惠华,郭召良.《中国大学生心理健康量表》的编制[J].心理与行为研究,2005,(2)：102-108.

［2］Lopez S J，Snyder C R，Pedrotti J T. Hope：many definitions，many measures. In Lopez SJ，Snyder CR. Positive psycho-logical assessment：A handbook of models and measures［J］. American Psychological Association，2002，91-107.

［3］Lazarus R S. Hope：An Emotion and Vital Coping Resource Against Despair[J]，Soc Res 1999，66 (2)：653-660.

［4］Schrank B，Bird V，Rudnick A，Slade M. Determinants，self-management strategies and interventions for hope in people with mental disorders[J]. Systematic search and narrative review. Social science and medicine，2012，74(4)：554-564.

［5］Moghimian M，Salman F. The Study of correlation between spiritual well-being and hope in cancer patients referring to Seyyedo Shohada Training—Therapy Center of Isfahan university of medical sciences[J]. Qom University of Medical Sciences Journal，2012，(3)：40-45.

［6］Feldman D B，Dreher D E. Can hope be changed in 90 minutes? Testing the efficacy of a single-session goal-pursuit intervention for college students[J]. Journal of Happiness Studies，2012,(4)：745-759.

［7］何瑾,樊富珉.希望干预改善大学新生学习适应效果[J].中国临床心理学杂志,2015,23(4)：313-318.

［8］Feldman D B，Snyder C R. Hope and the meaningful life：Theoretical and empirical associations between goal-directed thinking and life meaning[J]. Journal of Social and Clinical Psychology，2005，(3)：401-421.

［9］Arnau R C，Rosen D，Finch J F，et al. Longitudinal effects of hope on depression and anxiety：A latent variable analysis[J]. Journal of Personality，2007，2：43-63.

［10］Berg C J，Rapoff M A，Snyder C R，Belmont J M. The relationship of children's hope to pediatric asthma treatment adherence[J]. Journal of Positive Psychology，2007，2：176-184.

［11］Ebata AT，Moos RH. Coping and adjustment in distressed and healthy adolescents[J]. J Appl Develop Psychol，1991，17：33-54.

［12］梁宝勇.应对研究的成果、问题与解决办法[J].心理学报,2002,34(6)：643-650.

［13］Shaikh BT，Kahloon A，Kazmi M，et al. Students stress and coping strategies a case of pakistani medical school[J]. Educ Health (Abingdon)，2004，(3)：346-353.

［14］Senol Durak E，Durak M，Zlem Elagz F. Testing the psychometric properties of the ways of coping questionnaire（WCQ）in turkish university students and community samples［J］. Clin Psychol Psychother，2011，18：172-185.

［15］贾文华.农村留守儿童人格特征、应对方式与心理适应性关系[J].心理科学,2012,(1)：142-147.

［16］吴素梅,郑日昌.广西高师学生应对方式与心理健康[J].中国心理卫生杂志,2002,12：862-863.

［17］李永慧.华东师范大学博士学位论文——大学生状态性希望及其干预研究[M].上海：华东师范大学,2017：191-193.

［18］解亚宁.简易应对方式量表信度和效度的初步研究[J].中国临床心理学杂志,1998,(2)：114-115.

［19］温忠麟,叶宝娟.中介效应分析：方法和模型发展心理科学进展[J],2014,(5)：731-745.

［20］ Arnau R C，Rosen D H，Finch J F，et al. Longitudinal effects of hope on depression and anxiety：A latent Variable analysis. *Journal of personality*，2007，75(1)，43－64.

［21］ Snyder C R，Harris C，Anderson J R，et al. The will and the ways：Development and validation of an individual differences measure of hope［J］. *Journal of Personality and Social Psychology*，1991，60：570－585.

［22］ 陈海贤.贫困大学生希望特质、应对方式与情绪结构方程模型研究［J］.中国临床心理学杂志，2008，(4)，392－394.

大学生"自伤—抑郁"的异质性分类及人际因素的预测作用[①]
——基于潜在剖面分析

李佳璟　蒋家丽　李子颖　雷秀雅

北京林业大学

【摘要】目的：考查大学生"非自杀性自伤—抑郁"的异质性潜在类别，并检验四种主要人际因素（亲子关系、师生关系、同伴关系、宿舍关系）对潜在类别的预测作用。方法：通过方便取样，对969名大学生进行自我伤害问卷等量表的施测，对其非自杀性自伤和抑郁得分进行潜在剖面分析，并采用多元logistic回归分析进一步探讨人际关系因素的预测作用。结果：潜剖面分析结果支持5个潜在类别的模型；多元logistic回归发现，亲子关系、师生关系、同伴关系、宿舍关系对大学生"非自杀性自伤—抑郁"的异质性分类具有显著的预测作用。结论：大学生非自杀性自伤、抑郁存在5种异质性的潜在类别，多种人际关系是其重要的预测因素。

【关键词】大学生；非自杀性自伤；抑郁；人际关系；潜在剖面分析

非自杀性自伤(non-suicidal self-injury，NSSI)，即个体在没有自杀意图的前提下，有意、反复地损害自己身体的行为[1]，11.6%～39.9%的大学生报告曾有自伤史[2-4]。抑郁主要是以情绪低落为主的负性情绪波动，表现为心境长期处于低落状态[5]，被称为21世纪的"流行性感冒"[6]，大学生的平均检出率超过30%且呈逐年上升趋势[7-9]。近年来，因非自杀性自伤和抑郁具有极高的流行性与危险性[9-12]，引起了社会各界者的广泛关注[13]。早期的横断研究一致发现非自杀性自伤和抑郁间存在高相关性和高共病性[14,15]，因此，对二者关系的探究有助于更深一步探讨非自杀性自伤和抑郁的预防及干预，有至关重要的现实意义。

非自杀性自伤和抑郁二者因果关系的方向性始终存在争论，大量理论及实证研究证明抑郁作为一种负性情绪可以导致非自杀性自伤行为的发生，然而，近年来，不

---

① 基金项目：北京林业大学教师科学研究中长期项目——积极心理学视角下大学生心理健康有效体系构建，项目编号：2021ZCQ01。

断有研究发现,非自杀性自伤行为可以预测较短时间(数小时内)及较长时间(6个月～2年)抑郁症状的加重[16,17]。一项探究抑郁和自伤相关性的元分析进一步表明二者仅存在相关关系,并无因果关联[18]。对于上述现象,Marshall 等指出,不同的青少年群体间"抑郁状态和非自杀性自伤行为"的水平和发展可能存在显著差异,传统的研究可能忽略了不同群体间的异质性。

目前,有关非自杀性自伤和抑郁的研究多是将被试群体看作一个同质性群体,只能在变量层面对个体抑郁和非自杀性自伤的关系进行探讨,忽略了二者的联合水平及发展的个体差异性,欠缺对"非自杀性自伤—抑郁"的群体异质性的分析。加之,非自杀性自伤、抑郁的青少年之间的异质性可能会随着年龄的增长而增加[19],大学生个体非自杀性自伤与抑郁的异质性会更为复杂。因此,本研究拟从个体中心的视角探究大学生"非自杀性自伤—抑郁"的异质性分类。

人际关系因素是影响大学生非自杀性自伤和抑郁水平及发展的关键性预测因素。一方面,根据抑郁的人际关系理论[20]和非自杀性自伤的功能模型[21],人际因素在二者的发生发展中都发挥着重要作用。另一方面,大学生正处于青少年晚期到成人早期的过渡阶段,大学阶段相对于中学阶段环境更加复杂,大学生在人际关系等各方面面临更为艰巨的挑战,容易产生强烈的情绪波动与不良的心理状态[22],这也可能是人际关系因素加剧二者异质性的主要原因。

近年来,在心理学、精神病学等诸多领域中开始采用的潜在剖面分析(latent profile analysis,LPA)对变量的异质性群体进行分类。本研究拟采用探索性潜在剖面分析对大学生的非自杀性自伤及抑郁的异质性关系进行研究,并探究四种主要人际关系因素在大学生非自杀性自伤、抑郁的异质性的预测作用,为大学生心理健康教育及咨询提供依据和对策。

一、对象与方法

(一)研究对象

本研究采取随机抽样的策略,面向北京市某 211 高校在校学生发放问卷。调查最初共收回全部作答问卷 969 份,经筛选后最终得到有效大学生问卷 942 份,问卷有效率为 97.21%。被试人口学信息如表 1 所示。

(二)研究工具

1. 非自杀性自伤

采用 Gratz 于 2001 年编制的自我伤害问卷(Deliberate Self-Harm Inventory,DSHI)[1],本研究中该问卷的内部一致性系数为 0.94。

2. 抑郁

采用中文版简版流调中心抑郁量表(CES-D)[27],本研究中该问卷的内部一致性信度系数为 0.88。

表 1 被试人口学信息统计表

人口学变量	被试数量（占比）
性别	
男	475(50.4%)
女	467(49.6%)
年级	
大一	215(22.8%)
大二	262(27.8%)
大三	241(25.6%)
大四	112(11.9%)
研究生	112(11.9%)

3. 亲子关系

采用由 Furman 与 Buhrmester 于 2008 年编制、孔篍修订的关系质量量表（Relationship Quality Version，RQV）[28]，分量表内部一致性系数分别为 0.91、0.92。

4. 师生关系

采用由乔红晓于 2014 年编制的感知教师情感支持问卷评估学生的师生关系[29]，分量表内部一致性系数在 0.68 到 0.86 之间。

5. 同伴关系

采用魏运华于 1998 年编制的同伴关系满意度测量工具测量被试的同伴关系[30]，分量表内部一致性系数在 0.73 到 0.86 之间。

6. 宿舍关系

采用蒋丹于 2011 年编制的大学生宿舍人际关系问卷测量被试的宿舍关系[31]，本研究中总量表内部一致性信度系数为 0.76。

（三）统计方法

本研究首先进行程序控制：包括匿名作答、预施测后修改容易引起疑惑的语句等。统计控制上，采用 Harman 单因素检验[32]，结果表明，因素分析后得到 35 个特征根大于 1 的因子，第一个因子解释的变异量为 17.91%，远小于 40%的临界值。对数据采用潜在剖面分析方法对大学生非自杀性自伤和抑郁的类型进行划分[33]。基于潜在剖面分析对大学生非自杀性自伤和抑郁的分类，应用多元 logistic 回归分析考察不同人际关系因素对抑郁-非自杀性自伤潜在类别的预测作用。

二、结果分析

（一）潜在剖面分析结果

不同类别数目的潜在剖面模型拟合指数如表 2 所示，其中，5 类别模型为最佳模型。Entropy 值大于 0.9，代表分类精准度大于 90%，说明潜在类别分类模型的结果是可信的。

表 2 不同大学生非自杀性自伤—抑郁潜在剖面模型拟合指标

Model	k	AIC	BIC	aBIC	Entropy	LMR	BLRT
1	4	12 822.651	12 842.043	12 829.339			
2	7	11 887.711	11 921.647	11 899.416	0.997	0.007 1	<0.001
3	10	11 589.189	11 637.669	11 605.910	0.991	0.445 8	<0.001
4	13	11 284.976	11 348.000	11 306.713	0.980	0.108 7	<0.001
5	**16**	**11 064.493**	**11 142.061**	**11 091.246**	**0.919**	**0.005 1**	**<0.001**
6	19	10 876.140	10 968.252	10 907.909	0.973	0.083 5	<0.001

注：k，自由估计的参数数目。

大学生非自杀性自伤和抑郁的五种潜在类别各自占总体的比例及五种潜在类别大学生在非自杀性自伤和抑郁的应答概率见图 1。

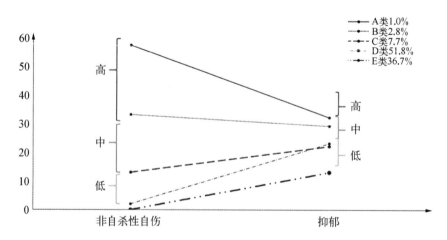

图 1 五种潜在类别在大学生"非自杀性自伤—抑郁"的应答概率

各类型大学生的非自杀性自伤水平和抑郁水平特点如表 3 所示。

表3 各潜在剖面亚组的特征分析

潜在剖面亚组	N	占比	抑郁总分范围	自伤总分范围	拟合抑郁总分	拟合自伤总分	抑郁水平	自伤水平
A	9	1.0%	(24, 40)	(46, 73)	35	47	高	高
B	26	2.8%	(19, 39)	(23, 44)	27	33	中	高
C	73	7.7%	(8, 22)	(11, 37)	18	12	低	中
D	488	51.8%	(19, 37)	(0, 8)	21	2	低~中	低
E	346	36.7%	(10, 19)	(0, 4)	11	0	低	无~低

（二）人际关系因素对大学生"非自杀性自伤—抑郁"潜在分类的预测作用

以"A类"为参照组，考察何种人际因素导致青少年更可能属于"B类""C类""D类"或"E类"。逻辑回归如表4所示。

表4 不同人际关系因素对非自杀性自伤—抑郁潜在剖面亚组的逻辑回归分析

预测变量	OR[95%CI]			
	B 类	C 类	D 类	E 类
亲子关系	0.89***[0.87, 0.91]	0.91***[0.92, 0.98]	0.81***[0.76, 0.87]	0.82***[0.75, 0.90]
师生关系	0.95***[0.93, 0.97]	0.92***[0.89, 0.94]	0.93***[0.89, 0.97]	0.96[0.89, 1.03]
同伴关系	0.96*[0.93, 0.99]	0.95*[0.91, 0.99]	0.95[0.90, 1.01]	0.91*[0.83, 0.99]
宿舍关系	0.95**[0.92, 0.98]	0.98[0.93, 1.03]	0.93[0.86, 1.00]	0.86*[0.76, 0.98]

注：*** $p<0.001$，** $p<0.005$，* $p<0.05$。

三、讨论

（一）大学生非自杀性自伤、抑郁的潜在类别特征及其异质性

本研究发现，大学生非自杀性自伤和抑郁存在明显的异质性分类特征，统计指标支持5种潜在类别的划分，研究结果表明大学生群体非自杀性自伤和抑郁之间的关系相比简单的同步发展更为复杂，且呈现出较高的异质性，这与前人的推测一致[19]。

根据潜在类别的分布比例可以得出，"A类"占比37.9%，此类别大学生完全不受非自杀性自伤行为与抑郁状态困扰。"B类"的大学生占比50.7%，表明非自杀性自伤水平相对较低但处于中等水平抑郁状态的大学生占比最高，证实抑郁问题已经成为大学生最严重的心理问题之一[22]，同时，这一结果表明非自杀性自伤行为并非抑郁情绪的必然行为结果，而抑郁情绪是否会进一步引发非自杀性自伤行为需要进一步的追踪研究。"C类""D类"和"E类"的大学生分别占比7.7%、2.7%和1%，占学生

总体的 11.4% ,这部分学生属于风险较高的类别,应该引起教育者足够的关注及心理干预。

潜在剖面分析结果的意义在于,以往对大学生非自杀性自伤和抑郁关系的研究多是将学生群体同质化,并针对指标和变量进行相关分析或模型构建,而本研究则以大学生个体为中心,根据个体非自杀性自伤和抑郁划分成 5 个异质性的潜在类别。研究证实,大学生非自杀性自伤行为和抑郁状态存在内在的异质性。

(二)不同人际关系因素对大学生"非自杀性自伤—抑郁"的潜在类别的预测作用

研究结果表明,不同的人际关系因素,包括亲子关系、师生关系、同伴关系、宿舍关系,可能对大学生非自杀性自伤—抑郁的潜在剖面分组产生预测作用。

首先,相比参考类别"A 类"的学生,较差的亲子关系、师生关系、同伴关系、宿舍关系均对于占比最高的类别"B 类"具有显著的预测作用,这一结果符合抑郁的人际关系理论[37]。根据自伤的功能模型[21,38]指出,在缓解自身消极情感体验(如抑郁)方面,自伤行为具有"即刻有效"的特点,因此这一类别的大学生有自伤水平升高从而发展为其他类别的风险,因此,对其抑郁情绪进行及时干预是必要的。

其次,相比"A 类"的学生,亲子关系质量得分越高的大学生属于其他各类别的可能性越小,亲子关系对于各风险类别均具有显著的预测作用。过往研究指出,有家庭关系问题的青少年常常出现情绪问题,他们常常采用非自杀性自伤行为以得到情绪的释放并博取父母更多的关注[39]。因此,亲子关系质量作为家庭关系的重要体现,成为大学生非自杀性自伤和抑郁不同类别及发展情况中的关键因素。

再次,相比"A 类"的学生,感知教师支持得分越高的大学生属于"B 类""C 类""D类"的可能性越小。近年来,高校辅导员对学生的支持作用不断凸显,辅导员与学生的关系的相关研究也不断涌现[40],充分体现出师生关系对于当代大学生的重要意义。本研究进一步证实,师生关系对非自杀性自伤、抑郁潜在类别具有预测作用,这表明高校的师生关系对于学生的心理健康发展至关重要,应该引起教育者足够的重视。

最后,同伴关系和宿舍关系在大学生非自杀性自伤、抑郁的潜在类别中也起到预测作用。同伴关系在大学阶段主要表现为大学生与班级、社团同学的关系,过往研究表明,同伴关系能显著预测个体的自伤行为[41,42],同伴接纳能显著降低抑郁加重的风险[43],因此,结合本研究的发现可以推测,同伴关系是大学生非自杀性自伤、抑郁发展的重要预测因素。而宿舍关系则是在校大学生的首要近端因素,与抑郁显著负相关[44],其对于"E 类"的预测作用显著且相对较大,这一潜在类别风险最高,因此,干预宿舍关系对于防范心理危机事件的发生具有极其重要的作用,应该引起高校心理工作者的高度重视。

四、结论

(1)大学生的非自杀性自伤和抑郁具有异质性,存在五种潜在类别。

（2）亲子关系、师生关系、同伴关系、宿舍关系对大学生非自杀性自伤和抑郁异质性具有不同程度的预测作用。

参考文献：

［1］ Gratz K L. Measurement of Deliberate Self-Harm：Preliminary Data on the Deliberate Self-Harm Inventory［J］. Journal of Psychopathology and Behavioral Assessment，2001，23(4)：253 - 263.

［2］ Guérin-Marion C，Martin J，Deneault AA，et al. The functions and addictive features of non-suicidal self-injury：A confirmatory factor analysis of the Ottawa self-injury inventory in a university sample［J］. Psychiatry Research，2018，264：316 - 321.

［3］ Heath N，Toste J，Nedecheva T，et al. An examination of nonsuicidal self-injury among college students［J］. Journal of Mental Health Counseling，2008，30(2)，137 - 156.

［4］ 林琳，莫娟婵，王晨旭，等.冲动性和大学生自伤行为的关系：一个有调节的中介模型［J］.心理与行为研究,2017,(6)：824 - 832.

［5］ 王鑫,高艳红,王丹,等.心理干预对肿瘤患者围术期焦虑及抑郁的影响［J］.现代生物医学进展，2015,(6)：1120 - 1122.

［6］ 李云峰,罗质璞.抑郁症：神经元损伤与神经元再生障碍［J］.药学学报,2004,(11)：949 - 953.

［7］ 叶宝娟,朱黎君,方小婷,等.压力知觉对大学生抑郁的影响：有调节的中介模型［J］.心理发展与教育,2018,(4)：497 - 503.

［8］ 唐慧,丁伶灵,宋秀丽,等.2002—2011 年中国大学生抑郁情绪检出率的 Meta 分析［J］.吉林大学学报：医学版,2013,(5)：965 - 969.

［9］ 王蜜源,刘佳,吴鑫,等.近十年中国大学生抑郁症患病率的 Meta 分析［J］.海南医学院学报,2020,(9)：686 - 699.

［10］ Mummé T A，Mildred H，Knight T. How Do People Stop Non-Suicidal Self-Injury? A Systematic Review［J］. Archives of Suicide Research，2017，21(3)：47 - 489.

［11］ 周鄂生,QinPing,杨旭,等.中国大学生抑郁症和自杀行为的研究进展［J］.公共卫生与预防医学，2007,(2)：37 - 40.

［12］ Thippaiah S M，Nanjappa M S，Gude J G，et al. Non-suicidal self-injury in developing countries：A review［J］. International Journal of Social Psychiatry，2020，67 (4)：1 - 11.

［13］ Brown R C，Plener P L. Non-suicidal Self-Injury in Adolescence［J］. Current Psychiatry Reports，2017，19(3).

［14］ Lan T，Jia X，Lin D，et al. Stressful Life Events，Depression，and Non-Suicidal Self-Injury Among Chinese Left-Behind Children：Moderating Effects of Self-Esteem［J］. Frontiers in Psychiatry，2019，10：Article 244.

［15］ Wang Q，Liu X. Peer victimization，depressive symptoms and non-suicidal self-injury behavior in Chinese migrant children：the roles of gender and stressful life events［J］. Psychology Research and Behavior Management，2019，12：661 - 673.

［16］ Burke T A，Fox K，Zelkowitz R L，et al. Does Nonsuicidal Self-injury Prospectively Predict Change in Depression and Self-criticism? ［J］. Cognitive Therapy and Research，2018，43(2)：345 - 353.

［17］ Houben M，Claes L，Vansteelandt K，et al. The emotion regulation function of nonsuicidal self-injury：

a momentary assessment study in inpatients with borderline personality disorder features[J]. Journal of Abnormal Psychology，2017，126(1)：89‑95.

[18] 李珹妮，陈小龙，何恒，等.抑郁与非自杀性自伤相关性的 Meta 分析[J].南昌大学学报：医学版，2016，(6)：40‑45.

[19] Marshall S K，Tilton‑Weaver L C，Stattin H. Non‑Suicidal Self‑Injury and Depressive Symptoms During Middle Adolescence：A Longitudinal Analysis[J]. Journal of Youth and Adolescence，2013，42(8)：1234‑1242.

[20] Gotlib I H，Hammen C L. Handbook of depression[M] New York：Guilford Press，2008，322‑335，444‑460.

[21] Nock M K. Self‑Injury. Annual review of clinical psychology，2010，6：339‑363.

[22] 刘爱楼，刘贤敏.基于潜变量混合增长模型的大学生抑郁情绪的发展轨迹：3 年追踪研究[J].中国临床心理学杂志，2020，(1)：71‑75.

[23] 张黎，李亮，袁小钧，等.大学新生宿舍人际关系团体辅导效果分析[J].中国学校卫生，2018，(7)：1095‑1097.

[24] 吴水燕，李惠怡，彭蓉，等.大学生自尊对师生关系与学习倦怠的中介作用[J].中国学校卫生，2010，(8)：939‑941.

[25] 陶甜美.亲子关系与大学生自我和谐的相关研究[J].皖南医学院学报，2012，(6)：487‑490.

[26] 巫金根，陈雅莉.大学生同伴关系和自我表露对同伴间性话题沟通的影响[J].中国学校卫生，2016，(7)：1064‑1071.

[27] Radloff L S. The CES‑D Scale A Self‑Report Depression Scale for Research in the General Population[J]. Applied Psychological Measurement，1977，1(3)：385‑401.

[28] Furman W，Buhrmester D. Methods and Measures：The Network of Relationships Inventory：Behavioral Systems Version[J]. International Journal of Behavioral Development，2009，75(5)：470‑478.

[29] 乔红晓.感知教师情感支持对中学生学习倦怠与学业求助行为的影响研究[D].河南：河南大学，2014.

[30] 魏运华.学校因素对少年儿童自尊发展影响的研究[J].心理发展与教育，1998，(2).

[31] 蒋丹.大学生自我认同与宿舍人际关系的研究[D].沈阳：沈阳师范大学，2011.

[32] Podsakoff P M，Mackenzie S B，Podsakoff N. Sources of Method Bias in Social Science Research and Recommendations on How to Control it[J]. Social Science Electronic Publishing，2012，63(1)：539‑569.

[33] 张洁婷，焦璨，张敏强.潜在类别分析技术在心理学研究中的应用[J].心理科学进展，2010，(12)：1991‑1998.

[34] Adrian M，Zeman J，Erdley C，et al. Trajectories of non‑suicidal self‑injury in adolescent girls following inpatient hospitalization[J]. Clinical Child Psychology & Psychiatry，2019，24(4)，831‑846.

[35] Wang B，You J，Min‑Pei Lin，et al. Developmental Trajectories of Nonsuicidal Self‑Injury in Adolescence and Intrapersonal/Interpersonal Risk Factors[J]. Journal of Research on Adolescence，2017，27(2)：392‑406.

[36] 黄垣成，赵清玲，李彩娜.青少年早期抑郁和自伤的联合发展轨迹：人际因素的作用[J].心理学报，

2021,(5)：515－526.

［37］ Stewart J G，Harkness K L. Testing a Revised Interpersonal Theory of Depression Using a Laboratory Measure of Excessive Reassurance Seeking［J］. Journal of Clinical Psychology，2017，73（3）：331－348.

［38］ Nock M K，Prinstein M J. A functional approach to the assessment of self-mutilative behavior［J］. Journal of Consulting & Clinical Psychology，2004，72(5)：885－890.

［39］ 张家鑫.家庭功能与特殊家庭青少年自伤的关系——基于情绪管理模型［D].湖南：湖南师范大学,2016.

［40］ 周永乐.高校辅导员情绪劳动、师生沟通有效性与师生关系的关系研究［D].沈阳：沈阳师范大学,2018.

［41］ Esposito C，Bacchini D，Affuso G. Adolescent non-suicidal self-injury and its relationships with school bullying and peer rejection［J］. Psychiatry Research，2019，274：1－6.

［42］ Wu N，Hou Y，Chen P，et al. Peer Acceptance and Nonsuicidal Self-injury among Chinese Adolescents：A Longitudinal Moderated Mediation Model［J］. Journal of Youth and Adolescence，2019，48(9)：1806－1817.

［43］ Costello D M，Swendsen J，Rose J S，et al. Risk and protective factors associated with trajectories of depressed mood from adolescence to early adulthood［J］. Journal of Consulting & Clinical Psychology，2008，76(2)：173－183.

［44］ 赵冬梅,王婷,吴坤英,等.大学生宿舍人际关系与抑郁的关系：宿舍冲突应对方式的中介作用和性别的调节作用［J].心理发展与教育,2019,(5)：596－604.

网络化时代大学新生心理危机求助调查[①]

张文娟[1]　宋宝萍[1]　刘　卿[2]

1 西安电子科技大学　2 浙江工业大学

【摘要】 目的：探讨网络化迅猛发展期间，大学新生的心理危机求助的特点及相关因素。方法：通过发放网络问卷的方式，采用大学生心理求助量表和心理危机求助相关问题对 660 名大学新生进行调查。结果：心理求助的得分呈现整体偏低的分数分布，说明大多数调查对象的心理求助态度是比较积极的。而男生和来自农村的大学生，相比女生和来自城市生源的大学生心理求助的倾向性较低（$ps < 0.001$）。相关研究发现心理求助得分与心理危机求助的有效性期待等显著相关（$ps < 0.05$）。大学生心理求助的首位选择是身边的同学和朋友。64% 的学生使用过网络进行心理求助。78% 的学生期待学校有网络心理自助服务来帮助自己应对心理困境。结论：对心理求助倾向低的大学生群体提供更多的主动关心和帮助；建立和维持朋辈辅导提高大学生心理求助的可获性；网络化时代为大学生提供网络化心理自助服务的必要性日益突出。

【关键词】 心理危机；心理求助；大学生；网络

大学新生是心理危机发生的高危群体。从高中进入大学，他们面临着饮食、住宿、学业、人际关系等一系列新挑战，进入一个新环境需要重新适应。人际支持的匮乏、学业上的挑战、环境的生疏等等都可能成为危机发生的触发点。解决心理困扰与心理危机离不开大学生的主动参与，而心理求助是一种最佳的选择，也是一种行之有效的办法。大学新生出现心理危机后能否及时求助也是心理危机干预能否发挥作用的关键环节。研究发现，当前大学生心理求助存在求助意识不强、求助顾虑过重、求助方式不合理、求助途径不正确等特征[1]。培养和提升大学生的心理求助意愿是预

① 基金项目：教育部人文社会科学研究青年项目"基于大数据分析的心理健康评估与危机预警研究（19YJC190028）"资助；中央高校基本科研业务费"基于'互联网 + '的心理危机干预策略研究（RW210418）"；国家社会科学基金青年项目"新发展格局下健全社会心理危机干预机制的关键要素和路径优化研究（21CSH088）"。

防和干预心理危机的重要途径。

研究显示,近年来,大学生的生活面临的不确定性增大,心理问题频发[2-5]。目前在校大学生都是"00后",他们属于网生代,平时有大量的时间都在网络中度过。近两年,网络的虚拟活动出现暴增。"网络求助"在心理危机和心理问题的解决上具有特殊的优势。首先,网络求助方便快捷。不受限于空间距离,时效性强。其次,网络求助有匿名隐身等特点,对于具有较强隐私敏感的个体而言,有利于提升求助愿望,网络心理求助日益成为大学生寻求心理帮助的重要途径。

大一新生在适应大学生活的同时,也需要适应网络化渗透方方面面的大学校园生活。因此,本研究试图通过对大一新生的心理求助状况进行调查,了解大一新生心理危机求助的特征和相关因素,为探索网络化时代提升高校学生的心理求助和危机干预提供参考思路和实证依据。

一、对象与方法

（一）对象

调查对象为某理工院校662名参加大学生心理健康教育课程的大一在校学生,问卷回收率100%,有效率99.70%(剔除2名学生非大一学生,有效问卷660份)。其中男生535人,占81.1%。女生125人,占18.9%。汉族587人,占88.9%,少数民族73人,占11.1%。独生子女321人,占48.6%,非独生子女339人,占51.4%。来自农村286人,占43.3%,来自城市374人,占56.7%。

（二）工具

自编"大学生心理危机求助状况调查"问卷,共45道题。包括三个部分,第一部分为人口学资料填写,包括民族、性别、年级、是否独生子女、生源地。第二部分(1～31题)为李翠云等编制的大学生心理求助量表,共31个题目组成[6]。每个题目有四个评判等级,被试在回答问卷时,可从中选择一个最适合自己实际情况的等级。其中正向计分题17个,反向计分题14个。正题选"非常符合"计1分,选"很不符合"计4分,反向题反向计分,问卷的得分范围是31～124分,得分越低,表明心理求助越积极。该量表被普遍用来调查大学生的心理求助态度[7,8],在本研究中该问卷信度为0.894。第三部分(32到45题)为自编题目,32到38题为单项选择题,选项为非常符合、比较符合、比较不符合和很不符合39题到45题不定项选择(可以选1到3个选项)的方式考察危机心理求助对象等问题。

（三）统计方法

本调查采用问卷星网络问卷的形式发布,采用excel进行数据整理,剔除无效问卷。导入SPSS26.0进行统计分析。对所采用的量表进行内部一致性检验。计数数据用百分比表示,采用独立样本 T 检验进行比较、斯皮尔曼相关等方法进行统计处理。

二、结果

（一）心理求助得分分布

本次调查的心理求助分数分布范围为 31～109，跨度为 78。由于该量表分数越低说明求助态度越积极，根据量表得分范围为 31～129，本调查问卷数据呈现一个偏低的分数分布，说明大多数调查对象的心理求助态度是比较积极的。心理求助分数分布频率见图 1，其中平均值为 68.75，中位数为 69，众数为 76。得分越低，表明心理求助越积极。数据分布显示大一新生心理求助水平处于中间偏积极的状态。

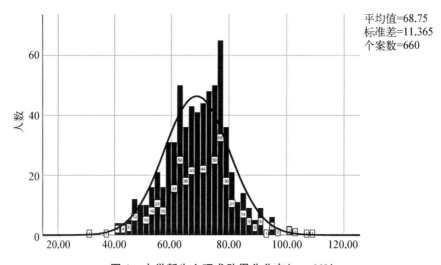

平均值=68.75
标准差=11.365
个案数=660

图 1　大学新生心理求助得分分布（n＝660）

（二）心理求助的差异性

对不同人口学变量的心理求助得分进行独立样本 t 检验发现，不同民族与是否独生子女的心理求助得分无显著差异（$p>0.05$）。不同性别和生源地的心理求助得分存在显著差异。女性的心理求助得分（65.26）显著低于男性的心理求助得分（69.57），$t(1, 658) = 3.860$，$p<0.001$；城市生源学生的心理求助得分（67.33）显著低于农村生源的心理求助得分（70.60），$t(1, 658) = 3.699$，$p<0.001$。

（三）心理求助的相关性

采用斯皮尔曼相关分析心理求助总分与心理危机求助相关情况之间的相关。结果发现，求助总分与"我很了解心理危机是什么"相关不显著（$p>0.05$）。求助总分与"和传统心理咨询相比，我更倾向于寻求网络上的心理咨询"之间是显著负相关（$p<0.001$）。求助总分与其他题目之间均显示显著正相关（$ps<0.05$），见表 1。

表 1　心理求助与心理危机求助期待等题目之间的相关

	求助总分	32	33	34	35	36	37	38
求助总分	1.000							
32. 和传统心理咨询相比,我更倾向于寻求网络上的心理咨询	-0.160***	1.000						
33. 我很了解心理危机是什么?	0.057	0.199***	1.000					
34. 身边的人遇到心理危机时,我会建议 TA 去寻求心理咨询帮助	0.260***	0.148***	0.341***	1.000				
35. 我觉得专业的心理危机干预对心理危机的处理非常有效	0.337***	0.086*	0.208***	0.611***	1.000			
36. 当遇到心理危机时,我肯定会寻求专业的心理咨询帮助	0.383***	0.139***	0.286***	0.566***	0.601***	1.000		
37. 我很期待学校有网络心理自助服务来帮助自己应对心理困境	0.252***	0.133**	0.146***	0.390***	0.491***	0.481***	1.000	
38. 我觉得心理咨询对学生的心理健康有积极作用	0.320***	-0.007	0.050	0.360***	0.520***	0.409***	0.541***	1.000

（四）心理求助的多样性

多项选择题的分析结果发现:39 题"如果身边有人去心理咨询,你如何看待他",609 人选择了"很正常,谁难免会遇到心理困扰",24 人选择"他们心理太脆弱了",14 人选择"很无聊,他们只不过想找个人聊聊天",8 人选择"他们心理肯定有病",5 人选择"其他"。在(40 题)"情绪不好的时候,你还想向谁求助?"的 12 个选项中选择排名前 3 的分别是:大学同学或朋友、父母或其他亲属和自我调节。学校心理咨询中心排名第 8。其中匿名网友的选择频次是 77,而网络心理咨询的选择频次是 19,见图 2。

"当你遇到心理危机时,你会比较倾向于哪种方式来处理?"(41 题)12 个选项中排名前 3 的分别是:向身边的同学朋友求助、自己默默扛着、积压在心,自我折磨。学校心理咨询中心排名第 6。其中匿名和网友聊天的选择频次是 100,而网络心理咨询的选择频次是 46,见图 3。

"您希望通过哪些方式获得心理帮助"(42 题)排名前三的选项是:面对面咨询、网络心理咨询和短视频。其次是公众号推文、团体心理辅导、电话热线和其他,见图 4。通过网络,你使用过哪些方式寻求心理帮助?（43 题）选项频率为网络聊天

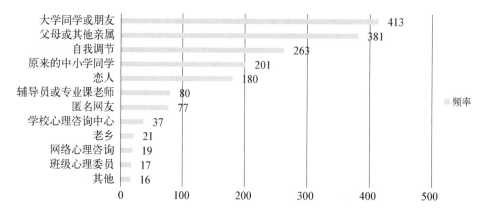

图2 情绪不好的时候,你会向谁求助

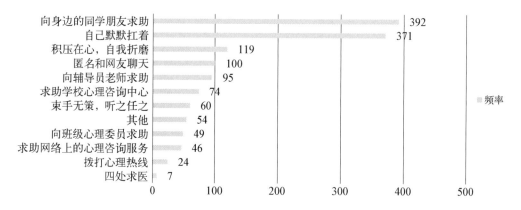

图3 当你遇到心理危机时,你会比较倾向于哪种方式来处理

(297)、网络心理测试(233)、在线网络心理咨询(160)。选择"无"为237。其他为13。"你觉得造成大学生心理危机的因素中"(44题)排位前三的选项是人际关系困难、学业受挫和情绪问题,见图5。"对于你觉得哪些因素影响大学生的心理求助意愿"(45题),选择频率为:自我开放程度(隐私顾虑)(537)、自我意识(372)、咨询的效果(255)、咨询师的专业性(203)、学校的宣传教育(116)、其他(17)。

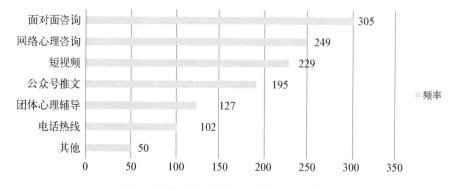

图4 您希望通过哪些方式获得心理帮助

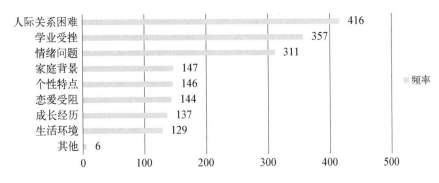

图5 你觉得造成大学生心理危机的因素

三、讨论

本研究对近年来网络化迅猛发展中的大学新生的心理求助状况进行调查,发现从总体得分上,大学新生的心理求助偏向积极,大部分学生对心理求助持比较肯定的态度。这和之前的研究基本一致[6]。另外,本研究也显示女性比男性的求助得分显著低,表明女学生比男学生的心理求助倾向性更强。这也与女生较男生更容易自我表露,女性更愿意求助等方式面对困难,而男性更倾向于自己来解决问题的印象一致[6,9]。本研究还发现在生源地上,来自城市的学生心理求助得分显著低于来自农村的学生的心理求助得分。本研究中的农村生源地大学生主要来自西部经济较不发达地区,经常是多子女家庭,成长中心理关怀比较欠缺。城市生源在成长中接触心理健康教育方面知识等方面比农村生源更早更多,心理求助更积极[10,11]。提示在心理健康教育工作中对求助倾向较低的来自农村的大学生等群体应该给予更多的主动关注和帮助。

本研究还发现心理求助得分与心理危机求助的各个方面呈现显著的正相关,即心理求助越积极的个体,在心理危机求助的各个方面也表现出积极的态度。另外,心理求助得分与"和传统心理咨询相比,我更倾向于寻求网络上的心理咨询"之间是显著负相关($p<0.001$),这一结果提示对传统的心理咨询比较不接纳的个体,实际上是持有较为消极的心理求助状态。可能是基于匿名隐私等顾虑,导致他们更希望寻求网络心理咨询的帮助。在心理危机求助的对象选择上,和之前研究一致[11],本研究也发现身边的同学朋友是大学生的首要选择。他们更倾向于向同辈人求助。一方面有共同的成长经历、爱好兴趣,容易沟通和理解。另一方面,求助身边同学朋友的日常接触更多,更容易获取。这种物理距离和心理距离的靠近,让大学同学朋友成为学生心理求助的首要对象。这也提示朋辈心理互助体系在心理危机干预和心理困扰疏导中的重要性。高校心理健康教育应充分发掘和利用朋辈辅导的优势,建立健全包括心理委员、心灵使者等朋辈辅导人员的选拔、培训和指导体系,从知识、技能等方面来

打造朋辈互助的模式,增强校园心理危机预防和干预的途径。

本研究也进一步证实了网络化时代,网络在心理求助方面的迅速发展。研究结果发现,尽管传统面对面咨询仍然是学生获取心理帮助的首要选择,但是网络心理咨询、短视频、公众号推文形式的心理健康宣传教育和辅导紧随其后,成为对传统心理咨询的极大补充。有64％学生使用过网络心理咨询、网络心理测试、网络聊天的方式寻求心理帮助。这些结果都表明具有方便快捷、时空限制小、匿名安全等特点的网络心理求助已经成为大学生心理求助的重要途径。另外,尽管大学生在心理求助上呈现较为积极的倾向,78％的学生期待学校有网络心理自助服务来帮助自己应对心理困境。这也提示提供网络心理自助服务,对于愿意自己来解决和面对困境的个体提供一些帮助的必要性。未来研究需要探索如何进一步提升心理自助服务的便捷性、即时性和有效性[12]。网络心理自助服务也是网络化时代,心理问题频发,每个人陷入心理危机的可能性增大,而专业心理救助人员短缺背景下的必要补充。

本研究仅包含大一新生,专业主要集中在理工科专业,后续研究可以纳入其他年级和专业的大学生群体,了解其心理危机的求助情况。另外,加入对人格[9,13]等因素的综合考察,为提升学生的心理求助意愿和提升心理危机的实效性提供更多的实证依据和参考。

参考文献:

[1] 蒋洪涛,唐峥华,张瑜.提升大学生心理求助意识的调查研究[J].高教论坛,2020,(4):73-75.

[2] 乔晓梅,郭文秀,郭小明,等.新型冠状病毒肺炎疫情期间山西省大学生心理健康状况及影响因素[J].中华临床医师杂志,2021,15(4):288-292.

[3] 赵春珍."新冠肺炎"疫情期间大学生心理状况调查及教育对策研究[J].心理月刊,2020,15(8):1-3.

[4] 马志浩.新冠疫情校园管控措施对大学生心理及行为影响研究[J].全球传媒学刊,2021,8(6):45-68.

[5] 昌敬惠,袁愈新,王冬.新型冠状病毒肺炎疫情下大学生心理健康状况及影响因素分析[J].南方医科大学学报,2020,40(2):171-176.

[6] 李翠云.大学生心理求助、社会支持与心理健康的关系研究[D].内蒙古师范大学,2007.

[7] 王欢,李红梅,陈玉杰.大学生社会支持与非专业心理求助的关系研究[J].大学教育,2014,(13):109-110.

[8] 吴志霞.基于文献计量的心理求助量表分析[J].科技资讯,2019,(33):182-183.

[9] 王耀,陈雷,狄欣.地方高等院校大学生心理求助现状及影响因素分析[J].心理月刊,2022,17(17):27-30.

[10] 姚莹颖,陈精锋.我国大学生心理求助的研究现状及教育对策[J].校园心理,2017,15(2):109-111.

[11] 郭琪.高职院校学生心理求助行为调查研究[J].知识经济,2013,6(57):163-164.

[12] 王玮晨.基于心理求助行为的网络心理健康平台体验设计研究[J].大众文艺,2020,(2):95-97.

[13] 王冬雪.新冠肺炎疫情下居家大学生心理困扰与心理求助状况调查及心理调适策略分析[J].心理月刊,2020,15(17):37-39.

大学生体质健康在道德推脱中介下对抑郁情绪的影响[①]
——以爆发力、耐力、力量为例

李立言[1]　曲远山[2]　李子颖[1]　雷秀雅[1]

1 北京林业大学　2 北京大学

【摘要】目的：探究在道德推脱中介作用下，不同体质健康子维度对于大学生抑郁情绪的影响。方法：选取北京某高校在校大学生 2 423 人，采用国家学生体质健康标准、BECK 抑郁量表与中文版道德推脱量表分别测量被试体质健康、抑郁情绪与道德推脱。结果：大学生抑郁情绪与道德推脱之间呈现显著正相关、与体质健康呈现显著负相关，道德推脱与体质健康之间呈现显著负相关；道德推脱在体质健康子维度（爆发力、耐力、力量）与抑郁情绪的关系中起中介作用。结论：体质健康通过大学生道德推脱的中介作用负向影响抑郁情绪。

【关键词】体质健康；抑郁情绪；道德推脱；爆发力；耐力；力量

据调查，我国已有超过 4 000 万人患有抑郁症[1]，抑郁人群与出现自杀、自伤行为的大学生人数也在逐年攀升，抑郁已经成为大学校园内不得不面对的学生健康问题。值得注意的是，体育类院校较少出现因抑郁问题而自杀的案例。体育锻炼可以缓解在校大学生的抑郁情绪[2]。为促进学生的身心健康，越来越多的高校开始加强学生的体育锻炼。

有研究显示，有氧耐力是影响儿童、青少年体质的重要因素[3]，如心肺耐力水平较高的青少年心理亚健康状态更少[4]，有抑郁倾向的青少年有氧耐力水平明显更低[5]，有学者通过青少年纵向研究也获得相似结论，证实了心肺耐力与个体抑郁水平呈显著负相关[6,7]。体质健康是人体机能维持良好健康状态的一种能力[8]，如何通过体育锻炼增强学生体质健康，从而缓解学生抑郁情绪是值得探讨的重要问题。抑郁可以被看作一个连续谱，没有截然界限[9]，它是个体相对持久的兴奋感的缺失，是心

---

① 基金项目：北京林业大学青年教师科学研究中长期项目"积极心理学视角下大学生心理健康教育有效体系构建"（编号：2021ZCQ01）。

情长期低落的状态[10]，什么样身体机能的学生更容易产生抑郁情绪，是当前高校需重视的问题。

不同体质健康水平的学生拥有着不同的运动习惯，这是他们的认知行为模式所决定的。是否可以坚持运动，是否经常找借口推脱，都是个体人格认知机制的反馈，道德推脱可以使个体行为轻松地违反其内部道德标准[11]。道德推脱是缓解因为不良行为而产生的不良情绪的认知机制[12]，它调节个体认知，让自身违反内部道德标准却不会产生自责的感受[13]，它也可以通过对事物的重新认知构建降低抑郁情绪[14]。在道德推脱与抑郁情绪的相关研究中，有研究者发现，留守儿童的心理健康问题越多，其道德推脱行为也就越多，道德推脱机制带来的认知重构会为个体降低焦虑带来的道德负罪感，但并不会缓解个体的抑郁情绪[15]。探究体质健康、抑郁情绪和道德推脱的关系，是高校针对性帮扶情绪问题学生的关键。

本研究旨在探究大学生不同体质健康子维度对抑郁情绪的影响，同时引入道德推脱因素，从人格层面探究不同认知机制在体质健康对于抑郁情绪的影响中如何发挥作用，借此促进学校更合理、高效地安排学生课外体育锻炼，推行出行之有效的体育运动规范化管理办法，在督促学生强身健体、提升体质的同时，为学生心理健康保驾护航。

一、对象与方法

（一）被试

本研究通过线上问卷星发放问卷的方式，向北京某高校 2 534 名在校大学生发放问卷，经被试自愿填写与研究者筛选回收，共收集有效问卷 2 423 份（男生 657 人，女生 1 766 人），无效问卷 111 份，有效回收率达到 95.62%，所有被试均参与大学生体质健康测试，且无客观影响运动的器质性疾病。

（二）研究工具

1. 国家学生体质健康标准（2014 修订版）[16]

《国家学生体质健康标准》是国家学校教育工作的基础性指导文件和教育质量基本标准，是评价学生综合素质的重要依据，适用于全日制普通小学、初中、普通高中、中等职业学校、普通高等学校的学生。本标准从身体形态、身体机能和身体素质等方面综合评定学生的体质健康水平，是学生体质健康的个体评价标准。

2. BECK 抑郁量表[17]

问卷为 21 题版本，采用 0～3 级评分，时间跨度为最近一周。国内量表协作组（郑洪波等人）于 1987 年修订该版本并在国内推广应用。量表具有良好的信效度，本研究中问卷内部一致性系数为 0.87。

3. 中文版道德推脱量表[18]

量表共包括 8 个维度（道德辩护、有利比较、委婉标签、非人性化、责备归因、扭曲结果、责任转移和责任分散），采用五点计分的方式（1＝完全不同意，5＝完全同意），得分越高则表示道德推脱水平就越高。本研究中问卷内部一致性系数为0.88。

（三）统计方法

本研究采用SPSS23.0进行数据分析。在进行统计分析之前，本研究采用Q-Q法进行了样本正态性检验，样本符合正态分布。通过皮尔逊相关分析探究大学生体质健康、抑郁情绪、道德推脱之间的相关关系。通过SPSS的PROCESS 2.1插件[19]，考察道德推脱在体质健康和抑郁情绪关系中的中介作用。

二、结果

对大学生体质健康与抑郁情绪、道德推脱各维度进行相关分析，结果发现，肺活量与委婉标签（$r = 0.051$，$p < 0.05$）、有利比较（$r = 0.045$，$p < 0.05$）呈现显著正相关；爆发力与抑郁情绪（$r = -0.080$，$p < 0.01$）维度呈现显著负相关，与道德推脱（$r = 0.061$，$p < 0.01$）、道德辩护（$r = 0.061$，$p < 0.01$）、委婉标签（$r = 0.069$，$p < 0.01$）、扭曲结果（$r = 0.095$，$p < 0.01$）、非人性化（$r = 0.054$，$p < 0.01$）呈现显著正相关；耐力与抑郁情绪（$r = -0.054$，$p < 0.01$）、道德推脱（$r = -0.047$，$p < 0.05$）、道德辩护（$r = -0.046$，$p < 0.05$）、责任转移（$r = -0.051$，$p < 0.05$）、责备归因（$r = -0.072$，$p < 0.01$）呈现显著负相关；力量与抑郁情绪（$r = -0.082$，$p < 0.01$）、道德推脱（$r = -0.043$，$p < 0.05$）、责任转移（$r = -0.041$，$p < 0.05$）、责任分散（$r = -0.046$，$p < 0.05$）、责备归因（$r = -0.044$，$p < 0.05$）呈现显著负相关；体质健康与抑郁情绪（$r = -0.067$，$p < 0.01$）、责备归因（$r = -0.043$，$p < 0.05$）呈现显著负相关；柔韧性与抑郁情绪、道德推脱所有维度均无显著相关。

抑郁情绪除了与扭曲结果无显著相关外，与道德推脱（$r = 0.190$，$p < 0.01$）、道德辩护（$r = 0.184$，$p < 0.01$）、委婉标签（$r = 0.171$，$p < 0.01$）、有利比较（$r = 0.117$，$p < 0.01$）、责任转移（$r = 0.148$，$p < 0.01$）、责任分散（$r = 0.124$，$p < 0.01$）、非人性化（$r = 0.087$，$p < 0.01$）、责备归因（$r = 0.187$，$p < 0.01$）均呈现显著正相关。

为考察体质健康和大学生抑郁情绪之间的关系，以及探究道德推脱在上述关系中的中介作用，本研究选择爆发力、耐力、力量三个体质健康子维度分别为自变量，抑郁情绪为因变量，道德推脱为中介变量，进行中介效应检验。

对道德推脱在爆发力与抑郁情绪之间的中介作用进行检验，结果如表1所示。爆发力可以显著负向预测抑郁情绪（$\beta = -0.508$，$p < 0.001$）；道德推脱可以显著正向预测抑郁情绪（$\beta = 0.974$，$p < 0.001$），爆发力可以显著正向预测道德推脱（$\beta = 0.672$，$p < 0.01$），爆发力通过道德推脱影响抑郁情绪这一路径的Bootstrap 95％置信区间为[0.027，0.110]，道德推脱在爆发力与抑郁情绪之间起部分中介作用。

表1 爆发力、抑郁情绪和道德推脱的中介效应检验

中介变量	效 应	效应值	效应占比	Boot 标准误	BootCI 下限	BootCI 上限
道德推脱	总的效应	− 0.442***		0.011 2	− 0.661	− 0.224
	直接效应	− 0.508***		0.011 0	− 0.723	− 0.293
	间接效应	0.065***	14.7%	0.002 1	0.027	0.110

注：* $p<0.05$，** $p<0.01$，*** $p<0.001$，下同。

对道德推脱在耐力与抑郁情绪之间的中介作用进行检验，结果如表2所示。耐力可以显著负向预测抑郁情绪（$\beta = - 0.301$，$p<0.05$）；道德推脱可以显著正向预测抑郁情绪（$\beta = 0.935$，$p<0.001$），耐力可以显著负向预测道德推脱（$\beta = - 0.063$ 6，$p<0.05$），耐力通过道德推脱影响抑郁情绪这一路径的 Bootstrap 95% 置信区间为 $[-0.118，-0.013]$，道德推脱在耐力与抑郁情绪之间起部分中介作用。

表2 耐力、抑郁情绪和道德推脱的中介效应检验

中介变量	效 应	效应值	效应占比	Boot 标准误	BootCI 下限	BootCI 上限
道德推脱	总的效应	− 0.360**		0.013 6	− 0.627	− 0.093
	直接效应	− 0.301*		0.013 4	− 0.563	− 0.038
	间接效应	− 0.059**	16.38%	0.002 6	− 0.118	− 0.013

对道德推脱在力量与抑郁情绪之间的中介作用进行检验，结果如表3所示。力量可以显著负向预测抑郁情绪（$\beta = - 0.258$，$p<0.001$）；道德推脱可以显著正向预测抑郁情绪（$\beta = 0.930$，$p<0.001$），力量可以显著负向预测道德推脱（$\beta = - 0.302$，$p<0.001$），力量通过道德推脱影响抑郁情绪这一路径的 Bootstrap 95% 置信区间为 $[-0.057，-0.001]$，道德推脱在力量与抑郁情绪之间起部分中介作用。

表3 力量、抑郁情绪和道德推脱的中介效应检验

中介变量	效 应	效应值	效应占比	Boot 标准误	BootCI 下限	BootCI 上限
道德推脱	总的效应	− 0.286***		0.007 1	− 0.425	− 0.147
	直接效应	− 0.258***		0.007 0	− 0.395	− 0.121
	间接效应	− 0.028***	9.79%	0.001 4	− 0.057	− 0.001

三、讨论

本研究发现，大学生体质健康与抑郁情绪之间呈现显著负相关。前人研究指出，

体质好的学生心理健康水平高于体质一般或差的学生[20,21]，体育运动在预防和治疗心理疾病方面发挥重要作用[22]，体质健康水平很大程度依赖于体育运动的参与，个体主动的体育锻炼会促进多巴胺分泌，提升情绪发泄的水平，从而获得情绪宣泄后的欣快感，形成"体育锻炼—体质健康—情绪好"的关系链，这从侧面印证了抑郁情绪与体质健康间的显著负向相关关系。

本研究结果表明，大学生的道德推脱与抑郁情绪之间呈现显著正相关，这与前人研究结果一致。有研究发现，在个体精神病性影响机制中，道德推脱起显著的调节作用[23,24]，个体会通过道德推脱重新构建认知，从而降低道德焦虑带来的消极情绪[14]。前人在研究中发现，留守儿童道德推脱各子维度与抑郁呈现显著正相关[15]。

高水平抑郁情绪长期持续会引起睡眠不足、无精打采、兴趣丧失等主观感受体验不佳问题，这种持续性的心境低落会影响个体的人际交往、学习工作，产生行为问题。道德推脱能够通过调整个体的认知机制，合理化问题行为。当个体的抑郁情绪表现出较高水平、且出现行为问题时，道德推脱机制与其共变存在，这在一定程度上解释了抑郁情绪与道德推脱之间的显著正相关关系。

本研究发现，体质健康中力量、爆发力、耐力等维度皆与道德推脱水平之间呈现显著负相关，这和以往研究结果相一致。有研究者发现，高体育能力者在运动比赛中对违规行为的接受度低于中低水平运动员，且中低水平运动员有更高的道德推脱水平，体育能力与道德推脱有显著负相关[25]，同时有氧耐力有助于执行功能的发展，让个体出现更少的推脱行为[26]。

这可能与体质健康个体的运动参与习惯有关，由于力量、爆发力、耐力都是需要规律、有计划的体育锻炼才可以维持，个体有更好的主观能动性参与体育活动，这种主观能动性帮助个体坚持行为，且有较高的自律水平，从而使个体有较少的外归因、找借口的习惯，而外归因、找借口的行为方式是道德推脱机制中道德辩护、责任转移的主要模式。体质健康水平更高的个体，会更少使用道德推脱机制来应对问题，这解释了体质健康与道德推脱之间的负相关关系。

研究者还探究了爆发力、耐力、力量通过道德推脱的中介作用间接影响抑郁情绪。体质健康中爆发力、耐力、力量等维度均需要持续性体育锻炼来维持，个体对体育活动的坚持会减少其外归因的归因机制，从而降低个体的道德推脱。道德推脱水平的下降，反映出个体抑郁情绪的下降。且体质健康各维度本身与抑郁情绪之间呈现显著负相关，因此，体质健康可以通过道德推脱的中介作用负向影响个体的抑郁情绪。

本研究发现，大学生的体质健康通过道德推脱水平的中介作用，可以负向预测学生的抑郁情绪。这给高校心理健康工作带来了启示。相关工作者可以对大学生的道德推脱水平进行甄别筛查，进而更有针对性地加强高道德推脱水平学生的锻炼管理，以培养爆发力、耐力、力量的专项运动为主，高效降低该学生群体的抑郁情绪体验，助力学生心理健康。

参考文献：

［1］倪婷婷.体育锻炼与抑郁症关系的研究进展［J］.哈尔滨体育学院学报,2016,34(5)：85‒90.

［2］Motl R W，Birnbaum A S，Kubik M Y，et al. Naturally occurring changes in physical activity are inversely related to depressive symptoms during early adolescence［J］. Psychosomatic Medicine，2004，66(3)：336‒342.

［3］Kasović M，Štefan L，Petrić V. Secular trends in health-related physical fitness among 11 to 14-year-old Croatian children and adolescents from 1999 to 2014［J］. Scientific Reports，2021，11(1)：1‒7.

［4］吴慧攀,尹小俭,李玉强,柴小江,刘媛,任思恩,铃木明.中国汉族中学生 20 m 往返跑与心理亚健康的相关性［J］.中国学校卫生,2017,38(12)：1781‒1784.

［5］Eurich，Jacob G.，et al. Experimental evaluation of the effect of a territorial damselfish on foraging behaviour of roving herbivores on coral reefs［J］. Journal of Experimental Marine Biology and Ecology，2018，506：155‒162.

［6］Olive L，Byrne D，Telford R，et al. Childhood Stress，Emotional Distress，and Cardiovascular Function in Adolescents［M］. Springer Singapore，2016.

［7］Williams S E，Carroll D，Jet J C S. Veldhuijzen van Zanten，et al. Anxiety symptom interpretation：A potential mechanism explaining the cardiorespiratory fitness-anxiety relationship［J］. Journal of Affective Disorders，2016，193：151‒156.

［8］刘玲玲.体育运动与大学生体质健康、心理健康素质的关系研究［D］.武汉：华中师范大学,2011.

［9］何颖,季浏.不同的体育锻炼类型对大学生抑郁水平的影响及其心理中介变量(Body-esteem)的研究［J］.体育科学,2004,(5)：32‒35.

［10］王鑫,王惠萍,耿晓伟.抑郁及其测量工具的研究综述［J］.赤峰学院学报(自然版),2015,(31)：81‒82.

［11］王兴超,杨继平,杨力.道德推脱与攻击行为关系的元分析［J］.心理科学进展,2014,22(7)：1092‒1102.

［12］Bandura，Albert. Selective Moral Disengagement in the Exercise of Moral Agency［J］. Journal of Moral Education，2002，31(2)：101‒119.

［13］祝大鹏,李爱玲.集体项目运动员体育道德推脱与亲—反社会行为：道德认同的调节效应［J］.中国运动医学杂志,2017,36(006)：513‒520.

［14］金童林,陆桂芝,张璐,等.儿童期心理虐待对大学生网络欺负的影响：道德推脱的中介作用［J］.中国特殊教育,2017,(2)：65‒70.

［15］于可兰.留守儿童家庭教养方式、道德推脱和心理健康水平之间的关系研究［D］.南京师范大学,2015.

［16］廖钟锋,覃建华,覃秀松,等.《国家学生体质健康标准 2014 年修订版》的实施对大学生体质健康水平影响的研究［J］.体育科技,2015,36(5)：104‒107.

［17］刘平.Beck 抑郁问卷(Beck Depression Inventory，BDI)［J］.中国心理卫生杂志,1999,(增刊)：191‒194.

［18］王兴超,杨继平.中文版道德推脱问卷的信效度研究［J］.中国临床心理学杂志,2010,18(2)：

177－179.

［19］叶宝娟,温忠麟.有中介的调节模型检验方法:甄别和整合［J］.心理学报,2013,45(9):1050－1060.

［20］孙乡,戴剑松.大学生体质与心理健康的关系研究［J］.中国体育科技,2007,(6):95－98.

［21］王虹.大学生体质与心理健康的关系研究［J］.北京体育大学学报,2006,(10):1351－1352.

［22］宋子良.不同情景的体育锻炼促进大学生社会健康的实验研究［J］.现代预防医学,2008,35(17):3738－3741.

［23］Gini G, Pozzoli T, Bussey K. Moral disengagement moderates the link between psychopathic traits and aggressive behavior among early adolescents［J］.Merrill-Palmer Quarterly, 2015, 61(1):51－67.

［24］Li J B, Nie Y G, Boardley I D, et al. Moral disengagement moderates the predicted effect of trait self-control on self-reported aggression［J］. Asian Journal of Social Psychology, 2014, 17(4):312－318.

［25］Boardley I D, Kavussanu M. Effects of goal orientation and perceived value of toughness on antisocial behavior in soccer: the mediating role of moral disengagement［J］. Journal of Sport and Exercise Psychology, 2010, 32(2):176－192.

［26］Andersen M P, Mortensen R N, Vardinghus-Nielsen H, et al. Association Between Physical Fitness and Academic Achievement in a Cohort of Danish School Pupils［J］. Journal of School Health, 2016, 86(9):686－695.

丧亲大学生哀伤反应现状调查报告[①]

李红娇[1]　于志英[2]

1 中国矿业大学　2 江苏财经职业技术学院

【摘要】目的：了解丧亲大学生哀伤反应，探索不同影响因素下的哀伤反应，为相关心理服务提供依据。方法：采用复杂哀伤问卷（修订版）（ICG-R）对丧亲大学生进行调查，运用分析检验差异性，探索不同影响因素下的哀伤反应的程度以及变化状况。结果：因生病死亡的 ICG-R 总分高于自然死亡。结论：加强对丧亲大学生尤其是因病丧亲大学生的关爱和支持，有效预防或改善其失功能的哀伤反应。

【关键词】丧亲；大学生；哀伤反应

以往的研究表明，青少年丧亲后普遍出现情绪、感觉、生理、行为、认知上的强烈反应[1,2]。大部分被访者在丧亲初期为避免痛苦而否认死亡发生的事实并逃避与死亡相关的人和事。尤其是亲人去世后青少年面临着生活秩序的骤变，改变了原有的生活模式，个体会经历外在生活与内心世界的混乱。因此，本文对有丧亲经历的大学生进行调查，探索不同影响因素下的哀伤反应的程度以及变化状况，为相关心理服务提供依据。

一、对象与方法

（一）对象

选取年满 18 岁，有过重要亲友丧失的人。采用网络发布调查问卷寻求自愿参与者。共有 132 人参与调查，有效数据 116 人，有效问卷为 87.9%。年龄 18～23 岁。参与调查的人数基本情况见表 1。

---

① 项目名称：苏北地区大学生心理健康教育与研究一般课题《丧亲大学生哀伤反应与哀伤心理咨询干预研究》（SBXLKTYJ33006）。

表1　参与调查者基本信息

类　别	被　试	人　数
性别	男生	39
	女生	77
生源地	城市	27
	县城	38
	农村	51

（二）方法

采用复杂哀伤问卷修订版（ICG-R），ICG-R是评估延长哀伤障碍的问卷，共37个项目，前33个项目用来评估失功能哀伤反应发生的频率，采用1（少于一次）～5（每天几次）级计分，得分越高代表失功能哀伤反应越严重。项目34询问哀伤反应距离丧亲发生的时间、35询问哀伤反应症状持续的时间、37描述哀伤反应的过程，项目36为哀伤反应症状是否出现明显的波动。本研究中所指的ICG-R总分是前33个项目得分总和[3]。

使用SPSS统计软件，对116名丧亲大学生进行性别、是否参加告别仪式、家庭所在地、与逝者的关系、死亡原因、死亡时间进行描述性统计和差异性检验。

二、结果

（一）丧亲大学生哀伤反应问卷结果

1. 丧亲大学生问卷总分情况

所有有效问卷被试（$n = 116$）的ICG-R的总分为，丧亲大学生ICG-R的总分超过临界值102分的为6人，占比5.17％。

表2　被试在ICG-R总分上的情况

	SCI-CG总分	SCI-CG总分超过102分[6]
受试（$n = 116$）	46.12 ± 20.44	6（5.17％）

2. 丧亲大学生问卷中开放题目

丧亲大学生在描述出现哀伤反应距离丧失事件的时间长短不一，有的"一周内"，有的"在初闻噩耗的一个月内，常会有紧张、不安、恍惚的感觉，此后逐渐减轻"，还有的"有十年"，甚至是"一直都有"，也有"没出现"。出现频次较高的是"一个月"。

对于"体验到哀伤反应多久了",得分高的回答是"一直都有",部分回答"特殊时期会想念,不是很久","每年都有"等。

对于"哀伤的感觉是怎样随着时间变化的"?"刚开始真的无法接受她会那么快离开我,慢慢的就接受了她去世的事实""随着时间而淡化""一瞬间的伤痛以及永久的伤痛,遇到难过的事情会回想起他,每当节日会想起他""刚开始比较强烈,且因为疫情未能参加其葬礼感到自责和遗憾。之后其他亲人为我讲述其葬礼过程且安慰我,心里就要好受些。但是现在还是觉得上一次回家还能看到他,这个假期回去却是去墓地看他……这种感觉对我影响蛮大的。要抓紧时间爱所爱的人,干该干的事"。

对于"哀伤的强度是否出现明显的波动",93人回答是,超过80%的人是肯定回答。

(二)丧亲大学生不同状况的差异比较

1. 丧亲大学生在性别、是否经历告别仪式、家庭所在地三个影响因素上的差异比较

ICG-R总分在性别上、是否参加告别仪式、家庭所在地上的得分有不同,但差异均无统计学意义。

表3 ICG-R总分在性别、是否参加告别仪式、家庭所在地上差异

		SCI-CG 总分	F 值	P
性别	男生($n=39$)	48.46 ± 22.38	2.587	0.110
	女生($n=77$)	44.94 ± 19.43		
告别仪式	参加告别($n=89$)	47.11 ± 21.38	2.384	0.125
	未参加告别($n=27$)	42.85 ± 16.90		
家庭所在地	城市($n=27$)	45.96 ± 22.75	0.409	0.665
	县城($n=38$)	48.45 ± 23.92		
	农村($n=51$)	44.47 ± 16.16		

2. 丧亲大学生在丧亲时间、与逝者不同关系以及死亡原因方面的方差分析

ICG-R总分在丧亲时间、与逝者不同关系上的得分有不同,但差异均无统计学意义。在死亡原因方面上ICG-R总分差异有统计学意义,进一步事后检验发现,因生病死亡的ICG-R总分高于自然死亡($P=0.027$)。

表4 ICG-R总分在丧亲时间、与逝者关系、死亡原因上的差异

		SCI-CG 总分	F 值	P
丧亲时间	<6 个月($n=14$)	46.71±14.70	0.998	0.412
	6~12 个月($n=9$)	55.78±21.01		
	12~24 个月($n=25$)	47.60±21.54		
	24~48 个月($n=16$)	49.13±28.42		
	>48 个月($n=52$)	42.65±18.14		
与逝者关系	父母($n=12$)	55.00±30.60	1.967	0.284
	祖辈($n=80$)	46.34±19.21		
	亲属($n=18$)	41.22±19.57		
	朋友($n=6$)	40.17±9.72		
死亡原因	自然死亡($n=26$)	38.04±5.92	1.967	0.123
	生病($n=73$)	48.40±20.92		
	意外($n=15$)	50.00±30.76		
	自杀($n=2$)	39.00±2.83		

三、讨论

从调查结果上看,大部分丧亲大学生的哀伤反应在正常范围内,没有超过最佳临床分界点102分,只有5.17%的丧亲大学生出现失功能的哀伤反应。一般丧亲人群的延长哀伤障碍时点患病率为3.7%~12.8%,在一些特殊群体中,时点患病率往往更高,如难民、参战老兵等[7]。大学生群体思维活跃,在文化氛围浓厚、气氛活跃的校园里学习和生活,远离家庭生活,丧亲后与原有的家庭环境保持一定的物理距离,同时在新的环境中可以接受老师及同辈的关爱和支持,丧亲大学生可以面对和处理哀伤反应,因此可以增强心理弹性,提高心理素养。

本调查中男性、来自县城的丧亲大学生ICG-R得分高于其他群体,但未见明显差异。这与之前的研究不同,研究表明易患延长哀伤障碍的高风险群体有:女性、老年人、家庭收入较低者、受教育程度较低者、非优势种族/民族如非裔美国人等。个体这段丧失经历的某些特征也与延长哀伤障碍存在相关。如果死亡事件具有突发性或不可预料性,那么经历该事件的个体更可能发展出延长哀伤障碍。距离死亡事件发生时间越近,延长哀伤的严重程度也越高。很多研究将关注点放在个体与死者关系对延长哀伤障碍的影响上:与死者关系越亲密,个体越患上延长哀伤障碍的可能性越大[7]。

本研究中因生病丧亲的大学生的哀伤反应要远远高于自然死亡丧亲的大学生,

且有显著差异。可能原因是大学生对"生病"切身的感受,且在亲人或者朋友生病的过程中对自己在其中所承担的责任、义务等的评价或感受,让自己在丧失关系后会有较多的情绪卷入。在丧亲后会在认知、情绪和行为上有较多的反应,心理工作者可以针对此类学生工作时要注意评估学生哀伤反应,通过共情式的倾听,协助其表达与处理情绪,采用稳定化的技术提供心理支持。

　　丧亲大学生的哀伤反应表现不一,且会受多方面因素的影响,这可能与哀伤不同阶段的特点有关,也与每个个体的自身特点有关,因此心理工作者在与丧亲大学生工作时要充分考虑学生的实际情况有针对性地开展工作,在不同阶段采用有效的方式进行哀伤辅导。

参考文献:

[1] 徐洁,陈顺森,张日昇,张雯.丧亲青少年哀伤过程的定性研究[J].中国心理卫生杂志,2011,(9).

[2] 张文文.丧亲大学生延长哀伤状况及其哀伤辅导研究[D].上海师范大学,2015.

[3] 唐苏勤,何丽,刘博,王建平.延长哀伤障碍的概念、流行病学和病理机制[J].心理科学进展,2014.(7):159-169.

大学生学业拖延与手机成瘾倾向及学习动机的关系研究[①]

张　芝

上海理工大学

【摘要】目的：探讨大学生手机成瘾倾向对学业拖延的影响以及学习动机在大学生手机成瘾倾向与学业拖延之间的中介作用，为改善大学生的学业拖延行为提供参考。方法：采用整群随机抽样的方法在上海某高校抽取761名大学生为研究对象。采用学业拖延评估量表（PASS）、手机成瘾倾向量表（MPATS）、学习动机量表（WPI）进行问卷调查。结果：高手机成瘾倾向组的内部动机显著低于低手机成瘾倾向组，高手机成瘾倾向组的外部动机和学业拖延得分显著高于低手机成瘾组；手机成瘾倾向可以直接影响学业拖延，也可以通过内部学习动机的中介作用间接影响学业拖延。结论：降低手机成瘾倾向，提高内部学习动机有助于改善大学生学业拖延。

【关键词】学业拖延；手机成瘾倾向；内部学习动机；外部学习动机

拖延是一种将本该做的事情延后去做的非理性特殊偏差行为[1]。学业拖延是拖延在学习情境中的具体表现，Ferrari等研究发现，95％的大学生有拖延行为[2]；李青青等指出有73.4％的中国大学生存在严重拖延行为[3]。有研究表明，网络成瘾是拖延行为产生的重要诱发因素，手机成瘾和学业拖延呈显著正相关[4,5]。拖延行为是多种因素共同作用的结果，手机成瘾与拖延行为的关系也受到多种因素的影响[4,6]。

为进一步探索大学生手机成瘾与学业拖延的内在机制，探索手机成瘾怎样影响学业拖延，在文献回顾的基础上，本研究引入"学习动机"作为中介变量。学习动机是影响学业拖延的重要因素，Owens认为，拥有较强的内部学习动机的学生发生拖延行为的可能性较低，而那些拥有外部学习动机的学生更可能发生拖延行为[7]。因此本研究考察手机成瘾对大学生学业拖延的影响，以及学习动机在手机成瘾影响学业拖延过程中的中介作用，为进一步缓解大学生的学业拖延状况提供研究依据。

① 项目名称：上海理工大学党建思政德育高教专项重点项目，项目编号：[19HJ - DSDG - ZD - 005]。

一、对象与方法

（一）对象

采用整群随机抽样法，以班级为单位抽取上海某高校 780 名本科生进行问卷调查，回收有效调查问卷 761 份，有效率 97.56％。其中男生 389 人（51.12％），女生 372 人（48.88％）；大一学生 325 人（42.71％），大二 155 人（20.37％），大三 161 人（21.16％），大四 120 人（15.77％）。

（二）研究方法

（1）学业拖延评估量表（PASS）。本研究采用李洋修订的学业拖延评估量表中文版[8]，使用量表的第一部分，测量学生在六种主要学习任务（完成课程布置论文、备考复习、完成每周课程作业、完成学院或班级任务、阅读图书、完成自我设定任务）中的拖延频率。问卷采用 Likert5 级评分，从"从不拖延"到"总是拖延"，得分越高，学业拖延水平越严重。该问卷内部一致性系数为 0.81。本研究中，问卷总的内部一致性系数为 0.85。

（2）手机成瘾倾向量表（MPATS）。该量表由熊婕、周宗奎等编制，共 16 个条目，采用 5 级计分，得分越多表明手机成瘾倾向越严重[9]。总量表的内部一致性系数为 0.83，重测信度为 0.91，有较好的信度和效度。本研究中大学生手机成瘾倾向的内部一致性系数为 0.91。

（3）学习动机量表（WPI）。该量表由 Amabile 等人编制[10]，池丽萍、辛自强进行修订[11]。量表共由 30 个项目组成，包括内生动机和外生动机两个分量表[10]。原量表采用 4 级评分，得分越高表示动机水平越强。该量表内部一致性系数为 0.79（内生动机分量表）和 0.78（外生动机分量表），重测信度分别为 0.79 和 0.84。本研究中为与其他量表保持一致，改为 5 级评分，内部一致性系数为 0.85（内生动机分量表）和 0.79（外生动机分量表）。

（三）统计分析

采用 SPSS17.0 进行统计分析，具体使用描述性分析、t 检验、相关、回归等比较手机成瘾倾向高、低组大学生在学习动机及学业拖延上的差异，各因素之间的相关以及中介效应是否显著。

（四）共同方法偏差检验

采用 Harman 单因子检验法对共同方法偏差进行检验，统计发现，未旋转主成分分析可得到 11 个特征值大于 1 的因子，第一因子的变异解释率为 16.80％，小于 40％的临界标准，表明本研究不存在共同方法偏差。

二、研究结果

（一）手机成瘾倾向高低组大学生的学习动机和学业拖延比较

根据手机成瘾倾向量表总分，将低分端27％的学生定义为低手机成瘾倾向组，高分端27％的学生定义为高手机成瘾倾向组。结果如表1所示，高手机成瘾倾向组的内部动机显著低于低手机成瘾倾向组，高手机成瘾倾向组的外部动机和学业拖延得分显著高于低手机成瘾组。

表1　手机成瘾倾向高低组大学生的学习动机和学业拖延比较

变　　量	高手机成瘾倾向	低手机成瘾倾向	t
内部动机	49.89(±6.25)	52.32(±7.62)	−3.707***
外部动机	56.20(±7.08)	51.30(±7.64)	7.063***
学业拖延	16.79(±5.13)	12.71(±4.60)	8.881***

注：* $p < 0.05$；** $p < 0.01$；*** $p < 0.001$。下同。

（二）手机成瘾倾向、学习动机与学业拖延的相关

对手机成瘾倾向得分、内部学习动机、外部学习动机和学业拖延各变量进行相关分析，结果如表2所示。手机成瘾倾向与外部学习动机、学业拖延，内部动机与外部动机呈显著正相关；手机成瘾倾向、学业拖延分别与内部学习动机呈显著负相关，学业拖延与外部动机无显著相关。

表2　手机成瘾倾向、学动机与学业拖延的相关

	手机成瘾倾向	内部动机	外部动机	学业拖延
手机成瘾倾向	1			
内部动机	−0.16**	1		
外部动机	0.28**	0.37**	1	
学业拖延	0.35**	−0.14**	0.05	1

（三）学习动机在手机成瘾倾向和学业拖延之间的中介作用

以手机成瘾倾向为自变量，以学习动机的内部动机和外部动机两个维度为中介变量，学业拖延为因变量进行中介作用分析，结果显示，手机成瘾倾向能显著正向预测学业拖延；手机成瘾倾向通过内部动机的中介作用对学业拖延产生影响；手机成瘾倾向能显著预测外部动机；外部动机在手机成瘾倾向和学业拖延之间的中介作用不显著。具体结果如表3和图1所示。

表3 学习动机在大学生手机成瘾倾向与学业拖延之间的中介效应检验

步 骤	因变量	自变量	未标准化系数		标准化系数	
			B	SE	β	t
1(路径 c)	学业拖延	手机成瘾倾向	0.16	0.02	0.35	12.165***
2(路径 a1)	内部动机	手机成瘾倾向	−0.49	0.06	−0.31	−8.590***
(路径 a2)	外部动机	手机成瘾倾向	0.60	0.05	0.40	11.049***
3(路径 c′)	学业拖延	手机成瘾倾向	0.15	0.02	0.35	9.254***
(路径 b1)		内部动机	−0.06	0.03	−0.08	−2.108*
(路径 b2)		外部动机	−0.01	0.03	−0.02	−0.533

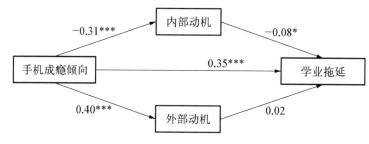

图1 学习动机在手机成瘾倾向和学业拖延之间中介作用的模型

三、讨论

研究结果显示,大学生手机成瘾倾向程度不同,在学业拖延和内部、外部学习动机上的得分存在显著差异;手机成瘾倾向与外部学习动机、学业拖延呈显著正相关,内部动机与外部动机呈显著正相关;手机成瘾倾向、学业拖延分别与内部学习动机呈显著负相关;学业拖延与外部学习动机无显著相关。手机成瘾倾向较高的大学生在手机网络上耗费大量的时间和精力,甚至占用了正常的学习时间,再加上手机娱乐媒体所具有的诱惑力,当学生面对学业任务时,如果缺乏对学习的内在自我要求,内部学习动机较弱,就会对学业产生抗拒、排斥心理,进而导致学业拖延现象。这与以往的研究结果较为一致。[12-14]。有研究表明,网络成瘾倾向与内部学习动机存在负相关,内部动机越高,对学习的内在需求强烈,会驱使大学生一定程度抵制手机网络的诱惑,降低网络成瘾倾向。

本研究结果显示,大学生内部学习动机在手机成瘾倾向和学业拖延之间起到部分中介作用。这种被动、消极的学习状态必然导致学生对学业任务被动接受,甚至产生抵触,进而导致拖延行为。

综上所述,高手机成瘾倾向组的内部动机显著低于低手机成瘾倾向组,高手机成瘾倾向组的外部动机和学业拖延得分显著高于低手机成瘾组;手机成瘾倾向可以直接影响学业拖延,也可以通过内部学习动机的中介作用间接影响学业拖延;外部学习动机对学业拖延影响不显著。这一结果提醒高校教育者,提高学生的内部学习动机以及降低学生的网络成瘾倾向可以一定程度改善学业拖延状况。

参考文献:

[1] Steel P. The nature of procrastination: a mata-analytic and theoretical review of quintessential self-regulatory failure[J]. Psychological Bulletin, 2007,133(1): 65 - 94.

[2] Ferrari J R. O'Callghan J. Newbegin I. Prevalence of procrastination in the United States, United Kindom, and Australia: arousal and avoidance delays among adults[J]. North American Journal of Psychology, 2005, (1): 1 - 6.

[3] 李青青,王芬芬,杨世昌.时间管理与学业拖延的关系:人格特质的中介作用[J].现代预防医学, 2015, (19): 3541 - 3543.

[4] Kandemir M. Predictors of Academic Procrastination: Coping with Stress, Internet Addiction and Academic Motivation[J]. World Applied Sciences Journal, 2014, 32(5): 930 - 938.

[5] Junco R, Cotton S R. Perceived academic effects of instant messaging use[J]. Computers & Education, 2011, 56(2): 370 - 378.

[6] 宋梅歌,苏缇,冯廷勇.拖延行为的时间取向模型[J].心理科学进展,2015,(7): 1216 - 1225.

[7] Owens A M, Newbegin I. Academic procrastination of adolescents in English and Mathematics[J]. Journal of Social Behavior and Personality,2000, (15): 111 - 124.

[8] 李洋.大学生学习拖延及干预研究[D],苏州:苏州大学,2013.

[9] 熊婕,周宗奎,陈武,等.大学生手机成瘾倾向量表的编制[J].心理卫生评估,2012,(3): 222 - 225.

[10] Amabile T M, Hill K G, Hennessey B A. et al. The Work Preference Inventory: Assessing intrinsic and extrinsic motivational orientations[J]. Journal of Personality and Social Psychology, 1994, 66: 950 - 967.

[11] 池丽萍,辛自强.大学生学习动机的测量及其与自我效能的关系[J].心理发展与教育,2006,(2): 64 - 70.

[12] 张潮,翟琳,王畅.大学生自我控制在手机依赖和学业拖延中的中介作用[J].中国健康心理学杂志, 2017,(1): 145 - 148.

[13] 阮慷.大学生手机成瘾对学业拖延的影响——学业延迟满足的中介作用[J].健康研究,2019,(4): 369 - 373.

[14] Rosen L D,Carrier L M, Cheever N A, et al. Facebook and texting made me do it: Media-induced task-switching while studying[J]. Computers in Human Behavior, 2013, 29(3): 948 - 958.

焦虑的缓冲器：双视角下的自尊、人际信任和社交焦虑

许孟翟　黄　青　王敬群

江西师范大学

【摘要】目的：探索大学生自尊、人际信任和社交焦虑的关系，大学生人际信任的潜在类别，不同类别上自尊和人口特点，以及比较各剖面在社交焦虑上的差异。方法：采用自编人口学变量、自尊量表、人际信任量表以及社交焦虑量表对648名大学生进行调查。结果：自尊与人际信任呈正相关，与社交焦虑呈负相关，人际信任与社交焦虑呈负相关。自尊以人际信任为部分中介影响社交焦虑，中介效应占比5.9％。大学生人际信任存在显著的群体异质性，分为低人际信任组（C1）、中人际信任组（C2）、高承诺行为—低社会现象信任组（C3）、高社会现象—低承诺行为信任组（C4）。相对于C2，自尊正向预测C4，负向预测C3；独生子女、本科院校的学生更可能出现在C3；大二、大三学生更可能出现在C1。C4在社交焦虑上得分显著低于其他三组。结论：大学生自尊越高其社交焦虑越低，人际信任在二者之间起部分中介作用；大学生人际信任存在显著的群体异质性，可根据自尊、人口特点，实施有针对性的预防和干预措施。

【关键词】自尊；人际信任；社交焦虑；中介；潜在剖面分析（LPA）；以人为中心

社交焦虑（Social anxiety）是指个体在人际交往中因为各种原因而感到过于紧张和焦虑的不良心理反应[1]。长期社交焦虑，严重者可发展为社交焦虑障碍，伴随终生，甚至产生抑郁、自杀意念或行为等严重后果[2,3]。社交焦虑障碍是在物质滥用和抑郁症之后，第三类最常见的精神障碍性疾病，其终生患病率在10％～14％之间[4]。中国大学生比国外大学生社交焦虑常模水平高，并且有16％的大学生报告自己有比较严重的社交焦虑[5,6]。因此，对于大学生社交焦虑的研究及针对性干预刻不容缓。

社交障碍的认知行为模型（cognitive behavioral model）指出负面评价对社交障碍的影响[7]。自尊是个人基于自我评价产生和形成的，自尊的恐惧管理理论（terror management theory of self-esteem)认为自尊具有焦虑缓冲功能，自尊可以负向预测社交焦虑，低自尊者会表现出高的社交焦虑[8,9]。Hardin 的信任模型指出，信任过程会受到信任者本身与被信任者特点及二者之间关系的影响，自尊就是其中一种人格特点[10]。人际信任是一种概括化期望，形成在人际交往之中[11]。元分析结果表明，大学生自尊、人际关系均呈下降趋势[12,13]。因而，本文选取了自尊作为预测变量，人际信任作为中介变量，社交焦虑作因变量，从变量为中心的视角进行探究。

遗憾的是，从变量为中心的角度出发，依赖量表划定的标准，缺乏了对人群异质性的考量，齐昊天、孙晓玲与金辉学者对自尊、人际信任与社交焦虑的研究结果就产生了矛盾性[14]。"潜在剖面分析"是一种以人为中心的方法，它关注人之间的异同，而不是变量之间的关系[15]。因此，本研究将从"以变量为中心"和"以人为中心"两个视角出发，探讨大学生社交焦虑的影响因素、自尊与不同人际信任组之间的关系以及不同人际信任组在社交焦虑上的差异。

一、对象与方法

（一）对象

针对大学生群体采用线上调研的方法，共收集有效问卷 648 份。其中男生 265 人，女生 383 人(59.1%)。本科学历 599 人，硕士及以上学历 49 人(7.6%)。

（二）工具

1. 自编人口学变量

包括性别、是否独生子女、生源地、专业、年级、学校性质、家庭关系、父母婚姻状况、父母文化水平及父母职业类别。

2. 自尊量表(Self-Esteem Scale，SES)

根据 Rosenberg(1965)编制的自尊量表(SES)，中文版量表包含 10 个题目。采用田录梅[16]的建议，中文版删除条目 8。采用 4 点计分法，1 代表一点儿也不像我，4 代表非常像我，得分越高表示自尊越高。在本研究中该量表的 Cronbach α 系数为 0.770。

3. 人际信任量表(Interpersonal Trust Scale，ITS)

采用 Rotter(1967)编制，由《心理卫生评定手册（增订版）》[17]和《常用心理评估量表手册》[18]中所收录并翻译，由丁妩瑶和彭凯平[19]修订的人际信任量表(ITS)。该量表分为社会现象信任和承诺行为信任两个维度，包含 10 个项目。采用 5 点计分法，1 代表完全不同意，5 代表完全同意，其中项目 1～6 为反向计分题目。分数越高，人际信任越高。在本研究中该量表总体的 Cronbach α 系数为 0.537，各维度 Cronbach α 系数为 0.721～0.769。二因子拟合良好，CFI = 0.914，TLI = 0.886，RMSEA = 0.078。

4. 社交焦虑量表(Social Anxiety Subscale of Self-Consciousness Scale，SASS-CS)

采用 Leary(1983)编制，由《心理卫生评定手册（增订版）》[20]收录并翻译的社交焦虑量表(SASS-CS)。该量表包含 6 个项目，不仅测量主观焦虑，同时也测量言语表达以及行为举止上的困难。采用 4 点计分法,1 分代表一点儿也不像我,4 分代表非常像我。在本研究中该量表总体的 Cronbach α 系数为 0.653。

（三）统计方法

使用 SPSS25.0 对全部数据进行预处理、描述性分析以及 Pearson 相关分析。人际信任中介作用采用 Hayes 开发的 SPSS PROCESS 宏程序进行中介效应检验,采用 Bootstrap 法进行检验。使用 Mplus7.0 对人际信任进行潜在类模型估计。通过从一类开始拟合,考虑 Akaike 的信息准则（AIC）、贝叶斯信息准则（BIC）和样本量调整后的 BIC(SSA-BIC),熵值,Lo-Mendell-Rubin 似然比检验（LMR-LRT）和似然比检验（BLRT）结果 p 值,最终确定最优模型及类别名称。在此基础上,使用 SPSS25.0 进行人口学变量 logistics 回归分析以及方差分析。

二、结果

（一）共同方法偏差检验

本研究通过采取匿名测量、部分项目反向等措施从程序上控制共同方法偏差[21]。对收集的数据采用 Harman 单因素检验进行共同方法偏差的检验,未旋转的探索性因子分析结果提取出特征根大于 1 的因子共 5 个,最大因子方差解释率为 20.42%（小于 40%）。此外,采用验证性因素分析,对所有自评项目进行共同方法偏差检验,结果显示,CFI＝0.389, TLI＝0.338, RMSEA＝0.140,该模型拟合较差。故本研究不存在严重的共同方法偏差。

（二）描述统计与相关分析

Pearson 相关分析结果表明,大学生自尊、人际信任和社交焦虑之间存在显著相关。其中自尊和人际信任存在显著正相关,人际信任与社交焦虑存在显著负相关,自尊与社交焦虑存在显著负相关,详见表 1。

表 1　描述性统计及相关(r)

项　　目	$\bar{X} \pm S$	自尊	人际信任	社交焦虑
自尊	26.51±5.127	1		
人际信任	26.54±4.561	0.093**	1	
社交焦虑	14.58±3.423	-0.393**	-0.258**	1

（三）中介模型检验

采用 SPSS PROCESS 宏程序中的 Modle4 对人际信任在自尊和社交焦虑之间的中介作用进行检验。将性别、是否独生子女、生源地、专业、年级、学校性质作为控制变量。结果发现,自尊对社交焦虑的直接效应显著($\beta = -0.247$, $t = -10.562$, $p <$

0.001)，人际信任对社交焦虑的直接效应也显著（$\beta = -0.181$，$t = -6.673$，$p < 0.001$）。Bootstrap 检验结果表明，95% 置信区间为 $[-0.0312, -0.0009]$，不包含数字 0，人际信任在自尊和社交焦虑之间的部分中介效应显著，中介效应（-0.0155）占总效应（-0.2627）比为 5.9%，详见表 2。中介效应模型路径图及路径系数如图 1 所示。

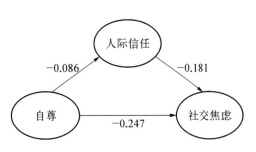

图 1　中介效应路径模型图

表 2　人际信任在自尊和社交焦虑间的中介效应

	Effect	se	t	p	LLCI	ULCI
总效应	-0.2627	0.0241	-10.9158	0	-0.3100	-0.2155
直接效应	-0.2472	0.0234	-10.5622	0	-0.2932	-0.2013
间接效应	-0.0155	0.0077	—	—	-0.0312	-0.0009

（四）人际信任的潜在剖面分析

将人际信任两个维度共计 10 个项目进行潜在剖面分析。该模型估计 1 到 6 个类别。AIC、BIC 和 SSA-BIC 从 1 类到 6 类逐渐减小，从 4 类开始下降速度变缓，只有 2、3、4 类 LMR 和 BLRT p 值均显著，模型拟合度较好。从类别概率可以看出，随着类别的增加，出现了多组人数占比不到总人数的 10%，Entropy 在 4 类时达到最大。因此，得到了最简洁的 4 类模型，详见表 3。

表 3　人际信任在自尊和社交焦虑间的中介效应

Model	AIC	BIC	SSA-BIC	Entropy	LMR-lrt	BLRT	Class Probability(%)
C1	18 832.389	18 921.866	18 858.367	—	—	—	—
C2	18 178.331	18 317.022	18 218.597	0.692	<0.05	<0.001	0.567 90/0.432 10
C3	17 721.390	17 909.294	17 775.945	0.770	<0.01	<0.001	0.254 63/0.345 68/0.399 69
C4	17 491.827	17 728.943	17 560.669	0.817	<0.05	<0.001	0.199 07/0.476 85/0.242 28/0.081 79
C5	17 394.541	17 680.870	17 477.671	0.799	0.2103	<0.001	0.157 41/0.195 99/0.148 15/0.419 75/0.078 70
C6	17 339.680	17 675.222	17 437.099	0.808	0.3479	<0.001	0.114 20/0.135 80/0.202 16/0.052 47/0.418 21/0.077 16

　　大学生人际信任的 4 类剖面结果如图 2 所示，4 个潜在剖面包括：Class1（C1，$n = 130$，20.1%），Class2（C2，$n = 307$，47.3%），Class3（C3，$n = 159$，24.6%），Class4（C4，$n = 52$，8.1%）在社会现象信任（已反向计分）和承诺行为信任两个维度上各项目的趋势有明显不同。在社会现象信任维度上，类型 4 在各个项目上得分最高，类型 1 和类型 3 不相上下均在低位，类型 2 则处于中庸位置。在承诺行为维度上，C3处于高位，C2 保持中庸，C1 保持低位，C4 处于第三位。因此，根据前述人际信任剖面图类型趋势和特征，将 C1 命名为"低人际信任组"，将 C2 命名为"中人际信任组"，将C3 命名为"高承诺行为—低社会现象信任组"，将 C4 命名为"高社会现象—低承诺行为信任组"。

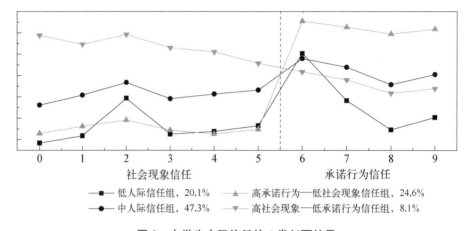

图 2　大学生人际信任的 4 类剖面结果

（五）人际信任的潜在类别的影响因素分析

　　将人际信任四个类别作为因变量，自尊以及性别、是否独生子女、就读学校性质、年级等人口学变量作为自变量，中人际信任组（C2）作为参照组（$OR = 1$），进行多项 Logistics 回归分析。

　　结果显示，与高自尊（$X > 26$，$M_0 = 26$）相比，低自尊（$X < 26$，$M_0 = 26$）的大学生更可能出现在 C3（承诺行为—低社会现象信任组）（$OR = 1.838^{**}$，$CI = 1.230 \sim 2.746$）；高自尊是低自尊发生比的 0.349 倍，因此高自尊大学生更可能出现在 C4（高社会现象—低承诺行为信任组）。性别不能作为识别人际信任类别的特征因素；独生子女的发生比是非独生子女的 2 倍，独生子女更可能出现在 C3（$OR = 2.029^{***}$，$CI = 1.373 \sim 2.998$）；相比于高职生，本科生出现在 C3 组的可能性更大，是高职生发生比的 1.6 倍（$OR = 1.655$，$CI = 1.116 \sim 2.455$）；就年级而言，相比大二、大三学生，C1（低人际信任组）的学生更可能来自研究生及以上学历的大学生（$OR = 0.703$，$CI = 0.200 \sim 0.924$；0.399^{*}，$CI = 0.180 \sim 0.884$），详见表 4。

表4 人口学变量对人际信任不同剖面的多项 Logistics 回归

	C1(n=129) $M \pm SD$	C2(n=309) $M \pm SD$	C3(n=157) $M \pm SD$	C4(n=53) $M \pm SD$	F	η^2	Comparison (LSD)
社交焦虑	15.56±3.393	14.47±3.107	15.01±3.615	11.62±3.027	19.094***	0.082	1>2>4,3>4

注：中人际信任组(C2)OR值=1，* = $p<0.05$，** $p<0.01$，*** $p<0.001$。

（六）社交焦虑在潜在类别上的差异

方差分析结果显示，社交焦虑有显著差异（$F_{(3,644)}=19.094$，$\eta^2=0.082$），从事后检验结果可以看出，高社会现象—低承诺行为信任组(C4)在社交焦虑上的得分明显低于其他三组；低人际信任组(C1)、中人际信任组(C2)和高社会现象—低承诺行为信任组(C4)三组在社交焦虑上有显著差异，具有统计学意义，详见表5。

表5 不同类型大学生在社交焦虑上的差异

项 目		低人际信任组(C1)		高承诺行为—低社会 现象信任组(C3)		高社会现象—低承诺 行为信任组(C4)	
		OR	CI	OR	CI	OR	CI
自尊	低	0.700	0.463～1.058	1.838**	1.230～2.746	0.349***	0.184～0.661
	高	1.000					
性别	女	0.210	0.508～1.161	1.144	0.771～1.697	1.232	0.672～2.257
	男	1.000					
独生子女	独生	0.674	0.428～1.059	2.029***	1.373～2.998	0.574	1.187～2.158
	非独生	1.000					
学校性质	本科	0.771	0.510～1.164	1.655*	1.116～2.455	1.438	0.794～2.604
	高职	1.000					
年级	大一	0.814	0.354～1.871	0.658	0.257～1.684	0.792	0.207～3.032
	大二	0.429*	0.200～0.924	0.703	0.311～1.587	1.087	0.342～3.455
	大三	0.399*	0.180～0.884	0.882	0.388～2.007	0.413	0.113～1.512
	大四及大五	0.600	0.249～1.445	1.591	0.664～3.809	0.875	0.228～3.363
	研究生及以上	1.000					

注：C1，低人际信任组；C2，中人际信任组；C3，高承诺行为—低社会现象信任组；C4，高社会现象—低承诺行为信任组。

三、讨论

"以变量为中心"的研究结果发现，大学生自尊与社交焦虑显著负相关，这与以往学者的研究保持一致[22-24]。本研究进一步发现人际信任在自尊和社交焦虑的关系中起部分中介作用，使横断研究预测二者之间的关系更加明晰化，在一定程度上揭示了自尊对社交焦虑的影响，虽然中介效应量仅达到 5.9%，但依然不容小觑。低自尊的大学生表现出高的社交焦虑，这可能是由于低自尊的大学生对自己产生负性评价，对他人难以产生信任，无法建立良好的人际关系，进而引发高社交焦虑。研究结果部分验证了 Hardin 的信任模型，并为大学生社交焦虑的干预提供依据。

"以人为中心"的研究结果表明，大学生人际信任存在显著的群体异质性，可以分为 4 个潜在剖面：低人际信任组（20.1%）、中人际信任组（47.3%）、高承诺行为—低社会现象信任组（24.6%）与高社会现象—低承诺行为信任组（8.1%）。从分布来看，中人际信任的大学生占全体研究被试的 47.3%，表明大部分大学生具有良好的人际信任水平。高承诺行为—低社会现象信任组的占比约是高社会现象—低承诺行为信任组的 3.04 倍，这可能是源于中国人的优良传统美德，不仅自己恪守承诺也愿意相信他人信守承诺[25]。再加之数字媒体是大学生认知社会现象的重要信息平台，影响着大学生对社会现象的认知和态度，大量负面信息的获取则会削弱大学生对社会现象的信任[26]。

逻辑回归的结果表明大二、大三的学生是低人际信任组的特征，这类大学生更可能出现人际关系问题。高承诺行为—低社会现象信任组的类型特征是低自尊、独生子女、本科，这提示着具有此类特征的大学生群体更易产生对社会现象的低信任。高自尊更易进入高社会现象—低承诺行为信任组，人际信任是实现社会信任的基石，这与以往的研究相一致[27]。方差分析的结果显示，社交焦虑在人际信任的各剖面上存在显著差异。出乎意料的是，具有高自尊特征的高社会现象—低承诺行为信任组的社交焦虑得分显著低于其他三组，这与以往的研究相矛盾（张珊明，2022）。有可能是因为社交焦虑也存在异质性，而本研究仅探索了人际信任的类型特征[28]。

综上所述，本研究从两个视角较为全面地探索了自尊、人际信任和社交焦虑的关系，为后续对社交焦虑的针对性干预提出依据，也为以往研究做出补充。但需要指出的是，本研究采用横断数据，未探究其因果关系。此外，研究对象为大学生，研究结果对于其他年龄群体可能并不适用。

参考文献：

[1] 周才博.手机依赖对大学生社交焦虑的影响：体育锻炼的调节效应[D].上海师范大学，2022.

[2] 胡嘉滢，袁勇贵.躯体变形障碍共病其他精神障碍的研究进展[J].国际精神病学杂志，2020，47（2）：243-246.

[3] 安德宝，朱泂，张澜.压力与研究生自杀意念的关系及其影响机制[J].中国卫生事业管理，2017，34（09）：689-691+696.

[4] 张玉娜.青少年社交焦虑障碍与心理干预[J].中学政治教学参考，2017，（12）：60-61.

[5] 张倩，李晶华，马天娇，等.长春市某高校大学生社交焦虑现状及影响因素[J].医学与社会，2020，33

（3）：112－115.

［6］许书萍.高社交焦虑大学生的解释偏向［D］.华东师范大学,2010.

［7］Clark D M，Wells A. A cognitive model of social phobia［M］. In Hermverg RG，Liebowitz M，Hope DA，Schneier FR（EDS.），Social phobia：Diagnosis，assessment and treatment. NewYork：Guilford Press，1995，69－93.

［8］Jonathon D. Brown，Rebecca L Collins，Greg W. Schmidt. Self-esteem and direct versus indirect forms of self-enhancement［J］. Journal of Personality and Social Psychology，1988，55（9）：445－453.

［9］孙晓玲,吴明证.大学生自尊、拒绝敏感性、人际信任与社会焦虑的关系［J］.中国临床心理学杂志,2011,19（4）,537－539.

［10］Hardin R. Trust and trustworthiness［M］. New York：Russell Sage Foundation，2002.

［11］韩振华.人际信任的影响因素及其机制研究［D］.南开大学,2010.

［12］沙晶莹,张向葵.中国大学生自尊变迁的横断历史研究：1993～2013［J］.心理科学进展,2016,24（11）：1712－1722.

［13］辛自强,周正.大学生人际信任变迁的横断历史研究［J］.心理科学进展,2012,（3）,344－353.

［14］Shevlin M，Murphy S，Mallett J，et al. Adolescent loneliness and psychiatric morbidity in northern Ireland［J］. British Journal of Clinical Psychology，2013，52（2）：230－234.

［15］Muthén，Linda K，Muthén，Bengt O. Mplus user's guide：The comprehensive modeling program for applied researchers［M］. 1998.

［16］田录梅.Rosenberg.自尊量表中文版的美中不足［J］.心理学探新,2006,（2）：88－91.

［17］汪向东、王希林、马弘.心理卫生评定量表手册（增订版）［M］.北京：中国心理卫生杂志社,1999：180－182.

［18］戴晓阳.常用心理评估量表手册［M］.北京：人民军医出版社,2010,186－188.

［19］丁妧瑶、彭凯平.中译人际信任量表勘误及修订［J］.心理月刊,2020,15（6）：4－5＋7.

［20］戴晓阳.常用心理评估量表手册（修订版）［M］.北京：人民军医出版社,2015,210－212.

［21］周浩,龙立荣.共同方法偏差的统计检验与控制方法［J］.心理科学进展,2004（6）,942－950.

［22］孙晓玲,吴明证.大学生自尊、拒绝敏感性、人际信任与社会焦虑的关系［J］.中国临床心理学杂志,2011,19（4）：537－539.

［23］张亚利,李森,俞国良.自尊与社交焦虑的关系：基于中国学生群体的元分析［J］.心理科学进展,2019,27（6）：1005－1018.

［24］Abdollahi A，Talib M A. Self-esteem，body-esteem，emotional intelligence，and social anxiety in a college sample：the moderating role of weight［J］. Psychology Health and Medicine，2015，21（2）：1－5.

［25］王连伟、杨梦莹.论信任来源的路径与过程——以人际信任为例［J］.征信,2020,38（5）,31－36.

［26］周全.数字媒体信息消费环境下记者信任形成机制研究［J］.新闻大学,2021（9）,40－58＋118.

［27］戚静,王晓明,李朝旭,李雯,赵娜.大学生外显—内隐自尊与人际信任的关系［J］.心理研究,2011,4（4）：83－87.

［28］侯艳天,朱海东,石耀慧,贾晓珊.大学生社交焦虑的潜在剖面及影响因素［J］.中国健康心理学杂志,2022,30（9）：1406－1412.

新形势下"00后"大学生心理弹性的现状及特点探究

卜 钰

中国地质大学（北京）

【摘要】目的：探究"00后"大学生心理弹性的发展现状及特点。方法：选取459名"00后"大学生为研究对象，采用心理弹性量表（CD-RISC）进行测查。结果：① 心理弹性整体得分高于理论中值，呈现正态分布；② 男生在坚韧性上得分显著高于女生（$t = 1.99$，$P < 0.05$）；独生子女在心理弹性总分（$t = 2.62$，$P < 0.01$）及各维度上得分均显著高于非独生子女（$t_{坚韧性} = 2.32$，$P < 0.05$；$t_{力量性} = 2.67$，$P < 0.01$；$t_{乐观性} = 2.30$，$P < 0.05$）；家庭经济状况中等及以上的大学生在力量性和乐观性维度上得分显著高于家庭贫困的学生（$t_{力量性} = -2.00$，$P < 0.05$；$t_{乐观性} = -2.46$，$P < 0.05$）；城镇大学生在总分（$t = -3.81$，$P < 0.001$）及各维度上得分均显著高于农村学生（$t_{坚韧性} = -3.34$，$P < 0.01$；$t_{力量性} = -3.25$，$P < 0.01$；$t_{乐观性} = -4.29$，$P < 0.001$）。结论："00后"大学生心理弹性整体发展水平较好，在不同性别、家庭经济状况、家庭居住地、是否独生子等人口学变量上出现显著差异。

【关键词】"00后"大学生；积极视角；心理弹性；高校心理健康教育

心理弹性（resilience）是积极心理学的重要组成部分，1983年，由 Garmezy 和 Rutter 在 *Stress, Coping and Development in Childhood* 一书中首次提出。近些年，心理弹性已经引起了心理学、社会学、教育学等不同学科的广泛关注。

当前的研究对心理弹性的定义并不一致，主要包括能力导向[1]、过程导向[2]和结果导向[3]。不同定义虽各有侧重，但均涉及两个必需的因素：一是个体身处逆境或遭遇压力事件；二是成功应对不良环境[4]。目前大多数研究采用第一种定义，本研究也将采纳心理弹性作为个人品质或能力的定义。

已有研究发现，心理弹性不仅能够帮助个体更好地应对困难[5]，也与心理健康结果紧密相关[6]。因此，采用积极取向，关注大学生的心理弹性现状，重在发展而非问题，可从培养积极心理品质、预防心理危机事件等方面，促进我校大学生的心理弹性的培育工作,营造积极向上的校园氛围。

综上,本文以"00后"大学生为研究对象,探究其心理弹性的发展现状,以期系统深入地了解新时代大学生的心理特点。

一、对象与方法

(一)对象

采用方便取样,随机选取中国地质大学(北京)不同学院和专业的在校大学生(大一、大二、大三、大四)参与本次研究,共收到问卷515份,"00后"学生共459人,年龄范围17~21岁(19.13±0.93)。

(二)工具

1. 人口学变量

包括学院、专业、性别、出生日期、年级、是否独生子女、家庭所在地、家庭经济状况等。

2. 心理弹性

采用Conner和Davidson等人编制的心理弹性量表(Conner-Davidson Resilience Scale, CD-RISC)[7]。本研究采用肖楠和张建新修订的中文版[8],分为坚韧性(如"我坚信只要努力,就能实现自己的目标")、力量性(如"不管遇到什么情况我总是尽我最大的努力")和乐观性(如"我能够看到事情中有趣的一面")三个维度。该量表共25题,5点计分(0 = 从不,4 = 总是),总分越高,心理弹性水平越高。在本研究中,该量表的内部一致性信度为0.94,三个维度的内部一致性分别为0.92(坚韧性)、0.88(力量性)、0.51(乐观性)。

(三)统计方法

通过问卷星软件进行问卷的编制,在被试知情同意的情况下,采用网络施测的方式进行问卷调查。数据收集整理后,使用SPSS22.0对数据进行处理和分析。采用独立样本t检验和方差分析,考察心理弹性总分及三个维度在性别、年级、是否独生子、家庭居住地和家庭经济状况等人口学上的差异。

二、结果

(一)样本的人口学特征

本研究样本的人口学变量特征见表1,被试共459人,年龄范围17~21岁,平均年龄19.13岁($SD = 0.93$)。其中,大一243人(52.9%),大二103人(22.4%),大三99人(21.6%),大四14人(3.1%);男生281人(61.2%),女生178人(38.8%);独生子女247人(53.8%),非独生子212人(48.2%);家庭居住地为农村的148人(32.2%),城镇的311人(67.8%);家庭经济状况为贫困的130人(28.3%),中等及以上的329人(71.7%)。

表 1　样本的人口学变量特征

变量名称	人数(百分比)	变量名称	人数(百分比)
性别		家庭居住地	
男	281(61.2%)	农村	148(32.2%)
女	178(38.8%)	城镇	311(67.8%)
年级		家庭经济状况	
大一	243(52.9%)	贫困	130(28.3%)
大二	103(22.4%)	中等及以上	329(71.7%)
大三	99(21.6%)		
大四	14(3.1%)		
是否独生子女			
是	247(53.8%)		
否	212(48.2%)		

（二）"00 后"大学生心理弹性的总体情况

在本研究中，"00 后"大学生心理弹性总分和各维度的平均值和标准差见表 2，被试心理弹性高于理论中值（问卷采用 Likert 5 点计分，理论中值为 2 分），说明心理弹性发展较好。

表 2　"00 后"大学生心理弹性基本现状

	平均分(M)	标准差(SD)
心理弹性总分	2.62	0.58
坚韧性	2.54	0.65
力量性	2.87	0.63
乐观性	2.39	0.55

另外，心理弹性总分的中数和众数分别是 2.64 和 2.00，得分分布偏度系数为 0.094，峰度系数为 0.30，均小于 1，由此可知，"00 后"大学生心理弹性水平总体接近正态分布，即大部分学生的心理弹性得分集中在平均数附近，小部分学生的得分分布在极值位置（见图 1）。

（三）"00 后"大学生心理弹性的人口学差异

1. 心理弹性在性别上的差异性检验

为检验"00 后"大学生心理弹性是否存在性别差异，进行独立样本 t 检验。结果

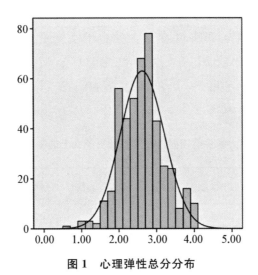

图 1　心理弹性总分分布

发现(见表 3),男生和女生的心理弹性总分不存在显著差异,而坚韧性维度上,男生得分显著高于女生($t = 1.99$, $p < 0.05$)。

表 3　"00 后"大学生心理弹性在性别上的差异分析($M \pm SD$)

	心理弹性总分	坚韧性	力量性	乐观性
男	2.65 ± 0.61	2.59 ± 0.67	2.86 ± 0.67	2.42 ± 0.59
女	2.58 ± 0.53	2.47 ± 0.61	2.88 ± 0.56	2.34 ± 0.48
t	1.27	1.99*	− 0.43	1.47

注: * $p < 0.05$, ** $p < 0.01$, *** $p < 0.001$,下同。

2. 心理弹性在年级上的差异性检验

以年级为自变量,心理弹性为因变量,进行单因素方差分析。结果发现(见表 4),"00 后"大学生在心理弹性总分以及各维度上均不存在显著的年级差异($p > 0.05$)。

表 4　"00 后"大学生心理弹性在年级上的差异分析($M \pm SD$)

	心理弹性总分	坚韧性	力量性	乐观性
大一	2.66 ± 0.57	2.59 ± 0.63	2.90 ± 0.63	2.39 ± 0.54
大二	2.57 ± 0.51	2.46 ± 0.56	2.84 ± 0.59	2.35 ± 0.51
大三	2.62 ± 0.69	2.54 ± 0.79	2.83 ± 0.69	2.42 ± 0.64
大四	2.53 ± 0.41	2.38 ± 0.48	2.86 ± 0.53	2.32 ± 0.30
F	0.77	1.20	0.43	0.29

3. 心理弹性在是否独生子女上的差异性检验

为检验"00后"大学生心理弹性在是否独生子女变量上的差异性检验,进行独立样本 t 检验。结果表明(见表5),在心理弹性总分($t = 2.62$,$p < 0.01$)及三个维度上($t_{坚韧性} = 2.32$,$p < 0.05$;$t_{力量性} = 2.67$,$p < 0.01$;$t_{乐观性} = 2.30$,$p < 0.05$),独生子女的学生均显著高于非独生子女的学生。

表5 "00后"大学生心理弹性在是否独生子女上的差异分析($M \pm SD$)

	心理弹性总分	坚韧性	力量性	乐观性
是	2.69 ± 0.61	2.61 ± 0.69	2.95 ± 0.64	2.44 ± 0.55
否	2.55 ± 0.54	2.47 ± 0.59	2.79 ± 0.62	2.32 ± 0.54
t	2.62^{**}	2.32^{*}	2.67^{**}	2.30^{*}

4. 心理弹性在家庭居住地上的差异性检验

以家庭居住地为自变量,以心理弹性总分及各维度得分为因变量,进行独立样本 t 检验。结果显示(见表6),心理弹性总分及各维度均在家庭居住地上均出现显著差异,即家庭居住地在农村的大学生心理弹性总分($t = -3.81$,$p < 0.001$)和三个维度坚韧性($t = -3.34$,$p < 0.01$)、力量性($t = -3.25$,$p < 0.01$)和乐观性($t = -4.29$,$p < 0.001$)显著低于家庭居住地在城镇的学生。

表6 "00后"大学生心理弹性在家庭居住地上的差异分析($M \pm SD$)

	心理弹性总分	坚韧性	力量性	乐观性
农村	2.48 ± 0.51	2.41 ± 0.26	2.73 ± 0.62	2.24 ± 0.48
城镇	2.69 ± 0.60	2.61 ± 0.68	2.94 ± 0.63	2.46 ± 0.57
t	-3.61^{***}	-3.34^{**}	-3.25^{**}	-4.29^{***}

5. 心理弹性在家庭经济状况上的差异性检验

为检验不同家庭经济状况的"00后"大学生心理弹性水平是否存显著差异,进行独立样本 t 检验。结果表明(见表7),在力量性和乐观性维度上,家庭贫困学生显著低于中等及以上的学生($t_{力量性} = -2.00$,$p < 0.05$;$t_{乐观性} = -2.46$,$p < 0.05$)。总分和坚韧性维度不存在显著差异。

综上,男生在坚韧性上得分显著高于女生,独生子女、家庭所在地是城镇的大学生心理弹性水平更高,贫困大学生在力量性和乐观性上得分更低,未发现不同年级之间的显著差异。

表7 "00后"大学心理弹性在家庭经济状况上的差异分析（$M \pm SD$）

	心理弹性总分	坚韧性	力量性	乐观性
贫困	2.55 ± 0.54	2.49 ± 0.60	2.78 ± 0.64	2.29 ± 0.53
中等	2.65 ± 0.59	2.57 ± 0.67	2.91 ± 0.63	2.43 ± 0.55
t	-1.79	-1.22	-2.00^*	-2.46^*

三、讨论

（一）"00后"大学生心理弹性的发展现状

本研究发现，"00后"大学生心理弹性总体高于理论中间值，且呈现正态分布，即大部分学生的得分集中于平均数附近，极少数学生的得分在极端位置。与张志远等人的研究结果相同[9]，表明大多数的大学生心理弹性发展水平较好，处于正常范围之内，抗压能力较好，但也存在少数学生心理弹性处于低水平，这将是心理健康教育的重点对象。

（二）"00后"大学生心理弹性的呈现特点

1. 男生心理弹性得分高于女生

在心理弹性的坚韧性维度上男生得分显著高于女生，与程淑华、蒲少华等人的研究结果一致[6,10]。一方面，这可能与中国的传统文化以及当前的家庭教育观念有关，社会和家庭对男女的性别角色期待不同，允许女生表现出脆弱，但希望男生坚强、勇敢，以及当前"男孩穷养、女孩娇养"的家庭教育理念，有助于男生经历更多挫折，培养独立的人格，因此男生在遇到困境时可能会表现得更加坚韧，更有力量去改变现状。另一方面，由于男女差异，男生的逻辑思维能力更有优势，情绪更加稳定，不易受到外界的不良影响，遇到问题可能表现得更加冷静和理性。

2. 独生子女心理弹性优于非独生子女

固有观念认为独生子女心理脆弱，抗挫折能力弱，但本研究的结果却显示独生子女的心理弹性得分高于非独生子女，突破了有关独生子女的刻板印象，也为我们认识独生子女的抗压能力提供了新的视角。当前社会对独生子女问题的重视程度不断增加，在各方面教育中对独生子女投入更多的支持，从而促进独生子女在心理弹性方面取得较好效果。在家庭教育中，独生子女收获更多的关注和支持，增加了他们的自信心和自我价值感。在学校教育中，锻炼独生子女的社交能力，由于缺乏兄弟姐妹，独生子女可能在早期表现出社交能力不足，但随着年龄增长，在学校、社会等均有很多机会处理与同伴之间的关系，可进一步锻炼其人际技能，以建立良好的社会支持系统，有助于获得较高的心理弹性[11]。

3. 不同家庭环境的大学生心理弹性水平出现差异

本研究结果显示，城镇大学生的心理弹性在总分和各维度上高于农村大学生。

说明家庭居住地在农村的大学生在面对困难和挑战时,可能缺乏有效的应对方式,坚持性较差。原因可能是城乡差异造成农村学生较大的心理压力,导致其容易产生情绪冲动以及消极的应对方式。其中,城市的心理教育资源丰富,大学生在家庭、学校均得到良好引导,相对来说,来自农村的大学生缺乏与家长恰当、平等的沟通,这可能影响心理弹性的水平。此外,大学教育不单单关注学业成绩,更是全面发展的综合体现,相较之下,来自农村的大学生基础教育环境较为薄弱(如英语口语、课外知识、文化艺术等),在与同学的比较中容易产生更大的压力。已有研究显示农村大学生更加自卑和焦虑,面对挑战更容易退缩,表现出更低的心理弹性[19]。

研究还发现,在乐观性和力量性维度上,家庭经济状况较好(中等及以上)的"00后"大学生心理弹性高于家庭贫困的大学生。其原因可能在于经济情况较好的家庭,能够为学生提供更丰富的资源,培养各种技能,促使其全面发展,在面对困难和挑战时更有能力,而应对困难的成功经历也会继续增强他们迎接新挑战的信心。

总之,以"00后"大学生为研究对象开展的问卷调查研究发现,男生在坚韧性上得分显著高于女生,独生子女、家庭所在地是城镇的大学生心理弹性水平更高,贫困大学生在力量性和乐观性上得分更低。基于此,可更加精准地进行高校心理健康工作,针对性地开展教育,促进学生积极成长。未来可进一步探讨"00后"大学生心理弹性的影响因素以及与心理健康之间的关系等,为心理弹性的培育提供支持。

参考文献:

[1] Lazarus R S. Coping theory and research: Past, present and future[J]. Psychosomatic Medicine, 1993, 55(3): 234 - 247.

[2] 刘文,于增艳,林丹华.儿童青少年心理弹性与心理健康关系的元分析[J].心理与行为研究,2019, 17(1): 31 - 37.

[3] Masten A S. Ordinary magic: Resilience processes in development[J]. American Psychologist, 2001, 56(3): 227 - 238.

[4] 马伟娜,桑标,洪灵敏.心理弹性及其作用机制的研究述评[J].华东师范大学学报(教育科学版), 2008,(1): 89 - 96.

[5] 段水莲,曹礼.大学生心理弹性现状及其教育对策分析[J].湖南警察学院学报,2020,32(2): 114 - 121.

[6] 程淑华,张东,陈雅兰.当代大学生心理弹性的现状及对策——基于哈尔滨和齐齐哈尔市在校大学生的抽样调查[J].池州学院学报,2019,33(6): 79 - 82.

[7] Connor K M, Davidson J R T. Development of a new resilience scale: The Connor-Davidson Resilience Scale (CD-RISC)[J]. Depression and anxiety, 2003, 18(2): 76 - 82.

[8] Yu X N, Lau, J T F, Mak W W S, Zhang J X, Lui W W S. Factor structure and psychometric properties of the Connor-Davidson Resilience Scale among Chinese adolescents[J]. Comprehensive Psychiatry, 2011, 52(2): 218 - 224.

[9] 张志远.大学生心理弹性现状及干预研究[D].东北师范大学,2014.

[10] 蒲少华,李晓华,卢宁.当代大学生心理弹性调查分析[J].四川职业技术学院学报,2012,22(4):78-80.

[11] 刘静洋,娄悦.积极心理学视角下高校大学生心理弹性特征分析[J].沈阳师范大学学报(社会科学版),2019,43(1):120-125.

自悯、情绪调节策略及抑郁与
大学生焦虑情绪的关系

侯鹏飞

东北石油大学

【摘要】目的：探究自悯、情绪调节策略及抑郁与大学生焦虑情绪的关系。方法：在4所大学抽取1 121名大学生作为被试，采用焦虑自评量表(SAS)、抑郁自评量表(SDS)、情绪调节问卷中文版(ERQ)、自悯量表(SCS)进行研究。结果：研究中焦虑和抑郁的检出率为25.2%和46.7%。分析发现自悯($\beta = -0.061$，$OR = 0.941$，$95\%CI = 0.909 \sim 0.974$)是焦虑的保护因素，而表达抑制($\beta = 0.127$，$OR = 1.135$，$95\%CI = 1.096 \sim 1.175$)、抑郁($\beta = 0.244$，$OR = 1.276$，$95\%CI = 1.228 \sim 1.326$)是焦虑的危险因素。进一步分析发现抑郁、自悯、情绪调节能够共同解释焦虑的变异量为53.1%。结论：自悯有利于减少大学生焦虑情绪，表达抑制和抑郁增加焦虑情绪发生的风险。因此要引导大学生更多地关怀自身，理解自己，运用认知重评策略来调整情绪，减少焦虑，提升积极心理品质。

【关键词】自悯；焦虑；情绪调节；大学生

焦虑是个体在面临危险性或不确定性情景时在主观上感到紧张、烦恼、忧虑，同时伴有自主神经系统的激活[1]。当个体长期处于焦虑状态时可能会出现躯体化症状[2]、失眠[3]等心理行为问题，甚至对人际关系状况[4]产生不利影响，焦虑影响着大学生生活的方方面面。已有研究表明生活事件[5]等应激状态，自悯[6]等人格特质，情绪调节策略[7]等都是影响焦虑的因素。

自悯通过改善个体情绪状态(减少焦虑、抑郁等负性情绪)来提升其幸福感和生活满意度[8]。研究认为情绪调节可能是自悯得以改善负性情绪的原因[9,10]。自悯水平高的个体倾向于选择适应性的情绪调节策略如认知重评等[11]，来使其心理状态恢复平衡。在临床研究中抑郁、焦虑共病现象很普遍。

本研究将以在校生为被试，探究大学生焦虑的现状以及不同特征大学生焦虑症状的差异，还将从人格特质自悯、情绪调节策略以及典型情绪状态抑郁为出发点，分析探索对焦虑的影响程度。为大学生焦虑情绪应对、预防心境障碍等提供理论与实践支持,旨在不断提升大学生心理健康素养,培育理性平和心态。

一、对象与方法

(一)研究对象

本研究使用问卷调查法,在 4 所高校中选取大学生作为研究对象,回收数据 1 213份,删除无效数据,有效数据为 1 121 份,有效回收率为 92.4%。研究对象年龄为18~23 岁。其中男生 695 人(62%),女生 426(38%)人,农村 644 人(57.4%),城镇477 人(42.6%),独生子女 582 人(51.9%),非独生子女 539 人(48.1%)。

(二)研究工具

(1)焦虑自评量表(Self-Rating Anxiety Scale, SAS)[13],是 1971 年由 Zung 等编制的量表。量表由 20 个项目组成,用来测量被试的主观体验。量表使用 4 级计分。该量表在本研究中的 Cronbach α 系数为 0.865。

(2)抑郁自评量表(Self-Rating Depression Scale, SDS)[13],是 1965 年由 Zung 等人编制的量表,采用 4 级评分,总分为各项目得分之和。该量表在本研究中的 Cronbach α 系数为 0.856。

(3)情绪调节问卷中文版(ERQ)[14],该问卷是王力等人以斯坦福情绪调节量表为基础修订而来的中文版量表,具有较好的信度和效度。两个分量表:认知重评和表达抑制。该量表在本研究中的 Cronbach α 系数为 0.944。

(4)自悯量表[15],采用陈健修订的自悯量表(Self-Compassion scale, SCS),共计26 个条目,分为 6 个维度。使用 4 级评分,分值越高,则表示个体自悯水平越高。该量表在本研究中的 Cronbach α 系数为 0.778。

(三)统计方法

本文使用 SPSS22.0 软件处理数据,使用 t 检验、方差分析、χ² 检验等进行描述统计。二元 logistic 回归模型和多元线性回归模型分析变量之间的关系,探究影响焦虑症状的因素。

二、结果

(一)共同方法偏差检验

Harman 单因子检验结果表明,特征根大于 1 的因子共有 7 个,第一个因子解释的变异为 17.802%,小于 40% 的临界值,表明本研究中不存在共同方法偏差。

(二)描述统计结果

在 1 121 名大学生中,25.2%(283 人)的大学生存在焦虑症状(男生 192 人,女生91 人),46.7%(523 人)的大学生存在抑郁症状(男生 368 人,女生 155 人)。独立样本 t 检验发现:变量得分在性别间存在统计学差异($t = 4.548$, $P < 0.001$, $t = -4.704$, $P < 0.001$, $t = -3.768$, $P < 0.001$, $t = 3.524$, $P < 0.001$)。抑郁得分在户

籍所在地间存在统计学差异($t=-2.299$，$P<0.05$)。农村大学生(51.15 ± 11.18)抑郁水平高于城镇大学生(49.54 ± 11.88)，恋爱中大学生(86.13 ± 12.27)自悯水平高于单身大学生(83.82 ± 11.23)。各变量得分在年级间存在统计学差异($F=3.194$，$P<0.05$，$F=2.499$，$P<0.05$，$F=2.711$，$P<0.05$，$F=3.703$，$P<0.001$，$F=2.246$，$P<0.05$)。χ^2检验发现：不同性别、抑郁程度的大学生焦虑的分布差异有统计学意义($\chi^2=5.492$，$p<0.05$，$\chi^2=364.792$，$p<0.001$)。

（三）各变量描述性统计与相关分析结果

将各变量得分进行相关分析，结果发现变量间的相关均达到显著性水平($p<0.01$)。见表1。

表1　变量间的相关分析结果($n=1\ 121$)

	1	2	3	4	5
抑郁	1				
自悯	-0.661^{**}	1			
表达抑制	-0.039	-0.095^{**}	1		
认知重评	-0.433^{**}	0.339^{**}	-0.663^{**}	1	
焦虑	0.707^{**}	-0.509^{**}	-0.140^{**}	-0.173^{**}	1
M	50.470	84.410	15.270	26.450	43.700
SD	11.500	11.520	5.690	8.950	10.820

注：$*\ p<0.05$，$**\ p<0.01$，$***\ p<0.001$，下同。

（四）各因素对大学生焦虑的 logistic 回归分析结果

以抑郁、自悯、情绪调节为自变量，焦虑症状（否＝0、是＝1）为因变量进行二分类 logistic 回归分析。结果显示：自悯($\beta=-0.061$，$OR=0.941$，$95\%CI=0.909\sim0.974$)是焦虑的保护因素，而表达抑制($\beta=0.127$，$OR=1.135$，$95\%CI=1.096\sim1.175$)、抑郁($\beta=0.244$，$OR=1.276$，$95\%CI=1.228\sim1.326$)是焦虑的危险因素。自悯每增加一个单位，焦虑风险就降低 5.9%，使用表达抑制这种情绪调节策略每增加一个单位，焦虑风险就提升 13.5%，抑郁情绪每增加一个单位，焦虑风险就提升 27.6%。见表2。

表2　各因素对大学生焦虑症状的 logistic 回归分析结果($n=1\ 121$)

变量	β	S.E	Wald χ^2	$OR(95\%CI)$	P
自悯	-0.061	0.017	12.209	0.941(0.909，0.974)	<0.001
表达抑制	0.127	0.018	50.362	1.135(1.096，1.175)	<0.001
抑郁	0.244	0.020	153.424	1.276(1.228，1.326)	<0.001

（五）各因素对大学生焦虑的多元线性回归分析结果

在二元 logistic 回归分析基础上，进行多元线性回归分析，结果显示：抑郁、自悯、情绪调节策略均能显著预测大学生的焦虑情绪，他们共同解释焦虑症状的变异量为 53.1％。见表3。

表3　各因素对大学生焦虑症状的多元线性回归分析结果($n=1\ 121$)

	非标准化系数		标准化系数	t	P	R^2	F
	B	标准误	$Beta$				
常数	9.165	3.383		2.710	0.007**		
自悯	−0.056	0.027	−0.061	−2.075	0.038*		
表达抑制	0.204	0.059	0.107	3.462	0.001***	0.531	315.513
认知重评	0.099	0.041	0.082	2.409	0.016**		($P<0.001$)
抑郁	0.664	0.027	0.707	24.494	0.000***		

三、讨论

男大学生的焦虑、抑郁水平均高于女大学生，这与以往研究结果不一致[1]。可能是研究中男生人数较多，且工科大学的学业竞争较大导致其焦虑、抑郁水平更高。女大学生的自悯、认知重评水平均高于男大学生。这与周文华的研究结果一致[16]。可能是因为在我国的社会文化中女性被赋予更多的同情、理解等角色特征，因此女学生表现出更多对自己和他人的关心与理解。农村学生抑郁水平高于城镇大学生，可能是因为农村学生在大学生活中精神压力或经济负担较重[17]。正在谈恋爱学生自悯水平高于单身大学生。可能是成年早期与异性建立稳定的亲密关系在某种程度上具有积极意义，使其在关系中自我关爱程度增强[18]。

个体自悯水平越高，焦虑水平就越低，自悯水平高的个体可能通过提高自我关怀、自我理解、正念水平，减少孤独感和沉迷，有效缓解焦虑情绪的不良影响[16]。焦虑和抑郁的共病理论研究中，一些学者认为，一种精神障碍的存在可能增加另一种精神障碍的发生风险[19]。

分析发现，在人格特质上自悯是焦虑的保护因素，表达抑制、抑郁是焦虑的危险因素。自悯理论指出自悯水平高的个体会更多的自我关爱，自我理解，接纳痛苦体验，不沉溺于负性情绪中，会更多选择适应性的情绪调节策略如认知重评等来纾解情绪困扰，提升其心理健康水平[20]。在情绪调节策略上，采用表达抑制情绪调节策略的个体焦虑水平更高，表达抑制是一种消极应对方式，抑制负性情绪的表达，不能缓解负性情绪的影响，长此以往会积攒更多的情绪负担[19]。因此要帮助大学生更多地关怀自身，关注自我、不沉迷于痛苦体验当中,接纳现实。运用认知重评这种情绪调节策略,减少使用表达抑制这一情绪调节策略来调整情绪,减少焦虑情绪,提升积极心理品质。

参考文献:

［1］周路平,孔令明.316 名大学生特质焦虑及性别差异与风险回避的关系[J].中国心理卫生杂志,2010,(2):4.

［2］罗玉君.肾虚肝郁型绝经综合征抑郁焦虑与躯体症状的调查分析[D].广州中医药大学.

［3］余金玲.失眠障碍患者睡眠努力与客观睡眠质量的相关研究.

［4］彭芳,张静平,杨冰香,等.医学研究生人际关系与焦虑情绪的相关研究[J].中华行为医学与脑科学杂志,2010,(4):2.

［5］李静.留守经历高职大学生焦虑特点及其与生活事件,应对方式关系的研究——以安徽某高职院校为例[J].潍坊工程职业学院学报,2022,(2):6.

［6］秦倩,陈明炫,秦玉玉,等.新冠肺炎疫情下公众认知,焦虑及自悯情况调查[J].黔南民族医专学报,2020,(4):3.

［7］蒋飞飞.羁押/服刑人员与大学生依恋,情绪调节与焦虑的比较,关系和干预研究[D].上海师范大学,2019.

［8］Nicholas T. Van Dam, Sean C. Sheppard, John P. Forsyth, Mitch Earley wine. Self-compassion is a better predictor than mindfulness of symptom severity and quality of life in mixed anxiety and depression. Journal of Anxiety Disorders, 2011, 3(25): 123 - 130.

［9］Inwood E, & Ferrari M. Mechanisms of change in the relationship between self-compassion, emotion regulation, and mental health. Applied Psychology: Health and Well-being, 2018, 10(2): 215 - 235.

［10］Finlay-Jones A, Xie Q, Huang X, Ma X, & Guo X. A pilot study of the 8-week mindful self-compassion training program in a Chinese community sample Mindfulness, 2017, 9(3): 993 - 1002.

［11］金国敏,刘啸蒔,李丹.何不宽以待己? 自悯的作用机制及干预[J].心理科学进展,2020,(5):9.

［12］汪向东,王希林,马弘.心理卫生评定量表手册:增订版[M].北京:中国心理卫生杂志社,1993:172 - 174,208 - 209.

［13］王力,柳恒超,李中权,杜卫.情绪调节问卷中文版的信效度研究[J].中国健康心理学杂志,2007,(6):503 - 505.

［14］陈健,燕良轼,周丽华.中文版自悯量表的信效度研究[J]中国临床心理学杂志,2011,(6):734 - 736.

［15］周文华.大学生压力、自悯、睡眠质量与焦虑的关系[D].哈尔滨工程大学,2014.

［16］和红,曾巧玲,王和舒琦.留守经历对农村户籍大学生抑郁状况的影响分析[J].中国健康教育,2018,(11):973 - 978.

［17］郭开元,王玮,王路化,郑红丽.青少年心理健康的现状、影响因素和对策研究报告——以四川省成都市龙泉驿区为调查样本[J].预防青少年犯罪研究,2022,(2):79 - 86.

［18］何思源,刘彦丽,陈春梅,李俊梅,朱益,蔡军,张伟波.焦虑和认知情绪调节在青少年网络成瘾与抑郁之间的中介作用[J].神经疾病与精神卫生,2022,(2):94 - 99.

［19］金国敏,刘啸蒔,李丹.何不宽以待己? 自悯的作用机制及干预[J].心理科学进展,2020,(5):824 - 832.

情绪调节与大学生睡眠质量的关系：
有调节的中介作用

阿茹娜

东北石油大学

【摘要】目的：探讨情绪调节策略对大学生睡眠质量的影响以及焦虑、抑郁在其中的作用。方法：使用情绪调节问卷中文版（ERQ）、焦虑自评量表（SAS）、抑郁自评量表（SDS）、匹兹堡睡眠质量指数量表（PSQI）对1780名大学生进行调查。结果：研究中大学生焦虑检出率为18.8%，抑郁检出率为27%，睡眠障碍检出率为19.1%；表达抑制不仅能够直接预测睡眠质量，还能通过焦虑的中介作用间接预测睡眠质量（中介效应占比30.43%）；抑郁在表达抑制和焦虑之间起调节作用（$\beta=0.552$，$t=7.336$，$P<0.001$）；抑郁在表达抑制和睡眠质量之间起调节作用（$\beta=0.329$，$t=3.379$，$P<0.01$）。相对于抑郁水平低的个体，直接效应和间接效应都在抑郁水平高的个体中更强。结论：表达抑制通过焦虑影响大学生的睡眠质量，抑郁调节了表达抑制对睡眠质量的直接影响以及焦虑中介作用的前半段路径。

【关键词】情绪调节；焦虑；抑郁；睡眠质量；大学生

睡眠问题已成为普遍现象，睡眠障碍不仅会导致情绪症状[1]，也是躯体疾病和精神障碍的重要风险因子[2]。方必基等对我国大学生近20年的睡眠质量进行了元分析，发现大学生的睡眠质量呈逐渐下降的趋势[3]。睡眠是心理健康的重要指标，研究发现睡眠质量受到诸多因素的影响，如情绪调节、焦虑和抑郁等[4,5]。情绪调节主要包含认知重评和表达抑制两种策略[6]。Latif等发现，在表达抑制和睡眠质量的关系中，负性情绪起到部分中介作用[7]。本研究基于认知—情绪过度唤醒理论，在探讨情绪调节对睡眠质量的影响基础上，加入焦虑、抑郁等具体的情绪变量，以期能够丰富情绪调节对睡眠质量影响的内在机制研究，也为如何提高大学生的睡眠质量给予指导性建议。

一、对象与方法

（一）研究对象

研究采用问卷星平台调查 4 所高校学生的心理行为状况，删除无效数据，获有效数据 1 780 份。研究对象平均年龄 18.91 ± 1.277 岁，其中男生 713 人，女生 1 067 人，农村 986 人，城镇 794 人，独生子女 1 092 人，非独生子女 688 人。

（二）研究工具

（1）焦虑自评量表（Self-Rating Anxiety Scale，SAS）[8]，是 1971 年由 Zung 等编制的量表。量表使用 4 级计分，总分为各项目得分之和，量表有 20 个项目。标准分为粗分乘以 1.25 的整数部分。该量表在本研究中的 Cronbach α 系数为 0.83。

（2）抑郁自评量表（Self-Rating Depression Scale，SDS）[8]，是 1965 年由 Zung 等人编制的量表，采用 4 级评分，总分为各项目得分之和。标准分为粗分乘以 1.25 后的整数部分。该量表在本研究中的 Cronbach α 系数为 0.85。

（3）情绪调节问卷中文版（ERQ）[6]，该问卷是王力等人以斯坦福情绪调节量表为基础修订而来的中文版量表，具有较好的信度和效度。问卷由 10 个项目组成，7 级计分，有两个分量表：认知重评和表达抑制。该量表在本研究中的 Cronbach α 系数为 0.92。

（4）匹兹堡睡眠质量指数量表（Pittsburgh Sleep Quality Index，PSQI）[9]，该量表由刘贤臣等人（1996）修订。该量表由 18 个项目组成，4 级计分，各维度之和为睡眠质量的总得分，总得分越高，说明睡眠质量越差。该量表在本研究中的 Cronbach α 系数为 0.85。

（三）程序和数据处理

使用 SPSS23.0 和插件 PROCESS3.3 处理和分析数据。使用 PROCESS3.3 模型 4 和 8 进行中介和有调节的中介模型的检验，以及简单斜率分析，检验水准 $\alpha = 0.05$。

二、结果

（一）共同方法偏差检验

采用 Harman 单因素法进行共同方法偏差检验，结果发现，特征值大于 1 的因子共有 11 个，第一个因子解释的变异量为 22.14%，小于 40% 的临界标准，表明研究数据不存在严重的共同方法偏差。

（二）不同特征大学生的差异比较

研究中，大学生抑郁检出率为 27%，焦虑检出率为 18.8%，睡眠障碍检出率为 19.1%。独立样本 t 检验发现：经常参加锻炼（1.36 ± 0.58）与不经常参加锻炼（1.51 ± 0.69），二者在睡眠质量上存在显著差异（$t = -4.83$，$p < 0.001$）。以 PSQI 总分 ≥ 7 分为睡眠障碍分界，χ^2 检验发现：不经常锻炼、情感状态处于单身、存在抑郁和焦虑情

绪的大学生，睡眠障碍的比率更高，差异有统计学意义（$\chi^2 = 16.12$，$p<0.001$，$\chi^2 = 10.74$，$p<0.01$，$\chi^2 = 209.66$，$p<0.001$，$\chi^2 = 181.56$，$p<0.001$）。

（三）各变量描述统计和相关分析

对各变量进行描述统计和相关分析，变量间的相关均达到显著性水平（$p<0.01$）。见表1。

表 1　变量间的相关分析结果

	1	2	3	4	5
表达抑制	1				
认知重评	0.538**	1			
焦虑	0.112**	− 0.270**	1		
抑郁	− 0.038	− 0.518**	0.703**	1	
睡眠质量	0.127**	− 0.005	0.353**	0.278**	1
M	15.42	27.90	41.73	48.56	4.77
SD	5.33	8.60	9.84	11.31	3.49

注：* $p<0.05$，** $p<0.01$。

（四）焦虑在表达抑制与大学生睡眠质量关系中的中介效应检验

利用 SPSS23.0 插件 Process 进行中介效应的检验，将表达抑制作为自变量，焦虑作为中介变量，大学生的睡眠质量作为因变量放入模型4中，构建中介效应模型。结果显示：表达抑制对睡眠质量预测作用显著（$\beta = 0.127$，$t = 5.415$，$P<0.001$），放入中介变量焦虑后，表达抑制对睡眠质量的直接预测作用依然显著（$\beta = 0.089$，$t = 3.985$，$P<0.001$）。表达抑制对焦虑预测作用显著（$\beta = 0.112$，$t = 4.766$，$P<0.001$），焦虑对睡眠质量预测作用显著（$\beta = 0.343$，$t = 15.444$，$P<0.001$）。见表2。

表 2　焦虑在表达抑制与大学生睡眠质量之间的中介效应检验

	睡 眠 质 量		睡 眠 质 量		焦　虑	
	β	t	β	t	β	t
表达抑制	0.089	3.985***	0.127	5.415***	0.112	4.766***
焦虑	0.343	15.444***				
R^2	0.133		0.016		0.013	
F	135.879***		29.325***		22.712***	

由表3可知，间接效应的百分位 Bootstrap 置信区间不包含 0（0.019 7，0.052 7），提

示存在中介效应;直接效应的百分位 Bootstrap 置信区间不包含 0(0.040 9,0.120 1),说明表达抑制与大学生睡眠质量之间存在部分中介,中介效应占比为 30.43%。

表 3 总效应、直接效应、间接效应分解表

项 目	效应值	Boot 标准误	BootCI 下限	BootCI 上限	效应占比(%)
总效应	0.115 7	0.021 4	0.073 8	0.157 7	100
直接效应	0.080 5	0.020 2	0.040 9	0.120 1	69.57
间接效应	0.035 2	0.008 5	0.019 7	0.052 7	30.43

(五)抑郁在表达抑制与大学生睡眠质量关系中的调节效应检验

将表达抑制作为自变量,焦虑作为中介变量,抑郁作为调节变量,睡眠质量作为因变量放入模型 8 中,构建有调节的中介效应模型。结果显示:表达抑制和抑郁的交互项对焦虑的预测作用显著($\beta = 0.552$,$t = 7.336$,$P < 0.001$),说明抑郁可以调节表达抑制对焦虑的预测作用。表达抑制和抑郁的交互项对睡眠质量的预测作用也显著($\beta = 0.329$,$t = 3.379$,$P < 0.01$),说明抑郁也可以调节表达抑制对睡眠质量的预测作用。见表 4。

表 4 抑郁在表达抑制与大学生睡眠关系中的调节效应检验

	睡 眠 质 量			焦 虑		
	β	SE	t	β	SE	t
表达抑制	-0.189	0.010	-2.253*	-0.340	0.117	-5.199***
焦虑	0.381	0.002	12.491***			
抑郁	-0.084	0.003	-1.465	0.413	0.037	9.461***
表达抑制×抑郁	0.329	0.000	3.379**	0.552	0.002	7.336***
R^2		0.229			0.524	
F		129.304***			643.028***	

以抑郁得分平均数加一个标准差为高分组,平均数减一个标准差为低分组,简单斜率图分别如图 1、图 2 所示。在抑郁得分为平均数减一个标准差、平均数以及平均数加一个标准差三个水平时,表达抑制对睡眠质量的直接效应值以及焦虑的中介效应值及其置信区间如表 5 所示。高抑郁水平的直接效应为 0.137 6(95% CI[0.086,0.189]);而中等抑郁水平的直接效应为 0.085 1(95% CI[0.045,0.125])。高抑郁水平的焦虑的中介效应为 0.059 3(95% CI[0.043,0.081]);中等抑郁水平的焦虑的中介效应为 0.030 3(95% CI[0.020,0.043])。这表明表达抑制对睡眠质量的直接影响以及焦虑的中介作用在抑郁水平较高的大学生中更强的调节作用。

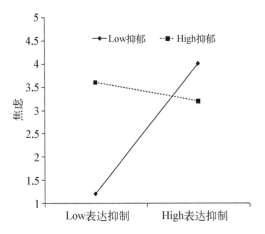

图 1 抑郁对表达抑制与焦虑关系的调节作用

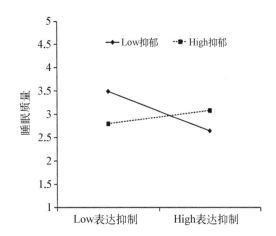

图 2 抑郁对表达抑制与睡眠质量关系的调节作用

表 5 不同抑郁水平时表达抑制对睡眠质量的直接效应值、中介效应值

抑郁水平	效应	效应值	BootCI 下限	BootCI 上限
M	直接效应	0.085 1***	0.045 0	0.125 2
	中介效应	0.030 3***	0.020 5	0.043 1
$M + SD$	直接效应	0.137 6***	0.086 3	0.188 9
	中介效应	0.059 3***	0.042 6	0.081 1

三、讨论

大学生抑郁检出率为 27%，焦虑检出率为 18.8%，睡眠障碍检出率为 19.1%。经常参加锻炼与不经常参加锻炼，二者在睡眠质量上存在显著差异，这与刘俊一和张强的研究结果一致，因为经常锻炼是健康的运动方式，符合运动心理学的原理[10]。

研究验证了表达抑制对睡眠质量的正向预测作用，以及通过焦虑情绪的中介作用对睡眠质量的正向预测作用。认知—情绪过度唤醒（Cognitive-Emotional Hyperarousal）理论认为，睡前的生理和情绪过度唤醒可能是失眠的诱发因素之一[11]。大学生使用表达抑制情绪调节策略越多，睡眠质量越差。当突发情绪事件时，抑制情绪表达，不能够及时缓解情绪困扰。这种情绪调节方式可能会导致个体更易产生焦虑情绪，使个体深陷情绪当中，情绪过度唤醒，导致入睡困难，易醒等睡眠问题来影响睡眠质量。

从统计的角度来看两个分类变量的交互作用等同于其中某一个自变量在另外一个自变量与因变量路径上的调节作用[12]。研究验证抑郁调节了表达抑制对睡眠质量的直接效应和中介效应的前半路径。这说明抑郁加剧了表达抑制的不良影响，是表达抑制破坏睡眠质量的催化剂。当出现应激性事件时，个体抑制正在形成中的情绪表达行为,这加剧了高抑郁水平个体的焦虑程度,使其沉迷于负性情绪当中无法自拔,导致个体认知唤醒过度,而进一步影响睡眠质量。

参考文献:

［1］江敏敏,王艳秋,赵颖,王静,艾东,金岳龙.大学生睡眠质量在网络成瘾与抑郁、焦虑间的中介效应［J］.皖南医学院学报,2021,(3):272－275.

［2］Baglioni C, Spiegelhalder K, Feige B, et al. Sleep, depression and insomnia-a vicious circle? Cur Psychiatr Rev., 2014, 10(3):202－213.

［3］方必基,刘彩霞,尧健昌,郭建成.近二十年我国大学生睡眠质量研究结果的元分析［J］.现代预防医学,2020,47(19):3553－3556.

［4］杨红君,朱熊兆,李玲艳,张劲强,王向,樊洁,姚娜.认知情绪调节对健康青年女性睡眠质量的影响:抑郁的中介与遮掩效应［J］.中国临床心理学杂志,2021,(5):1014－1018.

［5］杨婉秋,沐炜,章光洁,等.云南省大学新生抑郁焦虑与睡眠质量的相关研究［J］.精神医学杂志,2021,(2):5.

［6］王力,柳恒超,李中权,杜卫.情绪调节问卷中文版的信效度研究［J］.中国健康心理学杂志,2007(6):503－505.

［7］Latif I, Hughes A T L and Bendall R C A. Positive and Negative Affect Mediate the Influences of a Maladaptive Emotion Regulation Strategy on Sleep Quality. Front. Psychiatry, 2019, 10:628.

［8］汪向东,王希林,马弘.心理卫生评定量表手册:增订版［M］.北京:中国心理卫生杂志社,1993:172－174,208－209.

［9］刘贤臣,唐茂芹,胡蕾,王爱祯,吴宏新,赵贵芳,高春霓,李万顺.匹兹堡睡眠质量指数的信度和效度研究［J］.中华精神科杂志,1996,(2):103－107.

［10］刘俊一,张强.课余体育锻炼对大学生睡眠质量的影响［J］.体育学刊,2009,(9):74－77.

［11］J Fernández-Mendoza, Vela-Bueno A, Vgontzas A N, et al. Cognitive-emotional hyperarousal as a premorbid characteristic of individuals vulnerable to insomnia.［J］. Psychosomatic Medicine, 2010, 72(4):397－403.

［12］温忠麟,侯杰泰,张雷.调节效应与中介效应的比较和应用［J］.心理学报,2005,(2):268－274.

职业使命感与生活满意度关系的元分析

李飞飞[1]　曹文秀[2]　于　洋[3]

1 温州大学　2 中南大学　3 上海交通大学

【摘要】本文采用元分析方法探讨职业使命感与生活满意度的关系及其影响因素。经筛查，纳入符合元分析标准的 34 篇文章（$k = 37$，$N = 24\,259$），运用 R3.5 软件进行整体效应分析与调节效应检验。结果表明：① 职业使命感与生活满意度呈现中等程度的正相关；② 二者关系受职业使命感量表内容的具体性、被试的职业发展阶段与文化背景的影响，具体表现为 BCS 量表下的相关程度低于其他量表，职场工作者的相关程度高于职业准备期的大学生，东方文化下的相关程度高于西方；职业使命感测量工具的概念取向对二者关系无显著影响。这启示未来研究在考察职业使命感与生活满意度关系时需注意职业使命感量表内容、被试背景因素带来的差异。

【关键词】职业使命感；生活满意度；元分析；调节效应

职业使命感（Career Calling）是近年来学术界的研究热点，将职业视为使命也已成为 21 世纪社会所倡导的工作方式，其对个体心理健康以及工作、生活的影响效果获得了诸多研究者的关注。其中，生活满意度是个体心理健康水平、生活质量的主要指标。大量研究围绕职业使命感与个体生活满意度的关系进行了探讨与分析。然而比较相关结果可以发现，职业使命感与生活满意度之间的相关程度并不统一。那么，职业使命感与生活满意度之间是否具有显著相关，相关程度多大，又是什么原因导致以往实证结果存在较大差异？基于此，本研究将首次采用元分析方法，对研究职业使命感与生活满意度关系的实证文献进行综合分析，以期完整准确地认识与把握二者间的关系，并揭示现有研究结论不一致的潜在原因。

一、研究方法

（一）文献检索与筛选

检索中文数据库（中国知网、万方和维普数据库）和英文数据库（Scopus、Web of

Science、ProQuest、Science Direct、EBSCO)。中文检索主题词为使命(召唤、呼唤、感召)①与生活满意度(生活满意感、幸福感),英文主题词为 calling 与 life satisfaction(或 satisfaction with life)。由于职业使命感测量工具的最早文献出自 1997 年,因此文献搜索的时间跨度为 1997~2019 年。

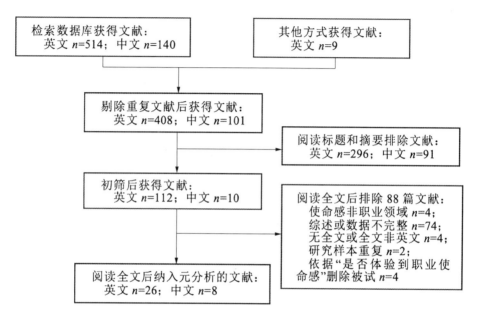

图 1　文献检索、纳入及排除流程

通过以下标准对文献进行筛选:① 研究是包括职业使命感与生活满意度两个变量的实证研究,不包括综述研究;② 依据"是否有体验到职业使命感"指标进行筛选的研究样本均不纳入;③ 考察的使命感必须是指向职业领域,不包括指向生活中其他活动(如抚育子女等)的使命感;④ 研究中必须明确报告了样本量、两个变量的相关系数,不纳入仅报告回归系数的研究;⑤ 文献中所涉及的调查数据不可重复,如果使用同一批数据反复发表研究,则统计被试样本量更多或发表时间更新的研究。文献检索、纳入及排除流程如图 1 所示。

最终符合上述标准的文献共有 34 篇,主要包括中文文献 8 篇,英文文献 26 篇;期刊文献 23 篇,学位论文 9 篇,会议论文 2 篇。由于有的研究文献包含多个独立效应量,有的学位论文被发表为学术期刊论文,最终得到独立样本 37 个,共包括 24 259 名被试。

(二)文献编码

遵循以下标准对收集到的文献进行特征编码:① 独立样本编码一次,如果一篇文献中有多个独立样本,则分别进行编码;② 如果一个独立样本中同时考察了多个

---

① calling 在被引入到我国文化下进行应用时,不同学者分别将其翻译为"呼唤""召唤""感召"和"使命感"。张春雨、韦嘉和张进辅(2012)对此进行了详细的论述,认为从 calling 概念的发展轨迹来看,"使命感"这一翻译更为恰当,本文也认同这一观点。

职业使命感测量工具与生活满意度的相关,为避免从同一样本产生太多效应值而使元分析结果产生偏差,在分析总体效应量时取信度较高的职业使命感量表与生活满意度的相关系数,但在分析职业使命感测量工具的调节效应时,则将这些相关变为独立样本的效应值(张辉华,王辉,2011);③ 对职业使命感总分与生活满意度的相关系数进行编码,不纳入只报告职业使命感某维度与生活满意度相关的研究。

本元分析首先由第一作者在不同时间段针对所有编码文献进行重新编码,其次由另一位研究者进行独立编码,对这两份最终编码结果进行比较,编码一致性为98.73%,说明本元分析的编码具有较高一致性。

(三)统计分析

元分析使用文献中的单个相关系数 r 值作为效应值,应用 Excel 2016 进行前期的文献整理与编码,选用 R3.5 的 Metafor 程序包进行后续的主效应与调节效应检验。

二、研究结果

(一)同质性检验结果

同质性检验是为检验效应量之间是否同质,以此确定后续数据分析应基于固定效应模型还是随机效应模型。表 1 结果显示,职业使命感与生活满意度的 Q 值达到统计学上显著水平($p < 0.001$),表明各效应量之间存在异质,可能是由于使用量表不同、被试群体不同等原因造成的。依据 I^2 值分界点 25%、50%、75% 分别为低、中、高异质的原则(Higgins, Thompson, Deeks, & Altman, 2003),本研究中 I^2 值为84.1%,表示模型中的观察变异有 84.1% 是由效应量的真实差异造成,15.9% 是由随机误差带来,说明各效应量之间具有高异质性,因此后续分析均选择随机效应模型。此外,Tau^2 为 0.009 6,说明研究间变异有 0.96% 可以用来计算权重。

表 1　效应量同质性检验结果

模型	k	N	异　质　性			Tau-squared	
			Q	$df(Q)$	I^2 (95%CI)	Tau^2	H (95%CI)
随机效应	37	24 259	225.87***	36	84.1% [78.9%, 88.0%]	0.009 6	2.50 [2.18, 2.88]

注:k 表示独立样本的个数, N 表示样本量; * $p < 0.05$, ** $p < 0.01$, *** $p < 0.001$,下同。

(二)发表偏差检验

常用的发表偏差检验方法有漏斗图、Egger's 回归系数检验、Begg 秩相关检验与失安全系数(Rosenthal's *Fail-safe N*, N_{fs})等。鉴于漏斗图易受原始研究样本量的影响(葛缨,陈维,谢雪云,张进辅,2016),而纳入本次元分析的部分研究样本量存在较大差异,如果只从主观上对漏斗图进行定性判断,容易出现发表偏差的不准确判断。Egger's 回归系数检验与 Begg 秩相关检验是基于漏斗图的基本原理采用定量方法来检验发表偏差的方法,更具客观性,因此本研究选择 Egger's 回归系数检验与 Begg 秩相关检验来共同反映漏斗图的对称性。此外,计算 N_{fs} 来估算还需要多少研究才能否定职业使命感与生活满意度之间的重要关系,如果 N_{fs} 大于 $5*k+10$,可认为发表偏差得到有效控制。结果见表 2。

Egger's 回归系数检验结果表明,$Intercept$ 值为 $-0.80(p=0.280>0.05)$ 且不显著,Begg 秩相关检验结果表明,$Z=-1.26$,$p=0.209>0.05$,表明不存在发表偏差。此外,N_{fs} 数值说明,如果想要使职业使命感与生活满意度的关系变得不显著,需要 18 003 个研究,远远大于临界值 195($k=37$),同样说明研究结果不受发表偏差的影响。

表 2　发表偏差检验结果

Rosenthal's Fail-safe N	Egger's 回归系数检验				Begg 秩相关检验	
	Intercept	SE	t	p	Z	p
18 003	-0.80	0.72	-1.10	0.280	-1.26	0.209

（三）主效应检验

纳入分析的数据($k=37$)的总体平均效应量为 $0.28(95\%CI=0.24\sim0.32$,$Z=14.99$,$p<0.001)$,依据相应公式转换后相关系数为 0.27。根据 Lipsey 和 Wilson (2001)的标准,相关类效应量为 0.10、0.25、0.40 分别对应相关程度的低、中、高。由此可知,职业使命感与生活满意度之间呈显著的中等程度正相关关系,假设 1 得到支持。

（四）调节效应检验

本研究文献的高异质性表明职业使命感与生活满意度关系中存在调节变量,因此对职业使命感测量工具、被试职业发展阶段与文化背景进行调节效应检验,结果见表 3。

表 3　职业使命感与生活满意度关系的调节效应

调节变量	异质性分析			类别	k	N	r	95%CI	双尾检验	
	Q_B	df	p_B						Z 值	p 值
职业使命感测量工具	0.92	2	0.631	NC	20	6 870	0.28	[0.24, 0.33]	11.30	<0.001
				MID	7	12 002	0.25	[0.18, 0.31]	7.01	<0.001
				MOD	7	2 576	0.29	[0.19, 0.39]	5.52	<0.001
	4.12	1	0.043	BCS	11	5 220	0.20	[0.13, 0.27]	5.75	<0.001
				Other	34	21 448	0.28	[0.25, 0.31]	16.07	<0.001

调节变量	异质性分析			类别	k	N	r	95%CI	双尾检验	
	Q_B	df	p_B						Z 值	p 值
职业发展阶段	12.76	1	0.001	大学生	20	9 657	0.23	[0.18, 0.27]	9.55	<0.001
				工作者	15	14 128	0.34	[0.30, 0.38]	14.90	<0.001
文化背景	10.92	1	<0.001	东方	14	5 541	0.34	[0.28, 0.39]	11.13	<0.001
				西方	18	16 973	0.21	[0.16, 0.26]	7.74	<0.001

注：采用随机效应模型；Q_B 与 p_B 分别表示组间异质性与其对应的显著性水平。

职业使命感测量工具按照概念取向分为新古典观点、中间取向与现代观点三类，按照题目内容具体程度可分为两类，一类为题目内容直接使用"使命感"词汇的测量工具，即 BCS，另一类为题目表现出职业使命感具体内涵的其他测量工具，即上述三种概念取向的量表。职业使命感测量工具的调节效应结果表明，不同概念取向的职业使命感量表调节作用不显著（$Q_B = 0.14$，$p_B = 0.713 > 0.05$），即职业使命感与生活满意度的关系强度并不因职业使命感量表的概念取向不同而有所差异；但这三类内容具体的量表测得的职业使命感与生活满意度相关程度（$r = 0.28$）显著高于 BCS 量表测得的相关程度（$r = 0.20$）。假设 3 得到支持，但假设 2 未获得支持。

被试职业发展阶段与文化背景的调节效应结果表明，职业发展阶段（$Q_B = 12.76$，$p_B = 0.000\ 4 < 0.001$）与文化背景（$Q_B = 10.92$，$p_B = 0.001\ 0 < 0.01$）都能显著调节职业使命感与生活满意度的关系。具体表现为，已进入职场工作者的变量相关强度（$r = 0.34$）显著高于职业准备期的大学生（$r = 0.23$），东方文化下的变量相关关系（$r = 0.34$）显著高于西方文化（$r = 0.21$）。假设 4 和假设 5 得到支持。

三、讨论

（一）职业使命感与生活满意度的关系

本研究首次通过元分析技术整合相关研究，从整体上厘清职业使命感与生活满意度之间的关系。通过对 34 篇文献共 37 个独立样本、24 259 位被试进行元分析后发现，职业使命感与生活满意度之间存在中等程度的正相关（$r = 0.27$）。该结果与多项研究结果较为一致（Choi et al.，2018；汪苗，李远珍，潘庆，王玲，2017；赵小云等，2016），也支持了自我决定理论与资源保存理论。结果提示职业使命感对个体生活满意度的获得有着促进作用，今后可以通过职业使命感的激发与培养进一步提高个体的生活满意度。此外，近年来，越来越多研究指出，职业使命感具有"双刃剑"效应，如有研究发现职业使命感对个体生活满意度、工作活力、工作—家庭平衡等变量存在积极与消极两种相反的影响路径，但从整体效应上都呈现出积极作用大于消极作用的趋势。元分析的结果再次表明职业使命感的作用更多是利大于弊。

（二）职业使命感与生活满意度关系的调节变量

1. 职业使命感测量工具的调节作用

职业使命感量表的概念取向对职业使命感与生活满意度的关系无显著影响。推测其原因之一，可能与职业使命感概念取向都包含意义与目的感维度有关（Shimizu et al.，2018）。大量研究发现，与这一维度有密切关联的人生意义感体验是促进个体获得生活满意度的重要影响因素之一（靳宇倡等，2016）。此外，Thompson 和 Bunderson（2019）认为职业使命感的概念取向不应仅从其直观构成成分来简单归为现代观点与新古典观点之间的连续体，而应从成分背后隐含的结构——内在需要（兴趣热情、个人意义感等）与外在需要（外在召唤来源、亲社会的职责等）维度来分析，并据此将当前的职业使命感概念取向划分为现代观点与新古典观点。其中，纯粹的现代观点是低外在需要与高内在需要的职业使命感状态，纯粹的新古典观点则相反。但大多数职业使命感概念并不是纯粹的现代或新古典观点，而是介于二者之间，即都包含内在与外在需要的内容，只能从其概念核心维度的倾向程度判断所属派系。

从职业使命感量表的内容具体性来看，运用 BCS 量表时的二者相关程度显著低于内容具体的其他职业使命感量表。虽然 BCS 量表是评估个体职业使命感拥有程度的最佳测量工具之一，但 CS、CVQ、MCM 等量表在题目内容上细化了职业使命感，它们作为专门反映职业使命感状况的翔实量表，在内容上更具针对性，能更全面、准确地反映职业使命感的内在心理特点和外部行为表现，进而更清晰地反映职业使命感与生活满意度的关系。这提示未来研究应该根据研究设计来选择职业使命感量表，如评估职业使命感与生活满意度或其他变量的关系时，应选择内容较为全面的量表，避免低估职业使命感与其他变量之间的关系。

2. 职业发展阶段的调节作用

个体职业发展阶段显著调节职业使命感与生活满意度的关系。职业使命感是一个需要不断评估相关任务与活动的意义与目的的持续性过程。工作作为人们获取与体现生命价值的主要途径，其本身就是一种赋予个体存在价值进而增强职业使命感的资源。且使命相关活动与任务的参与以及有影响工作经历的积累有助于个体体验到更高水平的职业使命感（Elangovan et al.，2010）。因此，相比未进入职场的大学生，工作者会有更多机会参与到与其使命感相一致的工作任务与活动中，获得人生意义感与使命实践感，进而体验到更高的生活满意度。该结果启示未来研究可以探讨哪些职场资源与实践经历有助于职业使命感的积极作用最大化。

3. 文化背景的调节作用

本研究通过元分析比较了不同文化背景下职业使命感与生活满意度的关系，并发现二者关系在东西方文化下存在差异，东方文化下的相关性更高。既往研究表明，当个体具有高自我超越(如奉献)目标时,职业使命感对生活满意度的积极预测作用会更强(Allan & Duffy,2014)。根据东方文化的集体主义特征,相比西方人,东方人更重视与组织、社会等集体成员的关系和互依,更容易形成超越自我的目标,进而增强职业使命感与生活满意度的关系。这一结果提示未来研究有必要深入探索这种文化差异背后的机制及影响因素。

本元分析发现职业使命感与生活满意度呈显著正相关关系,二者关系强度不受职业使命感量表的概念取向影响,但受职业使命感量表的内容具体性、被试的职业发展阶段与文化背景的影响。

参考文献:

［1］葛缨,陈维,谢雪云,张进辅.青少年网络成瘾的事件相关电位——基于 meta 分析.西南大学学报(自然科学版),2016,(2):126-134.

［2］靳宇倡,何明成,李俊一.生命意义与主观幸福感的关系:基于中国样本的元分析.心理科学进展,2016,(12):1854-1863.

［3］李海红,张建卫,刘玉新,周洁,周愉凡.国防科技人员使命取向如何提升其工作旺盛感——特质激活与自我决定理论整合性视角.科技进步与对策,2019,1-9.

［4］汪苗,李远珍,潘庆,王玲.护生核心自我评价与职业自我概念及生活满意度的关系.皖南医学院学报,2017,(3):287-290.

［5］王鑫强.生命意义感量表中文修订版在中学生群体中的信效度.中国临床心理学杂志,2013,(5):764-767.

［6］张春雨,韦嘉,张进辅.Calling 与使命:中西文化中的心理学界定与发展.华东师范大学学报(教育科学版),2012,(3):72-77.

［7］张辉华,王辉.个体情绪智力与工作场所绩效关系的元分析.心理学报,2011,(2):188-202.

［8］赵小云,薛桂英,杨广学.幼儿教师的薪酬制度知觉与职业使命感、生活满意度的关系.贵州师范大学学报(自然版),2016,(4):98-103.

［9］Autin K L, Allan B A, Palaniappan M, & Duffy R D. Career Calling in India and the United States: A Cross-Cultural Measurement Study. Journal of Career Assessment, 2017, 25(4):688-702.

［10］Clinton M E, Conway N, & Sturges J. "It's tough hanging-up a call": The relationships between calling and work hours, psychological detachment, sleep quality, and morning vigor. Journal of Occupational Health Psychology, 2017, 22(1):28-39.

［11］Elangovan A R, Pinder C C, & Mclean, M. Callings and organizational behavior. Journal of Vocational Behavior, 2010, 76(3), 428-440.

［12］Gazica M W, & Spector P E. A comparison of individuals with unanswered callings to those with no calling at all. Journal of Vocational Behavior, 2015, 91:1-10.

［13］Hagmaier T, & Abele A E. The multidimensionality of calling: Conceptualization, measurement and a bicultural perspective. Journal of Vocational Behavior, 2012, 81(1):39-51.

［14］Hagmaier T, & Abele A E. When reality meets ideal: Investigating the relation between calling and life satisfaction. Journal of Career Assessment, 2015, 23(3): 367 - 382.

[15] Hirschi A. Callings in career: A typological approach to essential and optional components. Journal of Vocational Behavior, 2011, 79(1): 60 - 73.

[16] Hobfoll S E, & Ford J S. Conservation of resources theory. In Encyclopedia of Stress (pp. 562 - 567). Elsevier Inc., 2010.

[17] Lee H S, Lee E S, Shin Y J. The role of calling in a social cognitive model of well-being. Journal of Career Assessment, 2019.

[18] Lipsey M W, & Wilson D B. (Eds.). Practical meta-analysis. California, America: SAGE Publications, 2001.

[19] Thompson J A, & Bunderson J S. Research on work as a calling … and how to make it matter. Annual Review of Organizational Psychology and Organizational Behavior, 2019, 6(1): 421 - 443.

[20] Wrzesniewski A, McCauley C, Rozin P, & Schwartz B. Jobs, careers, and callings: People's relations to their work. Journal of Research in Personality, 1997, 31(1): 21 - 33.

近4年某高校复试研究生心理健康状况调查

魏晓言　肖　琼　焦文洁　闫高斌

西安石油大学

【摘要】 目的：了解复试研究生心理健康状况变化，为有针对性地开展心理健康教育提供参考。方法 使用大学生人格问卷（UPI）对陕西某高校2018～2021年复试研究生的心理健康水平进行分析。结果：4年间UPI总分在年度间有统计学差异（$F = 43.52$，$p < 0.01$），四年间筛查出的一类学生人数比较差异有统计学意义（χ^2值为8.71，$p = 0.03$），在选择最多的题目、关键题目、附加题目的选择上与以往研究有相同也有不同。结论：大多参加复试的大学生是心理健康的，前三年有心理问题的复试研究生逐年上升，但2021年却出现了下降。大多数心理问题的类型相对稳定，据此可开展有针对性地入学教育。

【关键词】 研究生复试；心理健康；心理测评

　　研究生是国家培养的高素质精英队伍，是祖国发展进步和民族复兴的中坚力量。研究生的心理健康水平显著影响其培养质量，进而影响到研究生群体对国家和社会的贡献程度以及自身健康的发展、职业价值的实现[1]。《教育部关于加强硕士研究生招生复试工作的指导意见》（教学〔2006〕4号），在复试的主要内容里，将心理健康情况纳入了综合素质和能力的考核范围，2009年起，陆续有少量高校开始尝试在复试中加入心理健康测评[2]。近几年随着研究生招生规模的扩大，研究生心理危机事件多发，2019年《教育部办公厅关于进一步规范和加强研究生考试招生工作的通知》（教学〔2019年〕2号），指出要坚持择优录取，确保招生质量，将身心健康状况作为择优录取的参考之一。因此，各高校逐步开始在研究生复试中进行心理测试，但是目前将心理测评嵌入研究生复试工作仍然处于探索阶段，缺乏研究分析，而且更多地停留在仅为研究生招录工作提供参考依据，并未将其纳入研究生入校后的一体化教育体系指标中。

　　本研究追踪调查了近4年复试研究生的心理健康水平，以期了解复试研究生的心理健康变化情况，提高研究生的入学质量，为完善和发展复试研究生心理测评工作提供参考,为开展入校后的研究生心理健康教育提供依据。

一、对象与方法

（一）对象

某高校 2018 年、2019 年、2020 年、2021 年所有复试的硕士研究生,测试时间为每年的 3 月底～4 月底。四年间收回的有效问卷数量分别为 1 312、1 479、1 430、1 422。

（二）测查方法

大学生人格健康调查表（University Personality Inventory，UPI）：由 1996 年参加全日本大学保健管理协会的日本大学心理咨询员和精神科医生集体编制而成,由我国学者 1993 年引进并完成修订。由于其信息量大,筛选有效性高、操作简单、结果处理简便等特点,在我国高校得到广泛应用。该量表共有 65 个题目。根据学生的答题情况把测验结果分为 3 类：第一类是可能存在严重心理问题的学生,需要重点关注；第二类是可能有某种心理问题的学生,应该引起关注；不属于第一类和第二类的归为第三类,即暂时没有心理问题的学生。

2018 年、2019 年的测评方式为线下测评,由于新冠疫情的影响,2020 年和 2021 年为线上测评。每年的测评均由经过培训的有经验的调查人员,运用统一的指导语和方法完成测试。

（三）统计分析

使用 SPSS22.0 统计软件包对数据进行一般描述性统计、单因素方差分析、卡方检验,两两比较应用 SNK 检验法。检验水准 $\alpha = 0.05$。

二、结果

（一）2018～2021 年 UPI 总分数变化趋势

由图 1 可以看出 4 年间,UPI 总分的平均分最高为 2019 年,2020 年、2018 年、2021 年间依次降低。单因素方差分析显示：4 年间,复试研究生的 UPI 总分存在显著差异（$F = 43.52$，$p < 0.01$）。事后检验（SNK 检验）显示 2021 年复试研究生 UPI 的总分显著低于 2018 年、2019 年和 2020 年；2018 年的总分显著低于 2019 年和 2020 年；2019 年和 2020 年 UPI 的总分没有显著差异。

（二）2018～2021 年研究生复试一类学生和二类学生筛出情况

由表 1 可以看出,2019 年一类学生

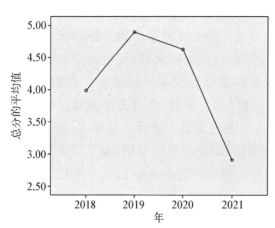

图 1　2018～2019 年复试研究生 UPI 总分变化趋势

的筛出率(3.58%)和二类学生的筛除率(16.63%)均高于其他年份;2021 年一类学生的筛除率(2.04%)和二类学生筛除率(11.74%)均低于其他年份,这与总分的趋势一致。四年间筛查出的一类学生人数比较差异有统计学意义(χ^2 值为 8.71,$P = 0.03$)。

表 1　2018～2021 年研究生复试各类学生构成

年　份	人　数	一　类	二　类	三　类
2018	1 312	31(2.36)	167(12.73)	1 114(84.91)
2019	1 479	53(3.58)	246(16.63)	1 180(79.78)
2020	1 430	46(3.22)	195(13.64)	1 189(83.14)
2021	1 422	29(2.04)	167(11.74)	1 226(86.22)
合计	5 643	159(2.82)	775(13.73)	4 709(83.45)

注:( )内数字为构成比/%。

(三)2018～2021 年研究生复试学生的答题情况

1. 答题选择率排在前 10 位的题目

由表 2 可以看出,4 年间答题选择率排在前 10 位的题目基本比较稳定,有 7 道题目在 4 年中都排在前十位。"对任何事情不反复确认就不放心"一项在 2018 年、2019 年、2020 年均排在前三位,且在 2020 年选择率最高,位于本年度第一,但是 2021 年却没有进入前十。

表 2　2018～2021 年复试研究生 UPI 排在前 10 位的题目选择率

题　　目	2018 年 ($n = 1\ 312$)	2019 年 ($n = 1\ 479$)	2020 年 ($n = 1\ 430$)	2021 年 ($n = 1\ 422$)	四年的平均百分比
对脏很在乎*	43.06%	40.97%	41.54%	30.87%	39.11%
爱操心*	37.35%	38.61%	40.28%	36.75%	38.25%
对任何事情不反复确认就不放心	41.39%	40.05%	42.66%	6.68%	32.70%
总关注别人的视线*	20.35%	20.82%	20.42%	16.6%	19.55%
总注意周围的人*	20.43%	20.62%	19.72%	16.88%	19.41%
关注心悸和脉搏*	22.33%	17.65%	14.41%	17.86%	18.06%
过于担心将来的事*	13.80%	22.92%	21.96%	9.85%	17.13%
缺乏自信心	9.38%	17.99%	19.02%	10.34%	14.18%
父母的期望过高*	14.94%	16.29%	15.64%	9.14%	14.00%
脖子、肩膀酸痛	12.43%	14.20%	13.99%	11.04%	12.92%
常注意排尿和性器官	16.30%	14.54%	5.87%	9.92%	11.66%

注:标 * 的为 4 年全部进入前 10 位的题目。

2. 关键题目的选择

由表3可以看出,在4道关键题目的选择上,2018年和2021年选择"常常失眠"的人数比率最高,2019年、2020年选择"自己的过去和家庭是不幸的"人数比率最高;"想轻生"这一关键项目的选择在2019年的比率最高。

表3　2018～2021年复试研究生 UPI 关键题目的选择率

题　　目	2018 年 ($n = 1\,312$)	2019 年 ($n = 1\,479$)	2020 年 ($n = 1\,430$)	2021 年 ($n = 1\,422$)	四年的 平均百分比
自己的过去和家庭是不幸的	2.36%	3.25%	3.43%	1.34%	2.60%
常常失眠	3.05%	2.77%	3.29%	2.60%	2.93%
想轻生	0.30%	0.68%	0.14%	0.00%	0.29%
对任何事情都没有兴趣	0.60%	0.88%	1.05%	0.35%	0.72%

3. 附加题目的选择

附加题目主要考查学生对自己的身心健康及心理咨询的认识程度。从表4可以看出,"至今为止,你感到自身健康方面有问题吗?"和"曾经觉得心理卫生方面有问题吗?"这两项的选择率在2019年、2020年要高于其他年份;曾经接受过心理卫生的咨询与治疗的人数比率在2019年的也最高;2021年自觉有问题(健康、心理卫生)的比率均低于其他年份,但是有健康或心理卫生方面想要咨询的问题的人数比率却显著高于前三年。

表4　2018～2021年复试研究生 UPI 附加题目选择率

题　　目	2018 年 ($n = 1\,312$)	2019 年 ($n = 1\,479$)	2020 年 ($n = 1\,430$)	2021 年 ($n = 1\,422$)	四年的 平均百分比
至今为止,你感到在自身健康 方面有问题吗?	4.50%	6.22%	5.24%	3.38%	4.84%
曾经觉得心理卫生方面有问 题吗?	1.30%	2.91%	2.45%	0.84%	1.88%
至今为止,你曾经接受过心理 卫生的咨询和治疗吗?	5.26%	6.22%	3.50%	3.52%	4.63%
你有健康或心理卫生方面想 要咨询的问题吗?	1.52%	0.81%	1.19%	5.13%	2.16%

三、讨论及建议

参加复试研究生总体心理素质较好,UPI总分及筛除率等均低于同年本科新生。

（一）复试研究生心理健康状况随年份发展的特点

近年来的研究显示，本科新生 UPI 总分和可能有严重心理问题(I类)的新生比例显示为波浪式逐年上升趋势[3-10]，这与本研究中 2018 年、2019 年、2020 年的发展趋势一致，也与大学生的心理健康状况变化趋势基本一致，陈雨濛等对 2010~2020 年我国大学生主要心理问题检出率及影响因素进行元分析，结果表明，大学生焦虑、抑郁、睡眠问题检出率显著上升。但在本研究中 2021 年出现了一个较大差异，显著低于前三年。

这四年中，2018 年的研究生报考人数最少，之后逐年增加，2019 年的增幅最大，达到了 21.8％，因此可能给复试研究生带来了更多的压力和健康问题；2020 年由于新冠疫情的影响，复试形式与之前相比有调整，面对不确定性，学生的心理健康水平也受到了影响；2021 年，出现了一个下降，可能的原因如下：一是与国家出台的一系列政策是有关系的，2020 年，因为疫情原因给就业带来巨大的冲击，我国不仅大幅扩招研究生、还在扩招专升本、第二学士学位生[11]；第二个可能的原因是疫情出现了大量的心理健康公益服务，比如知识科普、讲座、咨询等，学生重视和学会了自我调整；第三个可能的原因是因为疫情的缘故，表现出了心理问题的迟发性（李媛媛等，2021年）。由此可见，研究生入学考试的相关政策、对心理健康知识的科普，都会影响复试研究生的心理健康水平，相比较而言，对于目前在校的 2019、2020 级研究生的心理健康水平应予以重视。

（二）复试研究生选择率前 10 位的题目特点

从学生选择率前 10 位的题目来看，整体的选择率要低于本科新生，且在选择率上与本科生呈现出了不同的特点。4 年来，复试研究生的心理困扰主要表现在以下几个方面：第一，神经症或人格问题倾向，4 年中，学生选择"对脏很在乎""爱操心""关注心悸和脉搏"这三项的排名排在前四；第二，人际方面的困扰，比如对"总注意周围的人""总关注别人的视线"的选择学生可能比较自卑、渴望得到周围人的关注；第三，有一定比例复试研究生觉得"父母的期望过高"；还有些学生选择"过于担心将来的事"，表现出面对不确定性时的焦虑。比较有意思的是"对任何事不反复确认就不放心"这一选项在 2018 年、2019 年、2020 年均有 40％左右的学生选择，以往研究表明本科生也有较大比例的人数选择这一选项，但在 2021 年却没有进入前 10，这是和强迫症状相关的题目，这可能是和近三年心理知识的科普是有很重要的关系的。

（三）关键题目和附加题目选择的特点

关键题目是确定学生心理健康水平、排除心理危机非常重要的题目。从结果可知："自己的过去和家庭是不幸的""对任何事情都没有兴趣""常常失眠"题目的选择率有逐年增加的趋势，这可能和社会变迁、社会转型时期家庭变动较大等有关，这与以往关于大学生的研究结果一致（吴越等，2018），与 UPI 总分的发展趋势一致，2021年这些题目的选择率降低了。

　　附加题目主要考察受测者对心理健康及心理咨询等的认识。2021年"至今为止，感到自身健康方面有问题吗？""曾经觉得心理健康方面有问题吗"选项的选择率降低，但是"至今为止，您接受过心理咨询与心理治疗吗？"以及"您有健康或心理卫生方面想要咨询的问题吗？"这两个选项的比率却升高了，说明近三年学生对于心理健康和心理咨询有了更多的了解和重视，以及对此有了更开放的态度。

　　另外，研究生入学后，需要在以下几个方面多做工作：应关注神经症性人格方面的问题，提高人际交往的能力，也要提高他们应对父母的高期待、应对不确定性的水平等。再次，应为每名入学的研究生建立心理档案，关注其心理健康状态的变化，及时给予相应的心理健康服务。

参考文献：

［1］林强.高校研究生心理健康教育现状及对策[J].重庆与世界,2014,31(10)：84-86,92-93.

［2］鲁娟,等.近3年某军校复试研究生心理健康水平追踪分析[J].中国健康心理学杂志,2016,24(4)：621-624.

［3］王冰蔚,王永铎,魏双峰,等,四届新生的大学生人格问卷测评比较[J].中国健康心理学杂志,2011,19(9)：1117-1119.

［4］杨文海.南京市3所理工科高校新生心理健康测评分析[J].中国健康教育,2014,30(2)：142-143.

［5］陈喆,胡莹,杨曦,等.近5年大学新生心理健康调查结果分析比较[J].现代预防医学,2012,39(17)：4476-4479.

［6］满娇,王华.2011—2015年医学院校新生心理健康状况调查分析[J].长治医学院学报,2016,30(5)：350-353.

［7］吴越,马福,刘娟娟.陕西某大学新生2002—2016年心理健康普查结果分析[J].中国学校卫生,2018,39(3)：379-386.

［8］袁雯雯."00后"高职新生心理健康变化趋势及对策[J],高等职业教育(天津职业大学学报),2021,30(5)：92-96.

［9］李媛媛,赵静波,马紫娟,范方,刘贤臣.新型关注病毒肺炎疫情下中国大学生心理健康状况的变化轨迹：一项2波次追踪研究[C].第二十三届全国心理学学术会议摘要集(上).中国心理学会,2021：149-150.

［10］陈雨濛,张亚利,俞国良.2010—2020中国内地大学生心理健康问题检出率的元分析[J].心理科学进展,2022,30(05)：991-1004.

［11］中华人民共和国教育部.国务院学位委员会、教育部关于印发《专业学位研究生教育发展方案(2020—2025)》的通知.(2020-09-30).http：//www.moe.gov.cn/srcsite/A22/moe_826/202009/t20200930_492590.html.

新时代高校大学生心理健康状况及影响因素分析
——以山东某高校为例

周秀艳　张婧瑶

山东建筑大学

【摘要】探究新时代高校大学生心理健康状况及影响因素,为开展高校心理健康教育提供科学依据。本研究采用随机抽样的方法,通过心理危机干预量表对 26 921 名山东省高校学生进行问卷调查。不同性别、学历层次和年级的学生在抑郁和"空心病"方面均存在显著差异,父母的婚姻状况、是否有留守经历和社会支持系统与大学生的抑郁和"空心病"之间均有显著正相关。新时代高校大学生的总体心理健康状况较好,但仍有近两成的学生存在一定程度的心理困扰,高校教育工作者应高度重视学生的心理健康状况,针对学生的抑郁、"空心病"等方面进行有针对性的帮扶和干预。

【关键词】心理健康状况;抑郁;"空心病"状态;社会支持系统

大学生是新时代现代化建设的主力军,大学生思想政治素质和心理健康素质直接影响着中国特色社会主义发展方向和现代化建设的成果。随着社会节奏的日益加速,大学生也面临各种压力,容易出现心理困扰。《中国国民心理健康发展报告(2019—2020)》调查显示,我国大学生心理健康状况总体良好,但仍有 18.5％的大学生有抑郁倾向,8.4％的大学生有焦虑倾向(傅小兰,张侃,2021)。本研究旨在通过问卷调查、数据分析等方法探究新时代高校大学生的心理健康状况及影响因素,为更好了解、提升大学生心理健康水平提供科学依据。

一、研究对象与方法

(一)研究对象

选取山东省济南市的某高校大学生作为调查对象,通过随机取样的方法,采用问卷调查的方式,面向大学生和研究生发放问卷 26 921 份。其中大一 5 992 人(25.52％),大二 5 924 人(25.23％),大三 5 624 人(23.95％),大四 5 624 人(23.95％),大五 317 人(1.35％),研究生 3 440 人(12.78％)。男生 16 733 人(62.16％),女生 10 188 人(37.84％),所有被试在测评前均阅读并签订"知情同意书"。

（二）研究工具

本研究通过心理危机干预量表测量大学生的心理健康状况。该量表由北京大学徐凯文博士团队依据"心理危机树理论"编制而成(刘海骅,徐凯文,庄明科,2014),主要用于测量当代大学生中出现的存在感、意义感和价值观缺失等问题,具有较高的有效性和实用性(徐凯文,2014)。心理危机干预量表共包含固态、动态和"空心病"三个因子。固态因子用于统计学生的父母婚姻状况、家庭功能和社会支持等情况;动态因子用于测评学生的抑郁状态;"空心病"因子用于测评学生中出现虚无感、存在意义感和价值观缺失的情况。

心理危机干预量表测评结果共分为五个级别:"警戒"级别,表明被试目前心理健康状况很不稳定,很可能有自杀倾向;"高危"级别,表明被试目前心理健康状况不稳定,有高度危险的倾向;"追踪"级别,表明被试存在有一些比较严重的心理困扰;"关注"级别,表明被试最近可能遇到了一些困难,也可能此前经历过一些痛苦;"正常"级别,表明被试目前无严重心理危机或者情绪困扰,心理健康状况良好。该量表的内部一致性系数为 0.821。

（三）统计学方法

采用 SPSS22.0 软件进行数据的整理与分析。使用 t 检验、F 检验探究不同性别、学历层次、本科各年级学生心理健康状况的差异;使用相关检验探究大学生的父母婚姻状况、是否有留守经历与抑郁状态、"空心病"状态之间的关系。

二、研究结果

（一）描述性统计

参加本次调研的学生数为 26 921 人,其中各预警级别人数及比例见表1。由分析结果可知,参与测评的学生中,有 68％的学生心理健康状况较好,13.46％的学生存在一般性心理问题,23.27％的学生存在不同程度的心理困扰。其中,可能存在严重心理问题("追踪"级别)的学生占比 15.93％;可能存在潜在心理危机("高危"级别)的学生占比 1.79％;可能存在心理危机("警戒"级别)的学生占比 0.82％。

表 1　心理危机干预量表不同等级的分布情况

心理健康级别	警戒	高危	追踪	关注	正常
人数	222	481	4 289	3 623	18 306
占总数的比例	0.82％	1.79％	15.93％	13.46％	68.00％

（二）不同组别学生在心理危机干预量表的差异分析

不同性别、学历层次、本科各年级学生在危机干预量表中的差异分析见表2。由分析数据可以看出，不同性别学生的心理健康水平存在显著差异，与前人的研究结果一致（贾茹雪，范文翼，2022），男生的抑郁水平显著高于女生（$t = 4.457$，$p < 0.001$），男生的"空心病"水平显著高于女生（$t = 17.320$，$p < 0.001$）；不同学历层次的学生的心理健康水平存在显著差异，本科生的抑郁水平显著高于硕士生（$t = 13.909$，$p < 0.001$），本科生的"空心病"水平显著高于硕士生（$t = 13.064$，$p < 0.05$）；不同年级本科生的心理健康水平存在显著差异（$F = 32.603$，$p < 0.001$；$F = 68.195$，$p < 0.001$），经进一步事后检验分析，2021级（大二）学生的抑郁水平显著高于其他三个年级，其他年级学生的抑郁水平没有显著差异；2022级（大一）学生的"空心病"水平显著低于其他三个年级，其他年级的"空心病"水平没有显著差异。

表2 不同组别学生在心理危机干预量表的差异分析

组 别	选 项	人 数	抑郁状态	"空心病"状态
性别	男	16 733	4.42 ± 7.290	28.03 ± 16.182
	女	10 188	4.05 ± 6.057	24.74 ± 14.465
	t		4.457***	17.320***
学历层次	本科	3 340	4.71 ± 6.951	27.49 ± 15.461
	研究生	3 340	2.62 ± 5.156	22.57 ± 15.055
	t		13.909***	13.064*
本科年级	大一	5 992	4.28 ± 5.885	24.58 ± 14.270
	大二	5 924	5.42 ± 7.433	28.44 ± 13.321
	大三	5 624	4.16 ± 7.121	28.13 ± 15.903
	大四	5 624	4.28 ± 7.574	28.63 ± 16.645
	F		32.603***	68.195***
	事后检验		2021＞2019 2021＞2020 2021＞2022	2019＞2022 2020＞2022 2021＞2022

注：P 值为结果是否显著的递减指标，P 值越小，代表不同组数据间差异越显著，* $p < 0.05$，** $p < 0.01$，*** $p < 0.001$，下同。

（三）父母婚姻状况、留守经历和社会支持情况与学生心理健康状况的相关分析

根据心理危机干预量表的固态因子划分出"父母婚姻状况不良""有留守经历"和"缺乏社会支持"三个维度，为进一步探究其与大学生的抑郁、"空心病"之间是否存在相关。研究表明，心理危机干预量表的三个维度和大学生的抑郁、"空心病"之间均存

在两两相关($p<0.05$)。

表3　固态因子的三个维度与大学生的抑郁和"空心病"的相关分析

	父母婚姻状况不良	有留守经历	缺乏社会支持	抑郁状态得分	"空心病"状态得分
父母婚姻状况不良	1				
有留守经历	0.301**	1			
缺乏社会支持	0.143**	0.226**	1		
抑郁状态得分	0.276**	0.369**	0.429**	1	
"空心病"得分	0.112**	0.150**	0.290**	0.473**	1

三、讨论

（一）新时代高校学生心理健康状况总体较好

当代大学生近七成（占比 68.00％）心理健康水平较高，生活和学习状况良好，拥有良好的心理素质；一成以上（占比 13.46％）学生存在一定程度的压力或困扰，但仍处于心理正常范畴，能够自我调适；近两成（占比 18.54％）的学生可能存在不同程度心理困扰，此类学生可能存在抑郁、"空心病"等情况，严重者可能存在严重心理问题或精神疾病，需要重点关注。

（二）不同类型学生的心理健康水平存在显著差异

女生的心理健康水平显著高于男生。学生中男生的抑郁、"空心病"水平均显著高于女生。男生要承担更多的社会和家庭责任，更追求功成名就，压力和负担更大（魏晓波，归桑拉姆，刘洋，2017）。同时，面对日常的学习和生活压力事件，男生的情感表达、心理成熟度等能力不如女生，心理弹性的动力和持续性更弱。

硕士生的心理健康水平高于本科生。本科生的抑郁、"空心病"状态程度显著高于硕士生。本科生受教育水平较研究生低，个人的心理知识储备和心理调节能力较弱。研究生学生拥有更丰富的生活经历，同时接受了本科期间的心理健康教育，心理健康水平得到一定程度的提升。

本科生不同年级之间心理健康水平不同，本科生中 2021 级（大二）学生的抑郁水平较其他年级最高，2022 级（大一）学生的"空心病"水平较其他年级最低。大二课程变多，学业压力变重，逐渐开始思考考研、实习、恋爱等问题，心理状态易波动；大一学生面对大学的新环境比较有好奇感和新鲜感，生活和学习更有目标和动力，随着年级的增长和学习的深入，学生对学校和课程的兴趣降低，大学生活趋于平淡，容易出现无意义感、动机不强等"空心病"状态。

（三）家庭关系和社会支持系统影响学生的心理健康状况

父母婚姻状况不良、曾有留守经历的学生出现抑郁和"空心病"的可能性更高，当学生在原生家庭方面社会支持较少时，遇到困难时会产生更多的焦虑、学业困扰、强迫行为等心理问题，有较强社会支持的学生，抑郁和"空心病"水平较低。

四、建议与对策

（一）加强以价值观引领为核心的心理健康宣传教育

充分发挥课堂主渠道作用，构建适合不同阶段学生发展的心理健康教育课程体系。健全全面的宣传引导体系，依托"5·25"大学生心理健康日、"10·10"世界精神卫生日等时间节点，开展心理健康主题教育活动。加强学生价值观引领，针对学生中普遍存在"空心病"问题的现象，应重点加强理想信念教育，积极发挥心理健康教育与课程思政、思政课程的协同育人作用。

（二）强化学生需求导向的心理咨询服务

健全心理咨询服务制度，通过个体心理咨询、团体心理辅导、线上咨询等形式，面向学生提供系统、专业、及时的心理健康指导与咨询服务。坚持需求导向原则，从学生遇到的现实困难或不适入手，引导学生正确认识自身情况，积极思考，努力找到克服困难的途径，从而促进学生心理成长。根据不同群体学生心理健康状况差异，开展针对性帮扶，进行科学的干预和引导。

（三）构建校院两级联动的心理危机预防工作体系

加强校院两级联动，构建规范的心理危机干预体系，进一步完善"学校—学院—班级—宿舍"四级预警防控网络体系，重点关注学生家庭关系、社会支持情况、是否遭遇重大变故、重大挫折及出现明显异常等情况，做到心理危机学生"早发现、早报告、早评估、早预防、早干预"切实提升心理育人和危机预防工作实效。

（四）推进多渠道多形式家校医协同合作

家庭关系严重影响学生的心理健康发展，高校应加强与学生家长的沟通，了解学生的家庭状况及互动关系。面向学生家长开展心理健康讲座、家长会等，加强家校沟通，帮助家长了解和掌握孩子成长的特点、规律和心理健康教育的方法。加强医校合作，高校应加强与所在地精神卫生中心等专科医疗机构深入合作，畅通快速诊疗便捷通道，解决学生的就医困难和药物需求，切实维护学生的心理健康。

（五）健全特色化专业化心理教育保障机制

加强心理健康教育平台建设，打造标准化、特色化、网络化的服务空间。加强二级学院心理工作站建设，探索二级学院心理工作运行机制，鼓励二级学院以开展成长辅导为主要内容，预防和干预学生心理危机。构建专业的心理健康教育队伍，健全完善四级网络体系，充分发挥心理健康教育的作用，提升人才培养质量。

参考文献：

［1］傅小兰,张侃.中国国民心理健康发展报告(2019—2020)［M］.济南：社会科学文献出版社,2021,
94－121.

［2］刘海骅,徐凯文,庄明科.高校心理危机干预工作的思考与尝试［J］.北京教育(高教),2014,(3)：
19－21.

［3］徐凯文.基于树理论的危机干预信息管理云平台的建构及其有效性［C］.第十七届全国心理学学术
会议论文【摘要】集,2014,1676.

［4］贾茹雪,范文翼.后疫情时代山东省大学生心理健康状况调查［J］.心理月刊,2022,(10)：199－201.

大学生积极独处行为对焦虑的影响：传统文化感知和希望的链式中介作用①

彭 泽

湘潭理工学院

【摘要】 目的：了解大学生积极独处行为对焦虑的影响机制。方法：采用随机抽样法，选取737名大学生（男生256人，占比35%；女生481人，占比65%）进行问卷调查。结果：① 大学生积极独处行为负向预测焦虑；② 大学生传统文化感知和希望在积极独处行为和焦虑之间起链式中介作用。结论：大学生积极独处行为可以通过促进传统文化感知和希望对焦虑产生积极影响。

【关键词】 积极独处行为；传统文化感知；希望；焦虑

焦虑（anxiety）是一种不愉快的情绪体验，其特点为焦躁、忧虑、紧张、恐惧等，甚至会伴随运动性不安和自主性神经紊乱等症状[1]。近年来，大学生焦虑检出率为0.66%至82.5%[2,3]，且一直呈显著上升趋势[4]，已有研究表明大学生常面临的焦虑有社交焦虑、容貌焦虑、学习焦虑、文化焦虑等[5-8]。大学生焦虑问题可能导致损害个体认知功能，诱发躯体慢性疾病，产生厌恶感，严重时还会影响社会功能[9]。因此，探讨大学生焦虑的改善方式对促进大学生身心健康发展具有重要意义。

积极独处行为（positive solitude behavior）是个体以积极状态选择独处的行为倾向，人在不同年龄阶段的独处会有不同的感受。② 近年来，有研究表明大学生普遍存在"宅"的现象，对外社交的动机明显降低，习惯独处沉浸在个人的心境中[12]，部分大学生由于学习压力大、适应力水平不高、社会支持不足等原因更倾向于选择社会回避和孤独独处行为[13]，由此容易导致大学生人际敏感和社交焦虑等心理问题。根据独处偏好理论解释，独处偏好表现出一定的稳定类型，具有独处偏好的个体会享受独处的时光，并在其中受益[14]，有研究表明积极独处有助于个体健康与康复，直面挫折与

---

① 项目名称：湖南省高校思想政治工作质量提升工程资助项目（编号：22C54）。
② Larson认为，独处是个体的心理与行为层面上与外界不存在任何关系的状态[10]，还有学者认为独处是一种心境，也是一种人格特质，并且具备显著的外部特征[11]。

敢于创造,降低焦虑所带来的心理困扰[15],并可以帮助个体进行情绪更新,使情绪更加愉悦和放松[16-17]。

传统文化感知(traditional culture perception)源于社会感知理论,"感知"是人脑对客观世界的直接反应,分为知觉和感觉[18],传统文化感知是个体对传统文化知识知觉水平及其氛围的感觉程度。自我决定理论认为个体的心理需求满足、认知培养以及身心健康发展不仅受自身能力的影响,而且深受所处的社会文化环境的影响[19]。有研究表明,优秀传统文化可以增进个体的自我修为,不仅可以帮助个体在独处时,能够产生谨慎不苟的品行,达到"慎独"的状态[20],还能形成良好的道德感和价值观[21],并直接作用于大学生的心理和行为[22],增强大学生的主体自觉,促进大学生文化感知的形成[23]。当前,大学生面临的就业形势严峻,社会环境变化莫测,导致大学生深受焦虑、抑郁、睡眠等问题的困扰[4],与此同时,随着西方文化的渗透和传播,中国文化朝着多元化方向发展,扎根在人意识深处的传统思想不断受到冲击和刷新,甚至为动摇传统文化根基而深感焦虑[24]。对此,有研究证实,不断吸收和感悟优秀传统文化,有助于促发个体传统文化感知,坚定理想信念,提升心理素养,并起到缓解焦虑等心理问题的作用[25]。

希望(hope)是一种对未来充满积极态度倾向的认知观念,是个体处于不利处境下所体现出来的一种积极情绪,可以有效调节情绪和适应环境[26]。① 根据社会建构论观点,传统文化与心理健康之间存在着相互建构、相互作用的关系[29],有研究表明,优秀传统文化可以培育个体希望,建立自尊、自信的品质[30]。为此,本研究推测希望在大学生积极独处行为与焦虑之间产生中介作用。

综上所述,本研究认为积极独处行为不仅可以直接影响大学生焦虑,还可以通过提升传统文化感知和希望水平来有效降低焦虑。因此,本研究以大学生为研究对象,探讨传统文化感知和希望在积极独处行为与大学生焦虑之间的中介作用。

一、对象与方法

(一)研究对象

采用随机抽样法,在湖南省湘潭市某高校选取 752 名大一至大四年级的大学生作为被试,回收有效问卷 737 份,回收率为 98%。填写问卷时,由受过培训的朋辈大学生指导被试线上答题,其中参与被试男大学生 256 人(35%),女大学生 481 人(65%)。

---

① 希望作为一种积极心理品质,使人在独处的环境中具有良好的适应性,当个体面临不可控的消极处境需要独自面对时能尽快调适,进入积极独处的状态。戴晓阳和陈小莉等认为,积极独处的内在特质可以呈现出更高的希望水平[11]。希望能够有效预防心理疾病,降低焦虑,帮助个体以积极的应对方式改善和调整心理状态,Lazarus 等人研究发现,大学生希望特质水平程度直接反映大学生心理健康状况,高希望水平大学生对生活满意度更高,从而焦虑水平越低[27]。实证研究还发现,希望可以提升个体社会适应能力,希望水平越高,适应社会的能力越高[28]。所以可以推测积极独处行为可以在希望的作用下影响大学生焦虑。

（二）研究工具

1. 积极独处行为量表

采用陈小莉等人编制的积极独处行为量表，该量表已进行信效度检验[11]。该量表主要反馈个体积极的心理特征，共有 10 个条目，并采用 Likert‑5 点记分，选择 1 代表"非常不同意"，选择 5 代表"非常同意"，各项目相加计算总分，总分越高，说明积极独处行为成分越高。该量表在本研究中的 Cronbach's α 系数为 0.948。

2. 焦虑自评量表

采用 Zung 编制的焦虑自评量表[31]，该量表广泛运用于我国精神卫生与心理健康筛查[32]，主要评定个体焦虑的主观感受。该量表共有 20 个条目，各条目分 4 级评定，选择 1 代表"偶尔或无"，选择 4 代表持续，其中第 5、9、13、17、19 题为反向计分，累积各条目得分为总粗分，总粗分×1.25 得标准分，总分越高，说明个体焦虑感受越明显。该量表在本研究中的 Cronbach's α 系数为 0.928。

3. 成人性情希望量表

采用 Snyder 编制的成人特质希望量表（ADHS）[33]，任俊等人修订中文版成人性情希望量表，主要测量个体希望水平。该量表涵盖路径思维和动力思维两个方面，共 12 个条目。采用 Likert‑4 点计分，各项目相加计算总分，总分越高，说明个体希望程度越高。该量表在国内广泛运用，具有良好的信度和效度。该量表在本研究中的 Cronbach's α 系数为 0.881。

4. 传统文化感知问卷

采用自编的大学生传统文化感知量表，正式施测前，随机抽选湖南 3 所高校 554 名大学生进行测试，对问卷进行项目分析，总分较高与总分较低的 27% 被试在每个条目上的得分差异显著，均具有统计意义（$p < 0.001$）。各项目与总分的相关系数在 0.720 至 0.858 之间。探索性因素分析结果表明，KMO 值为 0.861，Bartlett 球形检验值为 1 819.696（$p < 0.001$），表明数据适合进行探索性因素分析。然后，再采用主成分分析法和最大方差法，抽取特征值大于 1 的因素，此时第一个因素的方差贡献率为 63.855%，同时结合碎石图，第二个因素是拐点，因此考虑该问卷为单维量表，形成 5 个条目的正式版大学生传统文化感知问卷。正式问卷分半信度系数为 0.806。对该问卷的验证型因素分析结果表明：$\chi^2/df = 1.703$，RMSEA = 0.084，CFI = 0.980，TLI = 0.960，SRMR = 0.041，模型拟合良好，各条目因子载荷在 0.615～0.789 之间。该问卷包含 5 个条目，通过 5 点计分方式，选择 1 代表"非常不同意"，选择 5 代表"非常同意"，各项目相加计算总分，总分值范围 5～25 分，总分越高，说明传统文化感知水平越高。整体而言，大学生传统文化感知问卷具有良好的信效度。该量表在本研究中的 Cronbach's α 系数为 0.857。

（三）数据处理

采用 SPSS22.0 分析软件对数据进行描述性统计和相关分析，同时利用 Hayes 编制的 SPSS 插件 Process V5.0 进行结构方程模型分析和 Bootstrap 分析。

二、结果

（一）共同方法偏差检验

本研究采用自陈报告法收集数据，可能存在共同方法偏差问题[34]。因此，采用 Harman 单因素检验法对被试所填问卷进行共同方法偏差检验，结果发现，特征值大于 1 的公因子有 7 个，且第一个公因子只解释了方差的 22.69%，小于 40% 的临界值。因此，本研究不存在严的共同方法偏差问题。

（二）描述统计分析

通过独立样本 T 检验分析结果显示，本研究积极独处行为、传统文化感知、希望与大学生焦虑都存在显著的性别差异，见表 1。其中女大学生积极独处行为、传统文化感知与希望得分显著高于男大学生，而男大学生焦虑得分显著高于女大学生。

表 1　描述统计分析（$M \pm SD$）

项　　目	积极独处行为	传统文化感知	希望	大学生焦虑
男大学生	31.80 ± 9.68	18.85 ± 5.14	29.62 ± 6.86	54.63 ± 11.55
女大学生	35.10 ± 9.21	21.09 ± 4.90	31.47 ± 5.32	51.85 ± 70.76
t	− 4.47**	− 5.71**	− 4.04**	3.17**

注：** $p < 0.01$。

（三）变量相关分析

积极独处行为、焦虑、传统文化感知和希望平均值与标准差，以及 Pearson 相关系数见表 2。数据显示，积极独处行为、传统文化感知和希望与大学生焦虑呈显著负相关（$p < 0.001$）。积极独处行为、传统文化感知与希望呈显著正相关（$p < 0.001$）。

表 2　主要变量相关分析（$n = 737$）

变　　量	$M \pm SD$	1	2	3	4
1. 积极独处行为	33.95 ± 9.50	1			
2. 传统文化感知	20.31 ± 5.09	0.550**	1		
3. 希望	30.83 ± 5.96	0.471**	0.588**	1	
4. 焦虑	52.82 ± 11.11	− 0.246**	− 0.228**	0.001	1

注：** $P < 0.01$。

（四）传统文化感知、希望在积极独处行为与大学生焦虑之间的链式中介效应分析

按照SPSS宏程序Process V5.0的模型6，分别考察传统文化感知、希望在积极独处行为与大学生焦虑之间的中介作用，回归分析结果见表3。

根据中介模型回归分析显示，积极独处行为直接负向预测大学生焦虑（$\beta = -0.28$，$p < 0.01$），正向预测传统文化感知（$\beta = 0.18$，$p < 0.01$）和希望（$\beta = 0.29$，$p < 0.01$）。传统文化感知负向预测大学生焦虑（$\beta = -0.55$，$p < 0.01$），而希望正向预测大学生焦虑（$\beta = 0.48$，$p < 0.01$）。

表3　传统文化感知、希望在积极独处行为与大学生焦虑之间的中介模型的回归分析

变　量	传统文化感知			希　望			大学生焦虑		
	β	SE	t	β	SE	t	β	SE	t
积极独处行为	0.18	0.01	11.20**	0.29	0.02	14.48**	−0.28	0.04	−6.87**
传统文化感知				0.36	0.02	13.53**	−0.55	0.10	−5.49**
希望							0.48	0.08	5.87**
R^2	0.66			0.47			0.33		
F	290.22**			209.79**			31.61**		

注：** $p < 0.01$。

用Process V5.0分析检验三条中介路径：积极独处行为→希望→大学生焦虑（路径1）；积极独处行为→传统文化感知→希望→大学生焦虑（路径2）；积极独处行为→传统文化感知→大学生焦虑（路径3）。选择链式多重中介模型6，设定样本量为5 000，Bootstrap取样方法选择偏差矫正的非参数百分位法，结果见表4。路径1、路径2和路径3的95％置信区间均不包含0，说明传统文化感知与希望参与的中介效应显著，并且传统文化感知与希望的链式中介效应显著。

表4　中介效应分析（$n = 737$）

路　径	Effect	BootSE	BootLLCI	BootULCI
积极独处行为→希望→焦虑	0.14	0.03	0.08	0.20
积极独处行为→希望→传统文化感知→焦虑	−0.05	0.01	−0.08	−0.03
积极独处行为→传统文化感知→焦虑	−0.10	0.02	−0.14	−0.06
总中介效应	−0.02	0.03	−0.08	−0.04
直接效应	−0.26	0.04	−0.36	−0.16
总效应	−0.28	0.04	−0.36	−0.20

由此,可以得出中介效应模型图,见图 1。

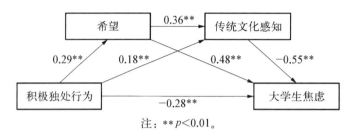

图 1　传统文化感知、希望对大学生积极独处行为与焦虑链式中介效应模型图

三、讨论

本研究基于社会感知理论、独处偏好理论与社会建构论探讨了传统文化感知与希望在大学生积极独处行为与焦虑之间的作用。结果表明,大学生积极独处行为可以直接影响焦虑,也可以通过传统文化感知与希望的作用间接影响大学生焦虑。

本研究发现大学生积极独处行为可以负向预测焦虑,与以往研究结果一致。积极独处的人能更好地适应环境,让情绪更加稳定和愉悦,而过度独处则会导致个体产生紧张、不安等焦虑症状[35]。越来越多的大学生选择独处行为来学习,应对各种考试,这种有需求的独处往往会让大学生心理更加满足,这与独处偏好理论假设的独处需要与焦虑等心理有关[36]。①

大学生积极独处行为不仅可以直接负向预测焦虑,还可以通过传统文化感知间接负向预测焦虑。这说明大学生在选择积极独处时,更愿意关注和学习传统文化知识,从而提升内在的素养,对传统文化的感知觉程度越高。以往研究表明,当个体传统文化感知水平越高时,可以对心理状态起到调节作用[38]。

本研究发现,大学生希望与传统文化感知之间关系显著,二者形成了大学生积极独处行为→希望→传统文化感知→焦虑这一影响路径的中间环节,在大学生积极独处行为与焦虑之间存在显著的链式中介效应。这表明,大学生希望不仅直接影响积极独处行为与焦虑的关系,还通过传统文化感知进一步影响焦虑。本研究中,大学生希望水平越高,直接或间接感知的传统文化程度越高,说明增强民族自信,坚定文化自信,有助于传承优秀传统文化。以往研究表明传统文化对大学生心理健康产生积极作用[39],进一步论证了希望可以通过传统文化感知影响大学生积极独处行为与焦虑的关系。

---

① 相反,对于那些初次离开家庭的大学生,他们渴望融入新的集体,害怕孤独,如果没有尽快适应过来,易导致消极独处,从而影响身心健康,有研究也证实了大学生独处能力对负性情绪具有调节作用[37],大学生"慎独"行为不仅是个人修为的具体表现,也是情绪管理的重要途径。

参考文献：

［1］Barlow D H. Anxiety and its disorders：The nature and treatment of anxiety and panic［M］. Guilford Press，2004.

［2］Li L，Wang Y Y，Wang S B，et al. Prevalence of sleep disturbances in Chinese university students：A comprehensive meta-analysis. Journal of Sleep Research，2018，27(3)，Article e12648.

［3］刘爱敏,孙孟君.理工科大学新生心理健康状况调查.卫生研究,2010,39(1),71－73.

［4］陈雨濛,张亚利,俞国良.2010～2020中国内地大学生心理健康问题检出率的元分析［J］.心理科学进展,2022,(5)：991－1004.

［5］宋红岩.补偿还是增强——大学生社交焦虑、网络自我表露与网络社交焦虑关联研究［J］.中国广播电视学刊,2022,(5)：24－29.

［6］梁小玲,陈敢,黄明明.线上性客体化经历对女大学生外表焦虑的影响：体像比较的中介与自我客体化的调节［J］.中国临床心理学杂志,2022,(2)：444－448.

［7］李鹏,曹丽华.大学生高等数学"学习兴趣""自我效能感""学习焦虑""学习动机"的关系研究［J］.数学教育学报,2021,(4)：97－102.

［8］张燕中,刘宏,王静.文化焦虑与认同：中国武术异域传播中的文化错位［J］.体育与科学,2014,(4)：51－54.

［9］Hj Ramli N，Alavi M，Mehrinezhad S，& Ahmadi A. Academic stress and self-regulation among university students in Malaysia：Mediator role of mindfulness.Behavioral Sciences，2018，8(1),12－20.

［10］Larson R.The solitary side of life：An examination of the time people spend alone from children to old age［J］.Development Review,1990,10(2)：155－183.

［11］陈小莉,戴晓阳,鲍莉,等.独处行为量表的编制［J］.中国临床心理学杂志,2012,20(1)：1－4＋10.

［12］邓兵,沈芙蓉,陈沛然,等.大学生宅现状及其影响因素［J］.中国公共卫生,2015,(8)：1008－1011.

［13］张为杏,吕丹丹,张跃兵,等.医学生和非医学生目标追求与独处行为比较［J］.精神医学杂志,2019,(5)：357－360.

［14］Burger J M. Individual differences in preference for solitude. Journal of Research in Personality,1995,29(1)：85－108.

［15］Suedfeld P. Aloneness as a healing experience. In Peplau L A，Perlman D. Loneliness：A sourcebook of current theory，research，and therapy. New York：John Wiley and Sons，1982，54－70.

［16］Csikszentmihalyi M，Larson R. Validity and reliability of the experience sampling method. Journal of Nervous and Mental Disease，1987，175(9)：526－536.

［17］戴晓阳,陈小莉,余洁琼.积极独处及其心理学意义［J］.中国临床心理学杂志,2011,(6)：830－833.

［18］於志文,於志勇,周兴社.社会感知计算：概念、问题及其研究进展［J］.计算机学报,2012,(1).

［19］Ryan R M，Deci E L. Self-determination theory and the facilitation of intrinsic motivation, social development，and well-being［J］. Am Psychol，2000,(1)：68－78.

［20］宋玉路.慎独思想的德育启示［J］.中学政治教学参考,2020,(14)：76－77.

［21］段锦云,徐悦,郁林瀚.中国儒家传统中的自我修为思想：对交换范式的审视与补充［J］.心理科学进展,2018,(10)：1890－1900.

［22］李亮,宋璐.大学生群体中价值观、感知环境质量与环境意识的关系研究［J］.心理科学,2014,(2)：363－367.

［23］ 杨雪琴.大学生社会主义核心价值观认同机制研究［J］.学校党建与思想教育,2022,(10)：42－44.

［24］ 谢青松.孔子的文化焦虑与担当意识［J］.云南社会科学,2014,(2)：49－54.

［25］ 毕重增,吴良,赵玉芳.获得意义感：文化自信对抑郁和焦虑的缓解作用［J］.西北师大学报（社会科学版）,2022,(1)：89－96.

［26］ Herth K A. Development and implementation of a hope intervention program［J］. Oncology Nursing Forum，2001，28(6)：1009－1016.

［27］ Lazarus RS.Hope：An Emotion and Vital Coping Resource Against Despair. Soc Res，1999，66（2）：653－660.

［28］ Seligman MEP, Csikszentmihalyi M. Positive psychology：an introduction. American Psychologist，2000，55（1）：5－14.

［29］ 罗鸣春,常敬,陈家敏.儒家文化与中国人健康心理的交互建构［J］.心理学探新,2020,(1)：3－8.

［30］ 黄存良.中国传统文化对当代大学生心理健康的介入与治理［J］.社会科学家,2020,(1)：154－160.

［31］ Zung W W K. Rating instrument for anxiety disor-ders. Psychosomatics，1971，12：371－379.

［32］ 刘贤臣,孙良民,唐茂芹,刘连启,杨杰,马登岱,赵贵芳.2 462名青少年焦虑自评量表测查结果分析［J］.中国心理卫生杂志,1997,(2)：12－14.

［33］ SNYDER C R.Hope theory：rainbows in the mind［J］. Psychological inquiry，2002，13(4)：249－275.

［34］ 汤丹丹,温忠麟.共同方法偏差检验：问题与建议［J］.心理科学,2020,43(01)：215－223.

［35］ 林淑惠,黄韫臻.台湾中部地区大学生独处能力、生活压力与身心健康之相关研究.新竹教育大学教育学报,2009,(1)：33－61.

［36］ 陈晓,宋欢庆,黄昕.中文版《独处偏好量表》的信效度检验.中国健康心理学杂志,2012,(2)：307－310.

［37］ 江夏,赵必华.大学生独处偏好与积极情感的关系：独处能力的调节作用［J］.中国临床心理学杂志,2017,(3)：527－530.

［38］ 洪子杰,黄时华,吴绮琳,银梦云,黎家鸿,秦广丽.抑郁对中学生网络游戏成瘾的影响：传统文化氛围的调节作用及心理需求的中介作用［J/OL］.中国健康心理学杂志,2022,(10)：1－12.

［39］ 刘丽莉,张永红.中华优秀传统文化在大学生健康社会心态培育中的作用及路径选择［J］.学校党建与思想教育,2018,(7)：73－76.

"00后"与"90后"大学生个性心理与心理健康的比较研究

朱卫嘉　蒋　灿

重庆科技学院

【摘要】通过对"00后"与"90后"大学生卡特尔16种人格因素、艾森克个性因素、SCL-90因子的比较研究,发现"00后"比"90后"大学生紧张性、独立性、世故性、忧虑性更高,稳定性、敢为性、聪慧性、自律性、恃强性、乐群性、有恒性等更低;内向不稳定型学生占比增加,心理健康水平更低。研究提示培养责任感、坚持性和意志力,进而优化成才心理品质是"00后"大学生心理素质培养的重点。

【关键词】"00后";"90后";大学生;个性心理特征;比较研究

"00后"大学生与"90后"大学生相比,有什么不同的心理与行为特征,如何科学有效地为他们的心理健康与心理成长服务,值得我们认真研究。我们开展了"00后"与"90后"大学生个性心理特征、心理健康状况的比较研究,根据两个年代大学生个性心理发展呈现出的明显差异进行分析,制定有针对性的教育对策,帮助大学生提高心理素质与心理健康水平。

一、研究对象与方法

(1) 研究时间:2020年10月~2021年10月。

(2) 研究对象:重庆某高校2013~2014级大一新生9 553人,2020级大一新生5 267人,其中前者为"90后"代表性群体,后者为"00后"代表性群体。

(3) 研究方法与数据处理:将"00后"与"90后"大学生心理普查中16PF、EPQ、SCL-90测试数据进行比较,运用社会科学统计软件包SPSS进行数据统计分析。

二、研究结果分析

(一)"00后"与"90后"大学生个性心理特征的比较分析

1."00后"与"90后"大学生卡特尔16种人格因素比较

"00后"与"90后"大学生的卡氏16项人格因素中,忧虑性一项为显著差异,其余

15 项均呈非常显著差异。其中在紧张性、独立性、世故性等 3 个因素上，"00 后"大学生明显高于"90 后"大学生，分别高 0.56、0.56、0.31 分。这表明"00 后"比"90 后"大学生更感紧张困扰、激动不安；更加自立自强，当机立断，精明能干。

"00 后"低于"90 后"大学生的 12 项中，按差值大小依次为：稳定性、敢为性、聪慧性、自律性、恃强性、敏感性、兴奋性、怀疑性、幻想性、世故性、乐群性、有恒性、实验性，分别低 0.75、0.69、0.60、0.60、0.54、0.40、0.36、0.33、0.31、0.31、0.27、0.20 分。这表明"00 后"与"90 后"大学生相比较，情绪更易激动，烦恼较多；自信心更低，知识面较窄，抽象思考能力不足；遇矛盾冲突时不顾大体；更加谦逊顺从，通融恭顺；比较理智，着重现实；合乎成规，力求妥善合理；信赖随和，易与人相处；责任心和坚持性不够，苟且敷衍，缺乏奉公守法精神；缄默、孤独、冷淡；更尊重传统观念与行为标准（见表 1）。

表 1　"00 后"与"90 后"大学生 16 种人格因素对照

因素名	"00 后"大学生 ($n = 5\ 267$)		"90 后"大学生 ($n = 9\ 553$)		差值	差值位次	t 值	p 值
	平均	标差	平均	标差				
乐群性 A	5.24	1.57	5.51	1.48	−0.27	13	−10.13	0.000
聪慧性 B	5.15	1.28	5.75	1.37	−0.60	3	−26.04	0.000
稳定性 C	5.17	1.42	5.92	1.46	−0.75	1	−30.00	0.000
恃强性 E	5.50	1.41	6.04	1.28	−0.54	7	−23.85	0.000
兴奋性 F	6.63	1.85	6.99	1.64	−0.36	9	−12.01	0.000
有恒性 G	4.54	1.37	4.80	1.24	−0.26	14	−11.72	0.000
敢为性 H	6.17	1.45	6.86	1.59	−0.69	2	−26.29	0.000
敏感性 I	4.91	1.39	5.31	1.37	−0.40	8	−16.75	0.000
怀疑性 L	4.17	1.78	4.50	1.52	−0.33	10	−11.99	0.000
幻想性 M	5.41	1.24	5.72	1.23	−0.31	11	−15.00	0.000
世故性 N	5.37	1.37	5.06	1.33	0.31	11	13.49	0.000
忧虑性 O	5.09	1.31	5.05	1.10	0.04	16	1.96	0.050
实验性 Q1	5.19	1.18	5.39	1.14	−0.20	15	−10.40	0.000
独立性 Q2	5.30	1.30	4.74	1.16	0.56	5	26.96	0.000
自律性 Q3	4.94	1.26	5.54	1.31	−0.60	3	−27.13	0.000
紧张性 Q4	5.52	1.39	4.96	1.35	0.56	5	23.98	0.000

2. "00 后"与"90 后"大学生 16 种人格类型的对照分析

研究发现，"00 后"与"90 后"大学生卡氏 16 种人格类型的 4 对次元因素有 3 对

呈非常显著的差异,其中差异最大的为内向与外向性,"00 后"比"90 后"大学生低
0.82 分,表明"00 后"大学生更加内向。其次是适应与焦虑性,"00 后"比"90 后"大学
生高 0.58 分,表明"00 后"大学生焦虑性更高,适应性更差。在感情用事与安详机警
性方面,"00 后"比"90 后"大学生高 0.14 分,表明"00 后"大学生更具有安详机警的特
质,而较少感情用事。在怯懦与果断性上,"00 后"比"90 后"大学生稍低,差异为显著
水平(见表 2)。

表 2 "00 后"与"90 后"大学生卡氏 16 种人格类型的次元因素对照分析

因 素 名	"00 后"大学生 ($n = 5\,267$)		"90 后"大学生 ($n = 9\,553$)		差值	差值位次	t 值	p 值
	平均	标差	平均	标差				
适应与焦虑 X1	5.11	1.48	4.53	1.39	0.58	2	23.76	0.000
内向与外向 X2	6.27	1.82	7.09	1.73	− 0.82	1	− 27.02	0.000
感情用事与安详机警 X3	6.11	1.29	5.97	1.27	0.14	3	6.37	0.000
怯懦与果断 X4	5.54	1.18	5.57	1.11	− 0.03	4	− 2.04	0.041

3. "00 后"与"90 后"大学生 16PF 学习与成长能力的对照分析

在与学习与成长能力关系密切的 4 个主要因素上,"00 后"均低于"90 后"大学
生,并存在非常显著的差异。其中差距最大的是专业成就,"00 后"比"90 后"大学生
低 3.08 分,其次是创造人格,"00 后"比"90 后"大学生低 1.71 分,在心理健康方面,
"00 后"比"90 后"大学生低 1.70 分,在新环境中的成长能力方面,"00 后"比"90 后"
大学生低 1.10 分。这表明与"90 后"大学生相比,"00 后"大学生在专业成就、创造人
格、成长能力方面有所不足,心理健康水平也更低(见表 3)。

表 3 "00 后"与"90 后"大学生 16PF 学习与成长能力对照分析

因 素 名	"00 后"大学生 ($n = 5\,267$)		"90 后"大学生 ($n = 9\,553$)		差值	差值位次	t 值	p 值
	平均	标差	平均	标差				
心理健康 X5	23.20	4.37	24.90	3.98	− 1.70	3	− 24.01	0.000
专业成就 X6	50.67	6.61	53.75	6.65	− 3.08	1	− 27.07	0.000
创造人格 X7	78.86	7.49	80.57	6.84	− 1.71	2	− 14.05	0.000
成长能力 X8	19.00	3.04	20.10	2.85	− 1.10	4	− 22.01	0.000

(二)"00 后"与"90 后"大学生 EPQ 因素的对照分析

艾森克个性测试(EPQ)结果显示,"00 后"与"90 后"大学生在 4 个维度上均达到

差异非常显著水平。其中决定学生气质与性格类型的 E、N 两个维度上，"00 后"比"90 后"大学生内向性（E）得分降低了 1.35 分，神经系统稳定性（N）得分提高了 4.37 分，表明"00 后"学生更加内向，不善于交际；情绪起伏较大，常常焦虑、紧张、担忧，遇到刺激可能出现不够理智的行为。内向不稳定型即倾向于抑郁质气质类型学生的占比有所增加。这与上述 16PF 测试结果形成相互印证。

另外，"00 后"L 维度得分低于"90 后"1.38 分，P 维度得分高于"90 后"0.43 分，提示"00 后"大学生更加坦白直率，掩饰性更低，更显朴实幼稚；但也可能更加孤独倔强，较难适应外部环境（见表 4）。

表 4　"00 后"与"90 后"大学生 EPQ 人格因素对照分析

因素名	"00 后"大学生 ($n = 5\,267$)		"90 后"大学生 ($n = 9\,553$)		差值	差值位次	t 值	p 值
	平均	标差	平均	标差				
倔强性-P	45.06	7.44	44.63	7.16	0.43	4	3.49	0.000
内外向-E	50.51	11.90	51.86	10.09	−1.35	3	−7.31	0.000
稳定性-N	43.22	13.14	38.85	11.85	4.37	1	20.67	0.000
掩饰性-L	46.51	8.71	47.89	8.48	−1.38	2	−9.37	0.000

（三）"00 后"与"90 后"大学生 SCL‐90 因子比较

在心理健康方面，经 SCL‐90 测试得知，"00 后"大学生在 10 个因子及总分上均高于"90 后"大学生，差异非常显著。其中排在前 5 位的是强迫、抑郁、人际、焦虑、精神病性，分别高 1.12、1.11、0.82、0.76、0.71 分。这提示"00 后"大学生心理健康水平稍有下降，这与各高校心理咨询中心接待来访学生的咨询诉求高度契合，也与 16PF 测试中的心理健康指标（X5）形成印证（见表 5）。

表 5　"00 后"与"90 后"大学生 SCL‐90 各因素对照分析

因素名	"00 后"大学生 ($n = 5\,267$)		"90 后"大学生 ($n = 9\,553$)		差值	差值位次	t 值	p 值
	平均	标差	平均	标差				
总分	123.82	31.86	117.31	25.60	6.51		13.59	0.000
躯体化	14.24	3.46	13.71	2.73	0.53	7	10.38	0.000
强迫	16.94	5.21	15.82	4.44	1.12	1	13.80	0.000
人际	13.70	4.48	12.88	3.75	0.82	3	11.93	0.000
抑郁	18.01	5.78	16.90	4.61	1.11	2	12.80	0.000

因素名	"00 后"大学生 ($n = 5\,267$)		"90 后"大学生 ($n = 9\,553$)		差值	差值 位次	t 值	p 值
	平均	标差	平均	标差				
焦虑	13.61	4.06	12.85	3.33	0.76	4	12.30	0.000
敌对	7.81	2.39	7.59	2.07	0.22	10	5.86	0.000
恐怖	8.99	2.75	8.45	2.13	0.54	6	13.39	0.000
偏执	8.05	2.46	7.70	2.04	0.35	8	9.25	0.000
精神病性	13.47	3.99	12.76	3.21	0.71	5	11.75	0.000
其他	9.01	2.55	8.66	2.08	0.35	8	8.90	0.000

三、讨论与建议

（1）"00 后"与"90 后"大学生相比，紧张性、独立性、世故性、忧虑性更高，稳定性、敢为性、聪慧性、自律性、恃强性、敏感性、兴奋性、怀疑性、幻想性、世故性、乐群性、有恒性、实验性更低，SCL－90 测试数据也表明"00 后"大学生心理健康水平低于"90后"大学生。"00 后"大学生取样为 2020 级新生，这些学生是新冠疫情暴发后入学，疫情的压力对学生个性发展与心理健康造成的影响是显而易见的，应该引起重视。

（2）与"90 后"大学生相比，"00 后"大学生在聪慧性、专业成就、创造人格、新环境中的成长能力 4 项因素上都更明显更低，存在非常显著的差异。思维品质与人格因素的塑造是一个长期的系统工程，需要大、中、小学配合，从教学理念到教学模式、课程设置、教育教学方法等方面进行全方位改革。如果大学 4 年能够坚持开展科学有效的大学生心理素质培养与训练，一定会有好的效果。

（3）从人格因素发展水平上看，"00 后"大学生在有恒性、自律性、稳定性上分别为 4.54、4.94、5.17 分，明显低于平均分 5.5 分，其中差距最大的有恒性，低于平均分0.96 分，自律性、稳定性分别低 0.56、0.33 分，这应当引起我们足够的重视。有恒代表"4 心"，即良心、恒心、责任心、道德心，自律性代表自我控制与自我把握能力，稳定性代表情绪成熟度和面对现实的心态与能力。研究与实践证明有恒性、自律性、稳定性3 项品质对大学生成才具有决定性作用，是大学生心理素质中的核心品质，这需要在复杂的社会生活中历练，也需要学校加强针对性教育与训练。

（4）从气质类型上看，EPQ 测试结果显示，内向不稳定型即倾向于抑郁质气质类型学生的占比有所增加。对这些学生特别是典型内向、情绪起伏较大的学生要特别关注，多加鼓励，帮助他们科学认识与积极接纳自己的气质特点，同时学校也应当为他们提供展示自己的机会。

综上所述，培养责任感、坚持性和意志力，进而优化成才是"00后"大学生心理素质培养的重点。恒心毅力、责任感、自控力的优化需要小处入手，长期坚持，把学生组织起来，开展互助合作，追求共同成长是一条可行途径。

参考文献：

［1］谢敏，朱卫嘉.成才监控与人格智能［M］.重庆：重庆出版社，1997.

［2］张晓舟，李光华.四川省高校学生心理素质调查与分析［M］.成都：四川大学出版社，1997.